矗立回眸

上海炎黄文化研究会三十年

上海炎黄文化研究会 主编

上海社会科学院出版社
SHANGHAI ACADEMY OF SOCIAL SCIENCES PRESS

第三卷
报刊双馨

杨锡高 马军 金波 赵宏／编

编委会

顾问
周慕尧　杨益萍

委员（以姓氏笔画为序）
马　军　王源康　孔庆然　朱丽霞
刘　平　刘梁剑　杨剑龙　杨锡高
李志茗　汪　澜　陆　廷　陈志强
陈忠伟　金　波　郑土有　赵　宏
曹金荣　巢卫群　潘为民

序

上海炎黄文化研究会自1994年4月成立,迄今已走过三十年的历程。

三十年来,在上海市社联的指导下,在老会长陈沂、庄晓天、周慕尧、杨益萍等领衔的历届理事会的悉心耕耘下,研究会聚集起一大批沪上人文学科的专家学者及热心于中华优秀传统文化普及传播的各界精英。一代代"炎黄人"秉持"炎黄特色、时代特征、上海特点"的理念,不懈探索,勇于创新,勠力同心,无私奉献,开展了诸多具有鲜明时代特色和文化价值的研讨普及活动,研究会的凝聚力和社会影响力随之不断提升。自2005年以来,我会连续六次蝉联"上海市社会科学优秀学会"称号;2019年10月,经市社联推荐,我会被评为"全国社科联先进社会组织"。

人说"十年磨一剑",上海炎黄文化研究会的三十年,可谓磨了"三把剑"。

这第一把剑,是围绕中华传统文化和上海城市历史文脉展开学术研究,这是我们的立会之本。三十年来,我们围绕研究会的定位,坚持办好每年的"重头戏"学术年会;同时在市社联的倡导推动下,携手多个兄弟协会,于十年前创办了"多学科视野"研讨活动(迄今已举办了十届)。近年,我会与上海孔子文化节组委会合作,创办了辐射长三角地区的"儒商论坛"(迄今已成功举办四届)。这些研讨和论坛活动,紧扣当前社会和学术热点,深入探讨在特定历史条件下,中华优秀传统文化如何赓续传承、焕发生命活力,如何为新时代社会、经济、文化、生态文明建设提供智慧和滋养,进而为民族复兴大业赋能助力。与此同时,我会下属各个专业委员会也策划组织了不少小型多样的研讨活动,为会员发挥各自学术专长搭建了平台。

第二把剑,是优秀文化的传播普及活动。三十年来,本会及下属专业委员会开展了众多丰富多样、面向基层和社会公众的文化活动,其中不少活动已形成品牌效应。我会每年都有活动入选市社联的"科普周"项目,上海炎黄文化宣讲团、上海炎黄书画院和孔子文化专业委员会承办的"儒商论坛"还在市社联评优活动中先后获得"上海市社科特色活动奖"。我会青少年专委会参与的"恒源祥文学之星"中国中学生作文大赛已连续举办十九届,是中国目前最具影响力的作文大赛之一,每年全国参赛学生达2 000万名左右,大赛已载入上海大世界基尼斯"中国之最"纪录。炎黄文化宣讲团拥有"炎黄文化大讲堂"和"海浪花讲坛"两大演讲系列,前者对应传统文化主题,后者突出上海历史文化特色。宣讲团创办十多年来依托本会专家资源,先后推出"历史与当下:中国传统文化的智慧""炎黄论坛:追寻上海历史文脉""浦江红韵——中国共产党百年奋斗史""1925红色经典阅读沙龙""话说苏州河""海派文化的前世、今生与未来"等多个系列宣讲活动。炎黄书画院聚集了本市近百位知名书画家,仅2015年以来,就先后举办了包括八届"源于生活·五月画展"在内的二十个不同主题的艺术展览。近年来,书画院坚持"源于生活"的创作理念,先后以"绿色申城""灯塔""画说苏州河"为题,组织画家采风和创作,用画笔描绘新时代城市风貌和市民精神面貌的变化,传递中华文化的博大精深,相关主题展览产生了很好的社会反响。本会下属孔子文化专委会、庄子文化专委会、汉字书同专委会和炎黄诗社等也各展其长,陆续举办了众多面向社会、面向基层的有特色、有影响力的活动,在学术团体利用自身专业资源参与社会公共文化服务方面做出有益的尝试。本会会刊《炎黄子孙》和会报《海派文化》在挖掘传统文化瑰宝及上海城市记忆,做好炎黄文化研究普及成果的传播方面也做出突出贡献,成为中华优秀传统文化及上海文脉传承传播的特色载体。

  第三把剑,是上海炎黄文化研究会三十年形成的优良传统和精神品格。其核心是对中华优秀传统文化的挚爱,及对传承传播优秀文化的执着,是无私、忘我的志愿精神和奉献精神。加入研究会大家庭之后,我一直在思考一个问题,上海炎黄文化研究会是一个非营利的社会团体,参与研究会活动,无名无利,还要搭上许多时间和精力,可为什么大家始终热情不减,倾力投入,还乐此不疲?在老会长杨益萍此次撰写的纪念文章中,我找到了答案。他回忆当年接棒之时,前任会长、老领导周慕尧说:"祝贺新班子当选,祝贺什么呢?祝贺你们获得了为大家服务的机会,祝贺你们成为光荣的志愿者。"而他自己为研究会服务十余年,感触最深的也正是"源远流长的志愿精神、奉献精神"。这一精神"始自我们的先辈,始自研究会创始人,也体现在众多会员身上。它形成为一种传统,代代传承,不断发扬光大"。我想,研究会之所以历经三十年却生生不息,始终保持着创新意识和创造活力,队伍不断壮大,活动平台不断拓展,影响力不断提升,其精神密码,就是"挚爱、执着、志愿、奉献"这八个字所代表的传统和品格,正因为它已沉淀为上海炎黄会的基因,成为全体会员的共识和自觉,才使得研究会的事业得以薪火相传,弦歌不辍。

三十年,三把剑,是时代的馈赠,也是前辈和一代代炎黄人呕心沥血、接力锻造磨砺的结果。为了将这些宝贵的精神财富继承下来,传递下去,值上海炎黄文化研究会成立三十年之际,本届理事会授权秘书处编辑这本《而立回眸:上海炎黄文化研究会三十年》。

此书由五卷本构成。其中《如歌岁月》是一本有关研究会三十年历史的纪念文集。书中集纳了由《炎黄子孙》《海派文化》发起的"走过三十年"会庆征文的成果,三十多篇回忆文章,从各个角度记录了研究会及下属机构、专业委员会不寻常的成长历程;同时还整理收录了我会"历届理事会和领导班子名单""三十年大事记""《简报》总目录"及"历年所获荣誉"等内容,尝试对研究会历史做一全景回溯。

《文论撷英》是一本学术论文集,重点遴选了近十年本会学术年会,及携手沪上兄弟学会共同举办的"多学科视野"研讨活动的部分论文。论文集展现了本会专家学者的学术风采和研究实力,承载着上海炎黄文化研究会以学术立会,深入开展中华优秀传统文化研究的丰厚成果。

《报刊双馨》是本会《炎黄子孙》和《海派文化》的文章精选集。这一刊一报,一直被视为我会传扬炎黄精神、赓续上海文脉的窗口和名片,在办刊办报过程中,得到会内外众多名家名笔的支持和帮助。精选集凝聚着作者和编者的心血和付出,也是本会三十年足迹的见证。

《杏坛留声》是本会炎黄文化宣讲团的演讲集,编者从宣讲团创办十年来的数百场讲座中精挑细选,并适当向近年讲座倾斜,精选出三十篇有代表性、典型性的宣讲稿。每篇讲稿还特意标示出讲座的时间、地点,从中可以看出,炎黄文化宣讲团所秉承的走进基层民众开展普及教育、弘扬中华优秀传统文化、振奋民族精神的宗旨理念。

《墨彩华章》荟萃了本会炎黄书画院近十年的创作成果,每一个篇章都是艺术家们对生活的深情诠释,每一幅画作都承载着他们对生活的热爱和对真善美的追求。艺术家们用画笔讲述中国故事,传播中华文化,展现了新时代中国艺术家的担当与使命。本卷图文并茂，在编排上与其他几卷略有区别，为的是凸显书画院特有的艺术特色，让人赏心悦目。

本书不仅记录了时光的印痕，更记载了炎黄人奋进的脚步，它是上海炎黄文化研究会发展历程的缩影，是一份珍贵的历史见证。对于所有参与本书编撰工作的同仁而言，这项工作既是对炎黄会三十年走过的历程、三十年积累的文献资料和活动成果的挖掘和整理，也是对研究会优良传统和精神积淀的学习和重温，更是一次向所有参与研究会创办，及为研究会发展做出贡献的前辈和同仁的致敬！令人感动的是，在艰辛烦劳的编撰工作中，大家不辞辛苦，不计报酬，不计较个人得失，在有限的时间里投入了大量的时间和精力，在他们身上，我们看到了"挚爱、执着、志愿、奉献"所代表的研究会精神品格的延续，这恰恰是最令人欣慰的。在此，我谨代表本届理事会，对所有参与本书编撰工作的同仁表达由衷的感谢和真诚的敬意！

回首三十年前，上海炎黄文化研究会诞生在改革开放大潮涌动之时，一批德高望重的前辈学者和社会精英发起创办了研究会，他们的初心，是想借中华优秀传统文化的研究和传播，为民族复兴大业树德立魂，提供更多的精神滋养和智慧启迪。三十年后的今天，我们又一次站在历史关节点上，全面深化改革的大幕已经拉开，如何让中华优秀传统文化在"推进中国式现代化"的进程中发挥更大作用，成为摆在我们面前的新课题、新挑战。相信新一代炎黄人在学习继承前辈光荣传统的同时，将不辱使命，不断创新进取，推动上海炎黄文化研究会续写新的华章。

汪　澜

2024 年 12 月

目　录

序 ·· 汪　澜 001

《炎黄子孙》选粹（2018—2024）

"法华牡丹甲四郡"
　　——沪西首镇的名花记忆 ····························· 朱小婷 003
"我将继续奋斗"
　　——记故事艺术大师夏友梅 ·························· 朱少伟 007
谢晋和他的儿子谢衍 ·· 沈贻伟 012
入画入诗黄宗英 ·· 许　平 016
贡祖文匿护岳飞骨血觅迹 ·································· 甘建华 021
一代中医巨擘张山雷 ·· 陶继明 026
名园不可失周公
　　——陈从周大师其人其事 ···························· 李禾禾 032
云中鸿雁记得他
　　——一位三线建设者的两地书 ····················· 唐　宁 037
李亚农有古文字学精密研究之力 ······················· 马　军 044
南社文人的"朋友圈" ······································ 管继平 047
怀念蒋孔阳先生
　　——记1991年春天的一次采访 ···················· 濮洪康 053
自行车纪事 ·· 杨益萍 056
抗战烽火中的孩子剧团 ····································· 徐小雪 058

雷士德和雷士德工学院	童孟侯 064
忆修明,灵动生花笔一支	司徒伟智 070
田汉在沪四次办《南国》	徐 燕 074
杨剑龙:有造诣的文学家,首先应该是一位诗人	徐 芳 杨剑龙 077
毛泽民与上海书店	殷俊华 082
南昌路的文化与红色历史	袁士祥 刘 璐 088
宋庆龄全力救助"三毛"	郑 瑛 093
胡厥文:从爱国实业家到全国人大常委会副委员长	赵春华 098
绽放在荒漠的情怀	
——记援疆女杰任长艳	杨晓晖 104
堂上生枫树,江山起烟雾	
——回忆陈佩秋先生	沈嘉禄 112
我的黄永玉印象	汪 澜 118
耀眼的都市风景	
——海派作家群落的孕育与崛起	殷泽昊 124

《炎黄子孙》总目录

总目录	马军 编 133
作者索引	马军 编 281
《炎黄子孙》创刊以来编委会人员变动情况	马军 整理 306

《海派文化》选粹（2018—2024）

绞圈房子里的一缕乡愁	朱亚夫 311
天上有颗星星叫"叶叔华"	张 颖 314
"出版界半壁江山"的来历	王源康 316
刘瑞龙带我们下乡搞调查	邓伟志 317
于小央凤凰涅槃 让汉语认知无碍	金 波 320
海派文化背景下的蔡元培家训	谢宝耿 323
潘老不服老,年年澳大利亚讲国学	张克平 325
明信片漂入上海滩	孙孟英 328

回忆丁景唐先生	杨益萍	329
方重将陶潜诗文推向海外	曹涵璎	331
话说"大闸蟹"名称的来由	朱少伟	333
巴金与电影《英雄儿女》	陆正伟	335
中共上海"地下金库"与肖林	马小星	337
冈察洛夫莅沪近观小刀会战火	祖 安	339
前辈导演可敬		
——飞车冒险抢拍五卅惨案	徐金根	341
阿舒,大义之人	老老夏	343
六十一年啦,难忘的感动		
——拍摄《节日歌舞》逸事	梁廷铎	345
追寻"上海说唱"成功之源		
——黄永生如何博采众长	秦来来	347
吴贻弓十岁"做电影"	何 言	348
五百年前,浦东出过"打虎英雄"	葛昆元	349
85年前感人一幕		
——毕果将军护难民,沪上孤儿赠谢礼	马 军	351
信封信纸,可窥一斑		
——张元济节俭如斯	王源康	353
他穿上红马甲欢度112周岁生日		
——再访施平老书记	葛昆元	355
拥有发明专利的林语堂	汪 澜	357
判个"鸳鸯蝴蝶"也得讲证据	闻纪之	359
"至真园"的前世	徐 鸣	361

《海派文化》总目录

总目录	赵宏 编	367
作者索引	赵宏 编	484

| 本卷编后记 | | 504 |

《炎黄子孙》选粹

(2018—2024)

"法华牡丹甲四郡"
——沪西首镇的名花记忆

朱小婷

每到谷雨时节，人们便会想起洛阳牡丹。然而，从前上海法华镇出产的牡丹，几乎与之齐名，堪称"江南一绝"。

"小桥、流水、人家"景致佳

上海中心城区西部，古时候流淌着一条法华浜（也称李漎泾、漎溪），曲折蜿蜒 10 多华里，北接吴淞江，南通肇嘉浜（今肇嘉浜路）、蒲汇塘（今蒲汇塘路）。

北宋开宝三年（970），法华浜北岸造起法华禅寺（今法华镇路 525 号）；崇宁元年（1102），南岸造起观音慈报禅院，后更名观音禅寺（今新华路 650 号）。寺院的建成，促使人口靠拢，慢慢聚为村落，叫作法华巷。南宋建都临安（今杭州），许多北方富户移居法华巷，宅院、商肆皆以法华禅寺为中心，沿法华浜东西两侧扩展。

明代嘉靖年间，随着商业经济的兴旺，一个颇具规模的市镇在此应运而生，街道绵延约 3 华里（今淮海西路至凯旋路），它成为沪西首镇。镇内以青石板铺路，小巷纵横交错，形成街中有巷、巷中有院的建筑群。法华浜作为当地的干河，水面桥梁众多，东镇有众安桥、思本桥、蒋家木桥、新木桥、浑堂桥、祠堂桥、车桥等，西镇有香花桥、香店木桥、钱家木桥、王家木桥、吴家木桥、种德桥等，使得"小桥、流水、人家"的佳景随处可见。

到近代，法华浜东南口被上海租界当局堵塞，西北口也被洋商填占，它实际成了只能流水的明渠。由于经费无着落，它一直得不到疏浚，加上两岸住户不断倾倒垃圾，河床淤浅越来越严重，原先的"黄金水道"彻底失去了航运功能。

20世纪50年代初,法华镇仍基本保持古镇风貌,沿街商铺林立,其中不乏茶馆、南货店、中药房、酱园、浑堂(浴池)、棕绷店、铁匠铺、箍桶摊等。1958年春,填平几近断流、肮脏不堪的法华浜,拓筑全长近1 800米的法华镇路,它东起淮海西路,穿越番禺路、定西路,西迄延安西路,那取土挖出的巨坑,后成为天山公园(初名法华公园)的人工湖泊。

随着岁月的推移,法华镇最终完全融入了大都市。

"小洛阳"风光无限

宋室南渡之际,不少洛阳花匠迁徙于法华浜沿岸,带来了名扬天下的洛阳牡丹。当地农户经不断探索,运用独特的嫁接方法培育成一种以盆栽为主的牡丹精品——法华牡丹。民国《法华乡志》记载:法华牡丹虽"初传自洛阳",但"与洛阳不同,宜植沙土,移他处则不荣","必取法华土植之"。由于法华镇的土壤、气候条件优越,法华牡丹得以持续繁衍。

明清时期,许多士绅陆续在法华镇兴建宅第,其中比较知名的有:王家厅(今法华镇路789号),高墙夹峙,厅堂宽广,门窗精雕《三国演义》中的文臣武将;棣鄂堂(今法华镇路713号),五间三进,内有雕龙数条的花梨木龙床,相传清代康熙皇帝南巡松江府时曾使用;嘉荫堂(今法华镇路361号),系清代嘉庆年间太常寺博士李钟元的家,其船厅"醉墨舫"六角花墙,天花板彩绘的瓜果鲜艳夺目。此外,承恩堂、双茶仙馆、静深书屋、露凝深处、遍远斋、研露斋、易安楼等宅第也各具特色。宅主们为了营造富贵气氛,竞相在宅院内引种法华牡丹,使之声誉日盛。

那时,法华镇的私家园林以东园(也称淞溪园,在东镇)、南园(在法华禅寺南)、西园(在观音禅寺东北)和北园(也称丛桂园,在今延安西路1448弄)最为著称,都大量栽植法华牡丹。邹弢的《淞溪八咏》中,有一首《殿春花墅》这样咏东园:"繁华占断洛阳春,国色天香异等伦。乡俗当年夸富贵,如何此日不骄人",并附注曰:"殿春即牡丹,法华古镇有牡丹六十余种,传自洛阳。清乾嘉年间,淞溪园为尤,盛花开满畦","园主必张筵宴,邀请缙绅辈为雅集"。

在乾隆、嘉庆年间,法华镇成了风光无限的赏花胜地,"每逢谷雨春和候,只听人人说法华"。牡丹研究专家计楠在《牡丹谱》中收录百余种牡丹名品,而法华牡丹就占了四十八种。法华镇最独特的牡丹,首推曾入载《清异录》的"白雪夫人",它白似云雪,洁若纯玉,难怪丁宜福的《申江竹枝词》云:"法华花事爱留宾,障目浓堆富贵香。红紫浅深夸名种,就中最赏雪夫人。"至于最雅致的牡丹,应属专供室内点缀的"堂花",张春华的《沪城岁事衢歌》谓:"牡丹之属,腊中故未开也。灌园者为密室列于中;炭温之,毋壮热,一室中融融然有春气,数日后即放苞矣,名'堂花'。"若论栽培规模,则李氏的东园独占鳌头,该园"尤多异种",罗致的牡丹最名贵者为"紫金球",其余珍品尚有"碧玉带""瑶池春晓""平分秋色""太真晚妆""燕雀回春""瑞绿蝉""绿蝴蝶""猩红娇""泼墨绿""范阳红""雪塔""祁绿""姚黄""紫罄""霞光"等数十种,其中有些"可值万钱",怒放时"五色间出",而且"大如盘盂","游赏者远近毕至"。

法华牡丹的名气也传到海外,如在1843年至1845年,英国皇家园艺协会派遣采集家罗伯特·福琼来上海,引种了一批,但未能成活。此后,他再度抵沪,终于成功引种了三十多个品种。

正因法华牡丹名声远扬,王韬的《瀛壖杂志》发出了"法华牡丹甲四郡"之赞叹,秦荣光的《上海县竹枝词》则称:"法华牡丹李氏良,远近人称小洛阳"。

"花王宴"驰誉遐迩

晚清以降,法华镇屡遭兵燹,导致市廛盛况一落千丈。

1939年8月出版的《上海研究资料续集》记载:"(东)园在道光年间拆毁后,当地居人仍有栽花贩卖为业的,但仅淡红、深紫两种,价值也就极贱。近来种花的人固然寥落无存,就是花也不易在法华乡看到了。"从中可见,法华牡丹在民国年间就已鲜见。

笔者记得,20世纪70年代初的一个春日,去法华镇路舅公家做客时,想在附近寻找法华牡丹,却未见芳踪。于是,老人兴致勃勃地陪同逛街,行至原种德桥位置,他复述了自己早年从祖父那里听到的往事:昔日坐落于西镇种德桥旁的"金家馆"烹调颇有创意,据说老板欲招徕更多食客,在法华牡丹盛开之际,总会推出"花王宴",就是在雅间四周放置珍贵牡丹盆花,上的菜肴有"面拖牡丹""凉拌牡丹""肉汁牡丹""牡丹熘鱼片""牡丹爆鸭肪""牡丹银耳汤"等十多道,色泽艳丽,味美适口,驰誉遐迩;东镇的一个点心店更是别出心裁,据说老板为了自创特色,在各私家园林的牡丹即将凋零之际,让员工们去采集花瓣,经处理后切碎秘制成"糖牡丹",像撒"糖桂花"那样把它点缀于糕团和汤圆。舅公讲着讲着,突然吟出当地旧时的一首顺口溜:"仲春时节'小洛阳',游人纷尝'花王宴';牡丹谢落镇不寂,只缘糕团留芳香。"此言应不虚,顾仲的《养小录》确有记载:"牡丹花瓣,汤焯可,蜜浸可,肉烩亦可。"

直至20世纪80年代初,法华镇路的老宅和商铺还大部分保存着。从1983年开始,许多旧屋相继被拆除,许多高楼拔地而起。除了法华禅寺遗址的两棵古银杏,唯有法华镇路凝固着古镇的深沉足迹。

申城名花再吐芬芳

上海长宁区新华路街道,就是法华镇故地。1958年春,仅存的一些法华牡丹由于生存空间局促,在填浜筑路时移居中山公园,并受到很好的保护,其嫁接技艺也得以传承。

新世纪,新华路街道为了再现名花记忆,凸显人文亮点,重新进行嫁接培育,开辟"牡丹园"并充分利用绿地,让法华牡丹再吐芬芳;从2006年春开始,连续举办"法华牡丹节"。2009年7月,法华牡丹嫁接技艺入选上海市第二批非物质文化遗产名录。目前,法华牡丹已有四十多个品种,分为粉、白、红、黑、蓝几大色系,比较珍贵的有"洛阳红""香玉""珊瑚台""白雪塔"等。

另外,在法华镇路、香花桥路口,还出现了"法华遗韵"马路景观。这里不仅有仿古石牌坊、雕塑,还复制了四座古桥:一座是木质的思本桥,其余三座为石桥即香花桥、种德桥和众安桥,它们都是当年法华镇著名的桥梁。

如今,在阳春徜徉于法华镇路,不仅可追寻名花遗韵,还能重闻古镇气息,这真令人欣喜。

(原载2018年第1期)

"我将继续奋斗"
——记故事艺术大师夏友梅

朱少伟

上海浦东有位闻名遐迩的"全国故事大王",他就是夏友梅,已为故事艺术奋斗了半个多世纪。

在我国,讲故事、听故事是一种源远流长的群众活动。早在文字尚未发明的石器时代,便出现口耳相传的神话故事,到封建社会,叙述神仙妖怪、绿林好汉、机智人物的民间故事,在老百姓中间不胫而走。中华人民共和国成立后,反映社会新风、生活气息浓郁的新故事应运而生,它对于丰富人们文化生活、推动移风易俗起到积极作用,为群众所喜闻乐见。新故事是我国有着数千年历史的口头文学的一个崭新里程碑,而申城则是它的主要发源地。在推动上海新故事不断发展的进程中,夏友梅这位"浦东大老倌"劳苦功高。

从小就充满想象力

1943年1月,夏友梅出身于浦东川沙一个贫困家庭,栖身的破旧老屋距东海只有两三里地,常看见潮涨潮落的浩瀚海洋,使他从小就充满想象力,有着宽阔的胸襟。他曾回忆:"出身于寒门其实并非坏事。艰难的生活从小磨炼了我的性格,给了我更多的人生体味。尤其是成陆较晚的浦东,同样有着深厚的中华民族文化底蕴,日出而作、日落而息的劳动人民口头流传着丰富的民间故事,给了我熏陶和启迪,激发了我对故事的浓厚兴趣。"

在童年时代,夏友梅就是个"故事迷"。起先,他是缠着母亲、姐姐,利用晚上休息时间讲民间故事;后来,无论是春晨热闹的茶馆、夏夜乘凉的场角,还是秋午割稻的田头、冬日邻家的灶边,只要有人讲民间故事,他就会凑过去听,像《浦东"宝山"的传说》《浦东百姓抗倭寇》《黄炎培与小普陀》《沈毓庆与川沙毛巾》《抗日勇士东门夺枪记》等都给他留下了深刻印象。有时,他还独自步行十多公里,兴致勃勃地赶到川沙县城书场去听艺人说书。渐渐地,他那幼小的心灵中产生了一个美好憧憬:"长大后,我要做一个优秀的故事艺术家!"

为此,小小年纪的夏友梅开始尝试讲民间故事。很快,扎辫子的女孩、顽皮的男童、纳鞋底的妇女、长胡子的老人竟然都成了他的听众,因而乡亲们把他称为"小才子"。

初中毕业后,夏友梅回乡务农。正值"三年困难时期",人们的生活十分艰苦,他常趁小憩讲个笑话,让大家乐一乐。与此同时,他也从朝夕相处的老伯伯、老妈妈那里学到大量鲜活的歇后语:"黄浦江上搁跳板——够不着""老母猪的耳朵——软骨头""两头水牛打架——钩心斗角""用棉花做秤砣——没有分量""黄毛鸭子下水——不知深浅""沙滩上走路——一步一个脚印""上树逮麻雀——连窝端"……他每次都及时掏出口袋里的小本子记下,长年累月收录数千条,这为他以后丰富自己的故事语言打下了牢固基础。

实现一个"华丽转身"

20世纪60年代初期,新故事在申城蓬勃兴起。那时,上海人民广播电台的节目已比较多,市区影剧院有所增加,郊区也定期放映露天电影,但总的来说,"三年困难时期"刚过去,群众生活还显得单调。夏友梅清晰记得:1963年11月,中共上海市委宣传部披露市文化局《关于上海市郊农村讲故事的情况报告》,提出"今后不但在上海农村要大力提倡故事活动,而且可以在工厂、企业、里弄、学校等基层单位中推广",于是,经过各区、县文化馆(站)发动,各街道、公社纷纷举办"故事会"。他决心加倍努力,运用新故事来反映社会新风貌。

当年,夏友梅一边自己刻苦钻研,一边积极参加文化馆(站)的培训,使他的演讲、编撰水平迅速提升,并跻身于沪郊第一批优秀故事员行列。《故事会》杂志发表的《半把剪刀》《革新迷》《两个稻穗头》等,夏友梅讲得非常生动;他自己创作的不少新故事,村民们听几次都觉得不过瘾。

由于夏友梅新故事讲得好,他在1969年底被调入小学教书。一位农民突然当了教师,这个华丽转身顿时成为一大新闻。那时,正处于"文化大革命"期间,学校秩序比较乱,但夏友梅教的班级却"风景这边独好",其中的奥秘就是他常以讲新故事来启发、教育学生。数年后,夏友梅调任乡业余教育专职干部,他又借助自编自讲的新故事来开展工作,使当地的业余教育一举成为先进典型。

1975年秋,夏友梅被调到川沙县文化馆担任故事专职干部。他从"游击队"变"正规军"后,决心大干一场,常为故事工作忙得废寝忘食。他曾回忆:"我常常挑灯夜战,宁愿多吃半夜饭,少吃年夜饭,稿纸写了一沓又一沓,本子改了一稿又一稿。有时,睏梦头里想到一个细节,也会半夜起床,开灯铺纸挥笔,往往苦思冥想一直到天亮。"当地一些老人至今还记得:有次,他忙于组织故事活动,竟然在晚上把儿子丢在川沙县城忘了带回家;有次,他关门练讲《救火英雄》时大声呼叫"救火",邻居以为真的着火,都携盆带桶围过来……

正因夏友梅把全部心思都扑在故事工作上,川沙故事迅速崛起。为此,川沙县人民政府于1984年举行了"夏友梅故事工作庆功表彰大会"。

故事大赛中成为"常胜将军"

我早年在上海市群众艺术馆工作期间,担任《上海故事》杂志社责任编辑、副主编,曾多次参与筹备一年一度的"上海市故事会串"(1982—1992年共举办十届),各区县文化馆(站)的故事员踊跃参赛,那热气腾腾的场景很感人。其间,我领略了夏友梅率川沙县文化馆故事团队通过激烈竞争,成为"常胜将军",连续八次勇夺冠军,名震沪上。在他带领下创造的"八连冠"奇迹,奠定了浦东川沙后来被文化部命名为"中国民间文化艺术(故事)之乡"的坚实基础。

1990年夏,经《上海郊区报》发起、相关单位派出代表参与评审,夏友梅等入选"上海农村十大故事王"。我作为评委之一,由衷为以新故事创作、演讲实力称"王"的夏友梅等故事家而高兴。"新故事是反映人民美好生活、倡导高尚品德、抨击不良现象的最活泼的文艺形式,应得到更大发展。"在我向夏友梅表示祝贺时,他这样说,"在我的故事人生中,我视群众文化工作为崇高神圣的事业,因而甘愿为之奉献!"

虽然,夏友梅一直淡泊名利,但他为社会主义精神文明建设做出了重要贡献,所以各种荣誉接踵而来:相继获得文化部"群星奖"金奖、中国文联"世纪之光文艺作品评选"铜奖等三十多个国家级、市级奖项,被评为全国文化系统先进工作者、上海市劳动模范、上海市群众文化先进工作者,入选"浦东新区百名文化才俊""浦东'十佳'公益文化风云人物""浦东新区非物质文化遗产'川沙故事'传承人",中央电视台、上海电视台、东方电视台、浦东电视台都先后为他拍摄、播出人物专题片。另外,他还曾当选中国民间文艺家协会理事、上海故事家协会副会长。

推动长三角故事艺术发展

2004年,夏友梅从浦东新区川沙文化馆馆长岗位上退休。有朋友开玩笑道:"老夏已是赫赫有名的'全国故事大王',现在可以马放南山,躺在功劳簿上安心享福啦。"他却不以为然地回答:"故事艺术是我的生命,为了群众文化事业,我甘愿继续搔破头皮(构思),磨破嘴皮(宣传),跑破脚皮(采风)。我将继续奋斗!"斯言诚哉,他在担任川沙县政协委员、浦东新区政协委员期间,多次做过相同的表态。

2005年,在浦东新区文广局和川沙新镇等的热忱支持下,"夏友梅故事艺术工作室"正式成立,"夏友梅故事艺术学校"正式挂牌。他为了进行故事创作、开展故事活动、让川沙故事后继有人,仍然坚持每天上班,双休日经常加班,忙得不亦乐乎。

此刻,夏友梅作为上海新故事的领军人物,他又有一个新的思考:怎样让新故事在新时期有新发展?在夏友梅和他的故事团队积极推动下,川沙故事演讲不断创新:从"一人讲"到"多人讲",从"清口讲"到"伴乐讲",从"单拿话筒讲"到"配着情景讲",形式多样,生动活泼;而且,除了普通话演讲炉火纯青,方言演讲也别具魅力。所以,社会上开始流传这样的说法:"到东北看二人转,到北京看京戏,到苏州听评弹,到浦东听川沙方言故事。"

2005年夏,经夏友梅等的精心筹划,浦东新区川沙新镇首先发起举办"首届华东六省一市'川沙杯'故事邀请赛",从2006年起,这项故事大赛被纳入中国上海国际艺术节系列活动,陆续成功举办的"浦东川沙杯"长三角地区故事邀请赛、"浦东川沙杯"长三角地区迎世博故事邀请赛、"缤纷长三角·浦东川沙杯"故事邀请赛等大型文艺活动,显示上海新故事提升了"档次",却依旧深深扎根于群众。

历年来,夏友梅在各种场合演讲新故事已数不胜数;他还累计发表故事作品一百多万字,出版《夏友梅故事集》《夏友梅戏曲故事评论集》《夏友梅故事艺术集》等专著,成为浦东作家协会主要创始人。他不仅善于捕捉生活中的灵感、深入乡镇搜集素材,还注重情节构思、人物刻画、心理描写,因而作品兼有大众文学的通俗、清新和纯文学的精练、细腻,既可听又能读,形成了自己的鲜明艺术特色。从1989年上海大学文学院等联合举办"夏友梅故事艺术评论会",到2013年上海民间文艺家协会等联合举办"夏友梅故事艺术50周年研讨会",表明在上海乃至长三角地区,他的故事艺术风格已逐渐形成一个文化品牌。

诚如原中国新故事学会副会长任嘉禾所说:"夏友梅讲故事、创作故事的历程已有五十年之久,可他享有盛名却与浦东的改革开放同龄,因为他一炮打响的成名之作就是反映浦东改革开放的'大篷车'系列故事。"可以相信,这位故事艺术大师一定会继续坚守给自己提供创作源泉、表演灵气的那片改革开放热土,让新故事为上海建设国际文化大都市发挥积极作用。

(原载2018年第2期)

谢晋和他的儿子谢衍

沈贻伟

我能结识谢晋缘于他的儿子谢衍。谢晋有一个女儿、三个儿子,谢衍是他的长子。

1993年秋,浙江省电影家协会秘书长周建萍打来电话,说谢衍在美国纽约大学电影系获取硕士学位,但在好莱坞难以有机会上手执导电影,只能回国寻求发展。如今香港寰亚愿意出资,电影也有了个故事轮廓,说一坛陈年女儿红酒牵动三代三个女人不同命运冲撞的事儿。谢衍对此很有创作冲动——弓已经张开,那得有箭射出去。作为父亲的谢晋有点着急,托周建萍物色一位熟悉酒乡绍兴生活的作家把剧本写出来,她就找上了我。

从建萍的话里我听出谢晋对此事既期待又担心,生怕儿子出手不顺,所以希望编剧能首先写出个扣人心扉的故事来。我自然感到有压力,建萍劝我和谢衍见面谈谈,接不接活再说。第二天建萍安排我们在西湖边见面。谢衍很温和,一直带着微笑,他长得很像谢晋,笑起来就更像。我把这个感觉告诉他,他就不笑了,说:"其实我跟他有许多不像。"我听明白了,他在挑战他的父亲,他要拍出自己的影片,不在父亲的羽翼下飞行。我被他感动,答应为他编剧。

剧本《女儿红》出了初稿,谢衍说好,很兴奋。我问:"你爸看了吗?"他说:"能不看吗?看了一夜。"我问:"怎样?"他说:"他也觉得剧本写得不错,编剧是懂电影的。"我松了口气,放心了。过些日子我随谢衍一起下绍兴老街看景、下酒作坊熟悉生活。相处多日,说话渐渐没了顾忌,也得知他的一些家事。"文化大革命"时期,谢晋遭批斗,全家受牵连,谢衍被扫地出门,无家可归。他只得爬上西去的火车投奔在新疆当知青的姐姐。这是一个十六岁的少年被饥饿、棍棒、侮辱和恐怖驱逐着的生死逃亡,谢衍说着自己的往事,脸部抽搐,声音嘶哑(他曾请陈村写过一个电影剧本《狗崽子》,即是他的这段自传,可惜没有投拍)。

后来我发现他一直徘徊在这个生命的印记里,他的作品都有自己寻求逃脱和寻求接纳的内心情结。我想,这段颠沛流离的经历,谢衍该是给父亲讲过的,谢晋拍电影《牧马人》,其中李秀芝爬货车去西北寻亲,有一组很长的运动镜头,还配一组荒诞的音乐,看来是谢晋有意隐含儿子的那一段相似的遭遇和心境,有他自己切肤之痛的联想和呻吟在里面。他心疼儿子,也因为连累了儿子而内疚。

电影《女儿红》的开机是在1994年5月,谢晋没有参加到剧组中来,他只在开机那天到现场观看,也不趋近指导,拉着我说些跟电影并不相干的话。但是我想他内心还是有些紧张,中午酒厂老板在镇上酒楼设宴请他,他都没去,留在现场和演员们一起吃盒饭。《女儿红》放映后,谢衍声名鹊起。归亚蕾凭借在片中的精湛表演荣获捷克卡罗维发利国际电影节最佳女主角奖,继后影片又被推为美国金球奖特别选映,再后来谢衍受邀担任金马奖评委。这段时期,谢晋是很高兴的,他望着儿子的身影像观赏自己又一部新作。

1996年,香港无印良本出版《女儿红》的剧本,谢晋在书中撰文道:"我想,谢衍少年、青年的痛苦经历,他童年在家里忍受到的中国文化氛围,加上成年后在美国学习、工作中忍受到的西方文化,若能水乳交融地结合在一起,那真是一笔极其珍贵的财富啊。但愿他今后能拍出更多既受中国观众欢迎又被西方观众认可的电影,因为,谢衍身上凝聚了这两种文化的交融和结晶。作为父亲,我深深地祝福他。"这是谢晋仅有的一段见诸文字的对儿子的话,谢晋希望谢衍走自己的路走得更好。

1998年,时隔三年,谢衍又执导了《花桥荣记》,是根据白先勇的同名小说改编的。自此,谢衍的导演风格显露出来,他擅长精致细微地编织人物内心的情感路径,并在动荡的历史变迁背景里呼唤和寻觅家园(更是精神家园)的归来。回想1989年谢晋曾拍了《最后的贵族》,同样改编自白先勇的同名小说。父子俩先后把白先勇的怀乡忆旧的浓浓思绪演绎在银幕上,感动了海峡两岸无数华夏儿女,相比之下,似乎《花桥荣记》更伤感一点,更接近白先勇作品里所承载的悲悯情怀。我把这个想法跟谢衍说过,谢衍只是笑笑,没有接我的话题说下去。

我和他们父子交往这么多年,不曾听到谢晋对谢衍作品的任何评议,相反也是。他们互相观望对方,既宽容又欣赏。谢衍回国加盟父亲的公司,他们父子有多次合作,最成功的一次也是和白先勇有关,是把他的小说《金大班的最后一夜》搬上话剧舞台,谢晋是导演,谢衍做剧务,演出很受欢迎。可知他们父子在艺术的路上既有距离也能同行。

随着年岁的增加,谢晋对儿子的期望变得迫切起来,他似乎天天在寻找电影故事和投拍资金,而把导演的机会让给更不善电影市场运作的儿子。然而谢衍再也没能拍出第三部作品,他身患绝症于2008年8月去世,年仅五十九岁。

谢衍患病后一直向父母瞒着消息,独自忍受着病痛的折磨。他不大呻吟,护士也说听不到他的呼叫,只见他默默望着窗,望着窗外慢慢流动的云。我想他在心里渴望能见到父亲和母亲。而待谢晋夫妇终于闻讯赶来探视时,谢衍已经坐不起来了,瘦削得失了面容,就是此时,他躺在床上还只是艰难地说了一句:"给爸爸妈妈添麻烦了……"言下不忍让父亲母亲白发老泪为自己安排后事,闻者无不心酸。

谢衍去世,对谢晋打击很大,四天四夜不曾合眼,朋友们担心他过度悲哀,劝说他到杭州来住一段时间。他终于同意了,并于9月中旬到了杭州。我得到消息即去看望他,原本周建萍给他安排在西湖畔的一个清静且美丽的山庄入住,可是谢晋没去,我费了一些周折(连建萍都不知道他住哪儿去了),才在杂乱喧闹的红星饭店看见了他,他执意在那里开了房间。那天下着雨,我见他一脸憔悴,尽管已经睡了半天。

他握着我的手半日没有松开,只说:"我闭起眼睛就看见他(谢衍),我闭起眼睛就看见他……"我说了几句宽慰的话,自己觉得多余,就和他一起安安静静坐着,直到窗外万家灯火涌进屋里来。

那天离开后我一直在想,杭州宁静悠闲的去处很多,谢晋为什么独独选了这么个饭店?后来是薛家柱先生告诉我,当初谢衍从新疆逃亡归来,没有书读也没有工作,谢晋还在天天写检查,工资冻结,根本不能维持全家的生活开支。谢晋想替谢衍找份工作有口饭吃,但谢晋在上海是"罪大恶极"的,人人避之不及,无奈之下他给杭州市原文化局局长写了一封信,请他想办法在杭州给谢衍安排个活,无论干什么,能有口饭吃、有个地方睡觉就行。那位老友两肋插刀,斗胆把谢衍招呼到杭州,塞进话剧团管理道具。话剧团驻地就在红星剧院后面的招待所,谢衍每日里待演出结束收拾完道具,就钻进驻地那一角楼梯间里睡觉,朝朝暮暮一直挨了数年。

如今那个招待所改建成了红星饭店——原来如此。

岁月流逝四十年，曾在这里蜗居过的儿子已不在人间，老父亲却特意找来，找那个阴暗潮湿的楼梯间，是一种怀念也是一种悲悯……

隔了几日我第二次去看望谢晋，带了一坛绍兴花雕，谢晋看上去神情好了一些，琢磨着拍摄新片《大人家》，这也是谢衍生前参与过的。我听他断断续续说着电影的事，不便探问楼梯间的事。但我想那个楼梯间他一定是去找过了的……有没有找着并不要紧，他的想象力完全能穿越时空：儿子劳累一天睡下，陈旧的楼板只要有人经过，脚步声和尘土便一起落下，楼梯间本是堆放杂物的所在，门板毛糙还透风，儿子搂着薄薄的棉被叫冬天的寒风吹着，就是想喝口热茶也是没有的……谢晋在红星饭店大概住了八天，也就最后陪伴儿子过了八天。待国庆后他去参加母校春晖中学的校庆，竟枕着故乡河的潺潺流水声也悄悄地走了，相隔谢衍去世还不到一百天……

（原载 2018 年第 2 期）

入画入诗黄宗英

许 平

5月2日,王丹凤走了。在《小燕子》的旋律里,20世纪三四十年代上海滩的影星一一闪现。自然,又想到了黄宗英先生。

一

那年6月的一天。下午。
华东医院东楼17层13床。
黄宗英甚是安详地坐在床头边的圈椅里。
我走到黄宗英的跟前,重复头天在电话里对黄宗英说的话:"周明老师惦记您,要我来看望您。"

"你去看看黄宗英。"那年5月的一天,在北京中国现代文学馆周扬先生生前使用的书橱前,这句话,副馆长周明至少对我说了五遍。
"是吗?"黄宗英听完我的重复,问,"周明他好吗?"不等我回答,她又说:"他好,他身体好。"然后她就指着床尾说:"把那把椅子搬过来,坐我这儿。"
这天黄宗英上身穿了件白底小红花的衣服,小红花的里面是件洋红色的T恤。依稀记得我进门的时候她手里拿着一本书,抑或一张报纸。清晰记得我坐定之后她微笑如兰,目光似水。
与黄宗英咫尺相对而坐,穿越,闪出了梅表姐。手里摆弄着手绢,眉头轻颦,欲言又止,泪眼盈盈,几个神情,甚至一个背影,在我心中扎下了几十年的根。

二

读过黄宗英的好些文章,但那刻跳将出来的是《小木屋》。

青稞飘香的雅鲁藏布江畔、风雪呼啸的那根拉山口、辽阔无垠的羌塘草原、碧波浩渺的天池纳木错、拉萨的布达拉宫、日喀则的扎什伦布寺……黄宗英为《小木屋》曾三进西藏。

说来黄宗英第一次进藏的缘由不为小木屋。那次连黄宗英也没想到自己会和小木屋结下不解之缘。1982年9月，黄宗英随中国作家访问团进藏，那年她57岁。访问团临回北京的时候，黄宗英在拉萨意外地遇到了林业专家徐凤翔。这一遇，让黄宗英一头钻进"小木屋"而"罢"回皇城根下。之前的1979年，黄宗英就认识徐凤翔，就知道徐凤翔有个愿望——在原始森林里建一座小木屋作为高山森林生态研究站。那回她被执着的科学精神感动，她对徐凤翔说："希望有一天到西藏能看到小木屋。"三年后，黄宗英没想到真的在西藏和徐凤翔相逢，但她没有看到小木屋。她很吃惊，小木屋竟还在徐凤翔的梦里。

没有谁赋予黄宗英这个责任，也没有谁让黄宗英担当这个梦想，但黄宗英却把自己和小木屋拴在了一起。

小木屋诞生的丰富的、生动的、曲折的、坎坷的，甚至略带惊险的过程，当年媒体的版本是洋洋洒洒、浩浩荡荡的章节。周明告诉我的是减缩版：那年黄宗英住进了原始森林里的帐篷，她为林业专家们点燃篝火掌勺成了炊事员，她学会了使用测高仪、风向风速仪和伐木，她还兼任摄影师留下一张张照片……她想以这样的付出帮助科学家早一天建起小木屋。但她很快就痛苦而无奈地承认，她所做的这一切都无济于事。她不甘心。不甘中，她忽然省悟。她决定把小木屋付诸文字，建在纸上。她很为自己的这个决定而兴奋。兴奋之后她就有了担当感。于是一天都不想耽搁，她提起了笔。她提笔的那天下起了大雪。大雪飘飘洒洒，森林很快就披上了银装，帐篷很快就被鹅毛覆盖。1983年5月，报告文学《小木屋》"建"在了《文汇》月刊上，然后《人民文学》照样搬了过去，再然后《小木屋》获得全国优秀报告文学奖。一年后的5月，黄宗英二进西藏，为电视片《小木屋》；之后的10月，电视片《小木屋》在中央电视台露脸，并很快在第二十八届纽约国际电影电视节上获得电视纪录片铜奖。1985年，纸上《小木屋》和荧屏《小木屋》，终于换来了原始森林里真正的小木屋。

那时我是中文系的大一新生。因为梅表姐，我对《小木屋》上了心。我很快就从《文汇》月刊上找到了《小木屋》。我在满教室的"关关雎鸠"声里唏嘘又感慨。到现在我还记得疑虑是如何地纠缠着我，比《诗经》更让我辗转反侧：梅表姐能写报告文学？还居然得奖！我真是这么反复问自己。那时候我无法将演员和作家联系在一起。在我看来，这是两件风马牛不相及的事情。梅表姐和报告文学，两种完全不同的气质，怎么可以这么完美地糅合在一起！

说不清是从什么时候开始，我崇拜起黄宗英的文字。要不是根深蒂固的梅表姐，我甚至认定她骨子里就是一位作家。她实在是一位很能写、很善写的作家。

"她不仅仅能写善写"，周明对我说，"她更难得的，是一种精神。为一篇报告文学，她能在西藏待上整整三个月。你无法想象她在原始森林里都遇到了什么，但你可以想象那里的生存环境有多么恶劣。知不知道，为一次采访，她出发前都写好了遗书。她知道所行所做有多大的危险，但她完全置生死于不顾。1994年，她第三次上西藏，为徐凤翔的高原生态研究事业的发展拍一部纪录片，叫《魂系高原》。她登临5 000米山峰，高原反应严重，昏迷两天两夜，第三天醒来，谁也拦不住，她直抵雅鲁藏布江大峡谷去了……这是什么精神！"

周明说黄宗英"她出发前都写好了遗书。她知道所行所做有多大的危险，但她完全置生死于不顾"的时候，"舍生为文学"跃出我的大脑。心惊。即便这天坐在黄宗英身边，我还是不敢相信，"舍生为文学"这样的壮举，居然是这位眉宇间依然透着盈盈与温婉的"梅表姐"所为？

"1994年，我六十九岁，为拍摄纪录片《魂系高原》三进西藏。考察雅鲁藏布江大峡谷时，我进了阎王殿，走了一圈，又回来了。差点就回不来了。周明那年陪我进藏的，所以他都知道。"

记得"你去看看黄宗英"的那天，周明还说了这些话："1994年那个春天，我一闭眼就能回去。蓝天白云下，黄宗英骑着马，所有的目光，连鹰的目光都定在了她身上。她喜欢戴帽子，有舌帽，高原的风吹起她帽子外的头发，鹰就擦着她的头发飞过……"

三

这就接通周明的电话。

千里即刻成盈握。

窗台上有一盆蝴蝶兰，有一张黄宗英和赵丹的照片，还有一张黄宗英的剧照。

照片是合成的，年轻的赵丹和白发胜雪的黄宗英。剧照像20世纪40年代的，极美，哪部影片的？我没看过《甜姐儿》，但不知为何，那刻我认定该是

《甜姐儿》的剧照。到现在媒体偶尔还会说：20世纪40年代，甜姐儿娇美柔媚的大小姐形象，一夜之间风靡上海滩，红透大江南北，成为经典。

这天黄宗英与周明通话时的每一个细节，和略微沙哑的嗓音颇有韵律感和节奏感，让我感受到她气质里的书卷气。半个多世纪过去了，"梅表姐"虽已白发胜雪，但她的迷离和凄婉还在……这是她特有的气质。

中华人民共和国成立后，黄宗英为何很少拍片，为何转行成了作家，或许就是她的特质所致。她的特质是她同时代的演员所没有的，所以巴金笔下梅表姐的那分哀婉和凄楚，也只有她能拿捏得恰到好处。但也许正是这种特质，妨碍了她出演一些工农兵形象，黄宗英甚至有点"妖媚"的气质，演小姐、少奶奶适合，姨太太也行。

四

结束通话，放下手机，黄宗英招呼保姆："给我拿本书，还有水笔。"然后她对我说："我送你本书，是别人写我的。我自己写的书病房没有了，以后吧，以后再送你。"

是上海文联《海上谈艺录》之一《白云秋山霜叶血——黄宗英》。

黄宗英把书搁在膝盖上给我签名，微弯着背，悬起手臂……

她的鬓角有汗渗出，并顺着脸颊往下流。

我抽出一张纸巾，黄宗英接过，说："虚汗，稍动就出虚汗。"

她伸过手，说："我的手一直是凉着。"

我握了握。果然。

"我的手背是黑的。"

也是的，连小血管都是黑色的。

"我的脚也是肿的。"

皮拖鞋里的脚上是一双厚实的白袜子，白袜子包着脚背，脚背隆得像馒头。怎么会这样？

"高原反应后遗症，自主神经功能紊乱。三次进藏，每次都有考验，都有惊险。尤其1994年，那次我面部麻痹，下肢肿胀，浑身关节无一不痛，然后深度昏迷，医生说我四肢的末梢微血管已经百分之百地变形了，治不了的……西藏，我再也去不了了。"

五

黄宗英床头墙上有一排布艺小牛,很漂亮的手工,很憨厚可爱的造型。

"我属牛,这些是朋友们给我的生日礼物,我喜欢,就挂上了。"黄宗英说。

"好像您在《百衲衣》里写过牛。"我说。

《百衲衣》是黄宗英那几年在《新民晚报》的专栏。我几乎篇篇读过。黄宗英行文活泼、率性、浪漫,翩若惊鸿。黄宗江觉得妹妹的文章会发嗲,"好像是在和读者谈恋爱";冯亦代说她是"七十岁的人,十七岁的脾气"。看过黄宗英的身世,也读过黄宗英的从艺史,《甜姐儿》《丽人行》《乌鸦与麻雀》《家》……再多的角色体验,也改变不了黄宗英的本真。"发嗲""十七岁的脾气",我觉得这就是黄宗英,黄宗英就该这样,若不这样就不是黄宗英。

"现在很少写了,身体不好。"黄宗英幽幽地说。

忘了在哪儿看到的,黄宗英曾经说:"只要我能拿得动梳子,又哪天不读书写字呢?不写仿佛丢了魂儿,读者也见不到我的影儿,所以我就得写下去。就是在病床上写点'平安家书',也可让读者少牵挂……"

写点"平安家书",让读者少牵挂。若没有内心的坚强、人格的宽容和对生活的感恩,又哪里能达到这样一种境界!

告辞前我和黄宗英合影。

就在镜头定格的刹那,黄宗英说:"等会儿,我把纽扣扣上。"

是谁说,尤其到晚年,黄宗英更注重自己的仪表,她希望给大家一个美好的形象、一个美好的记忆。

我在为黄宗英扣最上面的一粒纽扣、整理衣领的时候,很想对黄宗英说:演员、作家,丰厚的生活阅历和情感体验,赋予您很多的传奇色彩,也给了您几辈子的人生。从这个意义上说,您年轻着,即便白发胜雪……那刻忽然想到很多年前读过的《我公然老了》,黄宗英的散文集。挺喜欢这个书名——洗净铅华,有没有点睥睨岁月的开朗和大气?

可我最终什么也没有说。因为紧接着我就想到了"为物要能入画,为人要能入诗",是《我公然老了》里的一句话。

(原载 2018 年第 2 期)

贡祖文匿护岳飞骨血觅迹

甘建华

车轮滚滚,丹阳城外,卷起一路红尘。

柳茹村在望,乡道垂柳迎客。高低远近、粉墙灰瓦的农舍,像游弋在麦田绿浪中的舰队,颇具诗情画意。

经过一路的期盼、颠簸,来到这片神往之地,笔者的心绪反而沉静下来。

同车人鸦雀无声。从家乡映入眼帘那一刻起,副驾座位上的朋友贡柏忠,眼睛片刻也未离开过窗外的景物。令他沉醉如梦的,是熟悉亲切的乡土,还是历史云烟中,先祖披坚执锐驰骋疆场的雄姿和感天动地的侠义壮举?

此行,我们正是冲着他的先祖而来。

一

去年这时节,一行人游览桃花潭。兴许是李白《赠汪伦》的千古绝唱、大诗人与汪伦的真挚友情,令柏忠兄遥想起了九百年前,先祖贡祖文与抗金英雄岳飞肝胆相照的故事,平日言语不多的他,说起了南宋年间,先祖曾在离桃花潭不远的宣城贡家村居住,岳飞遇害后,为了保护英雄的骨血,他举家隐居丹徒,一年后又迁徙到荒远偏僻的曲阿县柳塘村(即今江苏省镇江丹阳市延陵镇柳茹村)的故事。

据史料记载,贡祖文字仁德,子贡后裔,祖籍浚县,宋熙宁四年(1071)生于大名府长垣县城北(今河南省长垣县),少时聪明过人,习文过目不忘,年轻时性格豪放,且精通剑术,好名声传扬两河(指河南省的河东、河北交界地带)。宣和四年(1122),因宋攻辽失败,祖文乃弃文习武,攻读兵书和研究兵法,以图从戎报国。宋靖康元年(1126),贡祖文建军功被授武德大夫。此时,金兵分多路入侵中原,翌年四月,宋徽宗、钦宗被金兵俘虏北去,贡祖文与岳飞(河南汤阴人)一起仗剑投军,抗击金兵,战乱中多次联手破敌,交往中意气相投,结为"刎颈之交"。

绍兴十一年(1141)冬,在宋高宗赵构授意下,秦桧以"莫须有"的罪名,将岳飞及其长子岳云关押在临安府大理寺狱中。贡祖文得悉,愿以全家性命担保岳家父子,并冒着风雪,由秣陵关长途跋涉趋赴临安营救,未及赶到,岳飞父子已遇害,亲属全部流放岭南,前途险恶,生路渺茫。岳飞妻李娃设法让三子岳霖得以逃脱,秦桧下令各地官员通缉。贡祖文接令后,在石臼湖边杀死秦桧鹰犬,救下岳霖。他深知岳飞乃含冤而死,决定无论冒多大风险,也要为英雄保留下骨血。

贡祖文将12岁的岳霖藏于军中。因怕军中人多眼杂,一旦暴露,心血白费,他上书辞官归隐,获准后,将岳霖带到徽州宣城(今属安徽省)贡家村隐居,此后又经历了两次迁徙。贡祖文视岳霖如亲生子,教他习文练武、天文地理。经过贡祖文近9年的精心栽培,岳霖成长为一个博学多才、能文能武的有为青年。贡祖文挑选了知书达理的钮氏姑娘与岳霖成婚。岳霖与妻恩恩爱爱、和和睦睦,在柳塘生活近20年,生下岳琮、岳璞、岳珂、岳珪四子和女儿岳璎。

二

贡祖文于绍兴二十年(1150)病逝,十三年后的隆兴元年(1163)元月,宋孝宗帝登基即位,岳飞二十一年的沉冤终得平反昭雪,此时,岳霖已经三十二岁。贡祖文保护忠良之后、护孤抚孤的感人事迹,得到了朝廷的褒奖。孝宗皇帝对贡祖文一生做出"忠君爱友"的公正评价,特赐御匾,亲旨书写"旌表忠义"四个字,并追谥"文宪公",表彰贡祖文"累建军功"和"匿护忠良后裔之功"。封其夫人黄氏为"诰命夫人",同时下诏追复岳飞原官,以礼改葬,其后代特予录用。岳霖应诏出仕,历任朝散大夫、敷文阁侍制、兵部侍郎、广东经略安抚使等职。岳霖为了让世代牢记贡祖文的恩德,在宋宝庆年间,嘱三子岳珂(宋理宗宝庆年间任丹阳县令)曰:"人生在世,仁德至重……祖文公恩待我救命之情,千万不能忘怀,永世再记。"为了纪念祖父岳飞"精忠报国"和贡祖文"救孤抚孤"之恩,岳珂在丹阳香草河紫阳渡(今全州镇培棠村)建造"报本祠",但还未完工,岳珂即赴常州任职,后由岳琮接替完成了工程。报本祠神龛内立有祖先岳武穆王和贡文宪(祖文)公两人并列塑像。岳珂在祠前特地栽下了一棵"精忠柏"

(现已枯死,树身还在)。岳琛后来定居在报本祠旁,与恩公之后居住的柳塘村相距不远。

从此,岳家后人在培棠村繁衍生息。此地的《岳氏宗谱》记载:"贡公为岳氏保孤,百年图维,弃官归隐,大有造于岳氏也。故录其本传,附载于此,俾后之览者,不忘贡公之德。"为体现贡岳为一家人,两家先祖规定贡、岳两家不得通婚。直到现在,丹阳贡、岳两姓人口在当地已有两万余众,仍不通婚。

贡祖文救孤抚孤的史实,媒体多有报道。如1983年5月10日,《新民晚报》报道丹阳发现《曲阿培棠岳氏宗谱》,文中提到,"据《曲阿培棠岳氏宗谱》记述,岳飞与长子岳云遇难后,次子岳雷随母发配岭南,岳霖、岳震、岳霆年俱幼。为避灭门之灾,岳震、岳霆逃至湖广黄梅县,三子岳霖被镇守秣陵关的总镇贡文宪潜挟收养在丹阳。宋孝宗登基后,岳飞冤案昭雪,贡祖文'忠君爱友'、舍全家性命护孤抚孤的义举大白于天下。后岳霖食邑宜兴,生四子。三子岳珂为丹阳县宰,念贡文宪抚孤之恩,建'报本祠'于'紫阳渡'(现丹阳南乡培棠村)……"

笔者因结识贡祖文31世孙贡柏忠,偶然知晓了贡祖文救孤抚孤的感人经历,于是开始关注这方面的文字和史料。其间,也发现一些今人对贡祖文力保岳飞骨血的质疑,有的甚至还做出一些片面的主观推测。为使认识更加接近真实,笔者特地约上朋友,随柏忠兄前往丹阳柳茹村、乡培棠村瞻仰、踏访。

三

到得丹阳,如约与家住市区的柏忠二哥柏良会合,同往数十里外的延陵镇柳茹村,在村里又找到了柏忠、柏良的大哥柏连。随贡家三兄弟踏访柳茹村,一行人兴致盎然。

村落聚散有致,疏朗大气。位于村北的贡氏宗祠,是全村最尊显的建筑,坐北朝南,高墙大屋,古杏擎天,始建于南宋,布局、规模均仿培棠村岳氏宗祠,清咸丰年间毁于兵燹,重建后仍与培棠村岳氏宗祠雷同。原有三进,第一进大门上悬挂着复制的宋孝宗皇帝特赐贡祖文的"旌表忠义"御匾。现存中进五间,已作修缮,墙壁上精致的文字和图画,均记载、描绘了贡祖文护孤抚孤的经过。

该祠是抗战时期陈毅联系群众,指挥延陵战斗的重要纪念地。祠内现存当年陈毅接见民众代表后在宗祠大院银杏树下与大家的合影。抗战胜利后，国家百废待兴，亟需人才，贡氏后人将部分祠堂改造成学校，承担起教书育人的重任。如今，贡氏宗祠已被列为丹阳市级文物保护单位、市爱国主义教育基地。

串门走巷于村中，来到明朝天启年间百姓集资始建的"王公祠"。该祠记颂时任丹阳知县王志道，在丹阳遭受蝗灾时，体察民情，坐镇柳茹村，身先士卒，指挥当地百姓歼灭蝗虫，保护了庄稼。祠内悬有"惠我无疆""不显亦临"两块匾额。完好整洁的祠堂，是1997年柳茹群众又一次自愿集资修葺过的。令人驻足、流连的还有古巷、更楼和记述先人隆德高风的节孝坊、友于堂等。

造访农家时，遇一对足有八十年婚龄、曾二上中央电视台节目的老年伉俪。因儿女孝顺四邻照应，二老均已达九十九岁高寿。老翁贡木木不久前从高处跌落，伤重堪忧，却奇迹般神速康复，令人惊讶。我们进门时，正遇原生产队长、八十四岁的老邻居贡国川撑着拐杖，与往常一样从"新家"过来看望木木老大哥。

流连于柳茹村，有一种感触：先祖高风熏陶下的村民们，崇德感恩，重情尚义，古道热肠世世代代一脉相承。

四

惜别柳茹村，赶至附近岳霖后裔集居的培棠村。这是个农舍密集的大宅基，遥看恢宏壮观，颇有些"岳家军"的气势。天色近晚，一行人直奔村外的"岳氏宗祠"，见铁将军把门，正欲入村，乡道上过来了一辆助动车。来人得知我们中间有两位柳茹村人，面露惊喜之色，紧握贡氏兄弟手连声道："你们是我们的恩人啊！"随即忙着联系管理人。转眼工夫，从村头方向又疾驰来一辆摩托，祠堂义务管理人员未至笑声先到，下车后，同样对贡氏兄弟连称："你们是我们的救命恩人！"攀谈中得知，先遇到的那位是岳飞三十世孙岳锁炳，后一位是岳飞三十二世孙岳红星。宾客一见如故，进了围墙，在祠堂门口合罢影，携手进入祠堂。

岳氏宗祠前身为始建于南宋宝庆年间的"报本祠"，后毁于战火。清康熙十年(1671)，在"报本祠"旧址附近新建"岳忠武祠"，共三进。年长的人们还记得，神龛内立有"贡文宪之位"牌位。在岳氏后人的心中，贡祖文不仅是全族的头号恩人,更是自家人。此祠在"文化大革命"中被毁,1990年按原貌重建一进,即现在的岳氏宗祠,共五进,受丹阳市人民政府保护。无独有偶,与贡氏宗祠相同,岳氏宗祠墙壁上的文字和绘画中,也记载、描绘了贡祖文护孤抚孤的事迹。

天色将晚,握别二位岳飞后人,对他们至今铭记贡祖文抚孤义举的感恩之德,满怀敬佩与感动。回望培棠村,对这片岳飞后裔集居地,充满了敬意。

五

贡祖文与抗金英雄岳飞肝胆相照的故事,与今天相距久远,众口传说中,某些细节或许有些走样甚至失真,是可以理解的。但从多种史料的记述来看,事实就是事实,贡祖文救孤抚孤的真实性,不容怀疑。相关史料中,尤其是《曲阿培棠岳氏宗谱》,经过了多个朝代数十次的修订,贡祖文救孤抚孤的史实经得起历代的考证和推敲!再说了,皇帝老子"旌表忠义"特赐御匾之事是能瞎编的吗?既然假不了,那么,贡岳二族难道会为了编故事而犯"欺君之罪"吗?另外,岳飞家族乃是中国历史上为数不多的声名显赫家族,难不成会平白无故、稀里糊涂地认错了头号恩人,酿出个自作多情的千古大笑话来吗?

一个民族,只有懂得敬畏、尊重英雄先烈,用其事迹和精神教化民众,才会有强大的未来,也才能赢得世人的尊重。崇尚英雄、敬仰先烈应当成为社会的风尚。贡祖文护孤抚孤义举值得我们去探究、挖掘的,是其中所包含的宝贵的精神与道德价值。

注:本文中有关贡祖文生平及匿护岳飞后裔的文字资料,来源于丹阳市党史办贡义林所著传记《宋代名将贡祖文的故事》(摘自《曲阿培棠岳氏宗谱》),南宋文学家、史学家岳珂所著《鄂国金佗粹编》,南宋起居舍人、侍御史(掌管记录皇帝言行和主管天下图书籍等之职)刘光祖所撰《宋武德大夫贡文宪传》(录入《岳氏宗谱》)等。传记由贡祖文三十一世孙贡柏忠提供。

(原载2018年第3期)

一代中医巨擘张山雷

陶继明

张山雷,一个几乎被家乡遗忘了的中医大师;

张山雷,一个被兰溪人奉为"医圣"的执牛耳者;

张山雷,一个开创中医教育的前躯……

大医前身是秀才

张山雷,原名寿祥,字芝生,后改名寿颐,字山雷,后以字山雷行世。清同治十二年七月三十日(1873年9月21日)生,祖籍石冈镇(今属马陆镇),后迁居嘉定城内张马弄。父亲张伟甫经营旧衣铺,家道小康,尚能温饱。

张山雷天资聪颖,自幼好学,是一个神童,五岁发蒙读书,六岁入家塾,八岁习举子业于南翔名士李眸云门下,十一岁时"四书五经"已约略成诵,十三岁就已开始学习帖括,做科举考试的准备。张伟甫对他寄予很高的期望,要他走学而优则仕的道路。光绪十六年(1890),十七岁的他就考中了诸生(俗称"秀才")。这位年轻的秀才,长得身材修长,风度翩翩,谈吐风雅,已在嘉定士人圈中颇有名气。中秀才之后,他博览群书,读书十分勤奋,但他"性不嗜八股,成童之年,偏喜涉猎百家之言,借消永昼"(《张山雷医案集·籀簃谈医小序》)。

张山雷二十二岁时,母亲患上风痹的顽症,半身不遂,久治不愈,此事深深刺激了年轻的张山雷,深感医药治病救人的重要。张山雷是个孝子,为救治母亲,他开始与中医界人士交往,购置医书参考,自学医术,并逐渐对博大精深的中医产生了兴趣。光绪二十一年(1895),母亲逝世,三年后,父亲张伟甫也逝世。双亲先后离世,家道中落,他再也无心参加乡试,就正式弃儒从医。俗话说:"秀才学医,笼中捉鸡。"张山雷的古文基础扎实,学医轻车熟路,经过对中医经典和历代名家著述的朝夕钻研,他对著名前辈名医王梦英的著作尤为心仪,用力甚深,获益良多。没几年,张山雷医术大进,求医问药者渐多,在嘉定有了些名气。

后来,张山雷结识了嘉定名中医余伯陶,余伯陶虽比张山雷仅年长一岁,但出道早,名声响,精通医理,擅长内科,对热病、调理诸方面颇有造诣,设诊所于九江路,在沪上名盛一时,孙中山曾慕名延其诊视,给予褒奖。余伯陶发起创办神州医药总会,任会长,又主编《神州医药学报》,创办神州医药专门学校,任校长,著有《疫症集说》《鼠疫抉微》《救急便览》诸书。

一次,余伯陶的舅外公朱莪诗在脑项部后患了脑疽病(即"脑痈"),此痈"纵三寸余,横五六寸",已四五天了,病情危急,余伯陶治疗后无效,竟束手无策,特邀张山雷助医。张山雷详细观察朱莪诗的病情后,以党参、黄芪、天仙子等,又采集了几种草药,捣烂敷之,以温补升阳,病人的病情两天后就好转了。这让余伯陶十分惊奇,更赏识他的天赋,介绍他加入神州医药总会,并使其成为骨干。中医内、外、儿科可以自学成才,疮疡肿毒的局部处理则是门技术与手艺,必须问师面授。为了让张山雷全面深造,经余伯陶的热情推荐介绍,张山雷师从方泰黄墙名医朱成璈(字尧农,号阆仙)。黄墙朱氏系中医世家,医术高明,闻名遐迩,朱成璈为第五世。朱成璈视张山雷为得意门生,将平生经验和家传秘方都毫无保留地传授给他。经多年历练,张山雷学识日趋精湛。此间,张山雷在随朱成璈学习行医之余,已开始《脏腑药式补正》一书的撰写。

光绪三十一年(1905),张山雷开始在城中张马弄家中挂牌行医,悬壶济世。张山雷为人谦虚低调,他的诊所张贴仅书"张山雷知医"五个字,不写科目。由于他医术高明,诊治认真确切,不久就在嘉定名噪一时,看病就医者络绎不绝。张山雷除了用书上的方子,常常介绍嘉定本地的土单方,方便得到,花钱少,非常有效。

宣统二年(1910),张山雷在上海白克路(今凤阳路)九如里租用两间小平房开设诊所,家室仍在嘉定,同时也在嘉定行医,他在沪、嘉两地辛劳地奔波。白克路面向南京路,背靠苏州河。此地贫富混杂,以华人打工者、小老板等小市民为主体,小菜场、小饭店、茶馆、混堂、客栈、堆栈很多,为三教九流之地,较适合于传统中医药的生存和发展,这里聚集了小型的中西医院、小诊所,游医也较集中,竞争激烈。同时,这里也是藏龙卧虎之地,一些中医神奇人物也居住于此。张山雷在这里治愈了不少的疑难杂症病人,开始以精湛的医术享誉沪上。他勤奋著述,又在此时完成了《中风斠诠》一书的初稿。

开中医办学先河

清末民初,国门洞开,西学东渐。西方医学也随之蜂拥而至,中医面临严峻的挑战。为了传承中医事业、培养中医人才,民国三年(1914),朱成璈在黄墙创办"朱氏私立中医专门学校",并邀张山雷出任教务主任。朱氏私立中医专门学校是中国最早的中医学校之一,开中医立校教育之先河。

张山雷受朱成璈命起草了《黄墙朱氏私立中医学校宣言书》,宣告了办学缘起:"医本活人之术,仁人之心,与其传至一家,何如公之一世,借以推广家学……视东西各国,设立学堂,栽培后进,必由普通知识,循序以入专门,迨至毕业。"初次办学,没有教材,张山雷就动手自己编写《本草正义》等教材,以卫生、生理、脉理、药物、病理、诊断、方剂等为经,以内、外、妇、幼、针灸为纬,称"七经五纬",课程实施从基础到临床,形成了中医教育的初步体系,具有开创性的意义。由于朱成璈、张山雷学养精深、执教有方,来自四方就学者达七八十名,黄墙中医学校声誉卓著。由于黄墙中医学校的资源有限,面对不少渴望求学的学生,张山雷还开办了函授班,通过通培形式,传授学生。不料开办只有两年,即因朱成璈病逝而中辍,张山雷壮志未酬,同人星散,感叹之余,乃重赴沪上行医,广交业界朋友,候机再起。

民国七年(1918),谢观、包识生、丁甘仁等人创办上海神州中医学校,包识生等人力邀张山雷执教,并恳请他在学校任教并编印教材,他所著的《中风斠诠》一书此时已正式付印出版,因其深厚的学术造诣和丰富的实践经验,受到中医界好评,并作为该校的课本之一。他在神州中医学校,勤勉教育,倾其全心培育中医后人,在中医教育界名震一时。

张山雷有医者仁爱之心,邻居赵杏生才三十岁,身体一向健硕,不幸患了脑疽,脓已透,毒已聚,经多名医生治疗无效,危在旦夕。张山雷即从上海赶回,辨证施治,开出川芎、桂枝、鹿角、二陈等药,服用四五天后,赵杏生腐肉脱落,新肌长满,不痛不痒,宛如无事。

兰溪岁月

民国九年(1920),在浙江省兰溪知县盛鸿焘的支持下,筹建了兰溪中医专门学校,但学校苦于师资难觅,时任校长诸葛超专程赶到上海寻找老师。上海神州国医会向诸葛超推荐了张山雷。诸葛超早就知道了张山雷,两人一见如故,当场拍板,聘张山雷为该校教务主任。之后,张山雷在兰溪中医专门学校长达十五年之久,直至去世。

张山雷为兰溪中医专门学校制定了学校章程,比《黄墙朱氏私立中医学校宣言书》更趋丰富完善。据学校章程规定:学生入学前经考试国文一门,凡中学毕业者与青年中医可免试入学。合格年龄定十六岁至二十六岁内,学制定四年,预科两年,以基础理论为主;正科两年,以临床科为主。

张山雷在兰溪教书育人孜孜不倦,为了培养好中医后人,他亲自动手编写教材,夜编日教,不辞辛劳,经常彻夜孤灯写作。他亲自执教,所编教材,必先亲自讲解,上课时声音洪亮,旁征博引,滔滔不绝,生动活泼,引人入胜。而且有问必答,能使学生心领神会。他批改学生的作业也非常认真,并组织临床侍诊,以提高学生的临床医疗水平。他把全副精力都投入中医教育事业中,正如他在宣言书中所说:"虽天荒乍破,何能遽抵纯全,而私意胥躅,终当大弘法教,此日筚路蓝缕,且与二三子芟剪荆榛,他年切磋琢磨,尚望千万人扶持国学。"这是最好的注脚。

在兰溪的岁月中,张山雷探索出一套比较成熟的中医教学方法,归纳起来大致有以下几个特点:理论教学,主中兼西,狠抓基础,由浅入深;校设门诊,重视实践;举办学术园地,开展校内争鸣;创立函授,新辟培养途径。在实践中规范了中医课堂教育,其作用不可估量。他的中医教育思想、中医教育成就在中医教育发展史上不可磨灭。

在张山雷的精心管理下,兰溪中医专门学校声名远扬。江苏、浙江、江西、安徽、福建、上海等省市的学生纷纷慕名而来,时任上海中国红十字会附设时疫医院顾问、中医名家徐相任因钦佩张山雷学识渊博,教导有方,也特地让其子徐利民千里迢迢,负笈到兰溪求学。在兰溪期间,张山雷又培养了大批学生,加上之前在黄墙、神州两校培养的学生,共达六百余名,这些学生成为新一代中医的中坚力量。

民国十六年(1927),张山雷还创办了《中医求是月刊》,自任主编,旨在让中医各流派都能阐扬自己的观点,先后出版了十二期。

以中医教育为主的张山雷,仍不忘悬壶济世,关注民生。民国二十年(1931)四月,兰溪瘟疫流行,瘟疫发病极快,十分凶险,"初起头痛心闷,顷刻人事不知,脸青手抽,亦有面红目红,或加呕吐的"。张山雷以开刮痧针刺及拔痧之方法,加上紫金锭三块吃之,患者必能开口要茶吃,"屡试屡验,神效无比"(张山雷《时疫病之确实经过》)。

张山雷毕生致力于中医事业,呕心沥血,鞠躬尽瘁。在他病危时,曾亲自撰写一副自挽联:

一伎半生,精诚所结,神鬼可通,果然奇悟别闻,尽助前贤,补苴罅漏;
孤灯廿载,意气徒豪,心肝呕尽,以此虚灵未眠,唯冀后起,完续残编。

挽联表达了他壮志未酬身先死的遗憾,也表达了他希望早日完成全部著作的心愿。民国二十三年(1934)六月十九日,张山雷因食管癌不治身亡,魂断兰溪,享年六十一岁。

一代医林巨擘

张山雷作为杰出的中医学家和教育家,在近代中医史上享有崇高的地位,被誉为"医林巨擘"。他博古融今,中西合参,对内、外、妇科、中风、本草、外疡等均有独特的阐发。当时医家将他誉为全国名医"二张"(南有张山雷,北有张锡纯)之一,并以他的深厚造诣任中央国医馆常务理事。

张山雷的著作立论源于积学心得,博古融今,中西合参,尤精于训诂,注重中医学术理论与临床的重要性,对经典著作与各家学说均能发其要义,取其精华。其著述始于方泰黄墙,终于浙江兰溪,计二十五种六十六册,主要有《重订医事蒙求》《全体新论疏证》《中风斠诠》《经脉俞穴新考证》《本草正义》《难经汇注笺正》《脉学正义》《沈氏女科辑要笺正》《钱氏小儿药证真诀笺正》《张洁古脏腑药式补正》《古今医案评议》《疡科纲要》《病理学读本》等,堪称洋洋大观。他治学严谨,对自己的著作精益求精,《医学蒙求》第三次重订时,他已沉疴在身,依然一丝不苟,重订结束后不久就病故了。他的这些著作,成为具有珍贵学术价值的中医典籍。近年来,张山雷的著作受到医学界的高度重视,各类各种版本大量出版,其中以浙江省中医管理局整理、人民卫生出版社出版的《张山雷医案》(上、下),全书共两百八十万字,最为完整。张山雷的学术思想也受到中医界的高度重视,多次举办他的学术思想研讨会,出版了《张山雷研究集成》论文集。

  张山雷的后半生是在兰溪度过的,他热爱兰溪,他死后,他的后代和弟子们按他生前的遗愿,将他安葬于云山葱翠、风光秀丽的兰溪市北郊新亭村。1963年因市政建设,张山雷墓迁至城北蒋宅村高殿山下,他的圆形坟墓,就坐落于满山翠绿的橘树林中,墓碑两侧,镌刻了他的自挽联。远远望去,蔚然壮观,已被列为兰溪市文物保护单位。

  兰溪人民热爱和敬重这位对地方做出重大贡献的先贤,2010年建立了"张山雷中医馆",第二年又成立了"张山雷研究会"。2017年11月23日,规模空前的兰溪市首届"张山雷中医药文化节暨振兴中医药大会"开幕。来自全国的名中医及有关专家学者围绕张山雷,研究、探讨、传承、创新张山雷的学术思想和培育发展中医药产业。张山雷从历史中走来,正走近大众,走向社会,被越来越多的人所熟知。

(原载2020年第3期)

名园不可失周公
——陈从周大师其人其事

李禾禾

陈从周去世已经整整二十年了,可是至今人们仍在怀念他。著名红学家冯其庸在痛悼陈从周去世时,曾嗟叹"名园不可失周公"。这不仅因为陈从周作为学者,精于园林和建筑美学,当之无愧于"68位上海社科大师"之列;还因为他作为政协委员,披肝沥胆,仗义执言,维护百姓利益,能"直犯龙颜请恩泽"。

毁不得,南北湖风景区

20世纪60年代初,陈从周到浙江考察园林、古建筑。当他看到风光旖旎的海盐南北湖后,顿时想到上海有千万人口,应该着力扩大旅游风景区,丰富市民的文化生活。于是他不仅当面向上海市领导提出开发南北湖的建议,而且拼了老命似的四处奔波与呼吁,终于嘉兴市与海盐县各拨出一笔建设开发南北湖的资金。虽然这笔钱是杯水车薪,但是毕竟可以进行前期准备了。

然而好事多磨,"文化大革命"开始了,陈从周被关在牛棚里。纷乱之际,此事自然搁浅,但是在陈从周的心中,开发南北湖一直放不下。"文化大革命"结束,他想完成夙愿。然而,他听说此时南北湖一带办起了采石场,质地良好的山石被毁灭性开采,山体千疮百孔,植被毁坏严重。与此同时,一些人又在山上四处张网捉鸟,把风景区变成了狩猎场。以往珍禽异鸟都来此过冬,可是现在这种人与动物的和谐美景没有了。陈从周夜不能寐。不顾七十多岁的高龄和初冬寒冷,他前去南北湖阻止。

果然,车刚进海盐境内,就传来隆隆的炸山炮声,炸山取石使南北湖周围满目疮痍。在向当地官员提出制止这种疯狂破坏后,陈从周心情十分郁闷。就在即将离开南北湖回上海之时,海盐县的有关领导,请陈从周一行吃完饭再走。陈从周坚辞未成。上菜时，他发现竟有野味黄鹂。这下崇尚保护自然和野生动物的陈从周实在怒不可遏了，他突然冒出一声"混蛋"，几欲掀桌，只是被同行者劝住才拂袖而去。

回到上海后，他在《人民日报》《解放日报》等报刊上发表文章，声讨南北湖出现的炸山捕鸟破坏植被生态的行径。他还拖着病躯奔走于上海、杭州、嘉兴，向有关部门反映情况。1985年，当时的嘉兴市某领导请他写字，他不留面子，写的是："放下屠刀，立地成佛，救救南北湖。"

为了打造南北湖风景区，他还给江泽民总书记写信，信中说："浙江海盐南北湖都是名风景区，自从周呼吁后略有好转，但地方破坏风景太甚，民情愤怒，附上《中国环境报》印件一张，公可抽空一阅，给浙江省与海盐一批示，望还我自然……"最后还含泪补写一句"敬恳泽公开恩，救救南北湖"，落款是"小民陈从周"。江总书记阅来信后立即批示，南北湖始得救。

如何规划南北湖，使她成为美丽的风景区又是陈从周的一桩心事。尽管此段时期，陈从周家里屡遭不幸，先是与其相濡以沫的老妻去世，后是在美国留学的爱子死于非命，他的心中煎熬着深深的伤痛。但是他还是数次往返南北湖，给当地领导提出了一系列整体规划方案建议。经过几年的打造，如今南北湖已成为省级风景区。

拆不得，徐家汇藏书楼

陈从周还为保留上海徐家汇藏书楼免除拆迁而据理力争。徐家汇藏书楼创建于1847年，是上海现存最早的近代图书馆，也是我国西学东渐和东学西传的缩影。

徐家汇藏书楼的建筑颇为独到，充分体现了中西合璧的特点。它为两层双坡顶，砖木结构，南北立面设多个欧式壁柱尖券洋松百叶窗框。两层的设计理念和风格融合了中西文化内涵。上层为西文书库，布局和藏书排架为梵蒂冈图书馆式样；其下层原为中文书库，仿照明代宁波天一阁风格。南楼，原耶稣会住院，即神甫楼，建于1867年，几经改建，于1931年固定为四层坡顶，外廊式建筑。藏书楼多年来失于维修，以及下水道经常堵塞，在1991年上半年，上海准备建地铁时，市政府有关部门打算把徐家汇藏书楼拆迁。

此事被陈从周知道后，他与上海图书馆馆长顾廷龙、著名作家巴金等上书市政府，反对拆迁徐家汇藏书楼。在有关部门征求建筑学专家的意见时，陈从周说："上海作为一个国际大都市，应该有它的文化象征，而这个文化象征，并不是抽象的，需要靠几个标志性的建筑来体现。徐家汇藏书楼是目前上海唯一留下的传统藏书楼，怎么能拆掉呢？"在一次专家论证会上，他对一些主张拆的领导大声说："我是政协委员，徐家汇藏书楼是珍贵的历史文物，谁要拆它，我就控告谁。"由于激动，陈从周出现了中风症状，工作人员要送他去医院，但他没去。在会场稍作休息后，还是坚持参加完了会议才回家。

在他和一些专家的极力反对下，有关部门最终还是听从了他们的意见。经过大力修缮，徐家汇藏书楼于2003年7月重新向公众开放。如今徐家汇藏书楼不仅是上海的文化符号之一，还是著名的旅游景点。

缺不得，中国要有绿文化

陈从周对园林、文学、艺术学有精深的研究，曾出版了《说园》《书带集》《帘青集》《春苔集》《随宜集》《园林谈丛》等多种散文集。其中《说园》原是他教学心得与学术研究成果，后经过他的精心修改整理，1984年11月由同济大学出版社正式出版。

这是一部在世界上享有盛名的园林理论著作，在行云流水的文字中，充满了他对哲学、美学、文学的深刻独到理解。日本建筑专家称他是"知中国园林美第一人"。

陈从周晚年病中还写过以纵谈建筑园林为主，旁及中国文艺许多领域层面的巨著《梓室余墨》。他深情地说："我将这些零星的片段记了下来，准备给我的学生路秉杰。'落红不是无情物，化作春泥更护花'，路是我的研究生，又做过我多年的助手，理解我甚深，我必有所报他也。"

所谓梓室，是赵朴初先生为陈从周书斋的命名。典出子厚的《梓人传》。梓人即善木土之人，故赵以梓人称陈从周。陈从周十分喜欢这个称呼，晚年以梓翁自喻。而梓室，实为陋室。陈的陋室仅七平方米。"文革"岁月，陈从周白天进"牛棚"，扫厕所、打杂。晚间归来，家人怕他太累，又担忧写文章再遭横祸而进行劝止。但是陈从周经常背着家人，半夜起床，将他对古园林事业研究的心得、思考，用蝇头小楷写就。他整整花了十年工夫，才将八十万字的《梓室余墨》完成。

写《梓室余墨》时他已中风多年,但是早上他要孩子将《梓室余墨》手稿拿来继续写或改。傍晚,坐在轮椅上的他膝上放着的还是《梓室余墨》。

陈从周的作品,更多的是矗立于自然界。为主持设计园林,陈从周跑遍了大半个中国,上海的豫园、苏州的拙政园、如皋的水绘园、杭州西湖的郭庄、昆明的南园等都是他主持设计改建的。他还漂洋过海在美国纽约中央公园内建起了"明轩"。这是世界著名设计师贝聿铭请他去设计的。

为了使自然界青山如黛,佳木葱茏,1983 年,在辽宁召开的全国风景会议上,陈从周振聋发聩地提出:"振兴中华,必先绿化;没有绿化,便无文化。"他说:"古人相当重视绿化,古代的城市一定有个孔庙、城隍庙、书院、衙门,这些地方都要种树,形成城市的绿化带。古时餐馆、浴室都有花园,这可以说是化整为零的绿化。目前国外许多地方是集零为整,在住宅中间和文物周围,全是绿化。我们的城市容易搞一窝蜂,到处拓宽马路,建天桥,竖雕塑。城市到处是楼房和雕塑,不等于环境美,环境美是天蓝、水清、地绿。"

为提倡绿文化,陈从周相继提出城市园林绿化发展的主线必须保证基本的绿。为此他反对"以大量建筑假山来代替绿化"的现象。早在 20 世纪 50 年代初,他就多次向杨浦区提议,在工人新村片区特别是沿街遍植遮阴大乔木法桐,用于尽快增绿、改善环境。一开始区里并不理解,后来便逐渐接受并开始栽植。如今,杨浦区四平街道苏家屯路等多次入选"上海十大最美林荫路"。

憋不得,民众事不可懈怠

陈从周在同济大学,几乎妇孺皆知。这不只因为他是知名教授,还因为他疾恶如仇,看不惯的就说。新年单位开茶话会,人家谈的是新年如何发财,他对领导提出的是不要光想发财,要注意培养人才。教工宿舍院内一块绿地要盖房子,他坚决反对,弄得领导下不了台,说:"老陈啊,你现在是名人了,我的话你也听不进了?"陈从周还是不卖领导的面子,坚持自己的意见。

陈从周有个习惯,有空喜欢与老百姓聊天。他觉得作为一个政协委员不能够挂空名,而要为维护百姓利益鼓与呼。有一阶段,学校附近的饮食摊上大饼涨价,分量不足,百姓意见颇多。作为政协委员,他找了物价监督机构进行干预,直至问题解决。于是他得了个"大饼教授"的雅号。

同济大学的校门位于车辆繁忙的四平路,一些老教师过四平路都有些胆战心惊,至于小孩子过马路家长更为不放心。陈从周觉得这个问题必须解决。于是一连几天他站在四平路边观察交通情况,统计汽车流量。在详细了解情况后,他在政协会议上提出要在校门口装红绿灯,以保证行人的安全。有人觉得一个大教授关心这些区区小事没有必要,陈从周正色说:"交通事故是人命关天的大事,我怎么可以不问不管?"

陈从周是著名书画家张大千的入室弟子。早在20世纪60年代,陈从周的字画就价值不菲,但是他的作品从来都是免费赠送,因此不少教职工有他的字画,就连炊事员、清洁工问他要字画他也予以赠送。有人对陈从周说,你送字画就是送钱啊,陈从周潇洒地答道:"我是丹青只把结缘看。"

如今斯人已去,但是正如前贤所说,"有的人活着已经死去,有的人死去却活着"。此语对陈从周来说,正是如此。

(原载2020年第4期)

云中鸿雁记得他
——一位三线建设者的两地书

唐 宁

斗转星移,岁月更迭。始于20世纪60年代的"大三线"建设已悄然过去,成千上万奔赴西部山区的建设者和他们的子孙后代、亲朋好友,还有多少人知道他们可歌可泣的人生故事呢?

那些远去的身影,和共和国的岁月血肉相连。一段鲜活的历史,不单是伟人的决策与功名,平民百姓作为统计学意义上的衬托,更应有生动鲜活的时代记忆、温润如初的生活细节。在此介绍一位"大三线"建设者——原上海光学仪器厂总工程师马燮华先生,在1966年奔赴贵阳山区工作的最初五年中,没有回上海探过亲,他与妻儿的两地书,留下了岁月的印痕。

辗 转 求 学

20世纪50年代末,苏联全面撤回援华项目,我国第一台国产潜艇潜望镜,就在这大背景下开始研制。国家为此投入巨大的人力和财力,60年代初,在上海光学仪器厂建立一个保密部门:第一办公室。初期九十四名成员中,有三十人来自第七研究院、江南造船厂和北海舰队,技术领衔者为上海光学仪器厂的两位牛人:赵元和马燮华。

时届花甲的赵元老,留学美国归来后在燕京大学当教授期间,就研制出当时很先进的光学天平仪,该光学天平仪被送去哈佛大学参展。国民政府任命他为上海科学馆馆长和中央研究院研究员。中华人民共和国成立后,他在上海光学仪器厂总师室工作。

另一位领衔者马燮华时年四十五岁,身板敦实,戴秀琅架眼镜,说一口老派上海话。在日本侵华战争中,马燮华离开沦陷中的上海,辗转抵达昆明,入学国立西南联大。联大教授皆为名师大家,茅屋校舍亦由梁思成、林徽因设计。马燮华记叙过联大的生活:"工学院在城东,与其他学院是分开的,依旧保持着清华大学的做派,每门考试会有三分之一的学生不及格。加之在二三年级时经常空袭,而功课又特别繁忙,经常在逃警报时读书做习题,养成了艰苦学习的读书习惯。"

西南联大八年内共录取 8 000 余名学生,只有 3 882 人拿到毕业证书,马燮华是其中之一。毕业后他被推荐入职国民党创办的昆明 53 兵工厂,担任技术员、所长和设计室主任。五年后,他考取英国曼彻斯特大学,正要启程深造,碰上金圆券发行而停止结汇,错过了入学时间。随即,他被派往考文垂精密机械工具厂进修。考文垂是英国军事工业中心,在战争中遭到狂轰滥炸。马燮华穿行于废墟瓦砾间,去图书馆搜集最新技术资料,订购各种专业杂志和书籍。1951 年 5 月,他带着一批资料返回祖国,参加中科院光学仪器馆筹备会,循着新中国光学事业的起步,先后去北京地球物理实验室、中科院仪器馆(长春)工作,后来被派往上海实验工厂。

科技牛人和能工巧匠的聚合,令国营上海光学仪器厂在初建前五年中的部分生产成果,已接近民主德国与苏联的同等水平。但要研制有光学仪器皇冠之称的潜艇潜望镜,还有许多难以跨越的障碍。苏联的图纸只是为安装和验收所用,并无研制过程的描述,计算和加工工艺、试验装备、辅料成分、配制工艺,包括检测方法和工具等关键步骤的说明,皆为空白。

在一次阶段性的图纸部审会上,时任一机部四局局长翁迪民握住马燮华的手说:"这是国家重点项目,老马,你就是拼了老命也要把产品搞出来啊。"

马燮华知道这句话的分量。

代　号　803

跟随"大三线"战略部署,潜艇潜望镜总装大楼定位于贵阳郊外的新添寨上,大楼水泥还未干透,研制组成员就从上海出发了。

离开上海前,一办的九十余位成员在工厂主楼前合影。女青年在前排席地而坐,长裙下露出搭攀式布鞋。男同志分成五六排站立,笑容里焕发着年代的素朴与纯真。这个年轻的团体全部迁往贵阳,马燮华在合影第三排就座,与周围年轻人并无违和感。

1966年6月下旬的上海火车站,小分队员敲锣打鼓,唱唱跳跳,欢送建设者西迁远行。马燮华像平时出差那样,与母亲和妻儿在家中道别后,独自出门。他们都没有想到,再次相见会在五年多之后。马燮华在给妻子报平安的家信中描述了车站的情景:"厂里组织百数十人的队伍欢送,小分队唱革命歌曲,倒也很热闹。你和母亲不到车站送行是对的,因为没有送别的时间。"

三线建设奉行"先生产、后生活"原则,潜望镜安装大楼建成后,才开始造职工宿舍,砖墙尚未收干,首批人员已经到达。铺盖成了吸潮物,几天后,掀起垫被,床板上的小凹坑都积水了。老派知识分子马燮华内心却很笃定,比起抗战时期在西南联大的日子,这里的光景好过多了。他兴致勃勃地给妻儿写信,当然是报喜不报忧——

> 沿途风景很优美,有山有水,农田都是稻田,尤其是桂林附近山峰之奇峰,真如《刘三姐》电影中的风景。沿途气候也很好,沿途下雨,柳州下雨,到贵阳南站就出太阳,欢迎我们到达贵阳。新厂人员来南站迎接我们,帮助我们安排搬运行李。贵州省贵阳市工作组内有负责同志来车站欢迎。我们分乘三辆公共汽车在市区观光后到新厂。厂区风景优美,四周环山,有河流经过厂区。由于坡度形成的小瀑布,堪比杭州的九溪十八涧。四周都是果树,桃李柿子等也有。
>
> 我现在住单身宿舍的楼正中的一小间,有四五平方米,一只双层床,上面放行李,一桌一凳子,这是照顾我的了,其他没有一人一间的。打开窗户风景优美,前面山峰重叠,是乌当区委办公所在地,山脚下有公路,公路前面有河流。风景优美,气候良好,真是避暑妙地。厂里伙食便宜可口,如昨日的糖醋小排才一角两分,最贵的不超过一角五分。
>
> 我们住的宿舍是山里最高的一幢,到食堂吃饭就得走一刻钟,要开水得到比食堂更远的浴室去拿,所以第一步是练脚劲。上厕所又得走数分钟。生活方面虽然不如上海方便,但较昆明时好多了。工厂环境更好,只要建成后略加整理即可成为高级漂亮的花园工厂,有山有水有瀑布有平地。早上云雾从山上升起,太阳出来才散去。阴天雨天就很风凉。像今天阴天,我就穿了毛衣,短裤根本不能穿。
>
> ……
>
> 我注意到这里鸟种类很多,唱的歌声很好听,像现在我在写信时听到

的各种鸟在唱歌。山上树木很多,原来的松柏颜色更青绿可爱,杨柳也都垂青了。红的桃花白的花菜也很好看。环绕厂区的河流鱼儿也不少,上星期修鱼塘在一小小池中就捉到不少鱼。这儿是天然的公园。你们什么时候到我这儿来玩玩。

到达新添寨当天,马燮华就出了个洋相,在上厕所时,手表脱落掉入了粪坑。当时的厕所就是在野地里挖个深坑,上面搁几根板条,用芦苇席遮挡一下。马燮华有点无所适从,他深度近视,在昏暗天色中怎么都看不出手表在哪儿,同事帮忙捞起了手表,但表盘的后盖却没了。

潜望镜第一台样机交付进入倒计时,高压动力电源还未接到新添寨,总装和校验无法展开。从市里高压电站到新添寨,要翻越 8 座大山,线路长达 10 公里。架设电线杆得先挖 100 多个深坑,每个深 2 米、长 1.5 米、宽 0.6 米,得挖出 2 吨重的山石。贵州的山脉属喀斯特地貌,岩石与泥层混杂,挖坑十分费劲。这活儿原本包给了当地民工,但在紧要关头,民工却回家抗旱去了。潜望镜安装调试部门人员都等不及,干脆扛起铁锹,三人一组,爬山挖土去了。总工程师马燮华也舞起铁锹,挥汗如雨。在给妻子的信中,他说:"星期四我们去了 30 人,皮肤晒得黑黑的,平均每组挖了 1.5 个坑。"

每次挖坑回来,隔着一堵墙的军代表都能听到老马的呼噜声。

无 处 遁 逃

贵阳新添光学仪器厂建成不久,"文化大革命"就开始了。省里闹起了派性,群众组织之间展开了无休止的大辩论,最后鸣枪动刀,搞起了武斗。

1967 年 9 月,马燮华夫人周翠珠来信,说给孩子们做了面条庆祝他的生日,思念和亲情溢于言表。当晚,马燮华提笔回了信。

因为有复杂的求学和工作经历,马燮华被迫离开了军品生产项目,去仓库劳动。厂里已经停产,仓库里货物胡乱堆放,有些毛坯件已锈迹斑斑。马燮华动手清理物架,将铸件和锻件分门别类,搬过来摆过去,忙活了一周,仓库变得井井有条,一目了然。他告诉妻子说:"体力劳动可以见成效。不像脑力劳动,人家以为你吃饭不管事,真是吃力不讨好。"

整理完仓库,马燮华又做起了锯料工。他从一张张军品生产部门的料单配置中,猜测着潜望镜工程的进展,发现配料时还能做些改进。比如锯黄铜管,平均通常会多锯十至二十毫米,他计算出每件偏差就要浪费一公斤黄铜,于是调整了机床和锯条,照着料单尺寸精准锯料。有人说,你这样不留余地,万一加工时尺寸不够怎么办?他很有把握地说,这种情况是不会发生的。他熟悉军品生产的精确性,工艺员都能按照料单尺寸,准确完成零件加工。他亲手锯出的黄铜管料,果然刚好够用,就此省下了不少黄铜。从此,军品生产的锯料索性就都交给他去做了。

潜望镜安装后要进行颠簸试验,机器开动时,金属撞击的轰响在山里久久回荡。马燮华凝神静听,知道又一台潜望镜完成了装配,浮现出儒雅的微笑。然后低下头去,继续锯黄铜管。不久,仓库都不让他待了,被送入"牛棚"去隔离审查,工资也被冻结,还遭到训斥:"你凭啥拿这么多工资?车、钳、刨,你哪样活拿得出手?"

马燮华愣住了。他没有辩解说,这是政府给的保留工资。从前的规矩已被全部推翻,不说也罢。他每月只拿到十五元生活费,妻子体弱多病,还在硬撑着上班,抚养三个儿女。她在信上告诉丈夫:

> 小弟的棉袄穿了五年了。幸亏这一两年内不知怎么长得较慢,被同岁的都赶上去了。但终究衣服太短小了,所以准备替他做一件。至于经济,依靠我一个人当然是不够的。幸亏在上海,熟人也较多,可以借贷……你问我小孩生病不找医生,是否经济关系,我不忌讳,当然受影响的。要相信党和群众,会把事情搞清楚。你将聘任书放存着,证件放着,要对党忠诚。

马燮华一直念叨着几年不见的三个孩子,想象他们个头长高后的模样。在电力公司做财务的妻子翠珠是大同大学商学院毕业生,温文贤淑,如今却捉襟见肘,靠借贷度日,他感到十分心痛。但身在两千多公里之外,他又能想出什么办法呢?他只得写道:

> 我个人反正旧衣服都可以穿,破了补了再穿……小弟人长高了,今年替他做一件吧。早些准备,今年布票都不延期了。我去年的也没有买掉,与人换了今年的,尚有两丈多……我亦希望我的问题早日解决,得出公正

合理的结论就好了。能在最近一两个月内解决就好了。

此信落款日期是 1970 年秋,马燮华靠边审查已有三年多。他和妻子心心念念盼望的结论,还是没有得到。在一次批斗会上,他又挨了打。一块粗木板在他腿部断成三截,横飞出去。他一瘸一拐地去了医务室,医生给他开了一周病假。但他不得不继续劳动,直至疼痛加剧,才获准去乌当区医院拍片,诊断结果为腓骨骨折,走路就靠一根胫骨受力。但他避重就轻,只告诉妻子有一点腿伤。

上星期去乌当医院拍 X 光片,已部分愈合尚未全部长好。没有错位,医生说是下肢骨折,全部长牢要两三个月。因为没有错位,我没上石膏,局部有微肿。医生嘱少活动,故我尚在休息。这星期情况比以前有好转。走下坡路筋骨尚不灵活,负重对足部有影响,所以我亦自知小心,注意休息。现在我已不用撑棒,就是骨折部分略粗,经络部分尚未完全恢复。我现在休息时读毛主席著作,并学习日文。

多年以后,儿子马晓理陪父亲上医院治疗肾病,马燮华对医生说,自己曾被打到大小便失禁。马晓理才知道,父亲在参加"大三线"建设时,受过很多他难以想象的苦。

当时全国企事业单位对被靠边站的所谓"问题人物"进行内查外调,新添光学仪器厂的外调组也曾北上西安,去调查马燮华的"历史问题",找到他在西南联大的同学,询问毕业证书上国民党党徽的由来、53 兵工厂与国民党的关系。有些历史常识因为讳莫如深,才被蒙上黑暗的面纱。这种气氛下,外调结论也很难被采纳。马燮华依然被关在潜望镜安装大楼之外,直到"四人帮"被粉碎。

两 地 相 思

从 1966 年到 1972 年的时间里,马燮华没有回过上海。妻子也因经济拮据,没来贵阳探亲。三个儿女只能从父亲的来信中,想象贵阳山水的美妙。每个周末之夜,马燮华和妻子周翠珠在相距两千多公里的家中,在信纸上讲述各自的生活,他们藏掖着艰难,互相鼓励。马燮华还给女儿写信,给儿子的图画做点评,笔端洋溢着为父的温情。马燮华常写繁体字,字迹随意,有时连标点符号都不点,一气道来。翠珠字迹更潦草,还时断时续,墨水颜色深浅不一,看得出是在操持家务的间歇中写下。马燮华最长的一封信写了四页信纸,妻子在十天后回信说,这段时间她在搬家,厂里见他家现在只住一个大人和三个孩子,要她让出一间房屋来。周翠珠将家具物件挪到了一间房里,上午腾出空间,下午就有人搬了进来。还没来得及收拾,她的哮喘病又发作了,"接连吃三片氨茶碱,又用喷雾及吃可泰敏。幸亏上上周连打十二瓶链霉素及服药,才能抵抗一下"。

1972年春节,远离家人五年半之后,马燮华回沪探了亲。儿子晓理看着这个朝他张开双臂的男人,躲闪到妈妈身后,好久才慢吞吞地喊出一声"爸爸"。妻子脸上生出不少皱纹,头上也出现了银丝,马燮华心生愧意。这个春节是全家最温暖的节日。马燮华看儿女们读书,陪妻子聊天,还跑去上海图书馆和外文书店,在书堆里翻淘。当年在英国考文垂接触国际光学仪器和理论,让他有发现新大陆般的惊喜,而此刻再看到外文科技图书,让他感觉自己在落伍。他倾囊而出,捧回大堆图书。

1980年,马燮华被调回上海光学仪器研究所工作。他将部分生活用品做了就地处置,唯有翠珠和孩子的来信全数带回,这是他十五年三线建设生活最珍贵的纪念。而他的信也在家中抽屉里,被叠放得整整齐齐。贵阳的信封只有两种款式,一种是红蓝斜格边框的航空信封,另一款白信封顶端,写有"敬祝毛主席万寿无疆"。邮票皆为戴军帽的毛泽东头像。马晓理对两地家书进行整理,按日期做了编号。信中所记,不仅是一个家庭的岁月,也是历史的凭据与构件。

(原载 2020 年第 4 期)

李亚农有古文字学精密研究之力

马 军

在中国古文字研究领域,李亚农的名字一直掷地有声。2018年上海市社会科学界联合会公布了首批68位"上海社科大师"的名单,李亚农先生位列其中。

李亚农先生少年时期即赴日本,曾在京都帝国大学文学部求学。20世纪30年代归国后,撰有研究甲骨文和金文的著作四种,即《铁云藏龟零拾》《殷契摭佚》《金文研究》《殷契摭佚续编》。李亚农先生早在日本留学期间即加入中国共产党,从事革命活动。抗战军兴,又投笔从戎,作为新四军敌工部副部长,在大江南北为祖国的独立和自由而战。从这个意义上说,他又是一位名副其实的红色历史学家。此次,我们与上海社会科学院出版社联合推出的《李亚农古文字研究四种》,就是上述四种著作的合集,系李亚农先生自日本归国后,到赴苏北从军前,从事中国古文字研究的主要成果。

当时,他改名为李旦丘。这个化名是以周公旦和孔丘缀合而成的。他决定把自己的时间、精力转到学术研究上来。1937年,通过沈尹默先生的介绍和帮助,他进了孔德图书馆。孔德图书馆是法国人出钱办的中法文化出版委员会下属的一个汉学研究机构。进了孔德图书馆后,他开始了自己的学术研究工作。李亚农对甲骨文、金文很有兴趣,打算在认识几个契文、金文之后,通过这些最古老的文字去研究一点古代社会情况。谁知道一钻进这些甲骨、鼎彝堆中,便乐而忘返,竟把古代社会的研究置诸脑后,研究起中国古代文字学本身来了。这样,他从1937年开始,利用孔德图书馆的资料,先后写了四本古文字学著作和一些单篇论文。

《铁云藏龟零拾》出版于1939年5月。1938年夏,李亚农先生从友人那里见到吴振平所藏甲骨拓墨93片。这批甲骨文片系刘鹗旧藏,有几片已见于《铁云藏龟》,但大多数未经著录。他对这93片甲骨逐一进行考释,并提出了自己的看法。

《殷契摭佚》于 1941 年出版。1939 年春,一个书商带了罗振玉所藏甲骨拓墨千余片来到孔德图书馆求售,沈尹默先生将它们买下,并交给李亚农研究。"入秋后,余始选其文句之较完整者与乎文字较值注意者凡一百一十八片,编为是篇。"这些拓片分为祭祀、贞夕贞旬、用牲、田猎、征伐、杂卜六类。

《金文研究》出版于 1941 年 7 月。李亚农先生在这本金文著作中,"大胆地来了一个新的企图,即追求文字的构成要素的变化,更进一步而穷其历史的发展。因为这一新企图之故,或许又有人要讥之为'奇特之士'了"。李亚农以追求学术的进步为己任,对于前人的研究成果,可接受者无不乐于接受,至于错误,却决不愿盲从,在方法上,也不愿为旧法所囿。

《殷契摭佚续编》完成于 1941 年,战争中无法印刷遂托友人保存书稿,1950 年才出版。此书共收甲骨拓片 349 片,内容包括祭祀、用牲、食货、田游、征伐、天象、贞夕贞旬、杂卜八类。

顾颉刚先生曾经赞誉他:"做到了古籍、古文字与马克思主义的结合……在这一学科上,郭老有开山之功,李氏有精密研究之力。"

作为上海社会科学院历史研究所的首任所长,李亚农先生的建所方针和治学理念,对于历史研究所的早期发展具有底定性的影响,即使是 60 多年后的今天,在上海社会科学院历史研究所的会议室、走廊和图书资料室里,人们仍然能感受到李所长遗韵犹在。

纵观李亚农先生的一生,在学术上曾遇到过三大阻力。其一是抗战爆发,他不得不中断自己酷爱的古史研究,投身于硝烟战火、军旅生涯约十年之久。其二是 20 世纪 50 年代末随着"历史研究为无产阶级政治服务"愈演愈烈,作为所长的他,面对高压虽内心强烈抵触,但有时也不得不作违心之语,以致去世后仍被极"左"势力定为"漏网大右派"。难怪后来有人感叹,"李亚农幸亏是在 1962 年去世了,否则他的身体绝对扛不住'文化大革命'的折磨"。其三,便是他正当学术盛年,就因患重病而不得不长期休养,乃至最后抱憾早逝。战争来袭、政治高压、健康受损,都像恶魔的影子,时时尾随在学术之神的背后……

亚农先生在生前当然不会想到,我们这些他的"后人",几十年后又遇到另外两大阻力。其一是 20 世纪八九十年代经济大潮冲击学术界,读书无用论盛行,学者们收入低、出书难,以致弃学从商者不在少数。其后果甚至影响至今,本所五六十岁的人才相对稀缺,就是那次大冲击的结果。其二是近一二十年来学术工作管理和考评中出现的一些弊端,如功利、短视等,在一定程度上甚至滋生了学术腐败,对学术共同体造成了不小的伤害。

学术研究,作为人类探知真理的意识之美,古往今来,总是难免受到一些消极干扰,阻力和困扰或也可说是常态。但有一点相同,那就是真学者,从来不会去同流合污,也不会缴械归降,而是坦然、坚韧地面对甚至傲视。在这个方面,李亚农先生是我们最好的先驱和榜样,他永远和我们历史研究所在一起!

(原载 2021 年第 1 期)

南社文人的"朋友圈"

管继平

南社是中国近代史上很有影响力的文艺团体。其社员受孙中山先生同盟会的影响,以诗文倡导民主、革命。南社在鼎盛时期有1 100多位社员,主要集中于江南地域。其中江苏籍的社员是最多的,有400多位。

我们都知道,南社的主要创始人有三位:陈去病、高天梅、柳亚子。吴江同里的陈去病先生,又号陈巢南。他的故居在同里镇的那条小河边上。那里罩墙高筑,面街临河,河对岸即熙来攘往的古镇闹市,所以闹中取静,环境清幽。陈去病是民主革命家,早期同盟会会员,也是近代的著名诗人。

第二位创始人就是上海金山张堰镇的高旭,即高天梅。相对而言,高天梅年寿较短,他40多岁就去世了,也是一位早期的革命家,著名的诗人。他曾经自称"江南第一诗人"。我印象中他有一首悼念"戊戌六君子"之一谭嗣同的诗。变法失败,谭嗣同决心以死来殉变法事业,从容就义,成为近代中国为改革变法而流血牺牲的第一人。高天梅的五言绝句,非常简练:"砍头便砍头,男儿保国休。无魂人尽死,有血我须流。"言简意赅,极有诗的气势与精神。我们通常以为诗是要含蓄、要讲究用典,其实也未必,"白日依山尽,黄河入海流。欲穷千里目,更上一层楼。"这首诗就非常浅显明了,不用典,照样流传了千古。其实诗是讲究一种时代精神的,当年的文人宣传革命,诗就是鼓舞人们斗志的最好武器。孔子云"诗可以兴"嘛!

今天上海金山的张堰镇上,依然还有高天梅的故址,牛桥河边一条幽静的小路,有一长排古旧的围墙,在一石砌的门楣上,仍保留着当年所刻的四个字篆书"万梅花庐",这便是高天梅的斋号,如今楼虽不存,但树木宛在,院落依然,巍峨的树冠探出墙外,仍依稀透露出昔时大宅深院之盛景。张堰镇还有一位被誉为"江南三大儒"之一的高吹万先生,也是南社耆宿,家近张堰的秦山,占地十亩,自言其居为闲闲山庄,取诗经"桑者闲闲"意。据说吹万先生好客,有孔北海之风,四方文朋诗友到他山庄,他总是鸡黍款留,下榻旬月无妨。当年南社社友黄宾虹就曾在闲闲山庄盘桓数时,还画了《闲闲山庄图》,并题诗曰:"青浮螺影指秦山,天外烟霞夕照殷。记得山庄堪入画,至今桑者自闲闲。"

其实高吹万和高天梅是叔侄关系,但年龄相仿,叔侄俩儿时便一同玩耍,拜同一塾师读书,天梅反还年长一岁。在南社时,吹万、天梅与柳亚子都极熟,诗酒唱还,形同兄弟。而天梅和柳亚子虽为同学,但两人却各有稍显"自负"的文人脾性,写诗也互不"买账",因此常因观点不同而争辩。柳亚子患有口吃,争论不过就哭鼻子,或以退出南社相挟,隔日天梅只好再道歉、求和,等等,类似的故事朋友圈内经常发生。只要结局和好,它总是一段有趣的故事、文人佳话;若是最终闹掰,那么故事则成了"事故"。当年南社柳亚子因纷争声明脱离南社时,群龙无首,大有风消云散之况,此时就是张堰的姚石子继任其事,重揽大局。姚石子乃高吹万之外甥,南社成立时,他即是最年轻的骨干成员之一。故南社的主政者,所谓"前有柳亚子,后有姚石子",这南社"二子",对南社的创设与维持,都是功不可没的。

如今张堰镇新建路的130号,便是姚石子的故居,现辟为南社纪念馆,三进二层的传统楼房,粉墙黛瓦,庭院回廊,皆已修葺恢复旧观。有"怀旧楼""自在室""古欢堂"等,皆为姚石子当年潜修读书之处。姚石子诗文之余,尤注重古代典籍及乡邦文献的收藏与整理,辑刊有《金山艺文志》《金山诗文征》《松江郡人遗诗》等多种。他待人宽厚,重义轻财,亲朋有急告贷,倾囊相助,即便久借不还,他也从不索讨。后移居沪上巨鹿路,检理什物时,借券已有满满一筐,他索性默默付之一炬,再也不提。姚石子身后留下藏书四万余册,其中不乏珍稀善本和孤本,还有金石碑版图录等。其子女们秉承家教,于中华人民共和国成立后,将诸多珍籍悉数捐献予上海文物保管会,为此还获得了陈毅市长的嘉奖。

张堰镇的高、姚两大家族,世代书香,文人辈出。当时的南社,是精英人士集聚的文化团体,高家一门就有九位社员,2009年诺贝尔物理学奖获得者高锟,即是高吹万之嫡孙。多年前我寻访张堰镇南社旧址时,在南社后期领导人姚石子先生的幼子姚昆遗先生的引领下,还找到了张堰镇上另一位新南社社员、著名文人书画家白蕉的故址:新尚路16弄2号,然房屋陈旧,杂草断垣,已很难想象这里曾是"二王书法当今第一人"的白蕉住所……沧桑岁月,物是人非,这些丰富的文人渊源,依然让我震撼。

高天梅自称"江南第一诗人",柳亚子是挺不服气的。柳亚子曾经在一首诗中嘲笑天梅,他说"自诩江南诗第一,可怜竟与我同时",意思是你自称江南诗第一,但很不幸,你和我生在同一个时代,那么你就不能称"江南第一"了,这也是过去文人之间的玩笑。

柳亚子是南社的第三位创始人,也是南社的灵魂人物。大家都知道南社中影响最大的就是柳亚子,后来他的地位也最高。但为什么我们总把柳亚子排在南社创始人中的第三位呢?我想也许是这三位创始人中,柳亚子最年轻,与前两位分别相差13岁和10岁。在南社社员的编号中,陈去病是一号,高天梅是二号,柳亚子则是三号。柳亚子是吴江黎里人,如今黎里古镇的老街上就有柳亚子纪念馆,可供游人瞻仰。

南社的成立是1909年11月13日,苏州虎丘张公祠的第一次雅集,宣告了南社的成立。取名南社来对抗北庭,以文学鼓吹革命。南社的第一次雅集留下了一张非常珍贵也是非常著名的照片,就是在苏州虎丘的张公祠前所拍,当时有17位社员参加了第一次雅集,如陈去病、柳亚子、朱少屏、朱锡梁、庞树柏、陈陶遗、黄宾虹、蔡哲夫等,不过有两位社员晚到,并未合影。但有两位非会员的嘉宾参加了合影,所以我们看到的那张第一次雅集的集体照,仍为17人。照片中前排席地而坐的有一位身穿黑衣的就是柳亚子,而身为创始人之一的高天梅则因故未参加这第一次雅集。

其实南社自成立始,其中文人间的矛盾与纷争就一直存在,有时观点不一,争论之后谁也说服不了谁。柳亚子就与蔡哲夫有过关于唐宋诗的争论,只是当时并未发展而不了了之。然而同样这个话题,到了1916年因姚鹓雏的文章"诱发",则矛盾终于激化而引发了一场"地震"。

近代文学家姚鹓雏,在南社文人中,名气虽敌不过柳亚子等,但其文采风流,不仅精于诗词,也擅小说,加之"鹓雏"这名很奇特,故即便当今,还是有不少人记住了他。辛亥革命后,姚鹓雏南归,在上海任《太平洋报》《民国日报》等多种报纸编辑,并由柳亚子、陈陶遗、叶楚伧之介绍加入南社。后姚鹓雏又引荐了松江的朱鸳雏、闻野鹤、陈蝶仙一起加入南社,从此,以文会友,吟诗唱和,不亦快哉。说起这位朱鸳雏,名字极易与姚鹓雏混淆,两人名中皆含一"雏"字,故有"云间二雏"之称。朱氏年轻,鸳雏从鹓雏游,两人笔墨论交,并有《二雏余墨》刊印行世。十分可惜的是,这位朱鸳雏非常短命,年仅20多岁就因病下世了。即使生命如此短暂,他在南社时也和"盟主"柳亚子闹了一场不小的纠纷,这场纠纷的起源,说起来与"二雏"都有关联。

　　许多人都知道,南社的由盛而衰,往简单里说,主要是内部的唐宋诗之争。起先只是观点的不一,继而起了纷争,再于报刊上写诗撰文,由辩论发展成攻讦谩骂,最终酿成水火不容之矛盾。柳亚子是诗人,爱憎分明,意气用事。他崇尚唐音,于诗喜欢龚定庵,可是他时时不忘自己的"盟主"地位,容不得他人宗法宋诗——喜欢黄山谷,仰慕同光体。1916年1月,姚鹓雏在《民国日报》上连载诗话,大谈同光体之优,柳亚子看不惯了,则以诗回敬,极力贬低同光体所尊崇的北宋江西诗派。结果,先冒出个留洋归来的胡先骕,后又有松江籍年轻诗人闻野鹤、朱鸳雏,纷纷出来写诗撰文,与柳亚子论战。随着论战不断升级,措辞几成恶意攻击了。姚鹓雏怕事情闹大影响了南社社员间的和睦,便写诗来调和。此时柳亚子正战得兴起,哪里拦得住?并写诗骂鹓雏是"罪魁"。后来,《民国日报》的老板叶楚伧眼看副刊成了互相骂来骂去的阵地,成何体统?为了平息事端,便压下闻野鹤、朱鸳雏的诗不再刊登。但朱鸳雏年轻气盛,岂肯善罢甘休,故又在吴稚晖主编的《中华新报》另辟战场,继续酣战。柳亚子被激怒了,终于拟出一份布告刊登在《民国日报》上,他以南社主任的名义,开除朱鸳雏南社社籍。

　　此举一出,又起波澜。首先《民国日报》的副刊编辑成舍我就极力反对,他认为南社社章中主任并无驱逐社员的权力,而且"诗宗何派,任人自由,干涉之者必反对之"。于是,他又拟出一份布告,号召其他南社社员出来主持公道,欲将柳亚子驱逐出社。《民国日报》老板叶楚伧与柳亚子交好,自然不会登他的布告。成舍我毅然辞职,用典当衣服的钱,在《中华新报》上买了版面,将布告刊出。于是,柳亚子在已经印好尚未发行的《南社丛刻》二十集中,又夹印了传单,将成舍我也一样驱逐出南社了。

　　事至此,已难以收拾。南社因此亦元气大伤,柳亚子心灰意冷,不久便辞去了主任一职。当此事过去将近20年后,柳亚子撰文专门回忆了这一段内讧纷争,并对自己驱逐朱鸳雏一事十分后悔。然而柳亚子写这篇文章时,朱鸳雏早已埋骨黄土,斯人已去,恩怨归零。这一场由姚鹓雏引起的"纷争",终于因朱鸳雏的离去而彻底平息了。

　　文人间的论战,若是不伤元气,待平静时终还可修复如初。此事过去了30多年后,柳亚子和姚鹓雏始终未再见过面。但是1949年后姚鹓雏有一封致柳亚子的信,现藏于上海档案馆,我查阅并解读了此信,可让我们了解晚年柳亚子与姚鹓雏的处境以及他们之间的朋友关系。

我们都知道,中华人民共和国成立之时,柳亚子作为著名的民主人士当选为中央人民政府委员,并时常受到毛泽东主席的宴请,地位如日中天。而此时的姚鹓雏则在信中表示自己"客游卅余年,立锥无地,行年六十,体气已衰",相比之下,与柳亚子的"高高在上"实在差太远。姚写此信之目的,就是听闻上海新成立的"文管会"正罗织人才,友人柳诒徵、沈尹默等都已在内,故他想托柳亚子给陈毅市长做个推荐,趁自己精力尚强,也好为新社会做点事。

姚鹓雏的这封信四百字不到,墨笔正楷写于两页花笺上,字迹端正工稳,很见功力。应该说,姚鹓雏写此信具有一定的"冒险性",因为他俩自南社纷争后再也没有联系过。如今他突然驰函向柳亚子求助,而柳亚子作为国内著名的民主人士,参议国是,席不暇暖,他是否有时间来回应并揽下这一份闲事呢?再者,他是否还会记起当年的那场纷争而引起的不愉快呢?

诗人毕竟是英雄。柳亚子不仅不计前"嫌",反而一收到信即仗义出手,他专门致函时任上海市市长陈毅同志,为老友鼎力说项。柳亚子在给陈毅的信中称:"姚君为南社诗人眉目,与弟订交四十年,长于文学,其最近行履,则沈尹默、汪旭初暨宗兄翼谋耆老皆知之綦详。甚盼我兄罗致之于上海文物管理委员会或畀以图书、博物馆职务,必不为羊公之鹤也。"

陈毅接信后自然很重视,立即交当时的上海市常务副市长潘汉年落实。所以我们在原信的影印件上,还能看到潘汉年于书信原件的右上角"批示",因年数已久,那蓝黑墨水已渐渐褪色,但仍依稀可辨:"李亚农同志酌量处理。陈市长意见:一、最近即派人去看他。二、即以安置。汉。"李亚农是分管上海文博和图书馆领域的主任委员,故此事立马就得到了妥善安置,可见从市长得信到属下落实,办事的效率是如此之高,也可见陈毅市长对民主人士柳亚子的意见是何等重视。未有一月时间,姚鹓雏不仅受聘为上海文物保管委员会委员,还出任了松江县(今上海松江区)副县长。这自然和南社老友柳亚子的力荐是分不开的。后来姚鹓雏曾以诗代简,致谢柳亚子说"卅年文字因缘在",看来并非虚言。而柳亚子1950年有《红桑一首用姚鹓雏韵》,其中"红桑黄竹几番更,卅载难忘盟社情",虽然此时南社的文人都已星散,然而那一段文字因缘、那一段文人情怀,却是难以褪尽的。

南社的故事自然还有很多,昔时所谓"山因水转,书因人传",如果加以挖掘、整合并利用,我想,仅仅南社"朋友圈"的主题,就足以引来无数"点赞"。

(原载2021年第1期)

怀念蒋孔阳先生
——记1991年春天的一次采访

濮洪康

我的姑父蒋孔阳先生,是复旦大学著名美学教授。2018年,上海评选出首批68名"上海社科大师",包括陈望道、王元化、熊佛西、郭绍虞、周谷城等名闻海内外的大师,我的姑父蒋孔阳名列其中。

少年时,十二三岁吧,我每次随父亲去姑妈家,我总是要在姑父的书橱里找几本书带回家看,而每次带着书临走时姑父总要叮嘱我:记得书要还我噢。

刚开始看的是《平格尔奇遇》《卓娅与舒拉》《迎春花》《苦菜花》,逐渐长大后选择的就是《三国演义》《红楼梦》《安娜卡列尼娜》《战争与和平》《红与黑》《傲慢与偏见》《飘》《牛虻》《九三年》《简·爱》,等等。所以当我刚进大学,接到中文系为学生开的一张课外必读书单时,心想,我已经在姑父的书橱里基本完成了。

学中文的我毕业后当了记者,此后我曾三次采访过蒋孔阳先生,其中最为难忘的是1991年春天。那一年5月3日蒋孔阳先生与朱屺瞻、朱践耳一起荣获首届上海文学艺术奖"杰出贡献奖"。

记得那几天蒋先生家的电话和门铃响个不停,都是恭贺蒋先生得奖和要求采访他的,平日里只有老两口的空寂居室一下子热闹起来。获此殊荣蒋先生很高兴,他说:"我不仅为自己,也为知识分子群体感到高兴,此次评奖充分体现了党和政府对知识分子的关爱,对人才的重视。同时也感到惭愧,自己所做的贡献不多,荣誉超过了贡献。"

诚如蒋先生在1991年初发表的《需要有一颗把生活燃烧起来的心》一文中所述,他正是捧着一颗燃烧生活的心,执着地在中国当代美学发展的道路上寻索,从黑发到白头,几十年如一日。他说:"我真正从事美学工作还是从1951年调到复旦大学开始的,那时我担任了大量的文艺理论和美学方面的教学工作,另一方面开始写美学文章,出版美学书籍,参加各种美学活动,我与美学之间从此结下不解之缘。"

三中全会后,蒋先生获得了学术研究的最佳时机,焕发出全部热情,一连写了上百篇论文,出版了八部专著,开创出我国"第五派美学",为我国新美学的建设做出重大贡献。

蒋先生说:"我国美学研究一直处于热潮,这与我国的文艺现状是吻合的。社会主义文学艺术带有强烈的社会责任感,作者都自觉地想创造一种美的形象,以教育和提高人民的精神境界。因此,作家、艺术家常常都是美的追求者,这对促进美学发展大有好处。同时在改革开放的浪潮下,西方美学思想大量涌进,对国内美学是个冲击挑战,也是一个推动。几十年来美学教学和科研,有过多少曲折和困难、辛酸和苦辣,如今这样的大好形势,美学讨论和发展有了难得的心平气和、包容的环境,我作为一个美学工作者要在有生之年尽自己的力量多做贡献。目前我有两个任务,年内完成新著美学新论,培养新一代美学工作者,主要是培养博士研究生,国家教委把我所担任的博士点学科定为全国重点学科。"

1991年上海首次评选文学艺术奖,文学创作方面却无人获奖,对此蒋先生表示意外。他分析原因可能有二:改革开放以来,虽然文学创作一直比较活跃,但多少年来受"左"的思想影响,作家还没能完全适应新的形势,没来得及真正深入到当前的生活中去;再者,受西方现代主义文学影响,大量移植西方的表现手法,如夸张、变形、浮雕化、象征性以及多义词汇等的运用,这种方式在西方是成功的,但中国读者对此还不熟悉,作者自己也未必能真正消化,因此,写出来的东西就不能完全被接受,失去广大的读者市场。

聊起了当前文艺创作缺乏一流作品,而平庸之作过多的现象,他感慨地表示,现今我国政府这样关心作家,支持作家,但是为什么优秀的高质量的作品老是千呼万唤不出来呢?固然,好作品历来不多,我们不能心急。文学创作是一种精神劳动,我们只能按照精神劳动的特殊规律,为它们的出现创造条件,而不能用人为的手段强迫它们出现。对此,蒋孔阳先生认为有两点很重要:

一是长期坚持"双百"方针,创作这个东西非常灵敏也非常脆弱,只要有干涉,它立即就萎缩,或者退回来。因此,必须让作者坚定不移地相信"双百"方针,然后在一种无所顾忌的宽松的环境中,作者能够写他所写的,这时,他的精神松弛,他的感情和他所要写的对象拥抱在一起,他用他的心血来孵育他的作品,就一定会写出好东西。相信不久就会有高质量的好作品出现。

二是树立高峰价值标准,抵制平庸的东西。马斯洛有一种高峰价值学说,是说我们的价值取舍应当以高峰为标准。人的游泳能力,不是以一般人的游泳能力为标准,而要以游泳冠军为标准。我们的文学艺术创作水平,也应当以古今中外第一流大作家的经典作品为标准,这样才能让作家站在较高的起跑线上,同时要养成一种抵制平庸的风气,提倡高质量的创作。若是自己的第一流的作品出不来,那么就多多欣赏古典的、民间的、外国的第一流作品。欣赏多了,眼光高了,我们的审美趣味和审美能力提高了,自然,整个社会的水平会提高。整个社会的水平提高了,平庸的作品失去了市场,优秀的、第一流的作品自然就会水涨船高,迎着人们的欢呼走出来。

今年是蒋孔阳先生冥诞100周年,谨以此文纪念蒋先生。

(原载2021年第2期)

自行车纪事

杨益萍

屈指算来,我骑自行车已有50多年历史。如今,已到古稀之年,依然爱骑自行车,可谓一往情深。

教我学会骑车的是初中同学刘万椿。当年,学生中拥有自行车的人寥寥无几,他是其中之一。那时,我们每天都带米到食堂蒸饭。一天早晨,我忘记在饭盒里放水,中午,面对一盒生米,眼看要挨饿。刘万椿把他的饭塞给我,自己骑自行车匆匆回家吃饭了。后来,他教我学会了骑自行车。"让饭"与"骑车"两件事,使我一直忘不了这份友情。

我拥有自行车,是在当兵退伍之后。那时,我家住在静安区茂名路,工厂在杨浦区隆昌路,上班要穿越大半个市区,坐公交拥挤且费时,我多么期盼有一辆自行车啊。可是,一辆自行车售价180多元,而青年工人的工资每月只有36元,买车还要凭票,很不容易。我狠狠心,用当兵时每月几块钱津贴的积攒,加上父亲贴补,买了一辆28寸的"凤凰",我终于拥有了第一辆属于自己的自行车!

骑上这辆"凤凰",我顿时感觉自己像插上了翅膀,每天兴奋地骑着它行驶在路上。尽管上下班单程要花费50多分钟,我还是满心欢喜,乐此不疲。

骑车是自由的、快乐的。一个人骑行,可以提高车速,锻炼自己的体力,也可以放慢节奏,欣赏沿途的风景。尤其在那公交车特别拥挤的年代,骑车可以免受车厢里逼仄闷热之苦,自由地呼吸空气,享受一份难得的清静,心情是多么舒畅!

骑车也是劳累的、辛苦的。尤其在风雨中行驶,或者在疲劳时行驶,骑行往往是一种意志的历练。不过,有付出就有获得。当我靠着自己的意志力征服狂风暴雨,征服精疲力竭,到达终点的那一刻,心里总是甜滋滋的。

回忆骑行的细节,难忘的是那些坡度大的桥面。那些桥面让我汗流浃背,也让我磨炼了意志。我在 20 世纪 80 年代曾经历 5 年夜校生活,经常在月光下骑着自行车,翻越校门口那座中山路桥。那时,中山路桥还未经改造,桥很陡,翻越桥面,需要鼓足勇气,仿佛翻越一座山岭。渐渐地,在我的记忆中,骑车跨越路桥成了难以磨灭的印象,成了夜读生活的缩影。

有时,骑车也会经历风险。我至今记得一次险情。那是下班途中,风雨交加,我骑着自行车沿乍浦路桥下坡。雨猛,路滑,眼见一个老太太撑着伞迎面走来,我赶紧刹车!终于在即将撞到老太太的瞬间,把车刹住了。可老人受到惊吓,腿一软,坐在了地上,我也被惊出一身冷汗。幸运的是,老人安然无恙。

还有一次,我骑车带儿子去上学,儿子不小心把脚伸进后轮盘钢丝圈,脚后跟被轧得鲜血淋漓,送到医院缝了好几针。孩子皮肉疼,我心疼,妻子将我数落了好久……

尽管有过波折,自行车仍是我忠实的伙伴。50 多年来,不管风吹雨打,还是烈日当空,自行车陪伴我行驶了漫长的岁月,经过了数不尽的大街小巷。如今,它依然没有离开我。这几年,家人和朋友见我年纪渐老,劝我不要再骑车。我理解他们的好意,可我觉得还是自行车出行方便,能适当锻炼身体,还有益于保护生态环境。只要有可能,手脚还灵便,我还想再骑几年。当然,行驶的车程要适当,预留的时间要充分,慢慢地骑行,笃悠悠地骑行,把骑车作为一种享受。

(原载 2021 年第 3 期)

抗战烽火中的孩子剧团

徐小雪

1937年深秋,举世闻名的红军长征胜利后一年多,孩子剧团也在党组织领导下从上海出发,不畏艰难险阻,行进二万余里,奔忙于各地城乡宣传抗日,唤醒民众,播下革命的火种。著名作家茅盾曾把这个由少年儿童组成的文艺团体誉为"抗日战争血泊中产生的一朵奇葩"。

在党组织关怀下成立

1933年秋,在沪东临青坊22号(今临青路116弄10号)出现一所新学校——临青学校;相继由严镜余、邓劼刚、任崇高、钟韵明担任校长,教师共有29人,多为共产党和共青团早期组织成。这所石库门里的学校,向失学工人子弟及青年工人敞开大门,白天安排小学生上课,早晚两段时间分别给上夜校的工人上课,上课时,形式上采用普通中小学课本,实际则常向学生宣传抗日救亡和革命思想。该校还让学生担任"小先生",深入棚户居民点教大家识字。正因如此,它成为陶行知等发起的国难教育社的一个活动中心,郭映挺带领孩子歌咏队从沪东唱到沪南,吴新稼(吴莆生)帮助排演话剧。文艺工作者麦新、孟波、吕骥等,也多次来此教唱救亡歌曲。

1937年8月13日,侵华日军发动八一三事变,疯狂进攻上海。闸北一带炮火连天,许多民宅和学校都被炸毁,大批少年儿童流离失所,无家可归,只好逃入上海租界,住在暂设于恩派亚大戏院(后更名嵩山电影院,20世纪90年代原建筑拆除,遗址在今淮海中路85号)的难民收容所。他们虽陷入了困境,却并未悲哀消极,而是将满腔仇恨集中到侵略者身上。

一些临青学校孩子歌咏队的中、小学生,主动团结难民收容所里的其他难童,唱救亡歌曲,自习文化,参加抗日救亡活动。国难教育社中共党组织了解情况后,指示时年十九岁的吴新稼(中共党员)去把他们组织起来,更好地进行培养。

1937年9月3日,以临青学校孩子歌咏队为基础,孩子剧团在恩派亚大戏院正式成立,隶属于上海文化界救亡协会。在成立会上,通过了孩子剧团宣言、团歌和公约,吴新稼被孩子们推选为干事长(后改称团长)。那时,孩子剧团成员共二十二人,年纪最小的吴培尼八岁,年纪最大的张莺十六岁,吴新稼可算是他们的大哥哥了。

从此,这个少儿文艺团体在党组织的关怀下茁壮成长。

勇闯各种演技难关

当年,环境非常艰苦,孩子们又从未受过专门的艺术训练,文化水平低,表演能力差,要排一出戏真是困难重重。然而,孩子们在党组织的关心下,勇闯各种演技难关。孩子剧团没有导演,就去请戏剧界的前辈来指导;没有道具,就发动大家四处借,借不到就自己动手用土法制作;没有羊毛做假胡子,就用毛笔蘸墨汁画上两道黑线;没有油彩,就用微湿的红纸往脸上抹。他们终于在极简陋的条件下把戏排了出来。

随即,孩子剧团为给各界群众支援淞沪会战鼓劲,常前往工厂、学校、里弄、菜市场和路旁空地,演出儿童剧《放下你的鞭子》《捉汉奸》《仁丹胡子》《街头》等,并高唱《义勇军进行曲》《救亡进行曲》《大刀进行曲》,产生了很大的社会影响。

1937年9月10日,孩子剧团到一个难民收容所演出《放下你的鞭子》。随着剧情的发展,观众跟着高喊口号,并慢慢围拢来,特别是那收容所里的难童越看越起劲,假如不是别人拦阻,他们都会自动参与到戏中。在孩子剧团向观众告别时,一个工人模样的难民站起来说:"戏里讲的都是事实。咱们都让日本强盗给害苦了。我的眼睛湿了!你看,他们也都湿了!我们不仅只感动得掉眼泪,我们还下了一个决心,就是,大家联合起来把日本强盗赶出去!"一位老婆婆则说:"孩子们都这么明白,中国亡不了的!"

不久,孩子剧团在上海闹市街边演出《捉汉奸》,由于孩子们的表演逼真,当高喊"他是汉奸"时,周围的观众愤怒地冲上来猛打那"汉奸"扮演者。一个小演员连忙跳上长凳喊:"同胞们,别打了,我们这是在演戏。"那"汉奸"虽已鼻青脸肿,却没有掉眼泪,反而笑着说:"大家痛恨汉奸,这真好!真好!"

在两个多月里,孩子剧团的生动演出给上海市民留下深刻印象。11月12日,上海沦陷,日军大肆搜捕抗日志士。为了安全起见,党组织决定让孩子剧团经南通、徐州、郑州转移到武汉。

受到周恩来高度赞扬

一路上,寒风刺骨,冰天雪地,加上敌机不断袭扰、匪盗常出没,充满着危险。孩子们却坦然地抬着道具,风餐露宿,徒步前进。他们不断因地制宜举行演出,呼吁加强团结,一致抗日,受到沿途群众的欢迎。有个东北军的长官看了演出,感叹道:"你们两三天的工作,比我们几个月的成绩还好!"

孩子剧团历经艰辛,长途跋涉,于1938年1月抵达抗日重镇武汉。在八路军驻武汉办事处举行的欢迎会上,一些参加过二万五千里长征的小战士和孩子剧团联欢,周恩来、董必武、叶剑英、郭沫若等也和孩子们坐在一起。小战士们表演了在江西中央革命根据地和长征中跳过的舞蹈,体现出一种豪迈气概。孩子剧团演唱了团歌:"嘿嘿!看我们一群小光棍。嘿嘿!看我们一群小主人。我们生长在苦难里,我们生长在炮火下,不怕没有先生,不去留恋爹娘,凭着我们自己,努力学习努力干!孩子们站起来!孩子们站起来!在这抗战的大时代,创造我们的新世界!"

在孩子们请周恩来讲话时,他站起来先面对小战士们:"你们参加了长征,是经过了二万五千里长征的。可是你们是和我们这些大人一道跑过来的,是我们这些大人保护着你们,抱着你们过来的。可是他们呢?他们一个大人也没有,他们是完全靠自己团结起来,在敌人的炮火下,在汉奸流氓的迫害下,跑了几千里,来到汉口的,你们要向他们学习哟!"周恩来高度赞扬了孩子剧团不怕困难、顽强奋斗的精神,并在最后说:"我送你们'救国、革命、创造'三种精神好吗?你们要一手打倒帝国主义,一手创造新中国。"孩子们热烈鼓掌,雀跃欢呼:"好!好!"

国民党武汉市党部曾出面想"收编"孩子剧团。邓颖超闻讯,对吴新稼说:"不能去!要是到市党部去,还不知把你们折磨成什么样子呢。想办法应付他们,推辞掉!"每当国民党派人来催促时,办事处就以工作太忙、病人多、孩子们想回上海等为借口,应付着、拖延着。国民党纠缠了两个多月,也奈何剧团不得。1938年2月中旬的一天下午,国民党武汉市党部派出一个秘书,板着脸通知:"吴团长,昨天开了会,决定收编你们。明天上午八点钟接你们去市党部。你们好好准备一下!"此人说完就走,也不等回话。周恩来了解情况后,他站着沉思了一会儿,果断地对吴新稼说:"你们去石灰窑(今黄石市),那里离武汉较近,有抗战演剧队一队、二队在那里,可以照顾你们。市党部八点钟派车来接,去石灰窑的船五六点钟开,来得及躲开他们。"过了一个月左右,吴新稼去见周恩来和邓颖超,他们表示:"好了!你们的问题解决了,你去见郭沫若先生吧。"很快,孩子剧团被编入国共合作的军委会政治部第三厅,由厅长郭沫若领导,著名导演郑君里担任艺术指导员。1939年初,孩子剧团迁至重庆后,由十六岁的共产党员严良堃接任团长。

当年,不少文化名人热诚关心孩子剧团,如冼星海曾来教歌,让大家学唱《游击军》和《在太行山上》等,楼适夷负责《新华日报》"团结"副刊期间,曾去孩子剧团向孩子们约稿,并在报纸上发表了大量相关的文章,茅盾则怀着深情写了一篇《记"孩子剧团"》,其中谈道:"他们来自不同的家庭,不同的省区。他们原来在上海时,只有二十二位,但是从失陷后的上海偷走南通,又历尽千辛万苦,迂回陇海、平汉两线而到了汉口,非但原班一个不缺,反倒增加了三位……我去参观的那一天,他们正在排练他们自编的话剧《咱们帮助游击队》。这是一个集体的创作。这虽然是一个短短的独幕剧,但故事是又天真而又严肃。"孩子剧团的名声也传到了海外,有来自十六个国家和地区的媒体曾对它进行报道和评论,许多外国小朋友曾来信表示支持和慰问。

五年多时间里,孩子剧团团员逐渐增加到百余人,辗转约二万里,足迹遍及上海、江苏、河南、湖北、湖南、广西、贵州、四川等地。孩子们运用戏剧积极宣传抗日救亡,先后演出过四十多个抗战剧目,其中有:儿童剧《孩子血》《这怎么办》《孩子们站起来》《不愿做奴隶的孩子们》《为了大家》,话剧《打鬼子去》《复仇》《最后一计》,大型舞台剧《乐园进行曲》《猴儿大王》等。孩子剧团成员叶伟才在2016年秋接受新华社记者采访时回忆:"除了演出,孩子剧团平时有严格的时间规范,早上六点半起床,先整理内务,然后是一个小时的练音、早操。早餐过后稍事休息,就进行排练、音乐、国语、读书会、图画、作文等课程,形式灵活。每天还有读报、日记时间,晚上九点准时休息。"

在抗战烽火中,孩子剧团以精彩表演激励了广大群众的救国热情。丁静(丁莉莉)的《我是孩子剧团的抗日小战士》回忆:"孩子剧团巡回宣传中国共产党关于坚持抗战、反对投降，坚持团结、反对分裂，坚持进步、反对倒退的抗日方针，把这些内容融入许多演出剧目中，如《帮助咱们的游击队》、《仁丹胡子》、《捉汉奸》、《把孩子怎么办》、《孩子们站起来》、《复仇》、《打鬼子去》、《三勇士》、《小三子》（四幕儿童剧）、《死里求生》、《抗战儿童》等，这些都是孩子剧团到各地经常演出的剧目，孩子剧团每到一地还要教小学生和当地老百姓学唱抗日歌曲，书写抗日标语也是必不可少的内容。"

在孩子剧团的影响下，一些地方的少年儿童也建起抗日宣传队或儿童剧团，如沈西牧《回忆胶东"孩子剧团"》说："1939年初……我被派往平度县担任县少先队队长。七八月份，胶东青联领导人林江同志为筹建'孩子剧团'，又把我调回。将我与于锡之、张华盛等送往胶东鲁迅艺术学校学习，又把少先队的孩子们与文登、牟平剧团的部分人员合并在一起，组建起了胶东'孩子剧团'。王顾明任团长，我任副团长，王文俗任指导员兼导演。在那个年月，到处都是抗日的战歌，遍地都是救亡的呐喊，不屈的中华民族，就是在这些战歌和呐喊的鼓舞声中站了起来。我们这些少年满怀着抗日救国的一腔热血，高唱着救亡的歌曲，朝气蓬勃地迎接上级交给我们的光荣任务。"

培养出不少优秀文艺人才

随着情况发生变化，后来进步人士陆续离开第三厅，孩子剧团的活动也受到很大限制。1942年9月，国民党当局以改组为名，撤换了孩子剧团负责人，使宣传工作处于停顿状态。吴莆生、许翰如、严良堃、陈模、罗立韵、张承祖的《无穷的想念无尽的激励——回忆邓颖超同志对孩子剧团的关怀》说："1942年9月，我们又遇到更大的灾难。由于国民党反动派执行反共政策。在'皖南事变'制造了'千古奇冤'后，周恩来同志退出政治部，郭沫若同志退出第三厅。新任的三厅厅长委任一名上校任孩子剧团团长。他率领几名军官来强制接管孩子剧团。在这种严峻形势下，我们决定全部撤出。五十几个孩子安排到何处去？您和徐冰同志、冯乃超同志在周恩来同志的关怀下，想了许多办法，费了许多心力。终于将一部分孩子分批送到延安，大部分送到戏剧学校、音乐学院、普通初中、高中去上学，有的送去做学徒。孩子剧团从此宣告结束。大家在各地分别接受党的领导进行工作或学习。"完全可以说，孩子剧团"起于上海，归于延安"。

在孩子剧团中,培养出不少优秀文艺人才,如许翰如曾进入延安鲁迅艺术学院学习,历任延安中央管弦乐团代指导员、华北军政大学文工团团长,中华人民共和国成立后在解放军原总政治部文工团、原文化部从事领导工作,担任过中国作家协会秘书长;严良堃曾考入南京音乐学院,中华人民共和国成立初期成为中国交响乐团合唱团创办人之一,担任过中国音乐家协会副主席,他作为杰出的合唱指挥艺术家,指挥细腻严谨,乐风含蓄抒情,动作潇洒洗练。

为了弘扬孩子剧团的革命精神,传承红色基因,2016年10月,由武汉市江岸区教育局主办的孩子剧团陈列馆,于长春街小学开馆。中国福利会儿童艺术剧院以创排《孩子剧团》向中华人民共和国成立70周年、上海解放70周年献礼,剧组曾专程到昔日孩子剧团驻扎过的地方采风,请教还健在的革命前辈,努力还原当年的生活场景和细节;2019年7月,这部革命历史题材的儿童剧在上海国际儿童戏剧展演中获得最佳剧目奖。诚如该剧导演鲁伊莎所言:"战争,对于现在的孩子来说,是一件很遥远的事儿。但是身处和平年代的我们,应该知道我们的祖国有这样一段历史,战争中有这样一群小好汉。"

(原载2021年第3期)

雷士德和雷士德工学院

童孟侯

果然是雷士德工学院旧址

我在《中国海员》杂志当编辑,我们杂志是原交通部和全国海员工会合办的,所以我把我们杂志的医疗关系都挂在上海海员医院,本社编辑记者看病体检都到那里去,海员对海员,此谓"对口"。

别看海员医院不大,它可是当年上海不多的"涉外"医院。上海港来来往往这么多外轮,到港下地这么多国际海员,他们如有小毛小病,或重症急症,都会被送到这家特色的专业医院去。这里设有专业的国际海员门诊部和国际海员住院部,4 000多个外国海员曾经在这里住过院,得到特别的照顾和治疗,来自100多个国家和地区的国际海员在这里看过病。

很多年前,我陪上海国际海员俱乐部的主任到上海海员医院看望英国船长菲尔丁——国际海员俱乐部的服务对象正是国际海员——菲尔丁船长腰的周围痒得难受,痛得难忍,一粒一粒的东西,一片一片的红肿。海员医院的皮肤科主任为菲尔丁船长配了足够的药,说:"你患了带状疱疹,这个病就怕耽误,如果当天发现当天就诊,两三天就能治好,不过你发现还不算太晚。"

菲尔丁船长说:"非常感谢大夫。请问,我来的这家医院是我们英国人亨利·雷士德先生设计建造的吧?好像记得英国现在还有雷士德基金会。"

我暗暗诧异:不会吧?上海海员医院都开办几十年了,没听说是外国人建造开办的。会不会是菲尔丁船长和我们套近乎呢?

送走菲尔丁船长,我立刻就到图书馆查阅资料。果然,菲尔丁船长说得一点没错,这海员医院正是英国建筑师亨利·雷士德出资建造的。那是一百多年前的1867年,英国小伙子雷士德跨洋过海从伦敦来到上海,先是在工部局任职,后来,1860年就自己开办德和洋行——一家当时少见的专业建筑事务所,洋行也兼做房地产生意。从此,雷士德深深爱上了这个"滩",再也没有离开过上海;1926年逝世,遗体都安放在上海静安公墓(现在的静安公园)。

他在病入膏肓时说:"我的钱都是在中国赚的,我要把绝大部分财产留给中国人。"他在遗嘱中规定:将自己全部产业委托给租界工部局管理,并由他指定的亲朋好友监管,必须用于发展上海的教育卫生事业。

为此,工部局专门建立"雷士德基金会"。基金会对雷士德遗产登记统计,结果大吃一惊,总值高达白银2 000万两!

亨利·雷士德是一个房产商,也是一个慈善家,曾经把钱赠送给虹口华德路12号的圣路加医院、忆定盘路(现江苏路)的中国盲人院、董家渡的穷苦小姊妹会、虹口黄包车夫会和穷苦的南市精神病院……帮助那些穷困的人、需要学文化的人和需要治病的人。他比我们的许多爱国人士还要"爱国"。

雷士德先生还在上海捐资建造了不少大项目:有雷士德医学研究院(现为上海医药工业研究院),有雷士德医院大楼(现为仁济医院大楼),有嘉兴路礼拜堂……还有上海海员医院的前身——雷士德工学院及其附中。

他的建筑很辉煌,他的精神很伟大。

办成了我国唯一的海员医院

雷士德本人是建筑师,建筑一门自然是内行。他精心选址一块风水宝地,也就是现在的航运一条街的北外滩的东长治路505号,当然是独具慧眼,也可以说有战略的长远的眼光。

1934年2月,雷士德工学院破土动工,占地面积上万平方米,建筑面积约1.75万平方米,为钢筋混凝土结构。由德和洋行绘制设计图,久泰锦记营造厂承建。

如果用无人机俯瞰雷士德工学院,就会呈现出一个大写的Y形,中间为入口,一条道直通底部,两边岔开,很有动感,就像一架展开双翼的飞机。正中为五层,两侧逐渐降低为四层和三层。主入口为尖券门廊,顶部为穹顶塔楼。建筑的窗间墙饰为竖向线条装饰,伸出的女儿墙折线起伏,并有装饰图案,颇有文艺气息。这栋建筑在当时既很时尚又不太激进,尤其是外立面几何的挺拔的线条,对称,干净利落,体块渐成,给人以强烈的视觉感受和独特的韵律感、尊贵感。

1934年10月,只有8个月,这所土木工程类私立大学正式开学(设有建筑系、土木工程系、机械电器工程系等),名师云集,学子众多。招收的学生基本都是男生,且大多来自平民家庭。

香港中学生欧天恒在报纸上看到上海雷士德工学院的招生简章,见学校有奖学金,十分动心,决定立刻报名。可是,他无法负担从香港到上海的路费,急得团团转,也只能眼睁睁地看着,不知怎么办才好。没想到雷士德工学院特地派了一位老师带着用火漆封好的考卷,从上海赶到香港,为欧天恒单独设立了一个考场,他的考试和上海考场的考试同步进行,后来,品学兼优但家庭经济状况很一般的欧天恒考上了雷士德工学院。

笃信宗教的雷士德明确指出:不准把宗教带到教育中去。因此,工学院没有设立宗教课程。

工学院从成立那一天起,就有明显的英国"贵族学校"的特征:学生的校服是在四川路一家指定西服店定制的,上身是藏青色西装,白衬衫配以深红的领带,下身是灰色法兰绒长裤,以及黑色皮鞋。

学院以全英文授课,教授不下发任何教材,学生上课必须集中注意力,课堂笔记就是学习材料。学院还安排两个半天让学生到实验室做实验,到车间实习工作,学生不仅要动手完成老师布置的任务,事后还必须撰写实习报告,若不及格就会留级。

在学院曾经发生过这样一件事。有两个学生下课后在走廊里嬉笑打闹,你追我赶,正好被英国校长撞见,他立刻上前制止,并通过学校广播训示学生:在校必须遵守纪律,必须保持仪容整洁,不得嬉闹,不得高声交谈。从此,工学院内除了读书声、讲课声,再无其他嘈杂声。工学院要求学生埋头苦读,专心实习,更重要的是要求举止优雅,如同一位真正的绅士。

这个学校培养了一批中国的工程技术专家。可惜,可恨,只开了十年,1944年,雷士德工学院就被日本海军占领了,学校停办,老师失业,学生被驱赶。

一直到抗战结束,这里才被收回,改为吴淞商船专科学校(即上海海事大学和大连海事大学的前身),这所赫赫有名的"商专",被称为"中国航海家的摇篮",不知培养了多少中国自己的出色的航海家和水运管理专家。

我国航运历史源远流长,但是海员的医疗问题一直不能像"吴淞商专"那样同步跟上。船舶流动分散,在港时间往往又很短,许多海员生老病残,无医无药,只能耽误了,任其恶化甚至死亡。1949年以前,闻名中外的招商局,也只有一所为高级船员服务的低级的医务室,医护人员加起来只有5人。这个医务室就设立在东长治路505号,即在原来的雷士德工学院里头。

一个不容回避的问题提上了议事日程:要切实解决海员得病之后的早诊断、早治疗、早康复,治疗海员的职业病、常见病和多发病,要切实为海员当好后勤,关注他们的冷暖饿饱。

1955年1月22日,中国航运业的龙头老大上海海运局决定:把原来的"吴淞商专"所在地的雷士德工学院,改为上海海员医院——这倒也符合雷士德先生"必须用于教育卫生事业"之遗嘱,属于"卫生"。

用务工人员的称号来命名医院,在中国恐怕是唯一。我们听说过邮电医院,没听说过"邮递员医院",我们听说过煤矿医院,没听说过"矿工医院",而直接起名叫海员医院,这家海员的专属医院,不叫"航运医院"或者"水运医院",可见当时对广大海员的重视。

新成立的上海海员医院职工总数达到122人,病床有100张。到了1973年,海员医院已经有了14个科室:内科、外科、儿科、妇科、眼科、耳鼻咽喉科、口腔科、皮肤科、中医科、伤科、肺科、针灸科……一应俱全。船员出国体检、换证体检、港澳外籍人士婚前体检,都在这里。医院的特需中心是上海市设立在医院内的唯一涉外体检部门,唯一的。

日本外航船员医疗事业团把海员医院定为在中国的特约医院。澳大利亚、新西兰、阿根廷等领事馆指定海员医院为留学、探亲、移民体检中心。

转型为创新型设计学院

上海海员医院(即雷士德工学院)所在的北外滩,2012年就拟订了一个初步发展规划,欢迎广大市民尤其是虹口居民来为北外滩发展献计献策。这一块区域拥有丰富的文化资源,拥有深厚的历史积淀,那么,怎样才能搞好新一轮的北外滩的航运和金融服务业集聚的建设,使其有新的崛起?

有关专家和虹口市民为北外滩的发展提出了很多建设性的意见。

到了 2020 年,北外滩的新规划轮廓清晰了,这个不老也不新的地方,要和外滩(老的)、陆家嘴(新的)形成三足鼎立之势,共同构建上海的"黄金三角",这不仅是虹口区的规划,还是上海市的蓝图!这个航运服务的集聚区将被建设成企业总部基地、航运要素集聚中心、国际邮轮客运中心和口岸服务中心,重点要大力吸引轮船公司尤其是世界大型班轮公司、船代货代企业、邮轮公司、海事法律商务会展机构入驻,加快航运市场建设,让这里真正成为上海"五个中心"建设中的航运中心!

就在令人欣喜的新规划公布之时,上海海员医院得到上级通知:停业。医护人员分流,医疗设备搬家。不是整顿或者装修之后再开业,是停业。

上海海员医院早就被定位"上海市优秀历史建筑(英国人亨利·雷士德所建雷士德工学院旧址)",谁都不能动弹它,谁都不能拆毁它,再说它的地理位置这么好,建筑这么赏心悦目,历史这么久远……今后,这个矗立在北外滩的建筑会派什么用?开设博物馆?变成艺术展览馆?恢复工学院?开设一家顶级的医院?……

直到 2021 年 7 月,上海北外滩集团和上海国际招标公司发布了雷士德工学院项目总体概念设计方案,公告说:主办方将以上海雷士德工学院历史建筑为基础,筹建一所"高起点、创新型、未来型",具有世界影响力的创新创意设计学院,以完善和提升北外滩区域教育文化功能,用设计创新推动区域整体开发和转型升级。

雷士德先生在地下若有所知一定会很欣慰,因为他的遗嘱写明的,他的钱财"必须用于发展上海的教育卫生事业"。设计学院不也是教育事业吗?

经过 4 个多月的激烈角逐,项目总体概念方案设计国际征集揭晓:来自中国的大舍设计事务所(有限合作)方案被评为优胜方案。优胜方案充分尊重了场地内原有雷士德工学院的历史和现状,新建建筑既与历史建筑形成对比,又在细节设计上呼应了历史建筑的文脉,使新旧建筑形成一个新的整体。

方案受中国传统假山一般的孔隙空间的启发,通过不同位置错落设置的开放"中庭群",构建了密集都市中的校园公共空间,这个空间既是一个气候的调节器,也是鼓励混合和互动的自由学习空间。新建筑的外部则是通过连廊、楼梯、坡道和平台,建立流畅的校园流线系统,也形成了积极的城市空间。

这样的整体设计也是符合北外滩开发的总体思路的：不老不新，亦老亦新。

据闻2022年的第一季度该项目将开工。人们期待数年之后，一个新的"雷士德工学院"作为新的文化地标在北外滩崛起。

（原载2021年第4期）

忆修明，灵动生花笔一支

司徒伟智

惊悉修明兄于17日逝世，悲从中来，静默良久，难以回神，虽说是缠绵病久，"挥手自兹去"也算一种解脱吧。

我是早就听闻修明兄的大名，仰慕久矣。但直到1973年新春，进入原上海市委写作组，才有机会拜识。我被分到文艺组，在康平路。他们历史组，原先在南京西路的上图，同年稍晚些时才搬过来的。那时交往还不多，只是为撰写《拉萨尔传》，我认真阅读、琢磨过他的《孔子传》，感觉很生动形象。对我后来的写作，是有帮助的。

到1976年暮春，我调往历史组，接触才多起来。非科班出身的我，只在念中学时发过一篇历史短论还属"错误观点"（《廉贪有别》，载《文汇报》1966年3月21日），再就是1975年编改历史组外围青年学员的一系列短文，资本就这点儿，感激几位饱识的师友不弃浅薄，热情接纳。但很快，十月惊雷，形势陡转，写作组成员都进入学习班。冷静下来反思，觉今是而昨非，大伙检查各自的既往文章，直至1978年学习班结束。王守稼、吴乾兑和刘修明去社科院历史所，董进泉到信息所，许道勋回复旦，丁凤麟和我进解放日报社，两位翻译阿姨潘咸芳、李霞芬（她俩和丁凤麟都没有文章债，不用检查，陪我们办班而已）各回上外和复旦。分手前，我们（加上友人）拍过一张合影，现仍在，今重睹，或可改用曹丕话语，王吴许刘"诸友俱逝，痛可言耶"？

好在，旧人新传，在改革开放新时期，在各自的工作岗位，我们又都振奋精神，做出成绩。成绩有大小，惭愧，我是特小。修明学识渊博兼文采斐然，就大了。一些大书的主编，重要座谈的发言，历史剧的顾问，都曾虚位以请。记得30年前报社理论部举办"九十年代上海人"专题讨论会，受邀专家系各方推荐，计有袁恩祯、李君如、厉无畏、黄奇帆、邓伟志、俞吾金、王新奎、夏禹龙，等等，均一时之选，其中又有我们的修明！"忆昔午桥桥上饮，坐中多是豪英"（陈与义词),我与会旁听,为老友欣慰,感觉是与有荣焉。

以丰厚的历史为垫足石,俯视面越阔,看问题就越深。"上海是一座移民城市","查一查上海居民来源,至少八成是上一代或再上一代的移民,歧视农民工没道理",他说透了。上海民众的精神文化既有纵向继承,又有横向影响。"上海处于长江三角洲'弓'的中间,各地人都往上海跑,各种观念首先在上海碰撞,历史的发展使上海人形成自己的特点:'容纳、吸收、总汇、开拓'。这是历史积淀给上海的精神财富,应该在新的历史条件下发扬。"(载《解放日报》1991年12月30日)好个历史学家,操一口乡音难泯的普通话,论点论据,抽象形象,侃侃而谈,每一回都赢得众人赞许。

不消说,欲论他的学术成就和地位,轮不到外行的我置喙。却是想到另一个话域,即把历史诠释得灵动漂亮引人入胜——这其实也是修明突出的长处,是吗?

作为读者、编辑,我特别欣赏他的一种努力。即他多次跟我说起,极认真地说:"历史是最丰富的,我们何必写成孤零零几根筋呢?我想做一点还原的工作,让书上的历史像过往的历史一样丰富多彩。"曾几何时,五彩缤纷、变化无穷的历史啊,一落入我们某些史论、史书,就立即走样变形——满足于高度抽象的教科书式的论述,自以为完成了规律性讲解,结果却是满纸枯燥、干巴、面貌可厌,受众阅读的感觉、吸收的效果都大打折扣。修明认准了,想突破,他真做到了。譬如为给他的《从崩溃到中兴——两汉的历史转折》(上海古籍出版社1989年版)写书评,我通读了书稿清样,扑面而来的,是一股新颖的讲述和阐释风气。在这部纵论由西汉王朝崩溃到东汉王朝勃兴的断代史著中,"中兴之主"光武帝刘秀及其团队的系列措施是关键唱段。刘氏再创,敢作敢为,前史多载,不算稀罕,但是人有我特,特在观点,且特在表达。例子实多,可信手拈来,如写下赤眉军进长安后纪律废弛,斯文扫地,连老百姓犒劳的猪羊、酒浆"没等送入军营,在半路上就被赤眉士兵抢劫一空"之后,再写光武帝是怎样迥别于那帮粗鲁的农民军:"在群雄纷起、旌旗乱野的征战环境下,只要有时间,刘秀就投鞭讲艺,息马论道,认真读书。""刘秀的车驾进入洛阳城。市民万人空巷出来观看浩浩荡荡的入城大军。他们惊异地注意到,在络绎不绝的队伍中,竟有两千多辆装载着经牒秘书竹帛的马车。"前后一番对比,闪耀出文明之师猎猎军旗扬!

字里行间,诸如此类的表达,看得出来,意在减少抽象、避免简化,尽量地具体描写、见诸形象。诚然,表达属于形式,内容统辖形式。但是,形式也会反过来影响内容,会促成人物立体化,意义凸显化。欣喜之余,我写书评《史笔与文笔》(载《解放日报》1989年8月12日)抒发读后感:"两年前听说他着手写作《从崩溃到中兴》,我当然希望他成功,不过确也有点担心他能否成功。不是担心他在论点上站不站得住,因为他对两汉的研究已是轻车熟路;而是担心究竟能否在'还原历史'即表现形式丰富多彩上出一番新意。也正是后一方面,我以为在目前的史学界亟待重视。孰料修明先生今日送来该书排定的样稿,粗读一遍,殊觉可喜!人物的刻画、场景的描写,给人身临其境的真实感。寓结论于叙述之中,融史实考辨和理论判断为一体,处处读来津津有味,一点没有枯燥感。"

  作史不易。一名史学家,临纸动笔,既要无一字无来历,又要无一处不生动,两相结合才是上乘,才叫良史。史笔与文笔,求实与灵动,质言之,学术探求与艺术表达,修明恰是兼擅胜场。而且还为此种兼擅的写作模式溯源,即《从崩溃到中兴·自序》所言:"我是有意识、有选择地吸取了《左传》《史记》《资治通鉴》和国外古今许多历史名著的写法,通过有血有肉、有虚有实、有人物形象、有历史场景、文史结合等写法,具体形象地阐述这一转折时期历史发展的必然性和规律性。"原来,一支灵动生花笔,岂是石头蹦出,实属渊源有自,系左丘明、司马迁、司马光的先哲真传!我们是在创新,却又是在承古,我们背靠大树,紧靠着雄伟的民族文化优秀传统。他就这样,让我们平添底气,涌起自信。

  自信之来,在于传统绵延不绝。有先哲,又有近贤。前几年,读到蓝英年撰文忆及郑佩欣如此比较史学家文字功力:史学界以翦伯赞的文字最好,著作易于流传,有的史学家功力深厚,材料扎实,观点新颖,但文字不太好,是很吃亏的(载《悦读》丛刊)。颔首之余,马上联想到从前永嘉先生,还有修明兄,和大伙聊天,也曾涉及翦伯赞,最佩服翦老注重学术与艺术的统一。一篇翦氏《内蒙访古》,当年从历史所图书馆借来后诸同事相互传看,爱不释手;如今一晃近半个世纪,仍作为语文教材在课堂上琅琅诵读哩!可见审美效应于史著传播之巨大影响力。

  一支灵动生花笔,突破史料堆砌语言呆板的文风,我想其意义不仅近在中土,还远播海外。因为欧美学人,大洋彼岸,史学专著的文风也没好到哪里去,未能免俗来着。唐德刚在《晚清七十年·自序》里叹息过:"学术文章,不一定必须行文枯涩。言而有据,也不一定要句句加注,以自炫博学。美国文史学界因受自然科学治学方法之影响,社会科学之著述亦多佶屈聱牙,每难卒读。治史者固不必如是也。笔者在做博士生时代,对此美国时尚即深具反感,然人微言轻,在洋科场中,做老童生又何敢造反?"不敢公开批评,但腹诽阵阵,是不免的:"笔者嗣读此邦师生之汉学论文,其中每有浅薄荒谬之作有难言者,然所列注疏笺证洋洋大观焉。时为之掷卷叹息,叹洋科举中之流弊不下于中国之八股也,夫复何言?!"中外学术之流弊,似有灵犀一点通。唯此,反对佶屈聱牙,扫除烦琐冗长,力倡生动清新文风,竟是具有一层世界意义。

"你对诠释历史的生动形象写法如此赞誉,那么现在摊头上'戏说''乱谈'之类好看的历史书多起来了,二者区分何在?"需要好看,又需要不止于好看。这里,楚河汉界,了了分明。只消一问:那些惊艳猎奇光怪陆离的书刊,下过认真研究功夫,经得起史籍检验吗?听听修明在序言里阐释《从崩溃到中兴》写作规则时说的:"历史必须以事实为根据,不允许小说家的想象。可读性、形象化,必须建立在科学和事实的基础上。"

一支灵动生花笔,第一要义即科学性。你没见那笔端,长年流泻出"科学地探索+艺术地表达"的辛勤血汗!

(原载2022年第1期)

田汉在沪四次办《南国》

徐 燕

1922年秋,田汉从海外归来,寓居上海哈同路(今铜仁路)民厚北里406号(原建筑已不存)。不久,他到出版机构当编辑,并在大学执教。他为了探索以戏剧服务于社会、人生的道路,决定在沪创办一份文艺期刊。

田汉经与妻子易漱瑜一起筹划,于1924年1月办起《南国》半月刊,并由上海泰东书局代售。他撰写的发刊词宣称:创办这份刊物"欲打破文坛的惰眠状态,鼓动一种清新芳烈的空气",因而"不欲以杂志托之商贾,决自己出钱印刷,自己校对,自己折叠,自己发行"。于是,"南国"的名称流传下来。

《南国》半月刊的主要作者是田汉夫妇,如在创刊号上田汉发表了自己的剧本《乡愁》,他的早期代表作《获虎之夜》最初就在该刊连载,郭沫若、郁达夫、宗白华等的通讯也常在此发表。从第二期开始,田汉又办起它的附刊《南国新闻》,注重各种艺术如戏剧、电影以及出版物的批评。

这天,一位身材魁梧的青年到民厚北里田汉寓所造访,田汉看了递过来的名片,知是周信芳。田汉奇怪地问:"周先生怎么知道我的住处?"周信芳拿出随身带来的《南国》半月刊,说:"我是它介绍来的。"原来,刊物的封底印着田汉寓所的地址。田汉虽从事新剧,但对传统戏曲一向神往;周信芳是京剧名角,却对新文艺很感兴趣,所以两人相见恨晚。当彼此问过年龄,田汉说:"相识满天下,知心能几人。今天我们能一见如故,明天就以兄弟相称吧。"从此,周信芳常去田汉家,田汉也常与欧阳予倩、洪深、唐槐秋等一起去看周信芳的演出。他们时常聚在一起谈论戏剧与表演,兴致来时唱上几段,互相切磋。

据施蛰存的《南国诗人田汉》回忆:"1924年,我在上海大学,田汉曾担任我们中文系的文学教授。那时他刚从日本回国,在中华书局当编辑,到上海大学来授课是兼任。他每星期来上课一次,讲的都是西欧浪漫主义文学","过了几天,田老师创办的《南国》半月刊出版了","《南国》有一个法文刊名'lemidi',意思是'南方'。歌德的《迷娘歌》里曾说到南方是'橙橘之乡'，是浪漫的青年男女的乐园。田老师就用这个典故，给他的文艺小刊物取名"。出于资金、人手等原因，《南国》半月刊出至第四期就难以为继了。

此后，田汉陪积劳成疾的易漱瑜离沪返湘养病。《田汉自述》提及："好的东西是容易破坏的，天不久就把我最好的东西破坏了。漱瑜死了，半月刊和新闻自然就停顿了。怀着破碎的心从湖南折回到上海来，出了张《南国特刊》。"这时，田汉住在上海霞飞路宝康里（后为淮海中路315弄）的石库门房屋（原建筑已不存）。他主编的《南国特刊》于1925年8月问世，并以《醒狮周报》附刊形式出版，主要登载剧作、小说、散文、游记、文艺杂语、通讯等。田汉的剧作《黄花岗》第一、二幕，以及电影剧本《翠艳亲王》《到民间去》，均发表于《南国特刊》；而他那在该刊第一至五期连载的"略写悲怀"的散文《从悲哀的国里来》，写得情真意切，颇受关注。田汉因与《醒狮周报》的观点有明显分歧，所以在1926年3月将《南国特刊》停刊。翌年夏，田汉曾赴日本，但很快返回黄浦江畔，他住入上海蒲石路（今长乐路）64号（原建筑已不存）。

1927年冬，田汉迁居上海金神父路日晖里（后为瑞金二路409弄）41号（原建筑已不存），他的母亲、儿女，还有三弟、五弟和友人黄芝岗等，都生活于同一幢石库门房屋，楼上是住家，楼下是客堂。在这里，田汉发起筹备南国社。1927年冬，田汉和欧阳予倩、徐悲鸿等40余人在上海霞飞路霞飞坊（今淮海中路927弄）99号（徐悲鸿寓所）开会，正式将原南国电影剧社改组为南国社，并通过了《南国社简章》，确定宗旨是"团结能与时代共痛痒之有为青年作艺术上之革命运动"。田汉的日晖里寓所兼作南国社社址，所以进进出出的人很多，昔日南国社的社员吴似鸿回忆道："平时社员们挤坐一堂，不是排戏就是闲坐。有的拉胡琴，有的昂首高歌，有的看小说，或者念台词，也有的在破沙发上呼呼熟睡……"

1928年初，田汉与欧阳予倩、洪深等南国社主要成员为了"培植能与时代共痛痒而又有远见实学的艺术运动人才"，一起筹资在沪创建南国艺术学院。南国艺术学院设于原上海艺术大学租用的校舍，即上海西爱咸斯路一座假三层房屋（今永嘉路371—381号），田汉也住在底楼一角。田汉与欧阳予倩、徐悲鸿分任南国艺术学院文学、戏剧、绘画等系科主任，他还用自己的稿费、版税收入支撑办学，倡导学生自学、学生治校，推进新戏剧运动。南国艺术学院曾聚集陈白尘、吴作人、金焰、郑君里等一批献身文艺事业的青年。这时，田汉等又以南国艺术学院名义重新出版《南国》不定期刊,主要撰稿人有田汉、赵铭彝、左明等,它发表了不少宣传进步戏剧理论的文章和戏剧新人的剧论、剧本,报道了南国艺术学院的动态。然而,出于政治、经济等方面的原因,南国艺术学院在半年后就被迫停办,《南国》不定期刊也仅出了六期。昔日南国艺术学院的学生马宁在纪念该院的文章中回忆:"这里里弄房子多,四通八达,夜间还能听到传来叫卖《申报》《新闻报》《晚报》《红旗日报》等很有节奏的尾声,以及里弄里有人召唤报贩的喊声……"

1929年5月,《南国》由上海现代书局恢复出版,起先为月刊,翌年9月改成周刊;田汉担任主编,编辑部设于他的寓所。它的主要内容有剧本、剧论、剧评、小说、散文等,着重推出"比较有自信的、比较坚实的作品",凸显"我们的文艺观、社会观",旨在"对自己的运动即有明确的意识,把我们的态度宣示给人家知道"。当年,田汉曾发表多篇重要文章,如《南国社的事业及其政治态度》《南国与官府》,表明了南国社反抗黑暗统治的决心和信心,他还推出了剧作《古潭的声音》《一致》《垃圾筒》,以及被誉为"革命现实主义的作品"的《名优之死》等。

1930年3月,田汉率南国社成员加入中国左翼作家联盟(简称"左联"),并被选为执委;4月,他发表《我们的自己批判》,总结十年来的"南国"艺术运动,指出过去"热情多于卓识,浪漫的倾向强于理性,想从地底下放出新兴阶级的光明而被小资产阶级的颓废的雾笼罩得太深了,因此我们的运动受着阻碍,有时甚至陷入歧途",明确表示要"对社会、艺术都有一个正确的主张",以使"旗帜来得鲜明,步调来得雄健"。同年6月,南国社在申城公演的《卡门》(田汉根据法国作家梅里美的小说改编)遭禁,《南国》随即也被迫终刊。田汉因上了"宣传赤化"的黑名单,所以不能再居于原址,只能到别处暂避,成天闭门写作,由弟弟送饭并与之联系。同年秋,南国社被查封,他又不屈不挠地开始了新的战斗……

《南国》曾是具有社会影响的南国社机关刊物,它对于推动中国左翼话剧运动的成熟与壮大,起到了积极作用。2022年,是南国社成立九十五周年,笔者曾来到上海长乐路、东湖路、富民路三角花园内,凝视着屹立于此的田汉雕像,眼前仿佛浮现他在十分困难的条件下,以顽强的毅力在沪四次办《南国》,并为之呕心沥血。他对艺术探索的执着以及在前进道路上无所畏惧的革命精神,很值得后人学习。

(原载2022年第1期)

杨剑龙:有造诣的文学家,
首先应该是一位诗人

徐 芳 杨剑龙

【(原)编者按】徐芳高级编辑的访谈录《杨剑龙:有造诣的文学家,首先应该是一位诗人》,反映的是杨剑龙教授对于中国新诗的现状和发展,及其与传统、受众、传播乃至微信、网红等的关系的新颖独到见解。顷接会员建议,提出该访谈录虽曾昔年在线上刊播,但所论及问题,至今依然,加之线上传播,部分老年受众阅读颇受限,希望本会刊予以转载。同意此建言,谨予刊载,以飨诸多读者。

手机与微信的发展,影响着当下诗歌的创作

徐芳: 中国新诗孕育至今已近百年,推倒重来之类的激烈言辞,却似乎一直不绝于耳。但同时诗歌传播与生产却从来没有像今天这样迅捷,在碎片化、电子化和移动阅读语境下,即时、交互性的写作、阅读和批评实现了即时性、日常化和大众化吗?或者进一步游戏化、娱乐化,这才能够"网红"吗?

杨剑龙: 中国是一个诗歌的国度,其实无论"五四"时期如何反传统,新诗仍然是建筑在中国古典诗歌传统的基石之上的。中国现代新诗的诗人,比较杰出的都有很深的中国古典诗歌的造诣,如闻一多、徐志摩、戴望舒、何其芳、卞之琳、艾青、冯至等。如果从1917年2月胡适在《新青年》上发表白话诗八首始,中国新诗已经诞生百年了,"推倒重来"之说,显然表达出对于中国新诗发展的强烈不满,但是任何将一切推倒重来的想法是不切实际的,文学发展的脉络与传统是难以割断的,新诗百年的大厦推倒重建呈现了破旧立新的激愤。

2000年,我曾赴广东梅州参加"李金发诞辰一百周年纪念暨学术研讨会",当时有记者采访我,问及中国诗歌创作的困境问题,我当时的观点是改革开放

以后中国人的精力主要放在发展经济上,在经济得到飞速发展以后,诗歌一定会繁荣发展的,今天中国的诗歌显然比十六年前大大发展了,这显然与我们的经济腾飞有关。

我曾经在报上发表《新媒体时代的文学创作与阅读》,认为:新媒体信息的开放性、传播的便捷性、传受的互动性,对于当代文学创作产生了极为重要的影响。文学创作向文学生产转换,文学接受向文学消费转换。我提出新媒体时代的文学阅读也有了重要的变化:阅读浅泛化、图像化、游戏化,成为大众文化流行的一种症候。您提到的"碎片化、电子化和移动阅读语境"大概也可归入新媒体语境,现在的手机与微信的发展其实对于诗歌的创作与阅读产生了十分重要的影响,可以说影响到了当下诗歌的创作方式、阅读方式,您说的"即时、交互性的写作、阅读和批评",大概就与此有关。我现在创作诗歌常常用手机,在机场、码头、车站等候的时候,常常会用手机写诗,表达一些瞬间的思绪与情感。手机微信群的建立,让诗歌创作迅捷发布,或赢得点赞,或受到批评,形成了您说的"实现了即时性、日常化和大众化"。

当代诗歌创作呈现出的问题,一方面在于我们缺乏对于中国古典诗歌传统的深入研究与完美传承,另一方面在于我们缺少对于西方现代派诗歌资源的细致梳理与合理借鉴。当代诗歌要么走入极致的通俗化道路,在直接或间接提倡口水诗、梨花体、羊羔体等过程中,呈现"非诗化"的状态,要么走入极端的晦涩状态,在故弄玄虚中天马行空,在胡言乱语中不知所云,呈现出诗歌创作与阅读的隔膜,甚至走向游戏化的误区,比如提倡用诗歌创作软件进行诗歌写作,这都是需要我们认真研究思考的。

诗人脱下了"法衣",穿上了"布衣"?

徐芳:您怎么看诗歌在公众中地位和形象的改变——诗歌回暖、诗歌升温、诗歌繁荣、诗歌重新回到社会生活中来了吗?在诗人与手机屏之间的距离,越来越近的同时,是否也意味着诗歌与读者的距离,越来越近了?

杨剑龙:网络改变了信息的传递方式、人们的交往方式,也改变了文学创作与发布及阅读的方式,网络文学实现了诸多文学爱好者的文学梦,也造就了诸多网络诗人。新媒体的发展进一步推进和拓展了这种状况,不仅出版社、杂志社可以造就作家、诗人,网络甚至微信也可以成就作家、诗人。

我们说"诗歌回暖、诗歌升温、诗歌繁荣"都是对于诗歌创作乐观的观照，其实这也与"诗歌在公众中地位和形象的改变"有关。20 世纪 90 年代以后，中国文学呈现出一种文学走向世俗化的趋势，这与商品经济、市场经济的发展有关，也与大众文化的流行切合，从 80 年代文学创作的铁肩担道义的关注宏大叙事，到 90 年代文学的走入民间的关注私人化写作，形成 90 年代文学整体上关注普通百姓的庸常生态，忽视时代英雄业绩的描写，关注当下日常的琐碎生活，忽视史诗性的宏大叙事，关注语言的生活化世俗化，忽视典雅诗性语言的运用，这种倾向其实一直延续到当下。在这种语境下，诗歌的地位与形象的改变也是理所当然的，从整体上说，诗歌已经走下了圣坛走入民间、走近大众，诗人已经脱下了说道的法衣或讲经的袈裟，穿上了大众的布衣，诗歌更呈现出平民化的色彩和大众化的意味。诗歌既可以是阳春白雪的，也可以是下里巴人的，这也就被认为诗歌重新回到社会中来了，改变了以往诗歌供在圣坛上与社会疏离的状态。新世纪以来文化走向多元化，文学同样呈现出多元化的色彩，诗歌同样如此。

至于说到"诗人与读者之间的距离越来越近"，这也与中国 20 世纪文学整体上的启蒙色彩有关。20 世纪的文学家与读者、诗人与读者整体上处于一种启蒙者与被启蒙者的关系，前者高高在上，后者俯首在下。21 世纪的诗人与读者已经摆脱了这种关系，诗人已没有了承担启蒙的重任，读者也不再是愚民、庸众需要被启蒙，诗人与读者仅仅是写诗者与读诗者的关系，是一种平等的互动的关系，因此是诗人与读者之间的距离被空前拉近了。

诗歌的本质是书写诗人心灵的真实

徐芳：您已有的文学身份标签，主要是评论家与学者，捎带还写了长短小说、散文随笔等，怎么悄悄又潜入了诗坛呢？这应该不仅是一种转换，那么，是被遮蔽的诗人身份的深度"揭秘与解密"吗？

杨剑龙：其实，作为一位作家都有过青春的年代，诗歌是适宜于青春年代的，需要有充沛的激情、大胆的想象；小说是适宜于中年人的，需要有厚实的生活、深入的思考；散文更适宜于老年人，需要有生活的积淀、哲理的思索。文学评论是我的专业、我的饭碗，我攻读硕士、博士学位的专业都是中国现当代文学，但是文学创作是我的爱好，在大学时期我就热爱诗歌创作，我最早发表的诗作《塔三首》，发表在《星火》1981年第1期的《新星闪烁》诗辑。大学毕业后，我也一直没有中断诗歌写作，只是写下的诗歌大多并没有投稿发表，收入《瞻雨书怀》诗集中的655首诗歌可以说是我30余年诗歌创作的汇集。我出版过长篇小说《金牛河》，发表了10余篇中短篇小说，出版过散文集《岁月与真情》，我仍然断断续续写诗，尤其在参加学术会议期间，大概是我诗歌创作的佳境。大概我的大部分诗歌并没有投稿发表，因此您说我的诗人身份被遮蔽了，其实这也并不需要去揭秘与解密。

我总认为诗歌是文学的精髓，大凡写得好的、有意味的文学作品都是有诗意的，无论是小说家、散文家、剧作家，还是有造诣的文学家，他首先应该是一位诗人。

徐芳：诗人只按自己的心灵真实来描绘世界……可以使某一棵树上的果实壮硕或者枯小，或使某些果子残缺、畸形，从而写出具有超越一般"真实"的"真实"。诗歌到底给您带来了什么样的影响呢？这种影响到了何种程度呢？

杨剑龙：您说"诗人只按自己的心灵真实来描绘"，说得特别到位，您自己是一位当代诗坛有影响的诗人，这是您的夫子之道，我有同感。缺乏自我心灵脉动的诗作，往往都是劣作、败作，我们以往常常过于推崇具有时代、民族、国家"大我"的诗作，而忽略按自己的心灵真实"小我"来描绘的诗作，我们回首梳理现代诗歌史，大凡有自我心灵的诗作都能够激起读者共鸣的，我们推崇戴望舒的《雨巷》、徐志摩的《再别康桥》、艾青的《大堰河——我的保姆》等，即在于这些诗作出自诗人心灵的真实。无论其诗作雄浑、冲淡，还是疏野、清奇，或者高古、典雅，甚至诡谲、病态，诗歌的本质还是描绘与书写诗人心灵的真实。

说到诗歌给我的影响，诗歌影响了我对于文学的挚爱，影响了我的文学观念，影响了我的整个人生。我是67届初中生，我于1970年4月离开故乡上海去江西农村插队务农，我带着的书中就有我手抄的唐诗宋词，它们陪伴我度过了农村劳累寂寞的生活，也养成了我对于诗歌的热爱、对于文学的热爱，我最初的文学兴趣、文学素养大概也就源于唐诗宋词。大学毕业后留校在写作教研室任教，对于文学作品的分析与把握、对写作课程的教学等，也与诗歌密切关联。报考研究生时，我选择了中国现当代文学，与大学时期和从事写作教学时，大量阅读文学作品有关，包括阅读了诸多中国现当代诗歌作品。文学使人充实，诗歌是文学的精髓，这是我文学观念的基点。

从总体上看，我的诗歌是偏于传统的，即偏于唐诗、宋词强调意象注重意境的那一路,而非现代派诗歌注重新奇、残缺、跳跃、抽象、错位等。我认为:诗人应有敏感之心,对于世事的发生、对于季节的更迭、对于环境的变化,都有所感应有所反响。诗人应有真挚之情,文学应该是真善美的艺术,任何虚情假意必定为读者所唾弃,诗歌创作更是如此,无论是热爱,还是愤懑,无论是讽刺,还是歌颂,都应该出自内心的真情。诗人应有正义之识,人云"愤怒出诗人",不仅是说诗人需要激情,其实也是说诗人必须有正义感,褒奖正气、贬斥歪风。诗歌应该注重意象,意象是诗歌的精魂,是主客观的融合,是客观物象经过创作者情感熔铸而创造出来的艺术形象。诗歌应该强调意境,努力创造诗歌的意境,将主观的意绪与客观的物象或景色融汇。

(原载 2022 年第 2 期)

毛泽民与上海书店

殷俊华

毛泽民于1921年投身革命,很快加入中国共产党。1925年2月,他随胞兄毛泽东在湖南湘潭开展农民运动;9月,他到广州农民运动讲习所学习;12月,他奉命来沪,担任中共中央出版发行部经理,开始了一段红色传奇经历。

毅然挑起重担

中共"三大"后,为了进一步宣传马克思主义和党的政策、任务,中共中央决定继《向导》周报、《新青年》季刊之后,再出版《前锋》月刊,并在上海建立一个公开的出版发行机构。于是,在浙江绍兴县立女子师范学校执教的徐白民(中共党员)被选调到申城,主持宣传工作的瞿秋白向他布置了具体任务。徐白民的《上海书店回忆录——1923年》提及:"经过一个多月,在小北门找到了一座店房,一楼一底,还有一间过街楼,倒也适用,交通也算便利。店址确定后,就办租赁手续,一切顺利解决,于是中央取了一个店名,叫作'上海书店'。"

1923年11月2日,上海《民国日报》登出《上海书店广告》:"我们要想在中国文化运动上尽一部分的责任,所以开设这个小小的书铺子。我们不愿吹牛,我们也不敢自薄,我们只有竭我们的力,设法搜求全国出版界关于这个运动的各种出版物,以最廉价格献于读者之前,这是我们所愿负而能负的责任。现定于民国十二年(1923)十一月一日起先行交易,待筹备完竣后再择日正式开幕。地址是上海小北门外民国路振业里口第十一号。"上海书店所在的民国路振业里口11号(后为人民路1025号,原建筑已不存),位于申城华界、法租界相交地段,方便开展党的活动。店址系沿马路的老式房屋,门口挂着一块蓝底白字招牌,店堂两侧放置木框玻璃书橱。该店的印刷、发行事宜,由徐白民负责;编辑方面的工作,则由瞿秋白、蔡和森、恽代英等分别负责。那时,由沪迁至广州的新青年社结束业务,10多种存书和各省代售处的一些账款均移交给该店。郑超麟(早期中共中央宣传部秘书)口述的《记上海书店》提及:"徐白民在开办书店方面很内行,我们接触的机会较多。宣传部编好的书稿交给他,由他安排到印刷厂去排印,并担任校对","上海书店除徐白民以外,好像还有两三个店员,都是同志。年纪较轻,也许只有二十岁上下"。

毛泽民初次抵达黄浦江畔,对于出版发行工作还是比较陌生的。然而,他凭着无所畏惧的顽强精神,勤于探索,勇于开拓,使上海更出色地担负起党的"出版印刷发行之总责"。

毛泽民来沪前数月,党组织在上海建立国华印刷所,也挂了崇文堂印务局招牌,双方签订合同规定:崇文堂印务局对外承接业务,交给国华印刷所承印;国华印刷所拥有全部财产,并雇用所有工人。采用这种做法,是为了在发生问题时由崇文堂印务局出面承担,而国华印刷所可推卸责任并保护印刷设备和工人。1925年9月,因交通员在送党的文件校样去中共中央组织部机关途中遇巡捕搜身,慌忙之中不得不丢弃,这使国华印刷所有暴露的危险。党组织决定将它停业,由毛齐华负责拆卸印刷设备,转移至别处。《毛齐华回忆录》提及:"在9月底或10月初,我接到党组织的通知","离开了中华书局印刷总厂,走上了新的工作岗位","新的印刷厂在青云路青云桥南,靠近横浜河,设在广益里内东边的一幢半房子里","厂名定为'和记印刷厂'","青云桥印刷厂建立以后,也遇到一些麻烦的事情","中共中央就决定要再办一个印刷厂。组织上又把这项任务交给了我","最后选定泥城桥新闸路57号鸿祥里14号的一幢石库门房子。添置了机器,购买了印刷材料和其他用品,挂出'中兴印刷所'的牌子","1926年夏,由于青云桥那个厂已经暴露,不得不转移厂址,上级决定在新闸路638弄新康里(现名斯文里)22号,租了两幢房子","挂'文明印务局'的牌子","中兴和文明两厂的负责人是倪忧天。我是具体经办人","不久,召开了有两厂各部负责人参加的民主生活会,起因是有些同志对倪忧天遇事不与其他负责人商量,自己说了算有意见。中共中央出版局的负责人郑超麟、王若飞、毛泽民、彭礼和到厂出席了民主生活会"。对于中兴印刷所、文明印务局,毛泽民曾给予颇多关心,尽力帮助解决困难。

1926年夏,党组织把上海杨浦怡和纱厂工会骨干、中共党员钱希均派到中共中央出版发行部,做毛泽民的助手。那时,中共中央出版发行部机关设于上海新闸路培德里(后为新闸路565弄)的石库门房屋,毛泽民在此见到这位年轻女工,语重心长地嘱咐:"我们这个发行机关是党的宣传部门的咽喉。你除做好报纸和书刊的发行外,还要担任地下交通工作,到中央机关和领导同志的住地传递秘密文件。要记住,安全、保密是一条重要纪律。你要尽量减少社会关系,少与外界来往,要保证党中央和我们这个机关的绝对安全。"两人志同道合,在共同的学习和工作中互相关心体贴,最终成为夫妻。

毛泽民、钱希均这对革命伉俪曾寓居上海大通路大通里(后为大田路331弄,原建筑已不存)。1926年11月,毛泽东担任中共中央农委书记,来沪主持制订《目前农运计划》时,也住在这里。

努力进行开拓

当年,毛泽民化名杨杰,时而穿长衫马褂,时而着西装革履,常以印刷公司老板身份为掩护,忙于筹措出版印刷急需物资。

上海书店的主要任务是出版发行中共中央机关刊物如《向导》周刊、《新青年》季刊、《前锋》月刊等,以及团中央机关刊物《中国青年》周刊等。此外,该店曾重印《新青年》社、人民出版社的出版物,并陆续出版一些新书,其中有瞿秋白等的《社会科学讲义》《社会科学概论》《国外游记汇刊》《新社会观》,恽代英等编的《反帝国主义运动》《平民千字课》,施存统的《世界劳工运动史》,李求实编的《革命歌声》,沈泽民译的《恋爱与道德》,杨明斋的《评中西文化观》,蒋光赤的诗集《新梦》等,还陆续推出《将来之妇女》《唯物史观》《马克思主义浅说》《关税问题与特别会议》《青年工人问题》《显微镜下的醒狮派》等6种"中国青年丛书",《不平等条约》《中国关税问题》《反戴季陶的国民观》《论北伐》等4种"向导丛书",合计超过30种。该店不少出版物均由党内同志编写,装帧讲究,销量较大,如《马克思主义浅说》屡次重印。

毛泽民根据工作需要,不仅及时对申城发行网络进行调整,还四处奔波使外埠分销处延伸至全国20多个城市,连巴黎、柏林也有代售处。这样一来,出版物尚未印刷即能收到上千元预付款,他得以用这些钱缓解周转金的紧缺。

上海书店的影响不断扩大,反动军阀当局感到不安。1926年2月,淞沪警察厅将该店查封。《中国青年》周刊对此予以抨击:"直系军阀孙传芳以煽动工团、妨害治安的罪名加之本刊,因而封闭受本刊委托代收发行兼编辑通信的上海书店。军阀以武力摧残我们,适足反映出中国革命运动之进展。然而革命的势力是摧残不了的:从此本刊将益自策励,领导青年作革命的斗争,我们被军阀的摧残,或者增加了读者对我们的信心。我们希望读者与我们的努力,能战胜一切压迫与黑暗。"毛泽民很快在上海宝山路、宝昌路口找到新店址(原建筑在1932年"一·二八事变"中毁于日军炮火),以宝山书店名义继续发行革命书刊。同年秋,他将上海书店存书全部运往汉口,于12月建立长江书店(由苏新甫负责具体业务),该店所登广告中明确表示"继续上海书店营业"。

毛泽民刚接手工作时,掌握的资金仅70多元,他到任一年,中共中央出版发行部内部结算已盈余逾1.5万元,中共中央机关会计核查得出的结论是财、物两清。

沉着智斗密探

1927年2月,毛泽民又建立上海长江书店(位于原宝山书店)。从3月31日开始,上海《民国日报》和《时事新报》等多次登载《上海长江书店启事》:"本店现受《向导》社、《新青年》社、《中国青年》社委托为上海总发行所,经售一切关于革命书报。现设总店于本阜(埠)闸北宝山路宝昌路口,分店则设于本阜(埠)南市西门中华路(即共和新影戏院隔壁)。"随着革命形势发展,毛泽民积极拓展出版发行工作,使党刊和宣传马克思主义的读物销量猛增,如《向导》周刊发行量就达8万份,《共产主义ABC》半年内便在全国销售3万余册。

1927年"四一二"反革命政变后,毛泽民接受党组织委派,担任汉口《民国日报》总经理。大革命失败后,他曾回到湖南准备秋收起义。同年11月,他重返白色恐怖下的申城,仍从事党的出版发行工作。

1928年初,毛泽民在上海爱而近路春晖里(后为安庆路409弄,原建筑已不存)建立党组织最大的一个印刷机构——协盛印刷所,专门印刷党的文件,以及中共中央机关刊物《布尔塞维克》和党内刊物《中央通讯》。他曾以多种伪装封面来迷惑敌人,以确保中共中央机关刊物安全送达党内同志手中。

毛泽民清楚地意识到,欲顺利完成繁重的印刷任务,除了需要印刷设备,还得物色一些具有政治觉悟、严守组织纪律的印刷工作骨干。为此,他从家乡韶山找来几位革命青年充实力量,其中有毛特夫、毛远耀等。

1928年12月,因密探怀疑协盛印刷所"印赤色刊物",毛泽民突然被抓走,但他泰然自若,不露破绽,一口咬定自己只是为赚钱而搞印刷。密探见弄不出什么名堂,就企图敲竹杠,索要大笔"罚金"。毛泽民随机应变,假装讨价还价,并表示可去设法筹款。密探觉得反正"跑得了和尚跑不了庙",就将他暂时释放。按照党组织"必须转移"的指示,他在上海《新闻报》登载出售印刷设备的启事,又在门口张贴拍卖布告,以麻痹密探;与此同时,暗中加紧拆卸印刷设备,隐藏于别处。隔了几天,密探前来取款,不仅找不到"杨老板",连机器设备也无影踪,方知上当了。

再次来到申城

1929年初,毛泽民与毛特夫、毛远耀等带着印刷设备搭乘一艘货船,悄然赴天津。此前,毛泽民已与留沪同志商量过,在上海康脑脱路762号另建华兴书局(曾使用春阳书店、启阳书店、浦江书店等名称),它曾印刷、发行《共产党宣言》《国家与革命》《资本主义之解剖》《世界职工运动概况》等一批书籍,还曾出版《共产国际》月刊和《瀛寰》半月刊。

不久,毛泽民在天津英租界广东道福安里4号(今唐山道47号)一座青砖楼房内建立印刷厂,将印刷设备迅速安装好,并挂出华新印刷公司招牌。为了配合印刷厂的工作,中共顺直省委在天津最繁华的劝业场附近设立北方书店,作为党内出版物秘密转运站。毛远耀曾回忆:那个印刷厂有21人,都是党团员,多数是毛泽民从上海带去的。

1931年初,毛泽民再次来到申城,与瞿云白(瞿秋白之弟)、钱之光一起在沪筹建党的秘密印刷厂。钱之光的《油墨飘香——党中央在上海的秘密印刷厂》提及:"这个厂在齐物浦路周家嘴路元兴里146号至147号。印刷厂有两楼两底的两幢房子,紧紧挨在一起,对外是两家,即一边是印刷厂,一边开了一个绸布庄。瞿云白负责印刷厂内部的工作。我负责印刷厂对外的工作,同时还管理绸布庄的事情。我那时化名徐之先,由毛泽民同志领导。"4月,中共中央特科负责人之一的顾顺章叛变,秘密印刷厂转移到上海梅白克路(今新昌路)99号:一楼开烟杂店常由"老板"钱之光观察外面动静,二楼作为宿舍,三楼用于排字、印刷和装订。

此时,毛泽民奉命转移至香港,再去江西中央革命根据地,历任闽粤赣军区经济部部长、中华苏维埃共和国临时中央政府财政委员会委员兼国家银行行长、闽赣省苏维埃政府财政部部长、国家对外贸易总局局长等职,领导苏区银行、财政、贸易、工矿等经济工作。

(原载 2022 年第 2 期)

南昌路的文化与红色历史

袁士祥　刘　璐

南昌路，位于上海淮海中路中段以南仅一两百米处，它东起重庆南路，西至襄阳南路，全长约1 588.1米。这条马路宽12米到15米，两侧是颇有年份的、高大的悬铃木静静耸立。每次我经过这里，或者带着学员到这里进行现场教学，看着马路两边的参天大树和历史建筑，就像穿行在百年上海历史之中。这条马路特有的一种文化范与红色历史，总让我内心有几分激动。

南昌路的由来

南昌路原来是一条河，周边都是农田、村舍、寺庙和义冢等。早在20世纪初，路才开始修建。据有关资料记载："1912年1月，填没马义浜，辟筑道路，后名环龙路，即今南昌路之雁荡路至瑞金二路段，后延至今襄阳南路。"这里，"环龙"（VALLON）是当时在上海跑马厅上空作飞行表演时坠亡的法国飞行员名字，以此命名环龙路（ROUTE VALLON）。"东段（重庆南路至雁荡路段），1902年筑，称军官路，路弯曲狭窄。1920年，以法侨民命名，改称陶尔斐斯路（ROUTE DOLLFUS）。"东段，道路弯弯曲曲，明显留有自然河道痕迹。1941年，日军发动了珍珠港事件，同时占领上海法租界，汪伪政权立刻宣布取消租界。1943年，将环龙路和陶尔斐斯路统一命名为南昌路，一直沿用至今。

南昌路两边的建筑别具特色，多为民国时期的新式里弄、公寓和一些欧式大楼，真可谓既有法兰西文化的浓郁，又兼承传统建筑的风格，以南昌大楼（旧称阿斯屈特莱公寓）、孙中山寓所（今南昌路59号）、第一次国共合作时期国民党中央上海执行部旧址、林风眠故居、中国共产党发起组成立地（《新青年》编辑部）旧址、杨杏佛旧居、中华职业教育社旧址、大同幼稚园旧址等一些历史建筑著名。1914年4月，法租界当局与沪海道兼江苏外涉使杨晟签订了《上海法租界推广条约》，法租界实现了第三次扩展。研究资料显示："（1914年）10月19日，法租界当局规定辣斐德路（今复兴中路）、环龙路、吕班路（今重庆南路）、金神父路（今瑞金二路）范围为欧式建筑区。"对在欧式建筑区的建筑结构和高度、外立面、楼距、道路宽度、绿化、地下排污，包括室内壁炉，都做出了严格规定和要求。而南昌路以北，混合结构两三层的民国新式里弄较多。南昌路中段的上海科学会堂主楼一栋精美的法国古典式建筑，可以说是南昌路的标志性建筑。科学会堂主楼旁边为一些附楼。这是一个法式建筑群，东起华龙路（今雁荡路），西至马斯南路（今思南路），洋溢着浓郁的法兰西文化风情，也是南昌路的精华部分。

南昌路拥入大批外国侨民

当时，南昌路能够成为法租界核心区域顾家宅地区的一条重要马路，原因是多方面的。一是人口构成，别具一格。法租界是当时外国侨民聚居地，主要是法国人和俄国人以及部分中国人。上海法租界从1849年建立到1943年被撤销，近百年时间里，在上海的法国人主要居住在法租界。历史上，上海法租界还有三次比较多的人口集中拥入。

第一次是1853年，小刀会起义爆发。同年，太平军洪秀全、杨秀清等人定都天京（今南京），后攻打上海。江浙一带的土豪劣绅、官商百姓纷纷逃亡上海，想方设法进入租界。"所有的人都把上海城看成为'避难城'，把租界看成为'安全界'。殖民者也懂得中国人的心理，他们乘机尽其所能让租界这棵'摇钱树'落下更多的钱来，他们高价出租土地并在空地上用最快速度建造楼房，出租牟利。"其中一部分人拥入法租界。1903年，法租界公董局乘机辟筑道路，沿路设店，推进繁华。第二次是在俄国十月革命前后。大批白俄流亡来沪，他们中的不少人在被称为中国"香榭丽舍大街"的霞飞路（今淮海中路西段）设店经商。霞飞路一下子出现了很多面包房、咖啡馆、酒吧、洋行之类的店铺。第三次是九一八事变以后。日本发动侵华战争，为了躲避战火，江、浙、皖的一些富户和难民，拥入上海租界，一部分人到法租界顾家宅地区落户，经商务工，当然，还有不少文化人、政客等。"1900年，法租界当局从顾家宅向南辟筑至卢家湾连接徐家汇路的道路，名卢家湾路，后名吕班路，即今重庆南路。"卢家湾片区也有法国人的养马场。后以卢家湾的片区名，定名为卢家湾区。卢家湾的有轨电车终点站附近,后来还有大众浴室、杂货店等。

徐家汇路以南地境,开放较晚,工业集中,其中规模最大、最早的为江南制造局。这是顾家宅以南的地方。到了"1940年前后,(霞飞路)从华龙路至圣母院路(今瑞金一路)有中国银行等9家(银行)"。法租界地价,一下子变得寸土寸金。而附近的南昌路、华龙路、吕班路等,成为白俄们居住的最佳选择。例如,南昌路上当时新建的民国新式里弄建筑——上海别墅,就是当时俄国人居住最集中的地方。

俄国人选择在法租界居住,一是因为法俄友好交往历史源远流长。俄国贵族们崇尚法国文化,孩子们也以学习法语为基础教养。当时法租界对俄国人在就业、入学等方面又有很多关顾。而当时英、美、德、日、葡人主要居住在公共租界。"在公共租界里,由于苏州河以南先开发,以北后开发,日本人是稍后才大批涌来的,所以,英美人在苏州河以南为多,日本人则主要集中在苏州河以北,即虹口一带。吴淞路、昆山路一带因日本人很多……故有'小东京'之称。"可见,同样是"华洋杂居",法租界的人口构成与上海公共租界是不同的。二是因为法租界的形态比较规整。这是与上海公共租界相比较而论的。打开上海老地图系列《上海1932》,法租界呈长方形,公共租界形态像一只肥肥的、正在向右上方扑去的"大灰狼",法租界的地域形态和法国人追求完美、精致的特性,让他们更便于也更注重规划、管理。走进南昌路,人们感觉非常惬意。附近的生活配套,一应俱全。商店、医院、学校、教堂、公园、银行、救火会等,应有尽有。三是因为地理位置得天独厚。1849年,法租界初建时,其位置在上海县城的西郊。经过三次法租界的扩展和几十年的上海城市向西向北的快速发展,法租界慢慢地成为城市的中间位置,南昌路又位于法租界的心脏位置,闹中取静,更是黄金地段。

南昌路的文化影响

一条马路或者一个城区的魅力通常体现于其鲜明的文化特质。上海老地图系列《上海1932》记载:"上海,因上海浦(今黄浦江)得名。古称沪渎,简称沪。战国时为楚春申君领地,又称申……南宋咸淳三年,设上海镇。元至元二十八年(1291)设上海县,属松江府。清道光二十三年(1843)上海开埠,以后被分为公共租界、法租界和华界三部分。1927年设上海特别市。"

20世纪的旧上海,人们说具有海派文化特征,其城区至少可分三类:"一以城隍庙、老城厢为代表,以吴越文化为基础,容纳了海内百川、相对较纯的中华文化城区;一以南京路、外滩为代表,这是鲜明的中西结合的城区,其中的西方文化以英美文化为主源,具有浓重的商业文化特征;再一以淮海中路即旧时霞飞路为代表,也是鲜明的中西结合的城区,但其中的西方文化是以法俄文化为主源,带有欧陆贵族文化特征。"这种城区文化分类,是比较普遍的意见。居法俄文化核心位置的南昌路,在上海城市众多马路中,确也柔美万般,与众不同。冬日里,金色的阳光洒落在安静的老洋房建筑上,整条马路显得秀美、温柔和恬静;夏日里,阳光映在路边高大的梧桐树树叶上,脚下的路变得树影斑驳,凉风习习,显得静谧、凉爽和舒适;春秋两季的南昌路,更显变化多样,妩媚动人,风情万种,勾人魂魄。因此,南昌路和顾家宅地区具有易居、易闲、易商、易行和法俄文化的特点。南昌路中间又与有"小瑞士"之称的马斯南路交叉,北面和南面分别有"香榭丽舍大街"的霞飞路和莫利爱路(今香山路)相邻,更增加了南昌路的贵气、精致和浪漫,道路两边伫立的法国梧桐树和一些历史建筑,旁边还有顾家宅公园,都散发出浓浓的法兰西文化气息。因此,这里成为当时人们生活关注和工作向往的焦点。

在这100多年的岁月中,特别是在20世纪20年代到50年代,南昌路和顾家宅地区成为社会精英、文艺人士等理想居住地的首选。柏文蔚、吴蕴初、竺森生、张恨水、孙中山、宋庆龄、陈其美、杨杏佛、郭泰棋、陈独秀、毛泽东、李一氓、周恩来、郭沫若、徐志摩、赵丹、巴金、徐悲鸿、林风眠、竺可桢、许广平、傅雷、梅兰芳等,都在这里留下了他们工作或者生活的足迹。

需要指出的是,上海的租界,由外人管理,租界实际是"国中之国"。法租界就是这样。中国人在法租界成为"二等公民",大多数人从事的是重体力活。一些医院、公园对中国人进出也加以限制,坐有轨电车也限制在三等车厢。所有这些都说明了:在中国的土地上,岂能容忍侵略者横行霸道、肆意妄为?中国人必须当家做主。

南昌路留下共产党人的红色脚印

有人说,上海法租界是"政治空隙之地"。这不符合事实。我以为,法租界是个危险之地。这是由法帝国主义仇视共产主义、共产党的本性所决定的。

当然，南昌路和顾家宅地区也有一些特殊点，可以利用，就是"华洋杂居"和易居、交通便利，便于人员往来、便于隐蔽、便于进退。因此，20世纪20年代，中国国民党早期机关设立在这里，中共上海早期组织和领导人也集中于此。陈独秀、毛泽东、李达、李汉俊等早期中国共产党人和一些先进的知识分子，抓住了这些有利条件，迎"险"而上。从1920年到1922年，在整个建党过程中，这里发生了一系列突发事件，可以证明"法租界是个危险之地"这一点。

环龙路老渔阳里2号（今南昌路100弄2号）是当年陈独秀的住处。中国共产党创建时期，陈独秀有一段时间不在上海，李汉俊、李达先后挑起重担，担任代理书记，李达就住在环龙路老渔阳里2号。1921年7月23日早晨，李达、王会悟夫妇也是从老渔阳里2号出来，经过环龙路、陶尔斐斯路，到达望志路（今兴业路）中共一大会议会场。李汉俊住望志路106号（今兴业路76号），隔壁108号就是他哥哥李书城的石库门房子，即中共一大会议召开的地方。会议期间，中共一大的大多代表住在附近白尔路的博文女校（今太仓路127号）。"在召开一大时，博文女校曾起过重要作用。它主要是中共一大代表的临时宿舍，是各地代表到上海后聚会和活动的地方。第一天聚会（或所讲的'开幕式'）是在这里举行的。上海的代表李达、李汉俊不住在这里，陈公博住在大东旅社，也不住在这里，其他代表都住在这里。他们是以'北大师生暑期旅行团'的名义借宿于此。"南昌路老渔阳里2号，成为中国共产党人的初心之地。

南昌路也是毛泽东早期革命活动极为重要的场所。当年，毛泽东在环龙路44号国民党上海执行部主持工作时间近一年。"孙中山决定撤掉叶楚伧，于是叶楚伧主动辞职，由毛泽东以国民党中央候补执委、组织部秘书的名义主持国民党上海执行部工作。"1927年以后，南昌路也是正义与邪恶、革命与反革命残酷较量的地方。1933年5月15日，中国互助济难会党组书记邓中夏在环龙路骏德里被捕，后来牺牲于南京雨花台。

一条条马路如同一座城市的文化和历史血脉，通达着近代与现代的发展历史。南昌路承载着上海乃至中国的历史变迁。半个世纪里，大量的社会精英、文艺人士在这里居住，增添和丰富了南昌路的文化色彩；渔阳里的建筑也是凝固红色历史的。早期中国共产党人和一些先进的知识分子在这里艰难地进行建党活动，给南昌路留下了永不磨灭的光辉历史。

（原载2022年第4期）

宋庆龄全力救助"三毛"

郑　瑛

众所周知,宋庆龄被誉为"广大少年儿童最慈祥的伟大祖母",生前一直特别关爱小朋友。在这位伟人诞辰130周年前夕,不禁又回想起20世纪40年代后期,她全力救助无数"三毛"——贫困儿童的感人故事。

创办儿童文化福利机构

抗战胜利后,宋庆龄从重庆返回黄浦江畔,将保卫中国同盟更名为中国福利基金会(1950年8月,又更名为"中国福利会",简称"中福会"),并继续担任主席。此后,由于揪心于上海各个贫民区的穷苦孩子,她与创作"三毛"系列漫画的张乐平结下不解之缘。查《宋庆龄书信集(续编)》可知,她曾在用英文写给外文秘书王安娜(原名安娜·利泽,精通德文、英文、法文)的信中表示:"我喜欢三毛的漫画。办公室派人给我送来时,我没有时间看,于是当时就还回去了。因为我不想在别人需要的时候自己占着。希望你能恳请埃迪(按:宋庆龄的外国友人)为我买6本,我想寄给国外的小朋友……"

那时,宋庆龄目睹不计其数的贫困儿童在水深火热中苦苦挣扎,看在眼中,痛在心里。她经反复考虑,拿定主意:由中福会出面,在上海筹建一些儿童文化福利机构。

1946年10月7日晚,宋庆龄在上海逸园(今文化广场)主持第一次儿童福利舞会,邓颖超偕中国解放区救济总会驻沪办事处负责人伍云甫、林仲出席,并参加义卖香槟酒活动。为了保障儿童文化福利机构的维持经费,中福会先后筹办数次儿童福利舞会,宋庆龄曾邀请外国使节和夫人作为共同主办人,以扩大社会影响力;这项活动通过发售舞会入场券、餐饮服务、印发专刊、登载广告、接受捐献等方式,募集了不少资金。

1946年10月12日，中福会首先在沪西胶州路725号晋元小学内创办儿童图书阅览室，教育家陈鹤琴受邀担任主任，宋庆龄出席开幕式，中外来宾、儿童代表300余人参加。11月6日，宋庆龄在上海致函黄家权，提及，"在上海我们忙于创办儿童阅览室，建立儿童健康检查体系和儿童剧院"；同时，她又写信给美国友人露丝·卡尔波恩·格鲁宾，感谢其"对于儿童图书馆的捐助"，并"欢迎得到更多的书籍"。

1947年4月4日，在儿童图书阅览室的基础上，中福会建立第一儿童福利站，它融教育、保健、救济工作为一体，内设识字班、图书馆、保健室和营养站，旨在救助贫困儿童、培育未来新人。在此学习的孩子们很幸运：每周有三天可喝到一杯牛奶，两次分到花生米或糖果；救济服装运来时，每人还能领一套衣服；生病时前往保健室，则诊疗和取药均免费。它虽仅有两间简陋圆顶铁皮活动房子，却成为贫困儿童的"诺亚方舟"，庇护他们学习和成长。宋庆龄很重视对贫困儿童的文化教育，由儿童福利站发动附近中学里的优秀学生担任"小先生"，在课余时间为之扫盲；她也曾多次来到这里，亲自辅导小朋友看书识字。年仅七岁的吴方常去第一儿童福利站看书，这天宋庆龄来到他的身边，询问其认不认得图画下面的字。吴方回答："不全认得。"她就热忱地教吴方认那些生字。一位随行的外国友人举起照相机，拍下这个让吴方永远难忘的镜头。吴方暗暗下决心：一定要努力学习，将来为国家为人民做一番事业。吴方长大以后，成为高级工程师，设计过航空仪表，也设计过发动机，用自己的知识和技能为祖国的航空工业发展做出贡献，圆了童年时代的梦。

不久，中福会又在沪东许昌路811号通北公园、虹口乍浦路245号昆山花园，建立第二儿童福利站和第三儿童福利站。当年，三个儿童福利站的各项工作，由中福会儿童工作组直接领导。宋庆龄在中福会对外宣传画册《上海儿童工作组》卷首语中写道："我们的三所儿童福利站就成为它们附近居民中不可缺少的一部分。因为不管他们遭遇个人的疾病或火灾的祸害，想读书或做一个舞台演员，无论他有怎样的要求，他们知道他们都会从福利站方面得到同情合作和可能的解决办法。"从三个福利站得到免费识字教育、免费医疗和免费配给营养品的贫困儿童，陆续达到三万人次。

随着局势的动荡，中福会原有的海外经济援助大部分被阻断，而难以生存的穷苦孩子却越来越多。鉴于张乐平笔下那"圆鼻光头三根毛，贫困凌辱一人扛"的"三毛"已成为贫困儿童的"代言人"，并产生震撼人心的艺术魅力，宋庆龄决定运用其影响力,在上海创办"三毛乐园会",救助苦难的流浪儿。她曾对外国友人说:"我们正在举办'三毛乐园会'。三毛是一个可爱的、中国漫画作品中的主人公。他经历了中国穷苦孩子所要经历的一切苦难。他现已成了一个'小先生',而且我们正在用他进行一次筹款活动。"

宋庆龄通过电台、报纸等媒体公布"三毛乐园会"章程,呼吁各界人士都来关心"三毛"们,在社会上产生很大的反响。"三毛乐园会"设于中福会机关所在的上海林森中路(今淮海中路)988号A,凡能每月捐赠三块银圆(一个孩子每月基本生活费)救助一名贫困儿童,可成为"三毛乐园会"会员;每月能出资救助五名贫困儿童,可成为荣誉会员,所有出钱捐物者都是"三毛"之友。

动员各界接济贫困儿童

1937年八一三事变后,张乐平发起成立上海漫画界救亡协会,并带领漫画宣传队辗转沪、苏、鄂、皖、浙、湘、桂、赣、闽、粤等地,创作和展示了大量宣传抗日救亡的漫画作品。抗战胜利后,他回到申城,又通过作品深刻揭露社会黑暗。早在1935年7月28日,张乐平画的"三毛"就亮相于上海《晨报》星期日增刊《图画晨报》(翌年3月,由上海杂志公司结集出版),那是个滑稽幽默的弄堂小顽童。后来,张乐平着手创作《三毛从军记》系列漫画,由《申报》连载,反映在战火中"三毛"曲折的投军从戎之路。1947年6月15日,张乐平受贫困儿童悲惨遭遇触动而创作的《三毛流浪记》系列漫画,又开始在上海《大公报》连载(翌年春,由该报出版部结集出版),他曾表示,"我每天离开自己的屋子走到每一条大街上,我都可以看见我所要创作的人物。他们永远是骨瘦如柴,衣不蔽体,吃不饱,穿不暖,没有以避风雨的藏身之处","我愤怒,我诅咒,我发誓让我的画笔永远不停地为这些被侮辱与被损害的小朋友们控诉,为这些无辜的苦难的孩子服务","我把我对他们的同情、友爱,通过我的画笔付与三毛"。这部"中国式的《苦儿流浪记》"是对黑暗社会的血泪控诉,很快便家喻户晓,以至于常有读者写信、汇款、寄衣物到编辑部,希望通过报馆去接济"三毛"。为此,上海《大公报》总编辑王芸生曾指出:"《三毛流浪记》不仅揭露了人间的冷酷、残忍、丑恶、诈欺与不平,更可宝贵的,是它还在刺激着每个善良人类的同情心,尤其是在培养着千千万万孩子的天真同情心!"宋庆龄借助"三毛"的形象来动员各界接济贫困儿童是一个创举,而且切实可行。

1949年1月下旬,宋庆龄委托冯亦代及其夫人郑安娜出面,诚邀张乐平一起举办"三毛生活展览会",为"三毛乐园会"的救助工作开展宣传、筹措资金。张乐平闻讯马上应承,正在病中的他仅隔数日就拿出方案。宋庆龄看后挺满意,及时答复在浙江嘉兴疗养的张乐平。2月8日,张乐平在给冯亦代的信中说,"'三毛义展'又蒙代为接洽成功,得使弟实现绘制流浪记之心愿","关于日期,定于儿童节(按:指旧儿童节,即4月4日)最为得当","内容:(一)流浪记原稿三百幅,每幅大小为二英尺阔尺半高。(二)另绘义卖水彩画三十幅,取材均以各种流浪儿为造型。(三)再要大公报及四方书局捐助大批《三毛流浪记》《三毛从军记》《三毛外传》单印本义卖。(四)门票或三毛型别针。收入方面决有把握"。不久,张乐平便来沪,在一个月内精心赶画了30幅"三毛"水彩画,并特意设计一枚别致的纪念徽章,还整理出一批《三毛流浪记》和《三毛从军记》原作。

1949年3月下旬,"三毛生活展览会"在上海林森中路一幢弄堂房子里举行预展,接着,又在外滩汇丰银行(旧址,现为上海浦东发展银行)礼堂向外国友人展出。宋庆龄到场与参观者见面,还特意把张乐平请到身边与之亲切交谈,一同接受记者采访。张乐平曾回忆:"那天,宋庆龄坐在我的旁边,她当时已年近六十,看上去却不过四十岁的样子,衣着朴素,仪态大方,举止端庄。同外国朋友谈话,讲一口流利的英语。同我讲话,却是一口地道的上海话。她很亲切地问我是什么地方人,家庭情况如何,怎么画起'三毛'来的,等等,完全是亲切的家常式的谈话。外国朋友同我谈话,宋庆龄亲自翻译。开始我还有点拘束,看到她这样和蔼可亲,就很快自然起来。她一再向我表示感谢,说:'这次你为流浪儿童做了件大好事,真太辛苦你了。'听了这些话,我非常感动。"预展之后,宋庆龄为了表示真诚感谢,曾在京菜馆"燕云楼"宴请张乐平。

1949年4月4日,"三毛生活展览会"在上海大新公司(旧址,现为上海第一百货商业中心)四楼开幕。当天,张乐平在上海《大公报》发表《我怎样画三毛的——为"三毛义展"写》,其中说:"孙夫人主办的儿童福利会(按:中国福利基金会),为了救济跟三毛同一命运的小朋友们举办'三毛义展'。我抱歉我的作品还没有成熟,特别是三十张彩色义卖作品,都是在带病中赶画的,但是想起千千万万的三毛们因为孙夫人这一义举而得到实惠,作为三毛作者的我,还会有比这个更快乐的经验么?"宋庆龄在百忙中抽空,莅临展览会。20余家上海民营广播电台都推出特别节目,用普通话、沪语和粤语播出展览会实况;著名话剧演员尹青同情"三毛",义务担任现场播音员,厅里不时回响着她那极富感染力的声音:"有钱出钱,有力出力,救救'三毛'!"中福会第三儿童福利站派出几个"小先生"作为"三毛乐园会"志愿者,到这里帮助维持秩序、收门票、请参观者留言。展览会展出《三毛从军记》和《三毛流浪记》原作300余幅,深深吸引大家;那些用于义卖的"三毛"水彩画,以及张乐平精心设计的"三毛乐园会"纪念徽章和作者签名的《三毛流浪记》单行本,均被踊跃认购。展览会为期6天,展厅里观众如潮,热闹非凡,每天的参观者多达2万人,共有40余人捐款加入"三毛乐园会"。展览会共筹得3 206银圆(其中义卖画稿收入1 291银圆),可维持千余名流浪儿生活一个多月;又收到大量书籍、文具、衣服、食品、药物,可满足许多流浪儿生活、学习之需。展览会圆满结束后,宋庆龄写了一封热情洋溢的信,对张乐平表示感谢和鼓励,并随赠几罐克宁奶粉和两块绸料;"三毛乐园会"则出版《三毛呼声》小报,继续动员人们救助贫困儿童。

上海昆仑影业公司先前计划摄制根据张乐平同名系列漫画改编的《三毛流浪记》,因故近半年未能正式启动。宋庆龄亲自筹划"三毛生活展览会",无疑对该片的拍摄具有促进作用。1949年4月1日,《三毛流浪记》在外滩开拍了第一个镜头。4月2日,上海《新民报》晚刊(《新民晚报》前身)报道:"昆仑的《三毛流浪记》昨日起正式开拍。主演三毛的王龙基,是经过昆仑的编导者审慎观察后才决定这一个具有演技天才的孩子担任的。"4月3日,上海《大公报》报道:"三毛跳上银幕了,这部电影中的三毛由一位童星王龙基担任(当时还不到十岁),由昆仑公司摄制。导演赵明、严恭,摄影朱今明,化妆辛汉文……饰三毛的王龙基,在拍完了一个镜头之后,跳到摄影机的后面,表现出很有兴趣的样子。王龙基为了饰三毛,不前(得)不将他满头乌发剃成光头,头顶上加了三根假毛。"由阳翰笙编剧的《三毛流浪记》(片长71分钟),堪称一部非凡的电影,它聚集了赵丹、孙道临、黄宗英、上官云珠、吴茵、林默予、刁光覃、朱琳、关宏达等50余位上海影星,而且全部心甘情愿地为一个小演员"跑龙套",分文不取。《三毛流浪记》作为新上海第一部公映的国产电影,曾跟随宋庆龄参加庆祝上海解放的义演义卖慈善活动。

(原载2022年第4期)

胡厥文：从爱国实业家到全国人大常委会副委员长

赵春华

清光绪二十一年（1895），胡厥文生于嘉定城内，父亲胡光墉是前清秀才、著名乡绅，他从小就受到良好的家庭教育，立志实业救国。大学毕业后，他先从工人当起，后创办新民机器厂、合作五金厂、黄渡电灯公司等。"一·二八"日寇入侵，赶造弹药武器，支援十九路军。"八一三"抗战后，组织江浙沪宁爱国民族工业内迁，保存了宝贵的民族工业财产。民国三十四年（1945），他与黄炎培、章乃器等发起组织民主建国会。新中国成立后，任全国工商联常委、上海市副市长、全国政协常委、民建中央主席、全国人大常委会副委员长等职，他从一位爱国实业家成为德高望重的民主党派领袖、国家领导人。

"应当把吃奶的力气都拿出来"

"我们原工商业者和民建的知识分子会员，不少人有相当的科学技术知识和管理经验，以及做经济工作的经验，懂得怎样增产节约，搞好建设，当前国家十分需要这方面的人才。在全国工作的重点转移到四化建设上来的时候，在党的领导下，我们必须各尽所长，为国效力，做出贡献。虽然我们大都是六七十岁以上的人了，但尚能为国家效力十年、二十年，只有这一二十年的时光，我们不尽力做出贡献，更待何时？所以我多次讲过，现在正是我们工商界同志为国家四化做出贡献千载难逢的黄金时代，应当把吃奶的力气都拿出来。"这是1980年8月5日胡厥文在民建中常委、全国工商联第二次京津常委座谈会上讲的一段话。而在此前不到四个月，即1980年4月24日，在天津市民建、工商联庆祝五一劳动节为四化服务汇报大会上，他大声疾呼："我们应当珍惜三十年党的教育所取得的丰硕成果，在这千载难逢为国效力的大好时机，以国家主人翁的态度,抱着赤诚的心,尽我们所有的力,为国家社会主义四个现代化做出尽可能多的贡献!"

这一年,胡厥文已85岁高龄,他那"老骥伏枥,志在千里"的勃勃雄心,那追随共产党、建设四个现代化的一腔爱国热忱,却没有丝毫减弱,淋漓尽致地展现在世人面前。

1979年1月,邓小平邀请胡厥文、胡子昂、荣毅仁、古耕虞等工商界领导人座谈,商谈对外开放和吸引外资问题,就经济建设中如何发挥原工商业者的作用征询意见。当谈到怎样把原工商业者的资金用起来、人才用起来时,胡厥文反映了一些技术人员、回国知识分子、工商业者不敢讲话、不能发挥专长等情况,甚至有些企业把工商业者同地、富、反、坏相提并论,这个问题不解决,他们的心有余悸和顾虑就难以解决。

邓小平说,为什么(资产阶级)帽子不可以摘?你们民建工商联两会定出标准,跟统战部商量,能干的人就安排当干部。你们比较熟悉情况,可以提出这方面的建议。

这以后,工商界落实政策等一系列工作开始实施。而胡厥文则是在中央领导人面前为工商界人士呼吁第一人。胡厥文参加这次座谈会后,深受鼓舞,拟写《关于怎样调动工商界一切积极因素为社会主义现代化建设服务的意见》,提出实行领导干部、职工、工商业者三结合,把工商业者一切积极因素调动起来、发挥出来,拟在上海作试点。不料,那时他却突然被确诊为胃癌,为完成邓小平交给的任务,他坚持以中药治疗,还时常向医院请假,约上海、江苏同志谈话,参加民建中央、全国工商联两会,勉励大家消除顾虑,把"吃奶的力气"都使出来,为社会主义建设服务。

然而,三个月过去,中药并未控制住他的病情,只得动手术切除了四分之三的胃。出院后,他没有选择休息,而是马不停蹄地在各种场合宣传新时期的形势和任务,发表《抱赤诚的心,尽所有之力》《忠心赤胆为人民,珍惜分秒干四化》等极具真知灼见的文章。他的建议大多被中央统战部、中央组织部采纳。

"竞技有心在强族"

胡厥文一生经历了晚清、北洋、民国直到新中国成立,以及改革开放的不同历史时期,他的思想也经历了从立志"实业救国"到真心实意拥护中国共产党领导,坚定不移走社会主义道路的转变。

胡厥文从同济医工专科学校毕业后,在上海创建了新民机器厂,不久又承接了印刷厂的油墨机研制任务。新民机器厂根据市场需求开展业务,研制了不少机器并取得良好信誉,甚至连东南亚的一些厂商也上门订货。1925年后,他又创办了三个工厂。他在机器同业工作竞赛曾赋诗一首:

国家盛歌基于工,惟勤惟敏我所崇。竞技有心在强族,夺标无意自称雄。精求益进程何限,炉锤锻出太平风。

原以为实业可以救国,但日寇的铁蹄却踏碎了胡厥文的梦。淞沪会战时,日军巡洋舰"出云号"是侵占上海的祸首,上海军民对它恨之入骨。胡厥文与阮尚阶到上海兵工厂仓库找到一枚旧水雷外壳,重新配置引信装好炸药,制作了一枚在水下行进的大水雷,它在潜水员的推动下逐渐逼近敌舰,却由于计算有误,水雷未至敌舰便爆炸了,使得水柱冲天而起。

第二日上海《申报》报道:"外白渡桥北之巨响,日舰出云几被炸毁。"这一爱国举动,在上海乃至在全国兴起轩然大波,充分表达了中华民族反抗外来压迫的坚定决心,也彰显了胡厥文强烈的爱国主义情怀。

他的爱国之情还体现在抗战时期将生产民品的企业转产军品,并为保存生产实力,将工厂先后转移至湖南、重庆等地。为赶制武器、弹药,支援抗日前线部队,他连剃须都无暇顾及,30多岁就留起了长髯,以明反帝救国的决心,直到1945年日寇投降之日才剃除。9月,他写《薙髯乐》征诗文启中云:"风靡朝野,积弱百年。乱焰飞腾,视为俎肉。一由内政不修,一由恐日成病。是以'九一八'占我东三省,'一·二八'侵我沪渎。乃有十九路军者,抱士可杀不可辱之心,以与敌抗。于是精神奋张,本匹夫有责之义,集制军品,补其不足。日以继夜,数十日须髯盈颊。群疑为留髯。当答之曰:未逐倭奴,不容除剃。忆瞬已十有四年矣。此日抗战胜利,酋皇稽首。遂于日本在南京签字投降之前夕,薙而去之。"其情何坚,其心可嘉!

其实,胡厥文的抗日心志,在湖南祁阳县创办新民机器厂湘厂时,就已经显露无遗。他在家门前立一块牌子,上书"耐村"二字,又在通往家门口的路上,用湘江里的鹅卵石铺写了"抗战必胜,建国在政"八个大字,后又添上"民生惟勤"四个大字,在住宅西侧题了"静观落日",表达了他抗日的决心和必胜的信念。

1954年，胡厥文的儿子胡世孚大学毕业。在当时，大学生都是百分之百服从国家分配的，胡世孚却不，他向往当一名中国人民解放军。究其原因，还是他深受父亲的影响——胡厥文曾不顾战场上的连天烽火，赴朝鲜前线慰问志愿军，深深地被志愿军伟大的国际主义和爱国主义精神所感动。也因此，胡世孚的二哥弃学从军，深得父亲赞许。于是，胡世孚在大学毕业志愿书上请求批准参加中国人民解放军。在四年的军旅生涯中，解放军的优良传统和思想作风，深深影响和教育了他。胡世孚回忆起这些峥嵘岁月，深情地说："我总觉得这与父亲热爱新中国、热爱党、热爱解放军的言行是分不开的。"

"党派今何似，长松附茑萝"

在当年工厂内迁重庆的这些日子里，胡厥文先后接触到周恩来、董必武、王若飞、邓颖超和毛泽东等中共中央领导同志。胡厥文在青年时期立志不做官，一心寄希望于实业救国。但经过抗战，他的观念变了。他认为，为了中国工业化，决不能做明哲保身、只图自己企业发展的资本家，工业界应当成立自己的政治团体，敢于发表政见，挽救自己和中国的命运，只有和平和民主，才能建设富强的国家。

在胡厥文和黄炎培、章乃器等人的反复酝酿下，1945年12月16日下午，中国民主建国会在重庆白象街西南实业大厦举行成立大会，共有93人出席。大家一致推举胡厥文、黄炎培和黄墨涵组成大会主席团，并由胡厥文致开幕词。他在开幕词中提到，民主建国会的筹设其最大目的是促进民主，保持民族精神，坚持主张不屈服于任何压力，以大公无私的精神积极奋斗到底。该会共选举理事37人、监事19人，组成理监事联席会，作为民主建国会的最高权力机构，胡厥文当选为理事。此次大会通过了组织名称、组织原则、章程、政纲和成立宣言，并在政纲和成立宣言中阐明了政治、经济、文化等方面的主张，表明了希望国家独立、民主、和平、自由的要求。民主建国会的成立，标志着中国工商界和与之有联系的一部分上层知识分子的进一步团结和觉悟。他们纷纷从实业救国和教育救国的道路，奔上了民主救国的大道，在中国的政治舞台上开始了反内战、争民主的斗争。

1945年，抗日战争取得胜利，国民党政府宣布取消与各内迁厂签订的所有合同，使这些工厂遣散工人或生产产品没法销售。内迁厂推举胡厥文等五人与国民党当局交涉，遭到拒绝。这让胡厥文极为震怒，1945年12月，他怒不可遏地奋笔直书：

大厦已垂倾，荧荧朝野情。坐谈夸胜利，黩武说和平。愁绝思乡里，伤心乱伪真。悠悠建国想，和泪吊苍生。

他常说："新中国的诞生是我真正的解放，不然的话，我办的工厂都维持不下去，连工人的工资也发不出。""从亲身备尝的甜酸苦辣算出来的对比账，使我得出一个不可动摇的结论：中国一切事业必须依靠共产党领导，我们这一代人和子孙后代的希望，都寄托在共产党身上，没有共产党的正确领导，不会有我们民主党派和党外人士的今天和明天。"为此，他曾动情地以诗歌之：

党派今何似，长松附茑萝。百年生死共，痛痒共搔摩。

"春院摘夭桃，秋圃采绿橘"

胡厥文是地地道道的嘉定人，他不仅正义、爱国、爱党，还非常热爱故乡嘉定。他身在异乡，却无时不牵挂着故乡，正如他在一首诗中所写的："春院摘夭桃，秋圃采绿橘。"

他曾长期担任上海市和国家领导人，官至全国人大常委会副委员长，却长期关注着嘉定，尤其对嘉定的竹刻情有独钟。1959年，胡厥文在万一鹏刻制的"竹叶络纬笔筒"上写下题跋："嘉定竹刻始于明代，盛于乾嘉，当时或由名流忿世藉以自隐，或以书画大家刻竹写意，如侯崤曾、周约之辈，都是前明遗老，不甘仕进。钱大昕、程庭鹭等乃是一代名人，每刻一器，凝神默写，兴至奏刀，有经年而成者。是以瑰奇古茂，精雅绝俗，获得者珍如拱璧。逮清季则已成强弩之末。万君文元系画家赵大痴高足，精研竹刻，孜孜不倦。叔常三弟在大痴处见旧藏草虫笔筒，托为仿刻，然其形态已不若原刻之栩栩如生矣。迩近以政府培养，行将人才辈出，再仿精品，当更能神似也。"这充分表达了他对嘉定竹刻的挚爱，反映了对复兴嘉定竹刻的殷殷期盼。

身在北京的他,如有家乡人前去探望,他定会打听嘉定竹刻的现状。1978年,胡厥文回到故乡参观嘉定博物馆。临别时,嘉定博物馆请他题词,他略作思考,即奋笔疾书"振兴嘉定竹刻"六个大字。胡厥文还通过他在嘉定的朋友浦泳,多次向嘉定人代会、政协提交议案,大声疾呼振兴嘉定竹刻。

终于,1980年,嘉定县工艺品公司建立竹刻社。1983年冬,嘉定博物馆周其确赴京探望胡厥文,胡厥文依然关心嘉定竹刻,并题写了:"嘉定竹刻有高超的艺术,风雅绝伦,宜加扶持,俾垂久远。"1984年,胡厥文收到嘉定青年竹人王威送给他的竹刻笔筒、臂搁,十分高兴。1985年7月26日,他致函嘉定县人民政府:"嘉定竹刻,历史悠久,有独到之处,具有相当高的艺术价值,适宜予以扶持和发展。"字里行间流露出他对嘉定竹刻的深厚感情,以及对振兴嘉定竹刻寄予的莫大希望和期冀。1989年4月,胡厥文在京辞世,享年94岁,而在他不遗余力地多次呼吁下,嘉定竹刻终于得以复兴,并于2006年5月20日经国务院批准列为第一批国家级非物质文化遗产保护名录,称胡厥文为嘉定竹刻的"守护神"一点也不为过。

(原载2022年第4期)

绽放在荒漠的情怀
——记援疆女杰任长艳

杨晓晖

新疆喀什,中国最西部的边陲城市。塔里木盆地、帕米尔高原、克孜勒河、塔克拉玛干沙漠、喀喇昆仑山……雪山戈壁,荒漠湖泊,那是欣赏奇景、热爱历险的旅行者们的朝圣之地。而十年前,对于在那里投资创业的企业家来说,那种艰辛那种困苦,是凡人难以想象的。

我手里握着一瓶精美的巴旦木小食,在见到任长艳之前,两个半天就把它干掉了。2022年元旦,单位发了一箱"闽龙达"帮扶产品。我欣赏一包包食品散发出的优质而现代的气息,但那时,我压根不知道,我会与"闽龙达"公司的总经理相遇。

新疆的巴旦木,新疆的红辣椒,浙江最好的梅干菜,浅黄色、深红色、暗绿色,就这样,休闲美食,惊鸿一瞥。辣椒并不辣,淡淡的微辣渗透进本色的颗颗巴旦木,正好消解坚果的腻味。梅干菜的菜香,使你仿若闻到山野气息,又往坚果主体添加了鲜咸口味。烘烤、零添加,辣与鲜都似有若无恰到好处。

再泡一杯玫瑰桑叶茶。透明小三角包里,绿色的桑叶衬托两小朵玫瑰花苞,配色精致清香无比。玫瑰性温活血,桑叶清肺养肝。——一个都市人精美的下午茶。食品的产地:新疆喀什莎车县疆南农批食品加工区,新疆喀什莎车县塔尕尔其镇现代农业示范园。受委托生产商:新疆闽龙达干果产业有限公司。新疆闽龙达和上海闽龙达是怎样的关系?这些口味错综美妙的食品是如何在新疆戈壁滩制造出来的?

拓 荒 者

闽龙实业创立于1995年,名称有两种寓意:一是任长艳的先生是福建人,闽龙,福建人说,窝在家里的是条虫,闯荡出去的则是龙。二是取意于唐诗《悯农二首》诗歌的谐音和内涵。

十五年的打拼与积累,闽龙对于农业全产业链,有着自己的思考与经验。企业逐渐壮大了,任长艳作为一个企业家的社会责任感渐渐萌发,能为社会做些什么?巧了,2010年,上海积极响应中央对口支援新疆工作会议号召,组织一批上海企业家去对口援建的新疆喀什进行扶贫协作考察,任长艳也报了名。"一方面是响应国家援建新疆的号召,参与上海对口援疆工作,另一方面自己的公司做农副产品,产业延伸也有需求。"

所见的情形实在是太荒凉了,到处都是黄色的沙子,石子路起伏不平,一路颠簸。贫困户住的是土坯房,吃的是开水就馕。孩子不上学,赤脚走在沙土中。新疆的枣子、核桃种种干果,原生态好口味,可由于保鲜难、储存难、向其他城市运输时间长等因素,经济价值和品质很难发挥最大效益。"手中有宝而不知是宝","知道是宝而无法运宝"。深度贫困这也是很大一个原因。

贫瘠的土地与漫长的回报周期,当时很多企业对在戈壁滩发展产业忧心忡忡,在这儿投资的困难是难以想象的。——任长艳,一个女人,奋而挺身。她是感性的,触目皆是的贫困、会延续到下代的贫困,她无法置之度外。既然她看到了,不能装着没看到。企业家的社会责任感、女性的悲悯心理,使她一定要为新疆同胞做些什么。之前,她即使作为一个旅游者,也从未去过新疆。她又是理性的,闽龙也要求发展,若在具有质量的农副产品产地直接打造安全又高效的产销一体化,这在当今世界也是时髦之举。那就要看你的计划是否科学,你是否能在实现蓝图的途径中有足够坚强的毅力。

闽龙的很多管理人员对在南疆搞产业持反对意见,地理环境偏远、工作开展困难。丈夫也劝她:"这事儿太难了,还是别去了吧!"但是,任长艳目光清亮而执着。她就是一个对于自己的信念不怕挫折、坚持不变的人。1969年,任长艳生在辽宁一个普通的工薪阶层家庭,父亲爱拉二胡,母亲古道热肠,打小,任长艳就是个懂事、个性温暖的好孩子。20世纪90年代初,任长艳迎着改革开放的春风来上海创业,创业初期生活的艰苦,她微笑坚持。加拿大皇家大学MBA的工商管理硕士学位,她微笑取得。十年前,她那双美丽的眼睛,所散发的四十岁女性坚韧自信的眼睛,一定深深撼动了周围的男人女人。因为在今天,十年之后,那双眼睛依然炯炯有神,似火如钢。她矫健挺拔、活力四射,若是你与她对话,你立刻会被这双坚毅发光、富有故事的眼睛所吸引。

闽龙成为上海市第一批援疆落户企业,投资近亿元人民币建设"西域戈壁枣业庄园"。任长艳确立了公司＋基地＋农户＋市场的全产业链模式。她真切地感受到:新疆农产品优质丰富,要想帮助新疆人民走上富裕路,就要在当地建立和形成稳定的产业链,让当地产品走出去。

决定是决定,但一旦开展,真是太难太难了。

上海援疆的喀什四个县:莎车、泽普、叶城、巴楚,多戈壁滩。戈壁滩一望无际,大大小小的鹅卵石,人走在上面脚要硌得生疼。车子开上去,颠得你都坐不住。因为严重缺水,树草稀疏,景象荒凉。风沙吹来,睁不开眼睛。任长艳发现环境比想象的差很多,土地贫瘠,水电基建不完备,当地政府置办证件没有经验。

"相信党和国家的战略。"2011年,任长艳在塔克拉玛干沙漠边缘泽普地区打造1 200亩国家级红枣种植基地。引水渠、打水井、种枣苗、收集各种有机肥,对土壤进行改良……三年后,枣树苗终于能够存活并开始结枣,1 200亩枣树绿洲自此"盛开"在荒漠。

电视剧《山海情》说的是福建援建宁夏,西海固的农民靠福建的农业教授传授种植蘑菇技术而脱了贫。南疆的种植红枣、把红枣建成现代化的产业链条,却要比培植蘑菇麻烦许多。沙漠中种出优质枣树,是当地人不敢想的事情,也是件艰难的事情。

十年以前,市场上的枣子是沧州小枣,也叫金丝枣,基本只是用来煲汤。新疆的大枣虽然好,但远离消费城市,产收也少。就像福建的教授手把手教西海固的农民如何种蘑菇一样,任长艳公司根据国家示范标准,教新疆农民如何种更好的枣。水在南疆太珍贵了,要浇到果子上去。枣树的树皮要巧妙环割,好让水直接浇到果子上。新疆的骏枣、灰枣,如今运到内陆,很受欢迎。灰枣的肉更甜,肉质更紧一些。所谓"一日三枣,一生不显老"。

春天用天山的雪水浇灌作物。沟渠每块地都有卡子,用锁链锁起。需要水,要提出自己的申请。塔克拉玛干是一片沙漠,南疆一年的降水量是很少的,挖井也要批,一年一季,每个环节,都脑弦紧绷。

当第一辆大货车把那些颗粒饱满漂亮、色泽红艳沉着、香气淳朴自然的南疆大枣运送到上海,很快销售一空,被众口称赞之时,任长艳是多么激动啊!

她永远记得那个年份、那个时间,就犹如她办公室内永远挂着那块裱起来的2010年东航上海直飞喀什首航航班的001号登机牌。

创 业 者

　　从零开始。在喀什泽普县初建厂房,用了一年多的时间。

　　核桃如果没有先进的存储措施会快速耗掉、走油。干果、鲜果的保鲜难、储存难的问题解决了,新疆的农民能够成为在现代化工厂操持的熟练工,那么"平地起高楼"——帮扶兼直达最先进工艺,才是一枚硬币都必须有的两面。一旦成功,就是双赢。一方缺陷,影响整体。

　　茫茫戈壁滩,什么都没有。厂房的图形与图纸是委托东方设计院设计制作的,宝钢宝华支持招标书下达。

　　当时第一个任务,是对付那些戈壁滩上的石头。小的鹅卵石一个个挖掉,用土方车运走,大的石头一块块垒起砌围墙留念。一车车的生土,经过氧养护,变成熟土种果树。

　　真是块硬骨头,要完全有拓荒牛的精神,才能把事情干下去。刚开始的时候,厂房方向造反了,缺砖头、水泥,缺水缺电,困难重重。当地95%以上是维吾尔族人,不会讲普通话,交流都相当困难。后期的办工厂生产许可证,因为是从无到有,又要与当地政府的一个个部门去往往返返沟通办理。"所坚持的责任里,肯定是有信念的。最后会上升到热爱。同时少不了对待事业坚韧的态度与勇敢的精神。"

　　任长艳带领公司科研团队深入中高端消费市场,全面了解国内、国际市场对初级农产品的加工需求和最新科技手段,在喀什引进了国际上最先进的食品冻干技术设备。冻干技术就是采取快速制冷后,在真空的条件下使鲜果中的固态水直接升华为气态抽离,达到保鲜保质,又可延时存放的工艺。这一工艺既解决了大量鲜果不能及时出售、储存难的问题,又丰富了市场的消费需求。同时也开了当地鲜果精深加工的先河,实现了贫困地区初级农产品加工向精深加工的飞跃。

　　一座占地1万多平方米的工厂在戈壁滩上建成。闽龙在泽普县成立新疆闽龙达干果产业有限公司。有了泽普县第一个工厂的成功经验,2018年,闽龙在莎车县成立新疆小蜂农业创新发展有限公司,由任长艳之子、上海闽龙实业有限公司董事长郑金龙负责,主要开展巴旦木、核桃油深加工。2020年,又在莎车县投产一家扶贫工厂,以藜麦能量棒、藜麦代餐粉深加工和巴旦木牛轧糖、休闲炒货精加工为主营业务。3个工厂,1 000多位新疆当地员工,"授人以鱼不如授人以渔"。

深度贫困的地方,却可以产生最先进的食品工艺来。任长艳创造了奇迹。

培训当地工人从机器的操作,到电脑的运用,新老班组长传帮带。常驻新疆的管理人员、通过远程教学的工程师等,大家努力,全程耐心。

主打产品大枣,设备清洗、分级、筛选、烘干,要颗颗漂亮、饱满、均匀。冻干水果,这种宇航员吃的食品,如今在新疆喀什就可生产。一边采摘,一边加工。核桃油的铝罐是一体设计,无缝衔接,保证了不会产生污垢和细菌,纯物理压榨,追求天然,承载食品好质量。巴旦木是莎车地方特产,原先的去衣是人工的,既耗时效率又低。现在设备去衣从40%到80%到90%,人工干预很少了,这也是首创。巴旦木种植是莎车县支柱产业,全县种植面积90多万亩,是世界第二大巴旦木主产区。现在,新疆小蜂的巴旦木、核桃油深加工,使用的是从德国进口的先进物理压榨设备,高精度过滤达微米级。文章开头的"创意巴旦木"小食,把巴旦木与辣椒、梅干菜混搭,保质期可以有半年。产品的研发到投产,要经过2年的时间。设备与人工,车衣、烘烤,测试保证期半年,先在实验室,再到设备反复试……

"完美主义者任长艳。"笔者忍不住在心里如此评价。

2019年,上海援疆总指挥部提出喀什引进藜麦种植丰收后加工有困难,闽龙即克服疫情影响,用不到5个月的时间,从生产功能设计、设备设施定制、产品研发、设备调试、试机生产、人员招聘、管理人员培训等完成了藜麦深加工厂投产。主要是藜麦碾磨、藜麦能量棒、藜麦代餐粉深加工及休闲炒货精加工。通过进一步健全产品研发、农户及合作社原料收购、深加工及销售等,新疆闽龙产品逐步形成干果类、炒货类、花茶类和FD冻干类深加工等百余种产品。2021年10月16日,在上海光大会展中心开幕的上海对口帮扶地区特色商品展销会上,闽龙开发的各种产品受到了与会者的一致好评。

为解决销售问题,企业打造了专属沪援特产线上销售平台网站,产品也在各大百货商场、超市、网络直播销售。闽龙于2019年启动筹办了上海市对口帮扶地区农特产品展示展销中心,并启动"指尖上的消费扶贫"线上云销售,让新疆的优质农产品以市场商品身份走入寻常百姓家。

见 证 者

2018年泽普县实现了脱贫摘帽。

看到新疆农民真正脱贫,没有人能够比任长艳更高兴的了。漫漫十年对口新疆的扶贫扶智路,漫漫十年她最好的青春时光。她觉得值得,她为自己终于在创业的艰苦路程上坚持下来而庆幸和骄傲。产业扶贫不是生意,而是使命和担当,是责任和情怀。

"现在,南疆的路可好了,平平展展,跟十年前不能比。三十多吨的大型厢式火车,开六七天到达上海。"

"现在雨水也比过去多了,水竟然也被我们带过来了。"她幽默而笑。

"这是上苍在嘉奖你。"

退却是很容易的,找办事更方便的上海郊区建厂,做一做纯粹的慈善,那也是帮扶,但是倔强的她偏不。

"先期投入农业的钱是看不出来的。"

"当然效益没有上海公司好。"

刚开始在泽普建厂时,任长艳基本每个月都要去新疆,甚至有时一个月要去两三次。每次出差前把上海公司的邮件处理好,已经是凌晨一两点钟了。东航的首班飞机是早上七点。这意味着四点就得起床,五点半出发,飞行五个小时。乌鲁木齐经停,再飞往喀什。

从喀什到泽普,戈壁滩上坐大巴,被路上的石头颠簸得难受,得四五个小时才能到达。如果遇到沙尘暴这样的极端天气,车子走走停停,有时要凌晨才能到达目的地。每当这个时候,任长艳甚至都来不及觉得辛苦,而是倒头就睡,因为三四个小时后她就要去工作了。

"新疆帮扶创业的初期,这么多从未碰到过的、亟待解决的问题排着队而来。晚上你能睡得着觉吗?"生活的常态显示,女性的睡眠不如男性好。女性比男性更容易失眠。

"我是遇到问题先睡觉。睡醒了起来再解决问题。"任长艳微笑着,一鸣惊人。

对女性来说,致命的还有皮肤问题,空气太干燥,眼睛会干到疼,鼻子会出血。头疼,无法入睡。喀什一年到头很少下雨,皮肤干燥,脸部直掉皮,头皮也会晒伤。痒，两三年之后才好。任长艳将这一切说得轻描淡写。她这个新上海人，不是不知道上海女人将自己的皮肤看得那个重要哎！"太阳猛晒时皮肤更晒得黑黑的，但过了冬天，到春天会好。"这么说的时候，任长艳又不由自主地透出一股豪气。是的，她是我所见过的大气豪迈的女人之一。

办厂过程中，因为普通话普及率不高，即使有扶贫干部和懂普通话的维吾尔族居民的帮助，每次沟通和交流也要花费数倍时间。也有人建议，是不是多招聘点汉族员工？但任长艳说："我的项目是援疆项目，一定要更多地帮助维吾尔族朋友就业，帮助他们早日脱贫！"让任长艳欣慰的是，她的坚持有了收获，当初最早招聘的一批维吾尔族兄弟已经彻底实现了从农民到产业工人的质的飞跃，陆续走上了班组长、主任级别的管理岗位。

"建档立卡的贫困户，如果一个家庭中有一个人在工厂干活，这个家庭就脱了贫。如果有两人，就是小康了。以前是男的多，现在女的多。以前当地不愿意让妇女外出干活，现在妇女的地位也改变了，家庭的富裕当然少不了妇女，家庭文化的提升、孩子教育水平的提升更少不了妇女。"任长艳说。

新疆闽龙先后投资1.2亿元在泽普县和莎车县创建3家工厂，解决贫困户就地就近就业近1 000人，季节性用工1 000多人，收购特产带动近2万农户脱贫，与20个挂牌督战贫困村结对扶贫。

在一路的风风雨雨中，她的大儿子也快速成长肩挑重任，荣获了"全国乡村振兴青年先锋"称号。

"要想帮助新疆人民走上持续幸福的生活道路，不能长久依靠对口帮扶，必须加快发展当地特色产业，帮助他们练就一身适应市场经济的过硬本领。"这是任长艳、郑金龙母子俩共同的见解。

2021年2月25日，任长艳被党中央、国务院授予"全国脱贫攻坚先进个人"称号。2021年3月，任长艳被授予"全国巾帼建功标兵"称号。2021年6月，任长艳获得"2019—2020年度上海市三八红旗手标兵"荣誉称号。在这之前，任长艳荣获了"2012年度中国商界杰出女性"、"2014年度上海市三八红旗手"、2018和2019年度浦东新区"光彩之星"等荣誉称号。她还是上海市妇联执委、浦东新区政协委员。

对于荣誉，她淡淡一笑。她的微笑温暖而动人。我看到她身上有满满的家国情怀。她是第一眼美女，她的美具有新世纪新时代的风采。时势造英雄，一个温柔又刚强的女英雄。

"任长艳,你的故事可以拍另一部《山海情》!"与她告别时,我这样说。——海,是咱们上海。山,是拥有天山的新疆。

(原载 2023 年第 1 期)

堂上生枫树，江山起烟雾
——回忆陈佩秋先生

沈嘉禄

2023年是海上大家陈佩秋先生百岁诞辰。陈佩秋先生是上海文化界的一朵雍容华贵的牡丹，她的花鸟画取法两宋，用工笔双勾，赋以重彩，她把中国绘画传统技法和现实生活结合起来，在海派文化的和谐气氛中实现了新发展，呈现出鲜明的个人风格和时代风貌。陈佩秋先生的艺术创作出入古今，诠释了"笔墨当随时代"的审美追求，将中国女性画家的绘画成就提升到新的高度。

画画是一次偶然

"其实，我是半路出家的呀。"

二十年前，一个艳阳高照的初春，我前往虹桥拜访陈先生，在客厅里坐定后，她与我拉起了家常，就像一个老奶奶一样慈祥而随意，屋子里的水仙花散发着幽雅的清芬。

1923年，陈佩秋出生于河南南阳，在昆明度过了她的青少年时期。年幼时，她即表现出艺术的天赋，学画画，学习成绩也相当优秀，读中学时数学常常考第一。陈佩秋高中毕业那年，抗战的烽火遍地燃起。也许是出于"科技救国"忧患意识，她于1942年考入了西南联大，学的是工科。之前，家中老太爷（父亲）反对她学工科，而希望她学经济。一个女孩子，能算算账、理理财就不错了。

在西南联大读书时，她没有放弃绘画的爱好，加上这个时期，全国各地的画家大多汇集到后方，使她的眼界大开。有一次，她去参观黄君璧、张大千的画展，黄君璧就对她说："你既然喜欢画画，何不去考国立艺专呢？"

22岁的陈佩秋于是就去投考撤退至重庆的国立艺专，一考果然被录取了。

抗战胜利后随学校回到杭州,一共读了五年,算是"新制"。其间,"黄君璧、潘天寿先后当过校长,黄宾虹、郑午昌等都教过我,教的都是传统的一路,跟画派画,有限的几路。"陈佩秋平静地说。

当时在国立艺专,学生们对西方艺术非常向往,认为西方的写实主义为中国未来艺术发展的唯一途径,而对本民族的传统艺术没有足够的信心,这情景与今天差不多。而年轻的陈佩秋不为时风左右,她醉心于传统中国绘画已久,专注地钻研历代大师的艺术,近乎疯狂地从中吮吸滋养。甚至当她极其认真地临摹赵干的《江行初雪图》卷时,被黄宾虹斥之为工匠之事,不堪仿效。这也难怪,当时就连刘海粟也写文章攻击过于写实的宋画,认为那不过是落后的"再现",是"匠事"。

画扇子挣自己的口粮

1949年后,陈佩秋从国立艺专毕业,与谢稚柳先生一起定居上海。谢先生进博物馆工作,她先是在上海市文管会工作,五年后被上海画院聘为画师。在文管会的半年多时间里,她有幸大量接触古代字画,在库房里一待就是一整天,像一块海绵,尽情地吸收传统艺术的精髓,从读到摹,从摹到悟,破译了前人一个个谜团。

不久,她退职在家当了名"职业画师"。如今说起职业画家是一门颇为来钱的行当,可在当时,要从画里讨生活却殊为不易。老太太如今忆起,满脸"话说天宝"般的沧桑。"退职了,就在家里画檀香扇、团扇什么的,拿的是计件工资,一个月要画好多呢。当时唐云、江寒汀等人都画过。我画得很快,一天可以画好几把,这些扇子都是出口的。我还为私营工厂画过手帕、花布呢,这些工厂都在南市。我还为私营出版公司画过年画、小画片,市场上需要什么我就画什么。画年画要符合老百姓的审美情趣,画得满满的,色彩夸张,喜气洋洋,印上好几万份,全国发行。不过年画的版税也很高,有五六百元,在当时算相当不错的呢,我保留的薪水才八十元嘛。你问有没有原稿保存?有哇,有两张,一张《喜鹊》在上海中国画院,还有一张近年还到国外展览过。"

1956年,陈佩秋以一幅工笔画《天目山杜鹃》参加上海青年美展,获得一等奖,后来又参加全国青年展,抱了个二等奖回来。上海画坛对这个青年女画家刮目相看了。不久上海美术家协会成立,上海中国画院也组建起来了。"那时候,刘海粟、吴湖帆、谢稚柳、唐云、傅抱石、赖少其等都被聘为画师,青年画家也在受聘范围,我就有幸跻身于此,被评为画师,每月拿车马费八十元,大家都一样,一直拿到'文化大革命'以后。"

那一年,陈佩秋才三十四岁。

在干校看到过巴金挑青菜

写陈佩秋,即使采取"通俗唱法",也不能绕过工笔画这个话题。

工笔花鸟画兴于唐,经过五代的发展,到北宋达到鼎盛时期。文人画的兴起,写意画的出现,使得当时的画坛形成疏密并重,彩墨争辉、工写齐驱的新局面。工笔画和写意画虽然是两种不同的流派和画风,但两者并不排斥,各自独立而又互相影响地向前发展。所谓"写从工出",画史上许多写意画家都有着深厚的工笔基础。直到近代,美术理论出现了误区,创新派欲从西方的理论及实践取缔传统文化建制,把工笔画贬为"包小脚"。而传统派则坚守家园,认为以笔墨作为一种独特的文化表现媒介仍然有坚韧的延续性。

被划为"传统派"的陈佩秋,花鸟取法两宋,用工笔双勾,赋以重彩,她把中国绘画传统技法和现代生活结合起来,使这种传统技法有了新发展,呈现出新的风貌,把工笔花鸟推向新的水平。从她在中年时画的《蝴蝶图卷》《九月海棠》《蜀葵》《红叶秋蝉图卷》等,均可看出宋人的脉络,又有自己的心得,在画家圈子内还是受到很高评价的。特别传为美谈的是她在20世纪50年代初所作《仿钱选八花图卷》,是从该画收藏者张珩处借来原作临摹的,一共摹了两本,一本赠予张氏,另一本后来为香港一大收藏家收藏,潘伯鹰赋诗并题,谢稚柳写款书,这就颇说明她的工笔画来路很正的。

十年动乱期间,陈佩秋与谢稚柳等老画家一样,几乎没有画过画,没有动笔的理由和机会,家里被抄了三次,屋内物品全被掠去,最让夫妇俩痛心的是许多古代字画和现代名人书画被红卫兵们胡乱地装上车拿走了,只留下一张吃饭的桌子。1967年底,陈佩秋还被隔离审查,接着到奉贤"五七干校"劳动。"有一次我看到巴金挑了担青菜到我们食堂里来,额头上全是汗。"老太太说。

到20世纪70年代末,陈佩秋又被"用"了,参与编《辞海》、写条目,拜访老画家。后来中国外交打破僵局后,国家领导人出访也多了起来,就让画家作画,作为国礼带到国外去。再后来,大宾馆饭店也恢复了正常的接待功能,也需要挂一些所谓"主题积极向上"的画,于是陈佩秋就跟着老画家们到东山、富春江"下生活",大量写生,然后战战兢兢地画,生怕一不小心画成黑画。虽然此时只能牺牲风格,视名利为粪土,为政治服务,但有幸重握画笔的画家们将此视为一种恩典,当然画好后谁也不准落款。

陈佩秋在1981年为自己的一幅《兰花》画重题款时沉痛地回忆起当时的情景:"……丙午之变,十稿九灰,壬子七月,劫余复得,因为润色,复题记于上。丙午以来,不事旧业,遂有笔砚荒陈之叹……"

每个有成就的画家,在这段时期,都有这样的切肤之痛。

"写从工出",云蒸霞蔚

十年动乱结束后,陈佩秋与中国艺术界一样,迎来了春天。这个时候,西方印象派作品引进中国,她看了如醍醐灌顶,满心欢喜。而法国19世纪乡村风景绘画展在上海展出时,她也去上海展览中心排长队参观,并当作艺术大事来看待。这个情景,如今渐入老境的上海人是不会忘记的。

自20世纪80年代起,陈佩秋与先生谢稚柳频频去我国香港地区,以及日本、美国等国开画展、讲学,顺便到博物馆大饱眼福。其间,陈佩秋接触了大量的西方艺术,特别是印象派的作品,对她的风格改变起到了催化作用。

陈佩秋开始将工笔与写意结合起来,并在笔墨、材料、观念等元素中寻找变化的尝试。如1977年的《花鸟虫鱼册》就以生动的笔触和泼墨去描写大自然的每一景物,而最成功之处莫过于她能够混合工笔与写意的技法,令作品更加隽美优雅。作于1988年的《溪山晴夏图卷》也能反映了她融合古人诸法而贯通出一已更臻完善的技巧,她在图中运用"泼彩"烘托出山水背景,配合细腻的麻雀啄食的写实画法,她胸中的丘壑则用泼彩的方法和心眼写出,而她的田园小景又用写实的方法和肉眼写出,这都是得力于她对大自然长期的观察与直接写生。

陈佩秋在进入21世纪后的作品又显示了对色彩、环境和整体气氛的关注,而对西方艺术元素的采纳又启发了她作品中密集的短而有力的笔触。所以有人说她的色彩组合完全是出于她个人的特质,密而短的设色笔触则是她对传统的"点"与"皴"技法的一种变调。

美术评论家徐建融先生说道:陈佩秋立足于正规画的传统,却没有沿着它小趣味的路子走下去,她汲取写意画的长处,同样没有沿着它的游戏笔墨的路子走下去。她用写意画的抒情性来反拨小趣味的谨小慎微,终于以"工笔写意"的风范重振了古典的高华的大雅正声。进而借鉴西方艺术如印象派的光色处理办法,更将传统的、水墨为上的形神兼备描绘成为既是传统的,又是现代的、印象式的开神兼备描绘,这就进一步弘扬、发展了古典的高华的大雅正声。

老太太喜爱史努比

陈佩秋先生创作十分勤奋,创作大幅作品往往在深夜,要等来访的客人散尽,才研墨抻纸作起画来。有时候不经意地看一眼窗外:咦,天亮了?

不过,陈先生的精神还是那么好。当我问她有什么业余爱好时,她笑得跟女孩子似的。"《文汇报》的记者郑重早就说我了,除了吃饭,就是画画,画到肚子空空,再吃饭,我没有业余爱好。"

事实上,老太太有一个近乎"疯狂"的爱好,就是收藏史努比卡通小狗。

事情缘起于20世纪80年代初,她与谢先生一起到美国探望孩子,有一天跟儿媳妇一起逛商场,在一个专门出售处理商品的超市里看到了一只史努比小狗,老太太一见如故,高兴得不肯松手,从此她与垂着两只大耳朵、看上去呆头呆脑其实心地善良而又非常聪明的史努比结下了不解之缘。

"我早在三四十年代就看迪士尼的动画片了,当时还配柴可夫斯基、贝多芬的交响乐,非常大气。后来开放了还看,也爱动画片中的小巫师、小动物,小淘气等,凡是可爱的卡通电影我都看。史努比最可爱,人性化,跟小孩子一样讨人喜欢。后来我只要出国,就去商场找它,领回来充实我的收藏,日积月累的,也有百来只了吧。"

后来作为美国通俗文化的形象大使的史努比也在中国加工制造了,老太太买起来就更方便了。有个朋友得知麦当劳推出吃汉堡包奖史努比小狗活动后,天天吃,为老太太"吃"来几十只史努比,把她乐得合不拢嘴。陈佩秋说到此,怀里搂着两只史努比,笑得灿烂无比。

为了写生,观察花鸟的生长过程和习性,早在20世纪50年代家住巨鹿路时,陈佩秋就在家里养过许多小鸟,叽叽喳喳热闹过一阵子,还种过几百盆花草。我觉得奇怪:如今她的住宅更加宽敞,为什么却放弃了这个怡性养情的爱好？

"没时间了,这些花鸟都养在心里啦,早烂熟于心了。我最喜欢兰花,画得也最多。不过小狗狗是舍不得扔下的,它已经五十岁了。我没养过狗,怕真的狗,我是叶公好龙。"

老太太说到此,将史努比搂得更紧了,午后的阳光照在她脸上,女画家也像一株素心兰傍着奇石迎风独立,暗香盈然于室了。

（原载 2023 年第 2 期）

我的黄永玉印象

汪 澜

在我的手机相册里,存有一张本人拍摄的黄永玉翻跟头的照片,每次打开都忍俊不禁,乃至几次换手机都没舍得将它移出。不久前获知老先生仙逝的消息,我又一次打开这张照片,奇怪的是竟没有一丝伤感,眼前浮现的尽是他顽皮、搞怪的可爱模样。

这张照片摄于 2013 年 10 月 28 日,那是我调任上海作协工作不久,地点在武康路巴金故居的草坪上。这一天,"我的文学行当:黄永玉作品展"在上海图书馆揭幕。

文学是他"最倾心的行当"

先生作为艺术大家的形象早已深入人心,可当时许多人并不知道他同时还是位写作高手,按照他对自己的评价,文学第一,雕塑第二,木刻第三,绘画第四,他说自己是用排在最后的绘画,养活了前面三个行当。而文学不仅排行第一,还是他最倾心的行当。

其时,他的自传体长篇小说《无愁河的浪荡汉子》已在《收获》杂志上连载了五个年头。黄永玉动笔写这部小说时已达 85 岁高龄,最初的 10 多万字发表在湖南的一家杂志上。时任《收获》主编的李小林阅后十分惊喜,拿来重新发表,并建议老先生继续写下去。受此鼓励,黄永玉一发不可收。小说以先生的家乡湘西及他自小接触的人和事为原型,讲述了包括表叔沈从文在内的众多人物的故事,原汁原味地还原了他所亲历的将近一个世纪的历史烟云及民俗风情。尤其让人惊奇的是,作者作为一位耄耋老者,所具备的惊人记忆力,及对所亲历的众多历史事件、生活细节准确生动的描述、再现能力,从中亦可见出先生卓越的文学才情和旺盛的创造力。

正因为此,"我的文学行当:黄永玉作品展"受到极大的关注,观众中既有艺术爱好者,也有众多文学爱好者。展览由先生的忘年交、著名传记文学作家李辉担任总策划,展品中包括先生的文学创作手稿,为很多文学作品所作的插图、木刻,以及他自创的文学体裁"文与画"等,几乎所有作品都围绕文学展开,让人对"作家黄永玉"有了一个全面、真切的了解。

抢在展览举办之前,人民文学出版社将《无愁河的浪荡汉子》已经在《收获》发表的文字集结成三卷本的《朱雀城》(84万字),因此展览期间特意安排了新书的首发式和读者见面会。记得见面会十分火爆,逾千名读者通过预约来到现场,一些读者没抢到座位,就席地坐在走道的台阶上,或站立在后排,把可容纳近千人的会场挤得满满当当。见面会由李辉担任主持,他称黄永玉"是个年轻的老头","他的眼睛还没有老花,血压也没有我高",依然充满活力,充满创造力,"他是画家,同时也是创作丰富的诗人、作家,只不过他的美术影响盖过了文学。"有读者问黄先生已在《收获》连载多年的长篇小说,还准备写多久?黄先生回答,为了这个小说,他每天都在写,多则几百字,少则几行字。他说:"看来我100岁以前没的玩了。"

在沪办展那年,黄永玉已年过九旬,《无愁河的浪荡汉子》在《收获》的连载直到2020年才告一段落。一部长篇小说,在同一家杂志上持续连载11年,这不能不说创造了一个奇迹。

继第一部《朱雀城》之后,第二部《八年》(130万字)、第三部《走读》(48万字)也陆续由人文社结集问世。可以说先生将其百年人生最后20年的光阴,大部分献给了文学,并集毕生积聚的智慧才华和生命之光,为文坛奉献了一部了不起的厚重的"大书"。

在巴金故居"翻跟头"

在2013年的上海展览之前,我和黄先生并无交集,但多次从老同学李辉的嘴里,获知不少关于他的奇闻趣事,比如精力过人、过目不忘啊,比如诙谐风趣、喜欢搞笑啊,等等。即便如此,见到黄永玉之后,还是频频被"惊"到了。

记得那天下午,在上图的展览开幕式结束之后,我们陪黄先生去巴金故居举行他雕塑作品的落成典礼。巴金故居常务副馆长周立民介绍说,黄永玉对巴老有特殊的感情,他自称是巴老的"忘年交""小朋友"。黄永玉20多岁初到上海闯荡,跟汪曾祺、黄裳结为好友,人称"三剑客"。据黄先生回忆,那时他们三人常结伴去巴老家蹭饭,已是知名作家的巴金对他们这些"小朋友"十分宽厚仁慈,即便如此,他对巴老还是有点"怕"的,因为巴金实在太了不起了。他那时几乎把已经发表的巴金作品读了个遍,可以说,巴金也是他的文学启蒙老师。

我们一行走进故居,只见门厅左侧的墙上悬挂着的,正是黄永玉为巴老创作的诗画作品《你是谁》。那是 2011 年,巴金故居修缮完毕对外开放时,他为故居作的巴老画像,画面上巴老头像的四周映衬着盛开的红梅,留白处是黄先生题写的诗作《你是谁?》:

你是谁

你是谁?从哪里来,到哪里去?
你是战士,还是刚出狱的囚徒?
是医生,还是病人?
是神父,还是信徒?
是作曲家,乐队指挥,还是
嘹亮的歌者?
是牧人,还是羊?
是摆渡者,还是河?
是远游人,还是他背上的包袱?
是今天的熊猫,还是十几万年前的恐龙化石?
你带领过无数学龄前儿童走向黎明,你是个被咬掉奶头、捂着胸痛的孩子他妈。
你永远在弯腰耕耘而不是弯腰乞食。
你是沉默忍受煎熬的"拉孔",从不叫出声音。
谁都认识你是"巴金",
你大声喊出:
"我是人!"

二〇一一年十月十二日,万荷堂

这幅诗画合一的作品,至今仍悬挂在巴金故居的门厅里,它道出了无数参观者对巴老共同的敬意。

那一天,黄先生为巴金故居带来了自己最新的雕塑作品《新世纪不再忧伤》。这是一尊衣衫褴褛、瘦骨嶙峋的受难者的塑像,只见她朝天空伸展开双臂,似在尽情地拥抱新的世界……在众人的见证下,铜塑被安放在故居花园的一角。

雕像的落成仪式结束后,有趣的一幕发生了。只见黄永玉跑到草坪当中一屁股坐下,两只脚脚底相对,双手抱出双脚,那模样像极了他脍炙人口的"猴票"中可爱小猴的造型。突然,他整个人向后仰去,然后歪向一侧像陀螺一样打起滚来,一个、两个……打了两个滚,先生好像觉得没有发挥出最好的状态,调整了一下姿势又翻滚起来,直到被人扶起。他一边起身一边说,这两天感冒了,体力不支,否则可以绕着草地滚一圈呢!一个九十岁的老人,"疯"起来竟能如此"忘我""忘形",若非亲眼所见,是绝对不敢相信的,先生的身体状态和老顽童般的心态,都让人叹为观止。

《非诚勿扰》的"铁粉"

巴金故居的活动结束后,我和李辉送先生去酒店休息,可先生似乎意犹未尽,提议在酒店大堂咖啡吧坐一坐。等待咖啡的时候,我和李辉聊了几句,黄先生佯装不乐意了,对李辉一撇嘴:"见到女同学,就不睬我了,你这是重色轻友!"惹得我们哈哈大笑起来。

我问先生晚上想去哪里逛逛?他说今晚有《非诚勿扰》,哪里也不去。《非诚勿扰》是当时十分火爆的电视相亲节目,吸引了无数适龄青年和他们的父母,没想到爷爷辈的黄永玉竟也是忠实的粉丝,借用今天的话,还是"铁粉"。陪同先生来沪的黑蛮、黑妮说,节目播出以来老爸雷打不动,每期必看。偶尔错过了还会看晚上十一点以后的回放,边看边对嘉宾做点评。黄先生说他看这个节目是为了了解今天的年轻人在想些什么。我忍不住问他,如果你还年轻,去参加这样的节目,结果会怎样?先生略作思索,回答道:"我年轻时没有房没有车,也没有像样的工作,谁会看上我这个穷小子?因此基本没戏。"记得我们当场起哄,怂恿先生去做一回特别嘉宾,给那些"毛孩子"好好上一课。

虽然是第一次与先生接触,却完全没有陌生感。先生十分随意放松,而且妙语连珠,奇思妙想不断闪现。他似有一种特别的气场,让你在不经意中就感受到他独特的魅力和感染力。

念念不忘"鸡连长"

先生喜欢讲故事。记得在沪期间,他给我们讲了一只大公鸡的故事。

黄永玉这次来沪前两天,由李辉及黑蛮、黑妮陪着去了一次浙江嘉善。先生去嘉善,是因为放不下一件往事。其间,他游览了西塘古镇,并特意到魏塘镇瞻仰了嘉善抗日阻击战纪念碑。

嘉善阻击战是抗战期间浙江地区规模最大也是最为惨烈的一场战斗,作为淞沪会战的外围战,它成功牵制了日军的进攻兵力,掩护了中方部队的后撤。而参加这场战斗的 128 师正是以黄永玉家乡湘西凤凰籍官兵为主的军队,师长叫顾家齐,764 团团长沈荃是沈从文的三弟,也是黄永玉的表叔。

在上海期间,黄先生给我们讲了嘉善阻击战和一只大公鸡的故事。

1931 年,他刚满 7 岁,随父亲去凤凰附近的辰溪的军营看望老朋友、128 师的师长顾家齐,见到师部主厨刘四宝饲养的一只芦花大公鸡。这只公鸡气势不凡,不仅高大威猛,而且十分凶悍,有它在,猫猫狗狗都不敢靠近厨房。1937 年,部队迁到安徽宁国一带,黄父为生活所迫带着他投奔顾师长,黄永玉在那里又见到了这只公鸡,顾师长念其守护营房有功,在辰溪时便戏称它为"排长",到宁国又"升"了一级,唤它为"连长"。"鸡连长"跟随部队南征北战,俨然成了队伍中的一员。抗战爆发后,部队辗转到了浙江,参加了嘉善阻击战。

在和日寇血战七天七夜之后,包括师长顾家齐、主厨刘四宝在内的几百名凤凰籍战士战死在嘉善,估计"鸡连长"也未能幸免。黄永玉说,他会将"鸡连长"的故事写进正在连载的小说里,这次去嘉善,是想实地感受战斗的惨烈,同时凭吊长眠于此的凤凰乡亲。黄永玉告诉我们,他已向嘉善当地领导提出,希望在纪念碑旁边做一尊"鸡连长"的雕塑。

嘉善方面欣然采纳了先生的意见,过了一两年后,由黄先生创作的"鸡连长"雕塑已坐落在嘉善泗州公园纪念碑的近旁,成为英烈精神的象征和烈士忠魂永远的陪伴。

2014 年 2 月 17 日,我又在《新民晚报》上看到黄永玉亲撰的《鸡连长纪事》一文,并配有他画的《鸡连长》纸本彩墨画,画下有先生题写的款书,曰:

我们湘西有一师子弟兵八千余人参加了抗日的嘉善战役保卫战，全部壮烈牺牲，死剩百余人，部队番号为一六师。师长顾家齐，我的三表叔亦在其内，世伯戴季为副师长。一六师一九三二、三三年终湖南辰溪举办乡村暑期教师艺术训练班，邀家父主执其事，余随往焉。见师部厨房有此芦花大鸡，凶恶非凡，逐狗啄猪，守卫负责与枪兵无异。

一九三七年春复于安徽宁国一六师师部厨房见之，悍猛如昔，体重当作三十斤左右。翌年战起于嘉善，厨师十余共同捐躯于沙场，该鸡孰能免乎？故余于前数年为其塑铜像于陵园中，顾于辰溪呼其为排长，宁国则连长矣。故以连长称之。

如今，先生虽已驾鹤西去，但他的灵魂将借由他创造的众多文学艺术形象，长久地伫立于人们心中，带给我们警醒，带给我们不尽的美的享受。

（原载 2023 年第 3 期）

耀眼的都市风景
——海派作家群落的孕育与崛起

殷泽昊

20世纪20年代末至40年代,海派作家在申城异军突起,其作品的取材和立意始终保持一定延续性,并有着独特风格,构成了一道耀眼的都市风景。

海派作家应运而生

海派作家在中西文化的剧烈碰撞和逐渐交融中孕育,完全是一个现代都市成型的产物。

上海在晚清开埠后,许多高楼拔地而起,千姿百态。1909年出版的《上海指南》称:南京路"房屋高敞,为沪上冠"。更令人惊叹的是黄浦滩(今外滩),经几次建筑高潮,到20世纪二三十年代,鳞次栉比的高楼荟萃各国建筑样式,如英国古典式、英国新古典式、英国文艺复兴式、法国古典式、法国大住宅式、巴洛克式、哥特式、爱奥尼克式、东印度式、近代西方式、折中主义式、中西掺和式等,堪称"万国建筑博览"。这些前所未有的景观,让文人们得以俯瞰都市获得新的感觉,并使其扩大想象空间、激发奇妙的创作灵感。

在"十里洋场",一些娱乐活动起初都与华人无缘,如1883年刻印的《淞南梦影录》谓:"西人与朋友聚集之处,谓之总会。沪上法总会在法大马路(今金陵东路),英则在四马路(今福州路)东首。每值安息之期,怒马高车,如云而至……任意嬉娱,毫不拘检。惟华人之寓沪上者,虽意兴飞扬,终不能问津而至云。"然而,在西式娱乐刺激下,上海现代娱乐业迅速发展:1928年起,大光明大戏院、南京大戏院、国泰大戏院、大上海大戏院等一流影院陆续迎客;1931年后,"百乐门""仙乐斯""新仙林""丽都"等高档舞厅纷纷开张。每当夜幕降临,各种娱乐场所灯红酒绿,上海成了"东方不夜城"。对于文人们来说,那些有闲阶层的摩登都市生活,一方面为其准备了素材,一方面又为其作品中各种人物设计了活动场景。

在向商业性、消费性大都会转变过程中,上海的人口急剧增长。位于县城北面和西面的租界,凭借"国中之国"的特殊制度,成了"冒险家的乐园"。相对旧式城镇而言,这里既充满光怪陆离的异域情调,又更容易觅得谋生职业,所以吸引着成千上万的人。1876年刻印的《沪游杂记》云:"在洋场,繁华景象日盛一日,停车者踵相接,入市者目几眩,骎骎乎驾粤东、汉口诸名镇而上之。来游之人,中朝则十有八省,外洋则二十有四国。"据《旧上海人口变迁的研究》统计,自有人口数字记录的1853年起到1936年止,租界居民从500人增至近166万人。当然,增长的主要是华籍居民,如以1930年为例:华籍居民有近140万人,外籍居民则不满5万人。在20世纪二三十年代,上海中小商人和一般市民阶层日益壮大,构成了都市新型的读者群体。

因此,海派作家应运而生,并冲破藩篱成为都市文学的先锋。

海派作家群落崛起

在我国,小说历来"不登大雅之堂"。直到近代,梁启超提出"欲新一国之民,不可不先新一国之小说",才使之逐渐出现繁荣。民国初期,以"游戏""娱乐""消遣"为旗号的鸳鸯蝴蝶派小说盛极一时。鸳鸯蝴蝶派的一些著名人物已被视为海派作家,但其创作意识仍因袭着传统观念。

海派作家群落崛起,是在20世纪20年代末至30年代初。1926年3月,刘呐鸥从日本青山学院毕业回国,到上海震旦大学法文班插班入学,结识班内同学杜衡、施蛰存、戴望舒等。1928年9月,他们合作办起《无轨列车》杂志,系统介绍日本新感觉派文学,尝试用新形式创作小说,仅出8期就遭查封。1929年9月,由施蛰存、戴望舒、徐霞村、刘呐鸥任编委的《新文艺》杂志问世,它虽存在不足一年,但推出不少带海派倾向的小说,并吸引穆时英等同人加入进来。1932年5月,施蛰存受上海现代书局之托主编的《现代》杂志创刊,标志着这些作家构成了一个有实力的流派集结,他们许多体现流派特点的小说,如穆时英的《公墓》《夜总会里的五个人》,刘呐鸥的《赤道下》,施蛰存的《薄暮的舞女》,叶灵凤的《紫丁香》《第七号女性》,杜衡的《蹉跎》《重来》等,都陆续发表于该刊。此外,相随而起的海派作家尚有黑婴、禾金等,他们的作品多登载在《新时代》《文艺月刊》《小说》等刊物。

施蛰存在《现代》的《创刊宣言》里宣称"并不预备造成任何一种文学上的思潮"。当年的海派作家群落,完全是一种松散的聚合,没有必须共同遵守的规则,但其文学倾向却受到都市现代生活方式的支撑,显得坚实有力。他们分别被冠以"新感觉派""心理分析派""现代派"等诸多名称,主要代表为施蛰存、穆时英、刘呐鸥。

施蛰存原籍浙江杭州,后迁居上海,曾就读于上海大学、大同大学、震旦大学,从事文学活动,主要是在抗战前,最具流派特点的小说多收进 1932 年至 1933 年出版的《将军底头》《梅雨之夕》《善女人行品》3 个集子。这些作品不断变换新技巧,深入人物的内心世界,描写人物的潜意识,表现人物"超我"与"原我"的冲突,显示心理分析的特征,保有古典的神韵。他的心理分析小说堪称独步,并为我国现代文学创作提供了一个新的角度。

穆时英生于浙江慈溪,10 岁随父亲来沪,在上海光华大学读书时,就向《新文艺》投稿,1932 年起,在《现代》等刊物接连登载小说,用有色彩的象征、动态的结构、时空叠合交错的表达式,来反映都市的繁华和喧哗,在 1932 年至 1935 年,出版过《南北极》《公墓》《白金的女体雕像》《圣处女的感情》4 本小说集,有"新感觉派圣手"之称。

刘呐鸥早年生活在台湾省,15 岁赴海外求学,比较早就受到现代主义的熏染,1928 年起,先后在《无轨列车》《新文艺》《现代》等刊物发表小说,1930 年出版《都市风景线》。他的作品,凭借自己的主观感受,运用意识流手法,描写了上海这个大都会的现代风景和生活,被公认为"中国新感觉派的开山之作"。

海派作家群落对我国现代文学产生了不小的影响。诚如施蛰存在《关于"现代派"一席谈》中所说,他们"把心理分析、意识流、蒙太奇等各种新兴的创作方法,纳入了现实主义的轨道"。

海派作家创作特点

海派作家的作品,在快速的节奏中展示当时上海这个半殖民地大都会的畸形和病态,捕捉市民的复杂心态,对人物进行潜意识开掘和心理分析,为我国现代文学带来一种新气象。具体来说,其创作有这样的特点:

第一,将感觉客体化,组成立体画面。如刘呐鸥的《两个时间的不感症者》

这样开头:"游倦了的白云两大片,流着光闪闪的汗珠,停留在对面高层建筑物造成连山的头上。远远地眺望这些都市的墙围,而在眼下俯瞰着一片旷大的青草原的一座高架台,这会儿早已被赌心狂热了的人们滚成蚊巢一般了……尘埃、嘴沫、暗泪和马粪的臭气发散在郁悴的天空里,而跟人们的决意、紧张、失望、落胆、意外、欢喜,造成一个饱和状的氛围气。"它通过视觉、嗅觉、触觉使描写具有可感性,从而把赛马场的精魂揪住了。再如穆时英的《夜总会里的五个人》,出现如此的都市夜景:"红的街,绿的街,蓝的街,紫的街……强烈的色调化装着的都市啊!霓虹灯跳跃着——五色的光潮,变化着的光潮,没有色的光潮——泛滥着光潮的天空,天空中有了酒,有了烟,有了高跟儿鞋,也有了钟……"它利用光线、色彩做文章,造成身临其境的效果。海派作家无论写人、记事、状物,往往把凭人的感觉才能体验的东西逼真地加以反映,让都市的风景"活"起来。

第二,荒诞性的虚幻,哲理性的探索。如施蛰存的《魔道》,讲述了一个精神病人的幻觉:一列奔驰的火车上,男主角认为座位对面的老太婆是个妖精,觉得她不喝列车员端来的茶是怕现原形,并在心里默语:"你预备我站高来向搁栏取皮箧的时候,施行你的妖法,劫去了我行李吗?……我决不站起来拿皮箧。我凝看着你",当他将目光投向窗外,因看见一个土堆而想到坟墓和木乃伊,于是又确信老太婆是木乃伊化身,嗣后始终被恐怖笼罩着。再如叶灵凤的《鸠绿媚》写的是小说家春野的风流梦,却将它依附于波斯公主的狰狞骷髅。这些作品通过自由联想,展露主人公疑惧、孤独、惶惶不安的心理,从而揭示了都市的压抑,以及人们的精神危机。

第三,鲜见的用语,奇特的修辞。刘呐鸥的小说中出现过许多独创用语,如"正中乐队里一个乐手,把一支Jazz(爵士乐)的妖精一样的Saxophone(萨克斯管)朝着人们乱吹"(《游戏》),"最有特长的却是那像一颗小小的,过于成熟而破开的石榴一样的神经质的嘴唇"(《风景》),"在马路的交叉处停着好些甲虫似的汽车"(《两个时间的不感症者》)。穆时英在修辞上更巧妙,如"上了白漆的街树的腿,电杆木的腿,一切静物的腿……Revue(法语,轻歌舞剧)似的,把擦满了粉的大腿交叉地伸出来"(《上海的狐步舞》),"舞着的人像没了灵魂似的在音乐里溶化了"(《夜》)。海派作家为了充分表达在都市里体验到的带现代气息的情绪,在大胆想象的基础上,创造了大量赋予感觉性的比喻,形成一种独特风格。

毋庸讳言，一些海派作家有明显的媚俗和猎奇倾向，并避开重大社会事件，而且最后的政治归宿也不同。尽管如此，海派作家群落仍为老上海文坛增添了亮丽的色彩。

即便到抗战期间，上海沦陷，张爱玲、苏青、予且、谭惟翰、施济美、汤雪华、汪丽玲、程育真、丁谛等一批海派作家依然守在"孤岛"，频繁亮相于《小说月刊》《万象》《紫罗兰》等刊物，显示上海文学并未因形势骤变而沉寂。其中，张爱玲最为瞩目，发表了中、短篇小说20余篇，代表作系《沉香屑·第一炉香》《封锁》《倾城之恋》《金锁记》等，1944年结集为《传奇》出版。张爱玲的小说意象常不是用现在时向都市生活里挖，而是用过去时向已逝的时代挖，她曾在《都市的人生》中说："为要证实自己的存在，抓住一点真实的、最基本的东西，不能不求助于古老的记忆。"此外，张爱玲还善于从不同侧面展示人物特定性格，字里行间流淌浓稠的色彩，传统与创造融汇得颇成功。张爱玲的登场，是海派文学创作达到一种新水平的标志，她那雅俗共赏的作品，也表明20世纪40年代海派作家既秉承流派先驱的余绪，又在艺术风格上更加舒展。

（原载2023年第3期）

《炎黄子孙》总目录

【编者按】2023 年,我出版了两本小书,虽是小书,却是特殊的,工具性的。其一是《〈史林〉杂志目录(1986—2010 年)及研究》(上海社会科学院出版社出版),其二是《史潭清流:上海社会科学院历史研究所现代史研究室的 2012—2023 年》(与江文君等合作,上海教育出版社出版),显然这两本书分别是为我的工作单位——上海社会科学院历史研究所,以及具体所在的研究室——现代史研究室而作的,以期部分地反映它们的演进历程。其间,我也一直在寻思,应该为我所兼职的上海炎黄文化研究会做些什么事呢?

上海炎黄文化研究会成立于 1994 年,是上海市社联指导下的民间文化、学术团体,旨在立足上海,以宣传、弘扬中国传统文化为宗旨,经过 30 年来的努力,已享有了很高的社会知名度和影响力,沪上的许多市级、局级领导都曾担任过该会的会长和副会长。我自 2017 年入会以来,承蒙前任会长、前任秘书长的拔识,先任副会长,后又兼任秘书长、法人代表,可以说,在各方会员的支持下,确实是大有了用武之地,因而也萌生出感激之情。经考虑再三,我决心为本会会刊《炎黄子孙》编纂一本总目录。

《炎黄子孙》创刊于 2004 年(前身是 2001 年 1 月 10 日创始的不定期同名丛刊),内部资料准印证为(K)第 103 号,16 开,季刊。丁锡满(2004—2011)、杨益萍(2012—2017)、甘建华(2018—2021)、杨锡高(2022—)先后担任主编。20 年来,其总期数已接近 80 期,篇幅浩繁,可谓是上海炎黄文化研究会的一座文化宝库。它既详尽反映了研究会的活动轨迹,也记录了长期以来会内外人员为弘扬传统文化、宣介海派文化、红色文化、江南文化所做的多方面的努力,在某种意义上,它确实是这一时期上海文化事业发展的一个缩影。我个人以为,其学术性、可读性和故事性,实不亚于本埠赫赫有名的《上海滩》《世纪》等杂志。可惜的是,《炎黄子孙》迄今尚未有一本目录可供查询,颇不利于开发利用。

拿定主意后,我从 2023 年初起即开始了编目工作。为了防止遗漏,我逐页搜检,即便告示、更正、图片等也一一收录,做到事无巨细,全数而尽。每星期一上午在研究会办公室开完工作会议后,我就利用下午时间,从库房里搬出过刊,一次录入一至二期,就是靠这种"蚂蚁啃骨头"的方式,终于历时一年,在 2024 年初得以告竣。其内,按期数和时间先后,所有标题和责任者均已清晰标出,共计 6 万余字。之后,我又开始了"作者索引"的编排工作。有了这个索引(近 2 万字),便于作者快速地找出自己以往的全部发文,或许可以编出独属于个人的小册子。

就这样,8万余字的《炎黄子孙》总目录最近定稿了,而正逢上海炎黄文化研究会准备在2024年庆祝建会30周年,拟议中的《报刊双馨》决定将其收录。相信该目录若能正式出版,既是对研究会以往办刊工作的一个总结,也能为各界朋友提供便利和启示。

不过编纂工作中也留下了一个遗憾,那就是虽经多方努力查找,《炎黄子孙》早期的4期,即2004年第1、2期和2005年第2、4期始终未能找到,以致总目录而不"总"也。唉,希望将来有机会能将其补全,也恳请早期会员们今后能对自己的书架多加留意。

顺便一提的是,本会副秘书长赵宏先生与我有相同的旨趣,他新近也编订了本会会报——《海派文化》的总目录和索引,亦将一同付梓。

每任职一处,能为这个地方,架一座桥,修一座坝,挖一口井,这向来是中国许多传统文人的心愿。毕竟人生短暂,岂能为功利所左右,总要做一些有意义的,有利于后来者的实事吧。在这个方面,苏东坡一直是我的偶像。

马军

撰于2024年4月15日

总目录

马　军　编

2004 年第 3 期(2004 年 11 月 30 日)

封一:上海朱家角镇
封二:展品丰富多彩,文化底蕴深厚,上海炎黄文化研究会成立十周年成果展
编委会名单
目录
纪念邓小平同志百年诞辰
编者的话
炎黄子孙肩负重任,团结一致振兴中华——在"炎黄子孙振兴中华"论坛上的发言(上海市宁波同乡联谊会会长、上海炎黄文化研究会会长庄晓天)
来函勘误(祝瑞开)
科学社会主义观的伟大创新(陈经璋)
邓小平同志与实事求是(叶敦平)
诚信是实事求是思想路线的基石(林惠成)
实事求是和科学发展观(沈沉)
邓小平同志的"两手抓"(邓伟志)
邓小平与小康社会(范征夫)
邓小平思想传承中华民族优秀传统文化(刘惠恕)
邓小平与中华民族文化(徐华龙)
胜利的旗帜,高尚的品德(郭锡伯)
民族文化论坛
弘扬炎黄文化,建设现代文明(上海炎黄文化研究会常务副会长丁锡满)

共同开发炎黄文化的宝藏——丁锡满同志在成果展开幕式上的致词
简论中国传统文化的一些特征(张仲礼)
应当重视这一挑战——从"小人书"说起(叶书宗)
中国戏曲文学的流变和特征(楚紫)
趣——国人的审美生态系统(邓牛顿)
修辞一得——再论"誃痴"修辞格(胡邦彦)

文坛逸事

沈从文三题(糜华菱)

世事评说

正视历史,根除腐败(皖·文兵)

为何少见"儒"字(祝瑞开)

北大清华,各有千秋(林帆)

画诗书苑

漫话国画的神形意(徐放)

七绝·过乌江霸王祠(华林)

七绝·赤壁怀古(华林)

减字木兰花·甲申立春奉"韵海心声"诸诗友(黄润苏)

七律·难忘漓江(马荫森)

西江月·人间仙境(马荫森)

书法(杨基民)

秋野弛车(陈广澧)

乘凉(梅陇北潮港陈广澧)

美丽的夕阳(安荔裳)

世界各地妈祖庙

封三:世界各地的妈祖庙(叶琳)

封四:秋酣图(中国画)(文兵)

2005 年第 1 期(2005 年 3 月 30 日)

封一:余娅朗诵冰心作品《别踩那些花》(王全亨/摄)
封二:三八国际劳动妇女节历代女诗人诗歌演唱会(王全亨/摄)

编委会名单

目录

民族文化论坛

海派文化之我见（李伦新）

江南文化哺育宁波商帮（张正奎）

关于废除干部领导职务终身制的几个问题（王克）

积极向上，追求真善美——在中国中学生作文大赛颁奖大会上的讲话（于漪）

辛亥革命的指挥中心在上海——同盟会中部总会遗址史实（杨心岭）

"和"字当先（沈沉）

往事沉思

黑是黑，白是白——陈沂同志二十二年蒙冤记（黎焕颐）

乔冠华与胡风二三事——同饮一杯绝望的苦酒（魏邦良）

世事评说

有个副刊题头叫《论Bar》（林帆）

狗事闲话（宁张、家齐）

最重要的是群众的承认（刘燮阳）

诗书画苑

新声诗词一组（五首）（黄润苏）

中南海紫光阁华夏雄风图跋

七律四首（杨逸明）

五德图（中国画）（徐放）

七绝二首·词一首（马荫森）

词一首（徐培均）

文诗短论

评润苏悼念诗兼及新声诗词（丁芒）

美梦与现实——谈报告文学《硅之梦》（曹章）

读张玺《大海之歌》（莫林）

封三：三八国际劳动妇女节历代女诗人诗歌演唱会（王全亨／摄）

封四：（广告）立钻牌铁皮枫斗颗粒胶囊

2005年第3期(2005年9月30日)

封一、封二:牢记历史、爱我中华——上海市中学生纪念抗日战争胜利60周年万人歌咏大会

编委会名单

目录

抗日战争胜利60周年纪念特辑

我们胜利了(萧丁)

告慰英灵(佟今)

寻找旧战场(唐志明)

抗战老歌伴我走向未来(杨启时)

永不忘怀的痛(李伦新)

不该遗忘的何止南京大屠杀(林惠成)

抗战胜利改写了中国近代史(张正奎)

我对"谍海枭雄"的揭秘和斗争——从抗日地下工作到文学创作的回顾(孟蒙)

炼狱(王克)

民族文化论坛

儒家思想的一以贯之和当代意义(祝瑞开)

儒学与中华民族的凝聚力(夏乃儒)

我国古典散文之魂魄及其美学特征(楚紫)

连横是一位台湾爱国诗人(王祖献)

暴政,权欲,腐败与灭亡——谈秦始皇及秦王朝的覆灭(谢冰兰)

不为良相,便为良医——说儒医仁术(王耀、高明丽)

往事沉思

黑是黑,白是白——陈沂同志二十二年蒙冤记(续)(黎焕颐)

世事评说

有些上海人并不可爱(林帆)

诗苑

诗六首(杨逸民)

封三：牢记历史、爱我中华——上海市中学生纪念抗日战争胜利60周年万人歌咏大会

封四：回忆与思索——纪念抗日战争胜利60周年座谈会

2006年第1期（2006年4月28日）

封一、封二：黄帝故里祭祖大典（敬黄）

胡锦涛同志谈树立社会主义荣辱观

编委会名单

目录

卷首语

春风翻新页（丁锡满）

炎黄动态

丙戌年黄帝故里拜祖大典纪实（王克）

儒学研究

儒学与中华民族的凝聚力（续）（夏乃儒）

儒家倡导的卓越的社会、政治思想（祝瑞开）

炎黄论坛

中国应是一所最大最好的孔子大学（沈沉）

和谐与"天人合一"（林帆）

葛剑雄杜撰文章于理无据（附：葛剑雄原文——《"国家级"公祭黄帝于法无据》）（方令子）

略论现代企业文化（张正奎）

现当代散文之林漫步（楚紫）

中华儿女

国之瑰宝，永放光芒——琐忆宋庆龄在上海（周和康）

邹容的民主革命精神（陈增辉）

往事钩沉

黑是黑，白是白——陈沂同志二十二年蒙冤记（续）（黎焕颐）

最杰出人，却是最普通的人——怀念柔石（魏邦良）

收藏与鉴赏

玉石与中国传统文化(一)(徐友才)

绘画艺术中的五彩缤纷(徐放)

书法与画(刘庆荣、丁一鸣)

采诗踏歌

无风的李白与杜甫(曹章)

旧体诗词与格律(华林)

杨逸明诗作四首

徐培均诗作二首

九寨素描(胡翔)

苍蝇和蚊子之死(外一首)(峥嵘)

小荷露角

痴[崇明县大新中学初一(2)班秦凯娣]

蝶恋花[崇明县大新中学高三(5)班周赛杰]

聆听废墟[宝山中学高三(1)班程迪]

在遗憾中重生[宝山中学高二(8)班吴颖悦]

养生之道

长寿老人系列访谈录(稼穑)

名医把脉：流行性感冒的中西医防治(周端)

老黄历

4月至6月重要时令节气(陈党耀)

封三:彩色象牙福禄寿等

封四:泸沽湖风光(张文良/摄)

2006年第2期(2006年7月18日)

封一、封二:松江醉白池端午诗会(金宪根/摄,萧丁/文)

编委会名单

上海炎黄文化研究会领导名单

目录

卷首语

闪光的里程碑（峥嵘）

炎黄动态

牢固树立社会主义荣辱观——我会和《解放日报》联合举办"'八荣八耻'与中国传统文化"座谈会（姚树新）

简讯

儒学研究

中国古代文明概述（周山）

炎黄论坛

"八荣八耻"：中国传统美德与时代精神的结合（上海师范大学周中之、王霖）

篆刻（张邀骏）

树立社会主义荣辱观，加强传统道德文化教育（上海交通大学张玉瑜）

篆刻（张邀骏）

"八荣八耻"中华文明的升华（沈沉）

篆刻（张邀骏）

《传统文化与和谐社会》：解读"28"个字（邓伟志）

和谐社会和法治文明（蒋德海）

构建和谐社会的哲学思考（贾安坤）

略论现代企业文化（下篇）：我国的企业文化（张正奎）

该是我们向古巴学习的时候了——从一篇古巴见闻想到的（刘燮阳）

炎黄文化

反侵略、反投降——鸦片战争至八国联军之役时期爱国文学的主旋律（王祖献）

中华儿女

乔奇初涉话剧界（丁锡满）

往事钩沉

黑是黑，白是白——陈沂同志二十二年蒙冤记（续）（黎焕颐）

格言（丁锡满、邓牛顿）

再考辛亥革命的指挥中心在上海（杨心岭）

收藏与鉴赏

玉器收藏入门（徐友才）

喜获紫端盖板砚(韩克)

书法与画(蔡元林、李忻卫)

山河揽胜

美哉,龙王山(李敬华)

厚重的西塘(李敬华)

采诗踏歌

沁园春·江南春雪(张冠城)

卜算子·五咏(鞠国栋)

母亲的白发(唐志明)

都市季景(外一首)(峥嵘)

小荷露角

人无贪欲品自高[上海市崇明中学高一(4)班蔡安琪]

不一样的生活[上海市崇明中学高二(8)班沈丹薇]

我关注彭越浦[上海市锦秋学校初二(3)班刘倩芸]

养生之道

预访"三高"等代谢综合征(上海中医药大学附属龙华医院周端、杨建梅)

长寿老人系列访谈录(稼穑)

老黄历

7至9月重要时令节气

封三:红色的沙家浜、绿色的沙家浜(萧丁/摄并文)

封四:井冈瀑布(赵琦/摄)

2006年第3期(2006年10月28日)

封一:河南中岳嵩阳书院中的孔子塑像和中岳庙中汉武帝赐封的"将军柏"(萧丁/摄)

封二:中西部掠影(徐书英/摄)

编委会名单

上海炎黄文化研究会领导名单

目录

卷首语

解读中共十六届六中全会通过的《中共中央关于构建社会主义和谐社会若干重大问题的决定》

炎黄动态

我会获上海市优秀社会科学学会称号

我会将举行两次重要学术活动

我会中教委员会筹备三大活动

吴学研究所领导冒酷暑向我会赠送《吴地文化通史》

儒学研究

中国的古代宗教及其道德观(周山)

炎黄论坛

社会主义荣辱观与中华文化精华(上海交通大学姚俭建)

当前传承中华文明的非凡意义(沈沉)

和谐:现代性价值理念的纠正(上海交通大学余治平)

传统文化·文化传统·国学热(林帆)

炎黄文化

传承优秀文化,发扬民族精神——解读《中华爱国文学史》(王南)

探究民族酒文化的深厚底蕴(陈新)

岛上一枝花——崇明新河民乐(宋华生)

中华儿女

改革图强,振兴民族——先进人物百年来寻找救国真理的共同理想(王祖献)

一位宝钢青年的文学路(何心向)

往事钩沉

陈望道与上海马克思主义研究会(宁树藩、丁淦林)

黑是黑,白是白——陈沂同志二十二年蒙冤记(续)(黎焕颐)

赵朴初《某公三哭》名扬四方(冰泉)

收藏与鉴赏

国外淘宝记(韩克)

书法与画(韦登楼)

山河探幽

试解"花山谜窟"之谜(宋子龙、许振轩)

昆山三宝三贤人(吉景峰)

趣味古塔(朱永其)

采诗踏歌

湘水之滨(邓牛顿)

浅谈诗词创作与欣赏(吴久德)

满江红·读史(韩焕昌)

澹园唱和——欢迎纽约高亦涵诗家访沪(马荫森、黄润苏、何佩刚、朱振和、庄严、大凡、姚昆田、黄宝昌、李忠利、陈图渊、张宗敬、许连进、高亦涵)

放歌十月(唐志明)

相聚(雪雨风)

山里人家(外二首)(峥嵘)

天葬台(诸葛不亮)

小荷露角

梅花三弄(上海市淞浦中学杜海玲)

秋日红叶[上海市淞浦中学高一(7)班王天稳]

错车[上海市高镜一中初一(6)班蒋元任]

养生之道

长寿老人系列访谈录(稼穑)

老黄历

10至12月重要时令节气

封三:藏品一瞥(徐友才/摄)

封四:云南玉龙雪山(赵琦/摄)

2006年第4期(2006年12月28日)

封一:西藏布达拉宫(姜为强/摄)

封二:走进藏西南(张文良/摄)

编委会名单

上海炎黄文化研究会领导名单

目录

炎黄动态

我会举办 2006 年学术年会　主题："中华文明与和谐社会"(沈沉)

炎黄文化论坛举办讲座　邓伟志教授谈构建和谐社会(沈沉)

弘扬民族文化　提高学生素质(唐长发)

儒学研究

构建当代和谐社会理论的历史借鉴(上海社会科学院研究员周山)

炎黄论坛

以中华智慧建设新世界的宣言书(复旦大学施忠连)

和谐社会与中国传统文化的价值(上海师范大学法政学院周中之、徐芳)

话说"文风与世风"(林帆)

看日本现象的本质(叶尚志)

警惕新的"绥靖主义"抬头(石夫)

炎黄文化

中国饮食文化的创新发展(上海旅游高等专科学校孟海棠)

中华儿女

两首名曲，两代心声——作曲家陈钢谈父亲、母亲及《梁祝》幕后的动人故事(梅茜)

国奇展精武，国旗耀英伦(何心向)

往事钩沉

邵力子在党的创建活动中(邵黎黎、孙家轩)

黑是黑，白是白——陈沂同志二十二年蒙冤记(续)(黎焕颐)

赵朴初创立汉俳诗体(汉泉)

收藏与鉴赏

紫砂情缘(韩克)

书法与画(施平)

山河揽胜

天山北之行(聂绮)

采诗踏歌

咸塘红蓼赋(徐天德)

苏词中的豪放旷达与和谐洒脱(谢冰兰)

诗词小组：贺新年(张联华)；咏梅(张联华)；水调歌头·登明珠楼(张联

华);回乡偶书(徐培均);长征遗产(吴久德);金缕曲·抗战胜利60周年感赋(周华);且话心声——步韵汪兄七律(马荫森)

小荷露角

今日读书郎(上海市川沙中学华夏西校朱慧雨)

山不过来,我就过去(上海市闵行三中谷怡宁)

痴(上海市进华中学顾一敏)

名医把脉

冬季高血压病的中西医防治(上海中医药大学附属龙华医院周端、王佑华)

篆刻(张遴骏)

养生之道

长寿老人系列访谈录(稼穑)

老黄历

丙戌年小寒到丁亥年雨水节气

封一:藏西南高原一景(张文良/摄)

封三:歌谱:我们离太阳最近(倪家荣/词,索马尼/曲)

2007年第1期(2007年3月18日)

封一:上海书法家春节前夕为青浦区徐泾镇农民送对联(金定根/摄)

封二:我会在科学会堂举行2007迎春茶话会(王全亨/摄)

编委会名单

上海炎黄文化研究会领导名单

目录

炎黄动态

上海炎黄文化研究会2006年的工作回顾和2007年的工作打算(摘要)(萧丁)

图片新闻(王全亨)

《炎黄子孙》杂志召开编委会扩大会(稼穑)

儒学研究

弘扬创新儒家文化构建和谐社会和谐世界(上海大学祝瑞开)

"中庸"非"乡原"论（倪建斌）

炎黄论坛

论近代以来中华文明复兴与和谐社会构建的历史进程（上海交通大学人文学院张玉瑜）

也说"恕"（李培栋）

"两面人"的众生相（魏延堂）

全民营养指导责任在谁？（汤啸天）

炎黄文化

浅谈中国舞狮（步一军）

华人家庭的文化传统（郭锡伯）

中华儿女

人民的好市长、上海现代化的开创者汪道涵（张正奎）

黑是黑，白是白——陈沂同志二十二年蒙冤记（续）（黎焕颐）

往事钩沉

童芷苓的学艺之路（梅茜）

孤愤酸情欲语谁？——苏曼殊其人其诗（楚紫）

收藏与鉴赏

解读"20世纪十大书法家"——拍卖随想录之一（施平）

怎样提高自己的收藏眼力（韩克）

楹联书法欣赏（高式熊、张伟生、方传鑫、陈身道、金重光、吴建贤、刘小晴、侯殿华）

山河揽胜

走进当代"桃花源"——和谐华西村见闻（赵进一）

采诗踏歌

秋阳辉映光华楼（徐天德）

《赤壁怀古》所引发的思考（莫林）

春歌（峥嵘）

春天的节日（组诗）（唐志明）

念奴娇·长江怀古（外诗二首）（吴久德）

篆刻欣赏（张遴骏）

游览中华名胜感赋（董贵昌）

小荷露角

人生是一条河[上海市敬业中学高三(10)班李亮]

檀木香[上海市吴淞中学高一(10)班蔡磊]

天高海低[清流中学初三(6)班李燕菁]

养生之道

名医把脉:冠心病的中西医防治(上海中医药大学附属龙华医院周端)

长寿老人系列访谈录(稼穑)

老黄历

二十四节气歌和相关谚语

封三:画作欣赏(叶琳/绘)

封四:海南春早(赵琦/摄)

2007年第2期(2007年5月28日)

封一:郑州祭拜炎黄二帝盛况(易水/摄)

封二:郑州祭拜炎黄二帝盛况(易水、石松/摄)

编委会名单

上海炎黄文化研究会领导名单

目录

炎黄动态

郑州举行炎黄二帝塑像落成和拜祖大典(易水)

诗情禅意演和谐(易水)

炎黄论坛

和谐文化即先进文化(丁锡满)

最有资格说话的是谁?(沈沉)

从"以民为本"到"以人为本"——学习胡锦涛同志在耶鲁大学演讲的体会(陈增辉)

"和而不同"更精彩——从法律角度来剖析两篇针锋相对的文章(上海华中达律师事务所林惠成)

历久弥新、与时俱进的中华文化——学习胡锦涛在美国耶鲁大学的演讲(上海大学祝瑞开)

炎黄文化

礼文化与和谐社会（王克）

从黄河文化到长江文化——关于中国文化重心转移的思考（周山）

试说屈原《天问》中的朴素唯物主义倾向（顾振仪）

门外杂谈（吴久德）

中华儿女

黑是黑，白是白——陈沂同志二十二年蒙冤记（续）（黎焕颐）

中国文坛上的一棵常青树——怀念恩师柯蓝（鲁汉）

往事钩沉

书剑飞鸿春秋间：重读朱东润《陆游传》（复旦大学徐天德）

记陶冷月老夫子与我（李高翙）

情系钢城——记名画家杨正新1994年于钢城速写一瞥（韦登楼）

收藏与鉴赏

嘉定竹刻如竹不凋（朱永其）

古玩迷掉船记（韩克）

楹联书法欣赏（章正元、曹文仲、孙敏、徐镕、田文惠、胡传海、陈以鸿、王宜明、徐志康/书）

采诗踏歌

"诗意"摭谈（刘庭桂）

香樟树（邓牛顿）

井冈山之哀（驿桥）

看得到风景的房间（诸葛不亮）

宝岛行（外一首）（峥嵘）

瑞龙吟（徐培均）

满江红·钢铁秋色（何心向）

海口观景（三首）（易元清）

夕阳（黄悦欢）

养生之道

胃病是否需要长期服用中药？（华东疗养院中西医结合科丁敬远）

快乐与健康同在（王思忠）

小荷露角

知耻近乎勇[上海市复兴高级中学高三(12)班朱梦楠]

生命,我想对你说[上海市彭浦中学高三(3)班曾思怡]

心中有阳光,世界就光明[上海东格致中学初二(3)班王丹婷]

老黄历

4月初至9月初农历节气和谚语

封三:宝岛撷景(石松、张正奎/摄)

封四:浙江仙都云缙江一瞥(萧丁/摄)

2007年第3期(2007年8月8日)

封一:金山区廊下镇中华村一角(易水/摄)

封二:浙江仙都VS风景无限(萧丁/摄)

编委会名单

上海炎黄文化研究会领导名单

目录

炎黄动态

我会召开会长(扩大)会议(萧丁)

上海炎黄文化研究会2007年上半年工作回顾(摘要)(萧丁)

我会组织考察金山区廊下镇社会主义新农村建设(姚树新)

炎黄论坛

关注民生促进公平(卞权)

和谐文化是构建和谐社会的基础(王健刚)

中国传统文化:毛泽东思想的一个重要来源(陈增辉)

耳濡目染与救救孩子(李祚唐)

炎黄文化

试论石文化(王贵生)

近代爱国文学鲜明的时代特点(王祖献)

中华儿女

黑是黑,白是白——陈沂同志二十二年蒙冤记(续)(黎焕颐)

飞吧,金色的孔雀——访舞蹈女神刀美兰(董贵昌)

往事钩沉

奔赴延安(胡海珠)

山河揽胜

春风紫气满江湾(徐天德)

游沈园,话"陆唐"(邬烈豪)

普陀山游记(林建刚)

篆刻(张遴骏)

摄影欣赏:春风初拂时的崇明西沙(稼穑)

收藏与鉴赏

说珍珠(徐友才)

欣赏书法(韩克)

收藏与拍卖随想录(施平)

楹联书法欣赏(于长海、杨继光、陈鹏举、祝捷)

采诗踏歌

学诗断想(刘庭桂)

张纯如女士《南京大屠杀》读后(韩焕昌)

攀登天门山(苏瑾)

春游炮台湾(外一首)(何心向)

夕阳古城(外二首)(李敬华)

七月的青海湖(外一首)(峥嵘)

养生之道

说"粥"(吴锡耕)

长寿老人系列访谈录(稼穑)

小荷露角

风[上海市番禺中学高一(4)班吕成果]

知书与达理[上海市洪山中学初一(5)班顾忻媛]

人生是一条河[上海民办立达中学初三(5)班张玥]

老黄历

2007年9月中旬至2008年1月农历节气和谚语(陈党耀)

封三:宝珠无瑕(旅日侨胞长滕有限会社孙云梅/供稿);黄山多娇(徐书英/摄)

封四:云南大理三塔(赵琦/摄)

2007年第4期(2007年11月6日)

封一:赏灶花,到向化(崇明县向化镇镇政府/供稿)
封二:崇明向化灶花采撷(崇明县向化镇镇政府/供稿,周山/摄)
编委会名单
上海炎黄文化研究会领导名单
目录
推动社会主义文化大发展大繁荣——摘自胡锦涛总书记在中共十七大上的报告
本会和崇明县向化镇联合举办崇明灶花研讨会和灶花艺术节(稼穑)

炎黄论坛
回来吧,大世界(萧丁)
关于"学"与"术"的札记(林帆)
谈"深"论"浅"(沈沉)
贪官"拜佛"议(上海体院新闻系教授卞权)

炎黄文化
中华文明与当代中国(陈增辉)
崇明灶花是崇明的一张名片(丁锡满)
本刊告示(上海《炎黄子孙》杂志)
灶花与灶君(上海民间文艺家协会副主席吴祖德)
"看灶花,到向化"——抢救发掘崇明民间非物质文化遗产灶花的一点思考(倪家荣)
瀛洲有花四季开——崇明"灶花"散记(周山)
老人旅游的勃兴与求知(复旦大学秦耕)

中华儿女
追忆大师程十发(许平)
接受熏陶(南兰)
我的体育生涯(步一军)
病房中的婚礼(梅茜)

山河揽胜

古中原的绝版胜地——南阳内乡县衙(谢台生)

上海"大世界"(沈寂)

永远的韶山(复旦大学徐天德)

收藏与鉴赏

伉俪情深,书画相映(王心镜、郭庆珍)

采诗踏歌

贺新郎(二首)(徐培均)

游大明湖(外一首)(周华)

放歌武陵源(苏瑾)

踏访俄罗斯(峥嵘)

养生之道

金秋菊花黄——谈品蟹(吴锡耕)

迎接奥运世博,打造美的心灵——举办新知杯文明道德短语征文比赛启事

肾结石的防治(华东疗养院中西医结合科丁敬远、单涛)

小荷露角

树欲静,风岂敢不止[上海市控江中学高三(1)班陈嘉宜]

老师的话(赵瑾)

召唤[河北廊坊市第一中学高二(22)班赵亚南]

老师的话(刘燕)

老黄历

重阳节的来历及习俗(陈党耀)

封三:山河多娇(胡希伟、张福宝/摄)

封四:新疆卧龙湾秋色(张福宝/摄)

2008年第1期(2008年2月4日)

封一:我会举行迎春联谊会(王全亨/摄)

封二:上海炎黄文化研究迎春联谊会集锦(王全亨、范世平/摄);瑞雪兆丰年(张琬璐/摄)

编委会名单

上海炎黄文化研究会领导名单

目录

炎黄动态

我会隆重举行2008年迎春联谊会(树新)

我会召开工作座谈会

玉石专业委员会举办珍珠知识讲座(树新)

上海炎黄文化研究会2007年工作回顾和2008年工作设想(摘要)(上海炎黄文化研究会常务副会长丁锡满)

炎黄论坛

让中华民族的传统节日发扬光大(王克)

以权利平等促进平衡,实现社会和谐发展(汤啸天、王晓晶)

用社会主义荣辱观引领风尚:中国历史的启示(陈增辉)

我的孔孟观(范征夫)

赞"不听话"的公安局长(魏延堂)

旅痕(诸葛不亮)

炎黄文化

性情和谐:儒家对现代性的救治一种(上海社会科学院哲学研究所余治平)

态学随笔三题(邓牛顿)

中华儿女

亲近罗洪(许平)

往事钩沉

沈从文的凤凰城·永不寂寞——《沈从文的凤凰城》读后(刘庭桂)

山河揽胜

苏三监狱怀古(谢台生)

廊桥行(聂琦)

收藏与鉴赏

侯殿华书画艺术(侯殿华)

宝族至尊——珍珠(朱永其)

小虎淘画(韩克)

采诗踏歌

一剪梅·新年献辞(田遨)

春节感恩(外一首)(易元清)

年关(唐志明)

下雪了(峥嵘)
养生之道
情趣·风趣·乐趣·兴趣——谈谈老年人的心理健康(董贵昌)
元宵佳节说汤圆(吴锡耕)
小荷露角
生命,我想对你说[华师大二附中高一(3)班田湜阳]
生命,我想对你说[上海市进才中学高二(10)班顾菁华]
生命,我想对你说[上海市建平试验学校初一(3)班蔡明君]
老黄历
中国的春节元宵节的来历及习俗(陈党耀)
封三:踏访俄罗斯(王克/摄)
封四:西湖迎春(姜为强/摄)

2008年第2期(2008年5月26日)

封一:第六次炎黄论坛跨文化的交流(丁峰、金鑫、乔卫/供稿)
封二:中国中学生作文大赛(丁峰、金鑫、乔卫/供稿)
伟大的民族,可爱的中华(丁锡满)
中华魂——献给"5·12"四川汶川大地震遇难同胞和抢救者(倪家荣)
编委会名单
上海炎黄文化研究会领导名单
目录
炎黄动态
"恒源祥文学之星"中国中学生作文大赛颁奖典礼在沪举行——上海赛区由上海炎黄文化研究会等6单位联合举办(姚树新、张军)
本会第六次"炎黄论坛"邀请赵启正演讲(张军)
上海炎黄文化研究会名誉会长王元化逝世(稼穑)
"炎黄评弹之友"举办慈善演唱会(汝鑫)
致读者(《炎黄子孙》编辑部)
炎黄论坛
弘扬中华文化,推进文化创新——上海炎黄文化研究会2007年学术年会

综述（沈沉）
  迎接社会主义文化建设新高潮（上海炎黄文化研究会常务副会长丁锡满）
  坚持先进文化前进方向——兼论广电影视传媒的激浊扬清（卞权）
  在弘扬传统文化中解放思想（上海大学邓伟志）
  胡锦涛"构建社会主义和谐社会"思想内涵探讨（上海建设党校刘惠恕）
  在革故鼎新中建设服务型政府（上海政法学院汤啸天）
  你不说，我不说，这话谁来说？（徐剑锋）
  由信骚扰说开去（南兰）

炎黄文化
  迎接奥运世博"新知杯"文明道德短语征文选（张婉璐等）
  先秦儒家关于道德品性的思考（上海社会科学院周山）
  《穆天子传》记载中西交往（王贵生）

中华儿女
  范瑞娟谈王元化和张可（萧丁）
  京昆大师俞振飞（陈佳欣／整理）
  俞振飞简介
  炎黄子孙在美国奋发崛起（刘幼如）

往事钩沉
  瞻仰岚山"周恩来总理诗碑"记（王克）

山河揽胜
  采石矶悼诗仙（苏兴良）
  衢州掠影（邬烈豪）
  复旦八景寻踪（复旦大学徐天德）

收藏与鉴赏
  南子的书画艺术（南子）

采诗踏歌
  "天意君须会，人间要好诗"——浅谈老年与诗以及几个与诗有关的问题（安徽大学刘庭桂）
  请牢记这个时刻（倪家荣）
  天问——写给诗歌爱好者（梅胜凤）
  词二阕（周华）
  除夕的短信——2008年除夕黄海航行途中（王以京）

夏日小景(钱天华)
瞻仰鼓浪屿覆鼎岩郑成功雕像(韩焕昌)
东渡印象记(峥嵘)
老黄历
闵行端午描绘(郭永明)
端午节的习俗(陈党耀)
有关气候农谚(陈党耀)
封三:扶桑园之旅(王克、巢卫群/摄)
封四:云南石林(赵琦/摄)

2008年第3期(2008年9月8日)

封一、封二:堰头风水(萧丁/摄并文)
编委会名单
上海炎黄文化研究会领导名单
目录
炎黄动态
学会召开会长(扩大)会议(回顾上半年工作,安排下半年工作)(汝鑫)
常务副会长丁锡满在会长(扩大)会议上的工作报告(摘要)
中国中学生作文大赛上海赛区发奖大会暨新知杯文明道德短语征文比赛发奖大会举行(汝鑫)
短讯5则(汝鑫)
参加四川抗震救灾见闻录(陈正兴)
举办炎黄杯"三爱"诗歌征文启事(易水)
炎黄论坛
学会问计于民,提高执政能力(上海政法学院汤啸天)
中华文明与当代中国(陈增辉)
关于华夏民族精神的若干思考——"自强不息,厚德载物"新解(上海社会科学院周山)
领导干部要有严己宽人的风度(邬烈豪)
别哄着领导玩(秋意)

酒是"真小人"(诸葛不亮)

仿作《陋室铭》种种(黄志功)

炎黄文化

从贾宝玉身上观看世界(曹洁)

李白与唐玄宗——兼论李白《大腊赋》中的"居安思危"(杨心岭)

"郭沫若现象"刍议(刘庭桂)

中华儿女

把握命运,活出自己——记盲人钢琴调律师顾安平(梅茜)

近代诗文启蒙大师龚自珍(王祖献)

译坛忠魂——读《傅译传记五种》怀感(上海体育学院卞权)

往事钩沉

如洒甘露——刘旦初教授与《化学与人类》(复旦大学徐天德)

陶冷月和马万里的师生情(李梦白)

永不褪色的记忆——怀念徐迟老师(鲁汉)

山河揽胜

徐家汇变迁——为纪念改革开放三十周年而作(张正奎)

古都西安揽胜(苏兴良)

浙西迷谷(李敬华)

收藏与鉴赏

书法欣赏(于长海、陈标、刘力群、齐铁偕、刘永高、廖克诚)

采诗踏歌

为了北京奥运(周志明)

甘孜藏区阿须草原行(唐长发)

摸鱼儿·游溪口访张学良将军幽禁处(韩焕昌)

知道,知道……(乐山)

太湖西山谣(苏瑾)

岛国之旅(组诗)(峥嵘)

养生之道

养生益寿话面条(吴锡耕)

今日泸定桥(唐长发/摄)

小荷露角

召唤[上海市第三女子中学高二(3)班朱敏]

读书人［上海市吴淞中学高三(1)班施燕红］
寻找自己［上海市大同中学高一(4)班佘一诺］
老黄历
从"重阳节"到"敬老节"(秦耕)
中秋节的来历和习俗(陈党耀)
封三：甘孜藏区阿须草原风情(唐长发/摄)
封四：浙江丽水拱形大坝(萧丁/摄)

2008年第4期(2008年12月8日)

封一、封二：寄情楠溪江(萧丁/摄)
编委会名单
上海炎黄文化研究会领导名单
目录
炎黄动态
"三爱一迎"诗歌征文受到社会各界热烈响应(史成文)
本刊召开编委会座谈会(汝信)
上海炎黄文化研究会原顾问杜淑贞逝世(树新)
炎黄评弹之友活动丰富多彩,深受评弹爱好者喜爱(树新)
本刊提醒
炎黄论坛
精神文明,依赖道德标准；和谐社会,立足行为效果(王佩玲)
弘扬"忠恕之道",构建和谐家庭(祝瑞开)
善小为之,恶小不为(魏延堂)
防止花钱买来"不太平"(上海政法学院汤啸天)
能说话的宪法才是活的宪法(上海社会主义学院徐剑锋)
黄金档收视率缘何不"黄金"(上海体育学院卞权)
我的理论研究三十年(陈增辉)
从"露腿门"说开去(诸葛不亮)
炎黄文化
文化恕语(安徽滁州刘庭桂)

月份牌与上海民俗映象(徐华龙、倪敏)

中华儿女

忆良师吴亮平(张正奎)

吴亮平生平事迹

中国近代电信界巨子陶胜百(龚家政)

往事钩沉

《解放日报》发表"皇甫平"文章的前前后后(丁锡满)

祖父与祖宅上的树(王以京)

山河揽胜

我的川藏行(陈海健)

日出张江红胜火(复旦大学徐天德)

收藏与鉴赏

谈任政和他的书法(韩克)

书法欣赏(邵一衡、谢贤礽、沈树华、王延弼/书)

采诗踏歌

苏州河(姜金城)

醉蓬莱(韩焕昌)

情满夕阳红(钱天华)

想起故乡(峥嵘)

养生之道

丹桂飘香蟹新肥,皮里春秋空黑黄(张冰隅)

也谈吃粥(周彤)

小荷露角

传统节日之我见(华东师范大学第二附属中学王晨怡)

传统节日之我见[上海市体育中学高二(3)班叶力嘉]

传统节日之我见[上海西南位育中学高一(1)班吴天晨]

老黄历

冬至节的由来与习俗(陈党耀)

腊八节与腊八粥(朱永其)

封三:黄河边上(王全亨、吴荣铭/摄)

封四:坝上湖光(吴荣铭/摄)

2009 年第 1 期(2009 年 2 月 22 日)

封一:改革开放三十年社会主义新农村发展成果图片展开幕式(晓巢/摄)

封二:本会召开 2009 年迎春茶话会、改革开放 30 年社会主义新农村发展成果图片展、本会召开 2008 年学术年会(晓巢/摄)

编委会名单

上海炎黄文化研究会领导名单

目录

炎黄动态

常务副会长丁锡满在 2009 迎春茶话会上讲话(摘要)(萧丁)

我会和中国传记文学学会联合主办新农村改革成果图片展(树新)

我会举行 2009 迎春茶话会(树新)

弘扬传统文化,推进改革开放——学会召开 2008 年学术年会(肖遥)

我会玉石专业委员会召开玉石鉴赏座谈会(玉石专业委员会/供稿)

汉字书同文专业委员会举行元宵节茶话会(树新)

上海炎黄文化研究会特邀顾问舒文逝世(肖遥)

炎黄论坛

发展观发展的新阶段(上海炎黄文化研究会副会长、上海大学教授邓伟志)

《实践论》对中国古代知行观的扬弃(陈增辉)

岂能为汉奸卖国贼抹脂张目(安徽大学王祖献)

试论五伦关系中君臣关系的现代衍生与社会和谐(王佩玲)

走出误区,弘扬、创新中华文化(祝瑞开)

非物质文化与现代经济(上海文艺出版社徐华龙)

还原是假,亵渎是真——李零《丧家狗——我读〈论语〉批评》(上海社会科学院余治平)

炎黄文化

重读何其芳(刘庭桂)

试谈龙文化(王贵生)

旗袍新传(耕夫)

中华儿女

孙中山的桑梓情怀与爱国主义(郭绪印)

往事钩沉

著名电影演员程之的从艺和家庭(王志伟)

难忘故乡鹞子赛(朱永其)

童年兮,归来!——再读鲁迅"救救孩子"怀感(上海体育学院卞权)

"零八"旧岁散絮(上海大学邓牛顿)

书法作品两幅(南子)

山河揽胜

以夫人命名的故居——史明德堂和秋水山庄(曹云岐)

白水涧雕像(李敬华)

收藏与鉴赏

君子之风(南子)

书法欣赏(韦登楼、陆长辉、苏瑾)

采诗踏歌

春来了(峥嵘)

南汇行二首(韩焕昌)

水龙吟(徐培均)

我屋前的那条路(黄建华)

风入松·琅琊山醉翁亭(外一首)(陈云华)

养生之道

浅谈味与营养(朱强)

小荷露角

想起贫困地区的同龄人[上海市奉贤中学高二(6)班吴雯]

想起贫困地区的同龄人[华师大二附中高一(3)班齐雯]

老黄历

清明、端午、中秋三个传统节日成为法定假日的始末(邬烈豪)

"拜年"与"压岁钱"(秦耕)

封三:春回大地(刘杰/摄)

封四:一江春水(刘杰/摄)

2009 年第 2 期(2009 年 5 月 28 日)

封一:2009年第三届中国南昌国际楹联文化艺术节开幕式(萧丁/摄)

封二：走进同里静思园（萧丁／摄）

编委会名单

上海炎黄文化研究会领导名单

目录

炎黄动态

"三爱一迎"诗歌征文落幕并结集出版（树新）

己丑年黄帝拜祖大典在新郑市举行（亦新）

中华炎黄文化研究会第二次团体会员工作研究会在河南省平顶山市举行（晓姚）

短讯二则（树新）

炎黄论坛

"海派文化"的炎黄之本（丁锡满）

改革开放与中国传统文化——与人为善的和合文化（刘德强）

传承中华礼仪特性，创建现代文明礼仪（王佩玲）

弘扬优秀传统文化，培育中华特色社区精神（上海大学文学院教授祝瑞开）

提倡新孝道构建和谐社会（徐连达）

也说"人民政府"称谓的由来（金西来）

"赛先生"与当代科学发展观（上海政法学院汤啸天）

浅谈"著名"之说（钱渊）

炎黄文化

态学随笔续（三则）（上海大学邓牛顿）

让山川说话，让历史复苏——评断戈文化散文（楚紫）

他走出一路人文光华——为苏兴良《山河人文旅记》序（吴欢章）

中华儿女

细雨飘灯怀乡贤——文化部前副部长徐平羽百年诞辰纪念（上海体育学院卞权）

专访复旦大学谷超豪（曹静）

中共地下党员刘泮泉的无悔人生（曹庆庚、曹爱红）

往事钩沉

风雨园五章（莫静坡）

八路大叔今安在（董贵昌）

山河揽胜

十年前访台前后(周胜鸿)

仙山琼阁(萧丁/摄)

收藏与鉴赏

周形海——中国中草药成功入画第一人(顾延培)

周形海画作选

采诗踏歌

词四首(喻石生)

莺啼序·屈原颂(杨凤生)

走进同里静思园(外一首)(峥嵘)

七十自寿(二首)(韩焕昌)

养生之道

小小红薯出大名,抗癌蔬菜冠亚军(张冰隅)

小荷露角

"三八"节,给妈妈的一首诗(宝山区第一中心小学陈风云)

剪去双翅的彩蝶(上海市建平世纪中学刘昱君)

老黄历

端午节忆童年(朱永其)

夏至小暑节气气象谚语(陈党耀)

封三:美丽的北海(庄起黎/摄)

封四:美丽的南海,我可爱的家乡(杨杰/摄)

2009年第3期(2009年8月12日)

封一:中华炎黄文化第二届团体会员工作研讨会在河南省平顶山市举行(萧丁/摄)

封二:本会在虹桥迎宾馆召开学术座谈会、市社联等在浦东举办科学普及活动周暨社科大型咨询活动等(晓赵/摄)

编委会名单

上海炎黄文化研究会领导名单

目录

炎黄动态

本会召开学术座谈会(树新)

上海炎黄文化研究会等举办《浦江放歌》诗歌朗诵会(萧丁)

短讯四则(树新)

上海市社会科学界第七届(2009)学术年会征文公告

炎黄论坛

坚持广电影像文化的先进方向(上海体育学院卞权)

"五四"时期的批孔和李大钊的孔子观(陈增辉)

芭蕾与儒学(王佩玲)

破解"鹿死谁手"的现代语义(钱天华)

老舍的憨笑(诸葛不亮)

"小沈阳"热并非幸事(钱渊)

炎黄文化

汉字和汉字文化研究(上海汉字研究史料馆周胜鸿)

闲话"九鼎"(王有钧)

中华儿女

徐光宪的为学为人之道(郏其庚)

海岛英灵安息处(张伟杰、顾建良)

往事钩沉

上海战役回忆(金西莱)

一个甲子的回望(复旦大学张一华)

我的上山下乡之路(孔繁铉)

往事如血(巫惟格)

山河揽胜

访北京梅兰芳故居(徐家俊)

阿里山神木(复旦大学苏兴良)

百年树木复旦园(韩建刚)

参观"上海城市规划展示馆"随想(曹庆庚、徐国正、吴斌)

收藏与鉴赏

解读张建升藏品印模"T"(王贵生)

张寿椿的水彩画(稼穑)

书法欣赏(孙敏、陈必武、居欣如)
采诗踏歌
城市诗歌改变我的人生(薛鲁光)
蝉(外一首)(沙水清)
蔡锷将军(兆远)
第三代(韩焕昌)
我坐在幸福的旁边(梅胜凤)
美哉,天台(外一首)(峥嵘)
养生之道
闲谈文化素食(江礼旸)
小荷露角
白色的墙(上海市兰田中学许晨浩)
离逝的生命(上海市七宝中学李方希茜)
老黄历
2009年8—12月重要节气(稼穑)
漫话中秋节(朱永其)
重阳诗话二则(顾云卿)
封三:美哉天台山(王德敏、晓赵/摄)
封四:后梁飞瀑(天台山)(萧丁/摄)

2009年第4期(2009年12月12日)

封一:2009南江风韵杯崇明灶花艺术节暨江浙沪灶花邀请赛(王德明/摄)
封二:本会举办第七次炎黄论坛、崇明县2009年灶花节在向化镇举行(德鸣、晓赵/摄)
编委会名单
上海炎黄文化研究会领导名单
目录
炎黄动态
我会召开2009年第二次会长会议(树新)
本会邀请周汉民作"世博文化"专题讲座(树新)

崇明举办第五届灶花艺术节(欣闻)

我会召开部分新会员座谈会

我会召开"社会主义先进文化与传统文化的关系"学术研讨会(王德敏)

我会玉石专业委员会邀专家作玉石知识讲座(晓姚)

炎黄评弹之友举办重阳敬老慰问演出会(晓姚)

炎黄论坛

老祖宗不能丢(陈增辉)

儒学在中国文化重心转移背景下的地位与作用(周山)

从徐根宝到周立波(诸葛不亮)

改革开放催复兴,实现侨胞夙愿情(王佩玲)

戒奢以俭思忧国(秦曾期、卞权)

干部申报的家庭财产等信息应经安全处理后公示(上海政法学院汤啸天)

GDP与大跃进(钱渊)

炎黄文化

重新认识魏源(王祖献)

浅谈中国餐饮的标准化(上海食文化研究会陈维勇)

人生为何,何为人生——读南怀瑾新著感悟做人之道(张耀伟)

海峡两岸汉字书同文学术探究(周胜鸿)

中华儿女

忆师长孙道临(孙渝烽)

诗人与囚徒——胡风(楚紫)

往事钩沉

忆济南战役中亲历的几件事(张黎)

父亲与母亲(徐剑锋)

梦中的桑树林(韩建刚)

山河揽胜

情漫古槐(谢台生)

从复旦到拉萨(复旦大学徐天德)

漫步西递看"徽派"(苏兴良)

收藏与鉴赏

米芾书法学习笔记(施平)

张遴骏印谱选录

崇明灶花艺术节参赛作品选

采诗踏歌

永遇乐·自叙征程——献给国庆60周年(谢冰兰)

减字木兰花·重阳(王金山)

秋思(沙水清)

迎风啸(外一首)(易元清)

变脸(外一首)(峥嵘)

养生之道

从吃饱吃好到吃对吃少(褚大为)

小荷露角

瑞安,你可安好(上海市复旦附中高二朱元元)

泪(上海交通大学附属中学高二李思一)

老黄历

重阳节的来历和习俗(陈依明)

抬佛(朱永其)

封三:丁香花园(王克/摄),西部风光(张继富、金永康/摄)

封四:五彩斑斓(祁云/摄)

2010年第1期(2010年1月20日)

封一:《马上去澳门》一书出版发行新闻发布会(晓赵/摄)

封二:本会召开2009年年会学术会议、本会组织的"马上去澳门"采风团在澳活动剪影(范世平、晓巢/摄)

编委会名单

上海炎黄文化研究会领导名单

目录

炎黄动态

我会蝉联上海社联"优秀学位"称号,丁锡满、姚树新被评为"优秀学会工作者"(晓遥)

我会召开2009年学术年会(树新)

我会组织作家赴澳门采风（稼穑）

上海市社会科学界第七届学术年会落幕,我会陈增辉教授论文获优秀论文奖（谷尚）

上海炎黄文化研究会顾问林帆逝世（晓遥）

炎黄论坛

民族认同与核心价值的现代重构（上海社会科学院哲学研究所余治平）

请关注"蚁族"（上海政法学院汤啸天）

试论宗教文献学（严耀中）

浅议百姓与国家的形象（钱渊）

从一首歌谣看妇女地位的提高（秦耕）

岁末絮谈"文化人"与事（钱天华）

炎黄文化

滋生于时代褶皱中的豸虫——读梁晓声的《欲说》（毛闯宇）

追念祖先高风亮节,传承家族文化精髓（厉建祖）

话说崇明老白酒（柴焘熊）

朱元璋出生地辖治的变更和祖籍（汪坤）

往事钩沉

忆《京沪杭战役实施纲要》（金西来）

寄远方的厚望（王金根）

难忘的家乡老井（董贵昌）

澳门采风

仙袖挥出新澳门（丁锡满）

濠镜的史绪文脉（王琪森）

贡多拉驶进了凡尔赛宫（许云倩）

立体圣经大三巴（季振邦）

到澳门看风景（倪家荣）

收藏与鉴赏

看卢山画展（落依）

卢山的画（卢山）

绿叶护花花更红——上海红叶书画院书画集锦（韩震江）

红叶书画选

采诗踏歌

神户的樱花(复旦大学徐天德)

贴窗花(钱仲安)

世博的雕塑(薛鲁光)

盼春(峥嵘)

养生之道

老年常见病的日常保养(李其忠)

小荷露角

挥之不去的记忆(上海市进才中学高一朱一葭)

风景这边独好(上海市安亭高中邵丽沁)

老黄历

趣话春联(朱永其)

二十四节气谚语歌(陈党耀)

岁时饮食谈(徐华龙)

封三:澳门掠影(丁锡满/摄)

封四:澳门妈祖(萧丁/摄)

2010 年第 2 期(2010 年 4 月 28 日)

封一:上海炎黄文化研究会成立 15 周年暨 2010 年新春茶话会(范世平/摄)

封二:本会成立 15 周年暨 2010 年新春茶话会活动场景(范世平/摄);桃红柳绿(晓烨/摄)

编委会名单

上海炎黄文化研究会领导名单

目录

炎黄动态

我会举行纪念上海炎黄文化研究会成立 15 周年暨 2010 年新春茶话会(树新)

静安区摄影协会、静安区文化馆与本会联办迎世博 100 天柬埔寨之行摄影作品展(忻亨)

炎黄论坛

中华崛起新形势下五缘文化的世界意义（复旦大学施忠连）

中国人的权宜意识乎？（徐剑锋）

不要让老实人吃亏（钱渊）

瞻观天下文化，风景这边独好（王佩玲）

迎世博不能忽视乞丐治理（上海法政学院汤啸天）

读报拾趣（施平）

感恩节感言（诸葛不亮）

中国、新西兰两国学者倡议：在"谷雨"日设立"中华汉字节"（新西兰黄乃强、中国周胜鸿）

炎黄文化

上海与世博会（陈增辉）

"致"字美学含义的探寻（上海大学邓牛顿）

仁者不忧——破解现代人"烦恼"的大智慧（上海师范大学夏乃儒）

闲谈"石"（朱永其）

仙翁联语永流芳——赏读《苏句仙联语选》（复旦大学苏兴良）

三国人物的称谓文化（蒋星煜）

中华儿女

鹰击长空两千万——访原中国东航、国际货运航空公司功勋飞行员张伟荣（张伟杰）

往事钩沉

相识恨晚忆林帆（陶遂）

往事，不落尘埃（曹庆庚、曹爱红）

难忘的一段煤矿生活（孔繁铉）

澳门采风

寻找观也街（朱蕊）

闲步旧城惹嘴馋（甘建华）

妈祖，您好！（褚水敖）

小街窄巷步天通（赵春华）

山河揽胜

王府院落京城西——拜访郭沫若故居（蒋世荣）

天目五绝(外一篇)(李敬华)

衢州掠影(邬烈豪)

崇明陈家镇老宅(王以京)

收藏与鉴赏

书画欣赏(淳于书伍、肖士文)

采诗踏歌

踏青(魏守荣)

游太湖西山(王金山)

游安徽天柱山(何心向)

望海潮·河南轩辕故里(杨凤生)

七律:梦双亲(张冠城)

青海的油菜花(外一首)(峥嵘)

养生之道

老年常见病的食疗食养(上海中医大学李其忠)

小荷露角

我家住在静静的村庄[上海市高桥中学高二(1)班陆丽雯]

聆听历史的清音[江西省南康市中学高三(5)班陈莹]

老黄历

谷雨潇潇应人心(永其)

掼火球(伟杰)

4至6月农历节气与气象谚语(陈党耀)

封三:柬埔寨之行(高伊、钱法度、杜顺金、谢佚名等/摄)

封四:江南水乡(肖士文/摄)

2010年第3期(2010年8月6日)

封一:继承优秀传统文化,弘扬当代先进文化

封二:走进世博会(王克/摄)

编委会名单

上海炎黄文化研究会领导名单

目录

炎黄动态

本刊召开编委会及作者座谈会（忻闻）

中国中学生作文大赛（2009—2010）在港落幕（忻闻）

国医大师、我会名誉顾问裘沛然逝世（忻闻）

圆通学子与上海儿童共庆"六一"（忻）

本会两同志参加随州第二届"世界华人炎帝神农故里寻根节"（王德敏）

我会又吸收九名新会员（树新）

炎黄论坛

中国走向世界的当下文化选择（中国农工民主党上海市委员会教授姚俭建）

学一学老舍怎样当代表（钱渊）

"中国元素"的本质及其在民间文化艺术中的独特表达（蔡丰明）

讲真话不容易（金水生）

利玛窦其人（陈增辉）

试论中国抗战在二次大战中的地位和作用（唐志明）

炎黄文化

艺林拾叶（之一）（楚紫）

"真、善、美"统一的军事艺术——读《孙子兵法》（复旦大学秦耕）

历朝历代的国号由来（王有钧）

"女子与小人"新解——读《论语·阳货》篇怀感（上海体育学院卞权）

炎黄视角

沙事议（徐汇区教育系统离休二支部曹章/执笔）

《中国共产党政治哲学思想发展史研究》述评（辛康南）

中华儿女

仰望巍巍赵朴初（丁锡满）

张瑞芳的宽广胸怀（孙渝烽）

往事钩沉

记杜宣先生两次为我题字（董贵昌）

养蚕记事（何心向）

北大荒的雪（孔繁铉）

山河揽胜

江湾的荷塘（复旦大学徐天德）

心醉廊桥(苏兴良)
东滩曾经寂寞(王以京)
收藏与鉴赏
瀛洲仙乐入耳来——记上海阳刚民间音乐馆(柴焘熊)
散文名篇《跑警报》赏析(毛闯宇)
买名家字画谨防复印品(韩克)
沈树华画作
画作欣赏(李大云)
采诗踏歌
写在上海世博会开幕(陶寿谦)
颂世博(陈云华)
赞世博会(王金山)
新澳之旅(组诗)(峥嵘)
养生之道
养生活动无处不在(上海中医大学李其忠)
小荷露角
聆听纳兰[上海市奉贤中学高三(9)班顾静]
领悟大师的思想[上海市控江中学高三(11)班蔡玉玲]
老黄历
中国教师节的由来
忆重阳说重阳(朱永其)
7至9月农历节气与气象谚语(陈党耀)
封三:兰州风光(萧丁/摄并文)
封四:西藏纳木错(胡希伟/摄)

2010年第4期(2010年12月6日)

封一:继承优秀传统文化,弘扬当代先进文化
封二:九寨秋色(姜为强/摄)
编委会名单
上海炎黄文化研究会领导名单

目录

炎黄动态

我会申报参加市社联"学会学术活动月"项目获准(晓姚)

丁锡满新作《走笔大千》在上海书市签售(忻汝)

古玉收藏家方云举办"桑梓情——古玉精品展"(树新)

炎黄论坛

近代以前的中国人如何应对外部世界(上海师范大学虞云国)

让中文走向世界(神农公司三传者)

允许人民充分使用表达权(上海政法学院汤啸天)

一个月的官,怎么考察?(钱渊)

公道自在人心——读《中国致公党史论稿》(上海社会主义学院徐剑锋)

炎黄文化

一本充满传统人文思想的文集——读萧丁先生新著《走笔大千》(沈树华)

赵朴初正说佛教(冰泉)

艺林拾叶(之二)(楚紫)

炎黄视角

从大禹治水说起(刘惠恕)

往事钩沉

正当"风华正茂"时——同窗池东明"炮打张春桥"殉难40周年散忆(上海体育学院卞权)

虾趣(张冰隅)

难忘当年针刺麻醉的剧痛(徐玉明)

永不褪色的记忆——怀念徐迟老师(鲁汉)

山河揽胜

樱桃小赋(复旦大学徐天德)

收藏与鉴赏

星空湛蓝的新西兰(蒋世荣)

瑞玉鸾鸣祥云来——记青浦古玉收藏家方云(倪家荣)

孙乘风书法

"红叶"书画进社区(韩克)

采诗踏歌

莫林诗歌评析(毛闯宇)

踏莎行·喜闻神舟七号载人飞船升空(徐培均)

重访武汉三题(周华)

落叶(外一首)(峥嵘)

养生之道

秋季养生(梅青)

小荷露角

当猎枪声响起的时候[上海市新中高级中学高二(13)班王倩]

当丧钟响起的时候[华师大二附中高一(6)班张宏宇]

老黄历

2010年10至12月农历节气(陈党耀)

过冬至(朱永其)

封三:陶为浤画作选

封四:云南大理"三塔寺"(童曼莉/摄)

2011年第1期(2011年3月8日)

封一:花朵(晓烨/摄)

封二:上海炎黄文化研究会2010年年会撷影(晓范/摄);万紫千红总是春(晓烨/摄)

编委会名单

上海炎黄文化研究会领导名单

目录

炎黄动态

上海炎黄文化研究会2010年工作回顾和2011年工作打算(摘要)(丁锡满)

市社联第八届学术年会落幕,我会一篇论文入选(谷尚)

炎黄评弹之友访问苏州评弹学校(知友)

炎黄论坛

了解马克思、认识马克思、学习马克思(戴树忠)

当代中国人给世界什么文化——关于世博后我国文化传承与创新的思考（上海市社会主义学院姚俭建）

世博会：上海城市文明建设新的里程碑（上海师范大学都市文化研究中心周中之）

人民政府行政开支应交人民审查（上海政法学院汤啸天）

说"大"论"小"（魏延堂）

时代呼唤传统孝道回归（陈增辉、夏苗）

关于慈禧毒死光绪的三点补充（王祖献）

孝行天下（黄喜得、黄伟民）

炎黄文化

青浦第一历史人物——袁山松（钱家桢）

范缜和他的《神灭论》（曾军）

从朱右曾编书说史论神（王贵生）

姓氏的起源与演变（蒋星煜）

往事钩沉

1977,我与高校擦肩而过（钱渊）

一个运动员的回忆（步一军）

60余年山河巨变尽收眼底（孔繁铉）

肉身,九华山的神奇（苏兴良）

访沈园（李敬华）

游三清山记（费立芳）

探古寻幽西林壁（苏永祁）

域外见闻

难忘的遗忘（鲁汉）

澳大利亚三记（蒋世荣）

采诗踏歌

一簇盛开的玫瑰花——品读傅家驹的爱情诗（毛闯宇）

历经磨难亦风流——读赵遵生的《西湖太守苏东坡》（复旦大学徐天德）

雪（诸葛不亮）

咏世博会（刘惠恕）

水调歌头·五指山（外一首）（钱天华）

养生之道

老年常见病的预防(上海中医药大学李其忠)

小荷露角

最美不过中文字(四川省武胜烈面中学杨潇伦)

我的爸爸在西藏(云南师大附中高二陈思雨)

老黄历

兔年话兔(外一篇)(朱永其)

闲话新年历

答三姑娘(张伟杰)

封三:王克明画作选

封四:古黟之春(刘杰/摄)

2011年第2期(2011年6月8日)

封一:今日南湖(沈沁/摄)

封二:"党旗高扬,红歌嘹亮"群众歌咏大会剪影(金定根/摄);第十四次汉字书同文学术研讨会暨"中华汉字节"筹备会议(树新、胜鸿/摄)

编委会名单

上海炎黄文化研究会领导名单

目录

炎黄动态

党旗高扬,红歌嘹亮——本会等单位联合举行庆祝建党九十周年群众歌咏大会(伍斌、晓赵)

第十四次汉字书同文学术研讨会暨"中华汉字节"筹备工作会议在陕西白水举行(周胜鸿)

李伦新新著《海浪花开》出版(晓忻)

中国中学生作文大赛(2010—2011)"恒源祥文学之星"上海赛区决赛华丽落幕(忻)

光辉90年——庆祝中国共产党诞生90周年专栏

马克思主义在中国的最早传播者李大钊(陈增辉)

百年回望陈独秀(上海体育学院卞权、凌墨白)

记昆山中共地下党负责人龚兆源(陈坚刚)

忆昆山中共地下党工作者杜淑贞(钟国利)

更正启事

永远的韶山(复旦大学徐天德)

你是天下那颗最亮的星——献给中国共产党诞生90周年(倪家荣)

面对鲜红的党旗——献给建党九十周年(宏永祺)

炎黄论坛

政府信息公开必须进一步解放思想(上海政法学院汤啸天)

学国学爱国学,弘扬中华文化(上海大学教授祝瑞开)

关注"老三届"(钱渊)

好墨留下又何妨(吴锦祥)

创新文化形式,推进文化产业(王佩玲)

炎黄文化

保卫汉字,复兴汉字文化(任学礼)

御制明皇陵碑文的启示(汪坤)

中华儿女

缅怀国医大师裘沛然(夏乃儒)

一代儒医王邈达(王效乾)

七龄童异国他乡获金奖(张伟杰)

往事钩沉

我在八院获重生(曹章)

永远的怀念(孙渝烽)

山河揽胜

人在浙江(邓牛顿)

雨中访古刹(诸葛不亮)

恭参公祭黄帝,瞻仰仓颉庙(周胜鸿)

走进八千年前的大地湾(苏永祁)

收藏与鉴赏

观千剑而后识器——论出土古玉的五大特征(王豫生)

戏谈灵蛇文化(王贵生)

采诗踏歌
水调歌头·五指山(钱天华)
一粟斋诗话(楚紫)
养生之道
老人心态与健康长寿(秦耕)
小荷露角
心中的桃花源——江南(湖北省咸宁市通城县凉亭中学刘美球)
新娘的嫁妆(重庆市合川区太和镇太和中学高三易黎)
老黄历
立夏三俗(朱永其)
端午节忆童年(紫蓉)
封三:中共一大会址——南湖撷影(沈沁/摄)
封四:今日南湖(沈沁/摄)

2011年第3期(2011年9月12日)

封一:天台古寺(范世平/摄)
封二:新疆亚克西(黄柳/摄)
编委会名单
上海炎黄文化研究会领导名单
目录
炎黄动态
从事炎黄文化研究工作的几点体会(上海炎黄文化研究会名誉会长王克)
丁锡满、张正奎参加市老年书画展(忻)
补正(本刊)
陈增辉获上海市纪念中国共产党成立90周年理论研讨优秀论文一等奖
"恒源祥文学之星"中国中学生作文大赛命题工作研讨会在向明中学举行(新)
我会派员参加中华炎黄文化研究会团体会议(灯明)
我会和静安区戏曲协会主办纪念建党90周年评弹专场演出(新)
本会顾问李修庚、陈华锋逝世(树)

辛亥革命百年祭

孙中山与辛亥革命(祝瑞开)

二次革命的失败原因再探讨(刘惠恕)

辛亥风云话南社(上海体育学院卞权)

孙中山与"东方大港"(步一军)

炎黄论坛

文化的特性是推陈出新(邓伟志)

"应该让毛泽东与陈独秀坐下来"(陈增辉、徐烨)

一代宗师几人识(钱渊)

炎黄文化

风云际会"上海话"(钱乃荣)

"礼"字析(王贵生)

中华儿女

朱家角古镇风云人物蔡用之(蔡祖根)

往事钩沉

人间自有真情在(范征夫/撰,范向东/整理)

把消极引向积极——几次史事的回忆(丁锡满)

山河揽胜

拜访大别山(张正奎)

雪域圣城风情录(复旦大学徐天德)

收藏与鉴赏

鉴识老瓷器(韩克)

中华炎黄文化研究会第四次会员大会暨成立二十周年庆典在京召开(忻)

采诗踏歌

辛亥革命百年祭(外一首)(倪家荣)

七月的颂歌(王维明)

重阳宴(紫祺)

高铁小站(诸葛不亮)

重游南北湖(外一首)(王金山)

一粟斋诗话(二)(楚紫)

养生之道

秋季养生(梅青)

养生三日谈(施鸣)

小荷露角

江南使我痴迷[上海市杨浦高级中学高一(7)班阳昕]

自然使我痴迷(华东师大三附中高三丁洲)

老黄历

乞巧节(朱永其)

封三:坝上风光(祁云/摄)

封四:天山人间(祁云/摄)

2011年第4期(2011年11月28日)

封一:雪山一景(张继富/摄)

封二:姑苏踏秋(范世平/摄);西部撷影(李伟良、祁云/摄)

编委会名单

上海炎黄文化研究会领导名单

目录

炎黄动态

本会举行会长会议,专题研究换届工作(树新)

萧丁序言集上海书展签名售书(忻)

本学会等单位主办的第七届"恒源祥文学之星"中国中学生作文大赛上海赛区鸣锣开赛(树新)

炎黄论坛

弘扬诚信文化,建设和谐中国(陈增辉、徐烨)

谈社会主义文化认同(毛闯宇、廖夏)

弘扬儒学浅议(祝瑞开)

国事感言(上海炎黄文化研究会副会长张正奎)

100分不是满分(吴锦祥)

"集中整治"的思路该改改了(钱渊)

家有"团长"(诸葛不亮)

争鸣篇

三朝冢宰贾似道（徐永恩）

炎黄文化

儒家的经济公平思想及其现代意义（复旦大学施忠连）

睁眼看世界的代表人物魏源（王祖献）

江淮方言与海派清口——兼赏朱延庆《江淮方言趣谈》（卞权）

谈《易》（冰隅）

中华儿女

中美"民间文化大使"屠新时（顾延培）

往事钩沉

洒向人间都是情——缅怀金福安（毛闯宇）

我所了解的曾希圣（张军）

山河揽胜

本刊第3期更正启事

东山纪游（复旦大学徐天德）

英语写作大赛总决赛完美谢幕（树）

珠江夜游（苏兴良）

山西运城民间中医医院见闻（邓喜清）

采诗踏歌

感恩情结摄心夺魄——读萧丁的《若有来世再报恩》（马宇）

论诗词楹联在当代之处境与前途（杨凤生）

遥寄天宫一号（唐志明）

贺深圳大运会开幕（陈云华）

登诸暨斗岩千佛山（外一首）（王金山）

不意中秋又近年（韩焕昌）

疑惑利比亚（张民）

南海是我故乡（外一首）（倪家荣）

养生之道

调整饮食结构，吃出健康来（上海食文化研究会贺化帛）

中华养生源流的追溯与当前养生趋势的思考（上海中医药大学李其忠、王颖晓）

小荷露角

和命运牵手(上海市市西中学陈佳婧)

眼中有"人"(上海市市西中学葛阳)

老黄历

忆昔"七月半"(辛紫)

闲话农业谚语(朱永其)

封三:稻城亚丁(祁云/摄)

封四:甘南风情(祁云/摄)

2012年第1期(2012年3月20日)

封一:花开(孙雍政/摄)

封二:本会举行换届选举暨2012年新春联谊会(陆庭/摄);倾听文学——丁锡满诗文朗诵会剪影(陆庭/摄)

编委会名单

上海炎黄文化研究会领导名单

目录

炎黄动态

本会召开换届会议暨2012年新春联谊会(忻)

炎黄论坛

文化名城如何打造(夏乃儒)

传统文化的现代意义(上海社会科学院终身研究员周山)

论当前语文文化的倒退与堕落(杨凤生)

论当代中国的非物质文化遗产保护(陈勤建)

学习雷锋,用爱点亮人生(丁锡满)

说"裸官"(孙渝烽)

炎黄文化

以石为镜说廉政(王贵生)

从中国文化的诗性智慧看语文教育的诗性特征(刘庭桂)

"活"字的传说(序坚)

争鸣篇

中国共产党的诞生地到底在哪?(陈增辉、徐烨)

论评价岳飞的争议(刘惠恕)

往事钩沉

记忆老上海(施鸣)

我们了解的"解放日报事件"真相(马立新、杨鑫基、卞权)

一方印章(李梦白)

山河揽胜

西行无疆(张琴)

重游天台山(张正奎)

江南第一宅(复旦大学徐天德)

收藏与鉴赏

生命留痕皆诗情——读王支璋散文集《闽南相思树》(毛闯宇)

《宝岛春梦——解密蒋经国》读后浅评(徐家德)

玩古瓷不妨从瓷片入手(韩克)

散文诵读欣赏和新上海人(王佩玲)

采诗踏歌

重登蓬莱阁咏怀(外一首)(周华)

乘坐越南空客(外一首)(峥嵘)

黑色感悟——写给石油(李敬华)

养生之道

春季养生(梅青)

中医古籍中的人文伦理和哲学思辨(上海中医药大学李其忠)

小荷露角

光明行(上海市向明中学陆亭菲)

原来世界这么小(上海市市北中学刘璠)

老黄历

龙的传人说龙(朱永其)

清明时节话子推(唐志明)

封三:澳大利亚掠影(巢卫群/摄)

封四:春到太湖(孙雍政/摄)

2012年第2期(2012年6月8日)

封一:树枝与流水(孙雍政/摄)

封二:本会召开一届二次理事会、本会邀请赵启正作报告(范世平/摄);晨捕(荣铭/摄);风景如画(雍正/摄)

编委会名单

上海炎黄文化研究会领导名单

目录

炎黄动态

本会召开四届二次理事会议,审议全年工作要点,周慕尧会长作重要讲话(忻)

本会召开四届一次会长工作会议,周慕尧、杨益萍主持会议(忻)

本会等单位邀请赵启正作报告(忻)

汉字书同文研究召开预备会(忻)

炎黄论坛

"一国两制"伟大创举——邓小平统战思想的两大特征及深远意义(毛闯宇、寥夏)

浅谈"人治"弊端(上海社会科学院图书馆副研究员陆震)

杨王孙的裸葬论(陈增辉)

平庸之辈亦有才(邬烈豪)

从家属至亲的就业看廉政(钱渊)

李鸿庆举办"东方民文苑"十周年纪念会(忻)

也说医患关系(孔繁铉)

走味的茅台、五粮液(吴锦祥)

电视连续剧《马寅初》观感(魏延堂)

炎黄文化

乾嘉学派扳倒和珅(上海体育学院卞权)

从容卧薪尝胆,位极二皇大臣——晚唐名相滁州刺史李德裕(白运河)

儒家以"仁政"公正,民生以"良知"崇德——浅谈王艮心性教化对当代社会的借用(王佩玲)

争鸣篇

探寻《红楼梦》原始作者的踪迹(上海大学邓牛顿)

往事钩沉

最让我怀念的侨界先人周维国先生(王志伟)

援藏杂忆(步一军)

最忆家乡老井(董贵昌)

域外见闻

东瀛漫记(杨修)

我心目中的新西兰公务员(鲁汉)

瞻仰邓小平少年时代故居(秦耕)

江湾古镇(林溪波)

启东二日记(季振邦)

冬日纯梦坝上行(张琴)

收藏与鉴赏

入乎其内,出乎其外——读萧丁《为人作序》(宇宁宙)

跋涉跨世纪,惊喜结硕果——读毛闯宇散文集《心田笛声》(葛乃福)

采诗踏歌

台湾宝岛二题(周华)

听说书杂感(季军)

祭屈原(外一首)(陈云华)

虞美人·上海淀山湖新城(外一阕)(杨凤生)

癌症病房的呓语(韩焕昌)

走进柬埔寨(峥嵘)

养生之道

天人相应理论与中医养生特色(上海中医药大学李其忠)

饮食防辐射别反应过度(谢玲、李松)

小荷露角

东坡绿了[上海市进才中学高一(2)班戴梦星]

遥想王昭君当年[华东师大附中高一(10)班陈佳]

老黄历

《白蛇传》与端午节的传说(朱永其)

老丈人做寿(紫祺)
封三:吴荣铭摄影作品
封四:三亚之晨(孙雍政/摄)

2012年第3期(2012年9月1日)

封一:贵州风情(汪雍诚/摄)
封二:我会领导周慕尧、杨益萍等看望部分老领导老专家(陆定/摄)
编委会名单
上海炎黄文化研究会领导名单
目录

炎黄动态

周慕尧、杨益萍慰问我会部分老领导、老专家(树)

本会筹建"上海城市风貌保护更新专业委员会"(司徒伟智)

舒同舒安书画展在上图开幕(忻)

第十五次汉字书同文学术研讨会在沪举行(周胜鸿)

炎黄论坛

社会主义文化是当代中国的国魂(闯宇、廖夏)

领导干部要管好身边的人(钱渊)

由院士增选拉票说起(吴锦祥)

鲁褒痛斥"孔方兄"(陈增辉、徐烨)

没有共同富裕就没有社会主义(上海社会主义学院徐剑锋)

控烟——国人面前一道严峻的坎(渝烽)

炎黄特稿

黄岩岛属于中国的历史铁证(刘惠恕)

亲历"解放日报事件"(吉景峰)

黄炎文化

"忍"是一种智慧(上海社会科学院周山)

闲话"谢本师"(王有钧)

中华儿女

怀念老师张瑞芳(孙渝烽)

近代科学先驱徐光启的"八个第一"(《文汇报》高级编辑施宣圆)

山河揽胜

飘香的龙虾(甘建华)

闲话桂林公园(包进康)

收藏与鉴赏

牛汉诗歌赏析(毛闯宇)

采诗踏歌

秋之曲(徐玉明)

参观钱学森图书馆感怀(周华)

岁寒居吟草(诗词5首)(徐培均)

游南北湖(组诗)(王金山)

赞孔繁森(鲁汉)

八月,北方的小镇(峥嵘)

养生之道

天人相应与养生(上海中医药大学李其忠)

食品安全与养生(贺化帛)

小荷露角

给自己点一盏灯(上海市田家炳中学刘禹成)

迟钝的力量(上海市田家炳中学戚航)

老黄历

月满人圆惜中秋(紫祺)

漫话重九节(朱永其)

封三:贵州风情(汪雍诚/摄)

封四:东北风光(汪雍诚/摄)

2012年第4期(2012年11月30日)

封一:安徽龙川古民居(孙雍政/摄)

封二:本会动态(陆廷/摄)

编委会名单

上海炎黄文化研究会领导名单

《炎黄子孙》杂志理事会名单
目录
炎黄动态
我会举办喜迎党的十八大书画展(忻)

本会召开常务理事会议,周慕尧会长作重要讲话(忻)

学会召开咨询小组会议(树)

第七届崇明灶花艺术节开幕

《炎黄子孙》杂志理事会(树)

我会原副秘书长温彦同志逝世(忻)

炎黄论坛
请国人勿忘忧患意识(上海社会科学院周山)

上海文化传统与提升城市文化软实力的思考(上海师范大学杨剑龙)

提倡领导干部"讷于言,敏于行"(魏延堂)

请注意你的心理平衡(吴锦祥)

也谈良心(卫言)

上海老街的"老味"存多少?（钱渊）

"知青"始于何时?（徐文标）

炎黄特稿
一位可敬可爱的长者——纪念陈沂会长诞辰100周年(丁锡满)

南海主权不容侵犯(上海体育学院卞权、凌墨白)

广富林文化与长三角文明(张汝皋)

炎黄文化
两千年前儒墨之争的启示(夏乃儒)

敬畏汉字,尊重汉字(洋泾东校池新民)

山河揽胜
盐官秘藏的故事(紫祺)

悲壮的刘公岛(李敬华)

马蹄山传说(辜红霞)

拜谒杜甫草堂(邬烈豪)

往事钩沉
徐志摩与林徽因的一段恋情(上海社会科学院文学研究所研究员孙琴安)

终生难忘的两件事——忆白杨老师(孙渝烽)

尚留余勇正歪风(毛闯宇)

书香伴伊行(司徒任远、汝晶晶)

香姑——革命军中女英烈(孔繁铉)

老街(薛鲁光)

收藏与鉴赏

我的青花瓷情结(王锦昌)

冷面热心肠——读李忠利诗集《钻木取火》(茅成儒)

采诗踏歌

喜迎党的十八大(陈文华)

党的十八大召开感怀(诸永企)

钓鱼岛(外一首)(峥嵘)

秋月(徐玉明)

游吴淞江(外一首)(王金山)

善美与丑恶(散文诗)(董贵昌)

草鸡蛋"情结"(外一篇)(诸葛不亮)

养生之道

笑话欣赏与身心健康(秦耕)

上海人的饮食文化(英石文)

谈未病先防(上海中医药大学李其忠)

小荷露角

紫色向日葵(上海市市北中学顾丽)

老黄历

中秋节的来历及习俗(佚名生)

走进甘孜(张文良/摄)

如锦如霞(孙雍正/摄)

2013 年第 1 期(2013 年 2 月 28 日)

封一:西部风光(孙雍政/摄)

封二:本会举办迎春联欢会剪影(陆廷/摄);本会炎黄之友举办闹元宵评

弹专场演出(晓巢/摄);国画《喜报富贵》(郭庆珍/摄)

编委会名单

上海炎黄文化研究会领导名单

《炎黄子孙》杂志理事会名单

目录

炎黄动态

上海炎黄文化研究会举办2013年新春联谊会,周慕尧新春贺词,杨益萍工作讲话(树)

本刊召开《炎黄子孙》杂志理事单位代表和部分作者座谈会(忻)

张正奎新著《云舒》一书出版(稼穑)

本会顾问马飞海同志逝世(汝)

本会顾问、本刊编委李培栋同志逝世(汝)

上海炎黄文化研究会2012年工作回顾、2013年工作设想(摘要)(上海炎黄文化研究会常务副会长杨益萍)

炎黄论坛

包容:21世纪上海发展的价值"引擎"(周中之)

海派文化与创新智慧(朱少伟)

对上海城市文化的史认与述评(王琪森)

道法自然可持续发展(王乃粒)

浅评东方早报《逝者·文化》专栏(钱天华)

"俭朴、高尚、谦卑"之意蕴(吴锦祥)

炎黄文化

中华玉器时代哲学思想探源与思考(方云)

中国传统文化对当代德育实践的借鉴意义(上海社会科学院研究员周山)

浅释"望其旗靡"(周家庭)

炎黄特稿

心中的丰碑——谨以此文追思孙道临(铜城)

一代宗师徐中玉(许平)

三沙设市铭文记(卞权)

争鸣篇

解构《论语》应心怀敬畏——求教于钱宁先生(沈阳药科大学教授孟宪纾)

山河揽胜

忆家乡的传说(王乾德)

往事钩沉

幸福之泉润心田(毛闯宇)

收藏与鉴赏

探源古石文化遗产(王贵生)

采诗踏歌

崇明人的心灵之花(李伦新)

甜蜜的折腾(甘建华)

颂党的十八大(李树人)

念奴娇·钓鱼岛(徐培均)

西柏林的电波(唐志明)

悼李培栋老师(刘惠恕)

憧憬新年(外一首)(峥嵘)

游太仓金仓湖公园(外一首)(王金山)

养生之道

谈情志摄养(上海中医药大学李其忠)

记百岁老人谈金荣(王志伟)

小荷露角

灵光一现(上海佚名)

老黄历

岁末年头盘年俗(朱永其)

蛇年话蛇(诸祈)

封三:西部风光(孙雍政/摄)

封四:春到崇明岛(叶牡丹/摄)

2013年第2期(2013年5月15日)

封一:飞鸟(汪雍诚/摄)

封二:群芳斗艳郁金香(萧丁/摄)

编委会名单

上海炎黄文化研究会领导名单
《炎黄子孙》杂志理事会名单
目录

炎黄动态

本会召开四届三次理事会,周慕尧、丁锡满讲话,杨益萍工作汇报(忻)

评弹艺术进"吴淞",江南奇葩绽校园(树新)

炎黄论坛

海洋文化对上海城市民俗发展的历史贡献(徐华龙)

中华优秀传统文化的当代价值(上海社会科学院研究员周山)

"以人为本"与"以民为本"辨析(陈增辉、徐烨)

没有"改革开放前",哪有"改革开放后"(上海社会科学院研究员余治平)

说"富"论"贵"(吴锦祥)

炎黄文化

打造五缘文化为根基的世界华人网络(复旦大学哲学系施忠连)

争鸣篇

岳飞、文天祥民族英雄的历史定论不容篡改(刘惠恕)

关于宋庆龄的诞生地(徐文昶)

炎黄特稿

沪剧《挑山女人》震撼申城(上海体育大学新闻学院教授卞权)

上图赋(上海图书馆历史文献中心汪政)

关于红歌的分期演变及其回忆(上海社会科学院文学研究所研究员孙琴安)

往事钩沉

我为八任总编做办公室主任(《解放日报》王仁礼)

徐志摩孙辈故乡寻踪(赵家耀)

收藏与鉴赏

收藏感悟(刘德润)

炎黄点评

莫林散文的特色——读《青山有路》散文集(毛闯宇)

采诗踏歌

平民之舞(甘建华)

钓鱼岛在哭泣(外一首)(王伯珪)

乡间漫步(外一首)(王金山)

清明谒烈士墓地(峥嵘)

清明祭(郭庆珍)

养生之道

起居摄养(上海中医药大学李其忠)

小荷露角

我心如花(上海市进才中学徐沁然)

"天才"与"微光"(周恩泽)

老黄历

忆童年过清明(朱永其)

闲聊四、五、六月的节气与农事(紫祺)

封三:云南风光(汪雍诚/摄)

封四:英雄树(汪雍诚/摄)

2013年第3期(2013年8月29日)

封一:江上之云(白云流水/摄)

封二:本会动态(陆廷、梁妙珍、周胜鸿/摄)

编委会名单

上海炎黄文化研究会领导名单

《炎黄子孙》杂志理事会名单

目录

炎黄动态

本会办公地址迁至江桥(忻)

我会与上海新知文化发展公司共办演讲会,周慕尧、王荣华等出席(忻)

第16次汉字书同文国际学术大会在首尔举行(树)

上海城市精神将助力中国梦(新)

我会参加市社联"第12届科普活动周"举办"浏览古玉中的历史"科普讲座(树)

简讯几则(汝)

敬告读者(《炎黄子孙》编辑部)

首尔第十六届汉字书同文学术研讨会闭幕词(丁锡满)

中国中学生作文大赛是对传统文化的弘扬(全国教书育人楷模、特级教师于漪)

从中学生优秀作文看其社会价值观(本会青少年教育专业委员会主任王厥轩)

炎黄论坛

实践理性与中国梦(上海市文史馆馆长沈祖炜)

在韩国参加汉字书同文研讨会有感(丁锡满)

近代上海会馆和大都市多元文化(上海师范大学教授郭绪印)

没有财产公开就没有政治信用(上海社会主义学院保剑锋)

为官者你的心中有什么(吴锦祥)

并非"天下父母都要当心"(钱渊)

炎黄文化

《周易》的文本结构及其言说方式(上海社会科学院终身研究员周山)

邹容《革命军》与当代中国青年(陈增辉、陈偲怡)

苏轼身后的毁誉(苏兴良)

爱国词人李清照与奸臣秦桧夫妇(徐培均)

家书与家训(王佩玲)

山河揽胜

嘉业书墨香万里(复旦大学徐天德)

养生度假的好去处天目湖(王志伟)

走进巴金故居(陈春宝)

炎黄特稿

一代宗师钱谷融(松江区文联许平)

日本侵占琉球国又一历史铁证(秦曾期/口述,卞权/整理)

运用哲学原理推进医患关系和谐发展(上海仁济医院教授陈芳源、黄洪晖,上海仁济医院血液科患者施善能)

往事钩沉

释放正能量的杨在葆(孙渝烽)

许世友奖赏我们喝"茅台"(徐玉基)

日伪清乡运动和我党我军反清乡斗争(范征夫)
炎黄点评
读《红楼梦》笔札(上海大学邓牛顿)
浅评吴宗锡的评弹观(唐燕能)
收藏与鉴赏
浅谈明代斗彩瓷的兴衰(刘德润)
明代成化帝与昭德宫及成化斗彩瓷(王伯珪)
采诗踏歌
秋月(徐玉明)
游周庄(董贵昌)
三闾大夫屈原歌(陈云华)
远航(外一首)(高元兴)
游马来西亚云顶高原(王金山)
乘坐高铁(外一首)(峥嵘)
养生之道
十二时辰养生法(上海食文化研究会)
老黄历
话说白露(紫祺)
封三：南方拾锦(白云流水/摄)
封四：江风渔火(白云流水/摄)

2013年第4期(2013年11月16日)

封一：敦煌鸣沙山(汪雍诚/摄)
封二：炎黄动态(陆廷/摄)；西部一瞥(汪雍诚/摄)
编委会名单
上海炎黄文化研究会领导名单
《炎黄子孙》杂志理事会名单
目录
炎黄动态
我会召开常务理事会听取和研讨年内工作(忻)

《追寻上海历史文脉系列讲座》再度开讲,著名学者孙逊演讲《上海文化的前世今生》(忻)

本会顾问马楠同志逝世(树)

"癸巳年上海孔子后裔纪念孔子诞辰2564年大典"在嘉定举行(新)

崇明向化灶文化研究会换届选举(稼穑)

邓牛顿新著《寻找红楼梦的原始作者》出版(今人)

炎黄论坛

海纳百川重包容(上海电力学院社会科学部教授李家珉)

近代上海城市特性与理智爱国(上海社会科学院历史研究所研究员熊月之)

话说官员的"说话"能力(吴锦祥)

法官首先要洁身自好(钱渊)

实现中国梦与大学生的担当责任(秦耕)

炎黄文化

莎士比亚与炎黄文化的融合(俞步凡)

"亢龙"为什么"有悔"(上海社会科学院周山)

千古第一谋杀案(上海社会主义学院徐剑锋)

文学与人才培养(毛闯宇)

伏羲女娲与国外文化(王贵生)

炎黄特稿

谁为改革国家基础教育德育缺失埋单(刘惠恕)

"情报处长"的艺术人生——我国著名电影演员陈述纪念篇(赵家耀)

山河揽胜

探寻淮安地下藏兵洞(王有钧)

畅游九寨仙境(邬烈豪)

往事钩沉

恩师许志行与伟人毛泽东(上海体育学院教授卞权)

感动的不仅是一瞬间(卞文妮)

"上海市各界抗敌后援会"与浦东名流(陈澍璟)

离家赴黑第一天(孔繁铉)

萍水相逢的洋人朋友(鲁汉)

收藏与鉴赏
古瓷情怀(刘德润)
采诗踏歌
"九段沙"归来诗词抄(萧铮)
"莲"开二度有感(杨修)
上镇(王以京)
功盖九州万世扬——纪念毛泽东同志诞辰120周年(周华)
沁园春·登沪郊匦额博物馆抒怀(杨凤生)
西游碎页(峥嵘)
九寨美景冠天下(韩远刚)
养生之道
老年常见病的自我识别及预防保养(上海中医药大学李其忠)
老黄历
闲话冬至(朱永其)
悟孝(紫祺)
小荷露角
和谐美[上海市吴淞中学高三(19)班邱雯瑾]
缺憾也是一种美[上海市曹杨二中高一(11)班凌怡]
封三:神州如画(汪雍诚/摄)
封四:大雁南飞(汪雍诚/摄)

2014年第1期(2014年1月22日)

封一:吉林市一景(白云流水/摄)
封二:本会新春联谊会暨中国传统戏曲艺术鉴赏讲座采撷(陆廷/摄)
编委会名单
上海炎黄文化研究会领导名单
《炎黄子孙》杂志理事会名单
目录
炎黄动态
我会举行新春联谊会暨中国传统戏曲艺术鉴赏讲座,周慕尧致新年贺词,

杨益萍作工作汇报（忻）

上海炎黄文化研究会2013年工作回顾、2014年工作部署（上海炎黄文化研究会常务副会长杨益萍）

2013年"炎黄论坛"第三讲开讲（新）

我会理事张万义逝世（汝）

炎黄论坛

优秀传统文化：中国梦的底色（上海社会科学院哲学研究所研究员余治平）

本会公告

近代上海实业界的创业精神和"中国梦"（复旦大学历史系教授朱荫贵）

近代上海民族工业与上海城市精神（上海社会科学院经济研究所研究员陆兴龙）

不该忽略甘祖昌的一句话（吴锦祥）

低碳经济不是地摊经济（钱渊）

传统文化与烟花爆竹（汪康）

炎黄文化

厚德载物的"地道"品性（上海社会科学院终身研究员周山）

贾瑞是凤姐害死的吗？——读《红》随记之七（萧铮）

浅议汉字书同文——读台湾《国语辞典》（王贵生）

漫话中华火锅（邬烈豪）

山河揽胜

癸巳湖南行（邓牛顿）

牵动画家心灵的风景（葛乃福）

海上经典：多伦路（陈春宝）

徽派古镇拾趣（张新）

穹窿山之旅（孔繁铉）

本刊启事

鉴赏篇

一个杰出而伟大的灵魂——读《苏轼》（苏兴良）

知音赋（复旦大学徐天德）

往事钩沉

琐忆徐开垒先生二、三事（毛闯宇）

踏遍青山人未老——记首都师范大学教授、著名演说家李燕杰(厉建祖)
老猫寻崽记(费立芳)
炎黄子孙
记清末名人张謇与王清穆(朱振东)
收藏与鉴赏
古瓷鉴赏启示(刘德润)
采诗踏歌
年俗四咏(肖紫)
昆山亭林公园(外一首)(程显荣)
锦溪赏景(董贵昌)
喜庆嫦娥三号登月(陈云华)
谒合肥包公祠(外一首)(周华)
献给祖国母亲(外一首)(史玉新)
养生之道
请关注紫色食品(上海食文化研究会)
对自己的身体多一点尊重(殷仁芳)
中医保健歌谣(胡石文)
老年说马
马年说马(朱永其)
元宵节和元宵灯(紫祺)
别摔在熟悉的路上(上海中学生作文大赛获奖作品选)(袁佳颖)
知足不知足(上海中学生作文大赛获奖作品选)(胡琳安)
封三:2013年上海炎黄文化研究会学术年会剪影(陆廷/摄)
封四:北国风光(白云流水/摄)

2014年第2期(2014年4月25日)

封一:泸沽湖(白云流水/摄)
封二:上海市百所中学硬笔书法比赛剪影(眭阳/摄)
编委会名单
上海炎黄文化研究会领导名单

《炎黄子孙》杂志理事会名单

目录

炎黄动态
"上海之根杯"中学百校师生硬笔书法比赛圆满结束(眭阳)

炎黄论坛
上海文脉中的中国梦(中共上海市委党史研究室副处长吴海勇)

《实践论》与中国古代的知行观(陈增辉、徐烨、陈思怡)

中国梦,我们的梦(首都师范大学教授李燕杰)

要让孩子多写字(丁锡满)

从金庸让宅说起(吴锦祥)

退位的"官"都是百姓(钱渊)

炎黄文化
有教无类,因材施教——《论语》四讲之一(上海社会科学院终身研究员周山)

浅议松江石文化(王贵生)

炎黄视角
关于提升医务工作者德技素质的哲学思考(上海市仁济医院主任医师黄洪晖、上海市仁济医院血液科患者施善能)

山河揽胜
雁荡诗韵(复旦大学徐天德)

游上海韩湘水博园(程显荣)

晴雨相间游仙都(孔繁铉)

往事钩沉
诗人徐迟的传奇人生(沙金)

奇缘(青桐)

书法之魂,精神所在(王佩玲)

杜宣与郭青(毛闯宇、铜城)

炎黄人物
林丙义:秉笔直书传信史(司徒伟智)

记著名声乐教育家周小燕(楼伊菁)

收藏与鉴赏
慧识深知,提升鉴赏古瓷水平(罗金)

文人的雪缘(萧铮)
采诗踏歌
20世纪50年代的诗歌与民歌赏析(陈春宝)
山色空濛入画来——献给传递大地之声的诗人和画家(赵家耀)
春日赏樱(外一首)(徐玉明)
山水印象(王成荣)
姐妹情深——赠海峡两岸世界休闲小姐(刘鸿毅)
西安纪游(周华)
浙中十八涡(外一首)(王金山)
豫园四季(杨株光)
咏中共四大纪念馆落成(王伯珪)
养生之道
人类应该善待体内的"万物之母"(殷仁芳)
孙中山的四物汤(钟洁玲)
"盘中明珠"美田螺(孙文广)
老黄历
社日,社树,社屋(徐玉基)
故乡端午节(紫祈)
上善若水两为先(永其)
小荷露角
别摔在熟悉的路上(上海市中学生作文大赛获奖作品选)(马纯璇)
井底不是蛙的家(上海市中学生作文大赛获奖作品选)(支姝怡)
封三:玉、石、骨雕件上的文字符号(青浦云玉馆/提供)
封四:七星岩之春(白云流水/摄)

2014年第3期(2014年7月19日)

封一:日出(白云流水/摄)
封二:本会召开四届四次理事会(陆廷/摄);青山绿水好风光(汪雍诚/摄)
编委会名单
上海炎黄文化研究会领导名单

《炎黄子孙》杂志理事会名单

目录

炎黄动态

本会召开第四届理事会四次会议，周慕尧会长作重要讲话，杨益萍、丁锡满等出席（树）

我会协助社联主办多学科交流研讨（忻）

我会有三个项目参加市社科普及活动周（忻）

第17次汉字书同文国际学术研讨会召开（树）

韩志强下基层举办甲骨文讲座演示（忻）

王贵生在嘉定举办甲骨文书、画、石文化展览（树）

炎黄论坛

弘扬社会主义核心价值观，守住道德底线（刘惠恕）

勿忘甲午殇思——甲午战争一百二十年祭（徐烨、陈思怡、陈增辉）

传承历史文脉要重视非遗保护（华东师范大学陈勤建）

中国梦和我的梦（杨德广）

"防恐"宣传内紧外松行不行？（钱渊）

炎黄文化

为仁与复礼——《论语四讲》之二（上海社会科学院终身研究员周山）

"战国四公子"养士之得失简论（陈澍璟）

解读《兰亭序》的三把钥匙（萧铮）

炎黄特稿

初涉政坛（丁锡满）

56年前聆听胡耀邦讲话——上海知青"上山下乡"运动溯源（上海体育学院教授卞权）

踏访管锥轩主曹金荣（倪家荣）

山河揽胜

梦里长河（复旦大学徐天德）

畅游秦岭太白山（王志伟）

漫游沈园说"陆唐"（邬烈豪）

炎黄视角

琉球人的中国心与中国历史的鉴证（郭绪印）

来自医疗一线的报告(邓牛顿)

往事钩沉

董桥那管蓄满墨香的笔(《宝钢日报》施平)

追忆邵虚白被日伪特务枪杀案(赵家耀)

好人孙道临(铜城)

亲情无价(甘建华)

收藏与鉴赏

观赏崇祯青花盖罐(罗金)

文苑园丁毛闯宇(陈春宝)

随意是一种境界——感悟曹爱红新作《花儿半开》(赵荣发)

观电影《焦裕禄》后的念想(孔繁铉)

采诗踏歌

我也喜欢读诗(张军)

献给党的93岁生日礼赞(外一首)(刘鸿毅)

甲午战争120周年祭(王金山)

夏日花正开(魏守荣)

夏虫小趣(徐玉明)

最忆是安吉(外二首)(峥嵘)

梦中拾遗

海外"桃花源"(散文诗)——新西兰印象记(鲁汉)

养生之道

低碳饮食——浅谈大豆食品(文虎)

好水载舟,坏水覆舟(殷仁芳)

老黄历

故乡重阳三俗(紫祈)

闲话七、八、九月的节气与农事(朱永其)

小荷露角

心弦上的咏叹调(上海市中学生作文赛作品选)(刘昱君)

倾听自己的生命之音(上海市中学生作文赛作品选)(吴鹰翔)

封三:上海银材特种线缆厂办公场地一瞥(金荣/摄)

封四:银河落九天(白云流水/摄)

2014 年第 4 期(2014 年 11 月 15 日)

封一:哈里谷(白云流水/摄)

封二:本会召开成立二十周年座谈会(陆廷/摄);本会炎黄书画院复建揭牌及"云淡峰起"书画展开幕(葛黎明/摄);第十届中国中学生作文大赛"恒源祥文学之星"上海赛区 30 万份稿纸进校园、第十届中国中学生作文大赛上海赛区"新知杯"策划会、中国人民大学·中国少年报社少年新闻学院媒介素养教育上海基地暨基地学校揭牌(新知/摄)

编委会名单

上海炎黄文化研究会领导名单

《炎黄子孙》杂志理事会名单

目录

炎黄动态

上海炎黄文化研究会举办纪念成立 20 周年座谈会,周慕尧讲话,杨益萍作工作报告(司徒伟智)

上海炎黄书画恢复运作,"云淡峰起"上海炎黄书画院作品展揭幕,周慕尧、马春雷等出席(树新)

我会成立上海炎黄文化宣讲团,深入基层宣讲传统文化(忻)

我会建言献策工作受到市信访办表扬(树)

第十届中国中学生作文大赛"恒源祥文学之星"启动,上海赛区 30 万份稿纸进校园(新知)

炎黄论坛

上海城市精神与中国实业梦(上海社会科学院经济研究所研究员张忠民)

华侨华人与上海城市发展(复旦大学历史系教授戴鞍钢)

孝道文化与中国家训文化(上海大学教授胡申生)

传承上海历史文脉必须重视保护上海方言(上海滑稽剧团副团长钱程)

为何现行财产申报查不出贪官?(上海社会主义学院徐剑锋)

有感于威廉王子搬沙袋(钱渊)

请记住每一颗陨落的星(吴锦祥)

探讨培育音乐文化的长效方式(钱天华)

炎黄文化

君子:儒者的人格培养——《论语四讲》之三(上海社会科学院终身研究员周山)

道通天地有形外,思入风雨变态中(首都师范大学教授、著名演说家李燕杰)

话说扇文化(铜城)

炎黄特稿

爱护我们的精神家园——《炎黄子孙》文集《游赏精神家园》点评(丁锡满)

质疑甲午之战"落后挨打"悖论(上海体育学院教授卞权)

探究太平天国运动的失败之因(刘惠恕)

炎黄之友

从山村泥瓦匠到都市企业家——记上海柏申建筑公司董事长杨百达(倪家荣)

勤思"多嘴"的农民作家(陈春宝)

山河揽胜

路过章太炎故居(施平)

聆听历史的脚步声(赵家耀)

往事钩沉

大忙人邓伟志(毛闯宇)

祖母的水桥(王以京)

收藏与鉴赏

王者回归(德润)

更正(编者)

采诗踏歌

贺上海炎黄文化研究会成立20周年(周华)

社会主义核心价值观合颂(姚昆田)

咏荷颂莲(徐玉明)

癸巳中秋闲吟(外一首)(萧铮)

醉江月·醉白池(韩焕昌)

中国梦(外一首)(王金山)

养生之道

探释孔子的长寿秘诀(陈增辉)

神奇的湘益茯茶(罗建辉)
话说上海名馔八宝鸭(王明军)
老黄历
浅谈老年人的娱乐养生(秦耕)
趣话十二生肖与历法(朱永其)
忆家乡婚嫁(紫祺)
小荷露角
倾听历史的声音(上海市民办嘉一联合中学初一马逸杰)
倾听历史的声音(上海民办民一中学初三季佳欢)
封三:上海柏森建筑公司承建建筑选登(柏森/提供)
封四:秋水长歌(白云流水/摄)

2015年第1期(2015年2月13日)

封一:天下雄关——嘉峪关(孙雍政/摄)
封二:本会新春联谊会撷影(陆廷/摄);王退斋纪念馆开馆(王佩玲/供稿)
编委会名单
《炎黄子孙》杂志理事会名单
目录
炎黄动态
本会召开2014年学术年会(树新)
我会名誉会长王克病逝(新)
王退斋纪念馆在泰州开馆(王玲)
学会近期动态(新)
上海炎黄文化研究会2014年工作回顾暨2015年工作设想(上海炎黄文化研究会常务副会长杨益萍)
炎黄论坛
"礼"的精神实质及其对构建核心价值观的启示(上海市建交委党校教授刘惠恕)
法家思想与社会主义核心价值观(上海政法学院教授汤啸天)
"和谐"是中国传统文化的基本理念(华东师范大学中文系副教授张冰隅)

培育和践行社会主义核心价值观领导干部要带头(上海建设交通系统政研会钱渊)

"不要冠军要父亲"(上海远洋运输公司吴锦祥)

炎黄文化

睁开巨眼看红楼(上海大学教授邓牛顿)

为政之方:"政者,正也"——《论语四讲》之四(上海社会科学院终身研究员周山)

"金口"未必有用(萧铮)

漫话城隍文化(陈公益)

炎黄之友

中国赏石奇人王贵生(中国作协会员沈家祺、上海作协会员董贵昌)

往日如歌,星火依然——追忆著名电影表演艺术家仲星火先生(上海电影制片厂导演赵家耀)

山河揽胜

访包公祠、李鸿章故居(上海市公安局研究室叶振环)

往事钩沉

我的父亲王退斋(上海炎黄文化研究会王佩玲)

谢上海,指导我永远放飞作家梦(上海市作协会员王鸿勋)

家(上海社会主义学院徐剑锋)

炎黄书评

时光记忆中的人生回味——读杨益萍《时光记忆》(中学语文高级讲师、上海市作协会员毛闯宇)

争鸣篇

国宝清乾隆御制珐琅彩花石锦鸡图双耳瓶辨伪(沪上瓷器收藏家黄金日)

收藏与鉴赏

碑帖捐赠:隔空穿越两代人的爱国情怀(《宝钢日报》施平)

采诗踏歌

搭乘春天的列车(外一首)(峥嵘)

富春桃源(外一首)(王金山)

写在哥斯达邮轮上(韩焕昌)

养生之道

我所熟悉的百岁老人(孔繁铉)

舌尖上的三林塘(上海食文化研究会徐善龙)

味精、鸡精知多少(上海食文化研究会山石)

老黄历

忆童年过春节(上海民间文艺家协会会员杨株光)

羊年话羊(紫祺)

闲话中华年节的主要食俗(上海民间民俗文化研究者朱永其)

小荷露角

上海市中学生作文赛作品选:值(上海市新北郊初级中学谢冰灵)

上海市中学生作文赛作品选:说"萌"(上海市进才实验中学奚望)

上海市中学生作文赛作品选:风筝与线(上海外国语大学附属浦东外国语学校严佳义)

封三:走进西藏班公湖(孙雍政/摄)

封四:南国春早(孙雍政/摄)

2015年第2期(2015年5月22日)

封一:如诗如画(汪雍诚/摄)

封二:如诗如画(汪雍诚/摄)

编委会名单

《炎黄子孙》杂志理事会名单

目录

炎黄动态

本刊召开部分作者专题座谈会(稼穑)

第18次汉字书同文学术研讨会暨第一次"汉语新字典"学术研讨会于7月举行(胜鸿)

炎黄论坛

传承孔子文化推进上海社会文化建设(上海炎黄文化研究会孔子文化专业委员会主任孔良)

新文化运动的功过浅议(上海建交委党校教授刘惠恕)

发挥家谱的教化作用(龚伯荣)

干部视察为啥喜欢有人陪?(上海建设交通系统政研会钱渊)

天使与恶魔的嬗变(上海远洋运输公司吴锦祥)

炎黄文化

《屯》卦释义(上海社会科学院终身研究员周山)

上海考古撷珍(上海历史博物馆研究员张明华)

张岱与他的《陶庵梦忆》(萧铮)

浅谈筷子(上海食文化研究会高级顾问蒋洪)

炎黄特稿

一支由崇明岛走出的英勇部队(崇明灶文化研究会汤进达)

"跑米"血泪记(中学语文高级教师、上海市作协会员毛闯宇)

63年前我参加上海市民抗日纪念大游行(吕振德)

炎黄之友

20多年前访夏公(上海电影制片厂导演赵家耀)

儒医大家裘沛然散记(上海体育学院新闻系教授卞权)

记国画大师、牡丹皇后王世英(上海作家协会会员董贵昌)

往事钩沉

陶冷月与徐悲鸿往事追念(李高翊)

圆梦(孔繁铉)

我人生的儒家追求和道家影响(周胜鸿)

山河揽胜

内河航道畅想曲(上海固定资产投资建设研究会秘书长杜静安)

最是难忘九寒水(杨修)

畅游在三国古蜀道上(邬烈豪)

收藏与鉴赏

收藏、鉴赏建文瓷(沪上瓷器收藏家刘德润)

采诗踏歌

红五月的颂歌(鲁汉)

放歌武陵源(外一首)(苏瑾)

春日(外二首)(郭重庆)

台湾八日游(组诗)(王金山)

养生之道
不同体质,养生宜忌(上海中医药大学教授李其忠)
老黄历
羊年说羊(王贵生)
小荷露角
又见枝头吐新绿(上海市大华中学初三曹斯铭)
封三:水乡撷影(汪雍诚/摄)
封四:山河妖娆(汪雍诚/摄)

2015年第3期(2015年8月23日)

封一:高原画卷(孙雍政/摄)
封二:金秋(汪雍诚/摄)
编委会名单
《炎黄子孙》杂志理事会名单
目录
炎黄动态
我会举办纪念抗日战争胜利70周年系列活动(新)
本刊召开专栏部分作者座谈会(稼穑)
胡振山同志逝世(树新)
炎黄特稿
淞沪抗战泣鬼神(中国作协会员沈家祺、上海作协会员董贵昌)
民族大衣,团结御敌——中华全国文艺界抗敌协会档案纵览(上海大学教授邓牛顿)
"崇总"在抗战中的地位和作用(上海崇明灶文化研究会秘书长汤进达)
控诉日寇在我家乡的暴行(上海民间文艺家协会会员史玉新)
卖国汉奸冯诚求(王贵生)
炎黄论坛
开启民智是治国之本(上海社会科学院终身研究员周山)
聚焦社区文化中心,彰显城市人文精神(王佩玲)
汉字"书同文"应从言论走向行动——《汉字书同文研究》第十一辑序言

（丁锡满）

质疑"哲学的任性"（陈增辉、徐烨、陈偲怡）

不羡凯特羡平民（上海远洋运输公司吴锦祥）

读史的联想（上海建设交通系统政研会钱渊）

炎黄文化

中国古代社会人文系统的结构特征（上海华文出版社总编甘润远）

走近甲骨文，感悟先贤睿智（上海炎黄文化研究会韩志强）

北宋词家柳永新议（萧铮）

炎黄杂谈

变化（本会原副会长张正奎）

炎黄之友

阅读马公愚的三重尺度（《宝钢日报》施平）

文缘村的徐开垒（上海市作协会员陈春宝）

山河揽胜

画意诗情碧塔海（魏守荣）

登顶上海中心有感（上海固定资产投资建设研究会秘书长杜静安）

往事钩沉

寒天暖流自难忘（司徒伟智）

三次夜行农场路（孔繁铉）

炎黄争鸣

谁是谋害鲁迅的元凶？（华东师范大学中文系副教授张冰隅）

收藏与鉴赏

顶峰绽放的智慧之花（沪上收藏家刘德润）

采诗踏歌

全民抗战胜利70周年咏怀（季军）

纪念抗战胜利70周年组诗（萧铮）

台儿庄大战追赋（鲁汉）

豫园四季诗（杨株光）

鼋头渚（韩焕昌）

墨尔本吟草（孟宪纾）

养生之道

"豆腐的味,远胜燕窝"(上海食文化研究会江礼旸)

老黄历

吟诗咏词话中秋(紫咏)

忆惜故乡七夕节(朱永其)

小荷露角

有时,我也想"叛逆"(上海市崇明县育林中学初一李敏)

又见枝头吐新绿(上海外国语大学附属浦东外国语学校严佳义)

封三:高原画卷(孙雍政/摄)

封四:横空出世(孙雍政/摄)

2015年第4期(2015年11月21日)

封一:高原之河(汪雍诚/摄)

封二:著名作家梁晓声来沪演讲(小赵/供稿);本会和黄浦区联办论坛(陆廷/摄);"向明杯"中学生书法比赛撷影(李曼/供稿)

编委会名单

《炎黄子孙》杂志理事会名单

目录

炎黄动态

本会2015年学术年会暨黄浦区"家文化"论坛在文庙举行(稼稿)

纪念新文化运动100周年,本会与兄弟学会联办"多学科视野:新文化运动与传统文化"学术研讨会(钟合)

应本会和上海固定资产建设投资协会邀请,著名作家梁晓声来沪演讲(稼稿)

第18次汉字书同文国际学术研讨会在沪举行(佚夫)

第10届崇明向化灶花节落幕(稼稿)

"上海之根·向明杯"中学生书法决赛在松江举行(稼稿)

炎黄论坛

中国古代科举制度的启示探讨(上海建交委党校教授刘惠恕)

新文化运动就意味着割掉"孔家"命脉吗?(上海大学教授、博导刘长林)

我们为什么要"回到孔子"(陈增辉、徐烨、陈偲怡)

除了被暴晒,是否还有其他良策?(源泉)

炎黄文化

因两首唐宋短诗谈项羽(萧铮)

介绍两个版本的《朱子家训》(上海师范大学历史系教授郭绪印)

建设好家庭,传播好家风——阅读《中国古代家训》随感(上海市作协会员王鸿勋)

诸子百家说石斛(江岛)

炎黄之友

一代红伶阮玲玉(上海师范大学谢晋影视艺术学院文学博士、副教授陈劲松)

期颐奔马说田遨(羽菡)

往事钩沉

在塞拉利昂的工作岁月(原驻巴布亚新几内亚、塞拉利昂大使高建中)

聆听诗翁一路歌(上海作协会员陈春宝)

山东缘(上海大学教授邓牛顿)

陶冷月和黄宾虹往事重记(李梦白)

炎黄特稿

一村山河一村血(上海作协会员卞权)

"德先生"会治病——太平村遐想(上海大学教授邓伟志)

单身老人再婚谈(复旦大学教授秦耕)

遨游世界

在尼泊尔杜巴广场对眼(上海固定资产投资建设研究会杜静安)

收藏与鉴赏

独特的琮式瓶(沪上资深收藏家刘德润)

采诗踏歌

易元清田园诗选(组诗)(易元清)

念奴娇(外一阕)(徐培均)

瀛洲好(峥嵘)

"一带一路"赋(古韵)(董贵昌)

多娇的江山,我们的调色板(赵家耀)

纪念抗战胜利70周年(王金山)

养生之道

生吃蔬菜水果之三大注意(上海食文化研究会张田甜)

秋季润肺话黑蒜(吴承起)

重视饮食之味从何时开始?(张冰隅)

秋季蜂蜜四种吃法最润肺(张文虎/摘)

老黄历

赏菊过重阳(朱永其)

最忆重阳鹞子赛(紫祈)

小荷露角

沟通让生活变得更美好(上海市民办兰生复旦中学袁樱)

尊重让生活变得更美好(上海市崇明县东门中学初二黄思琳)

封三:"上海之根·向明杯"中学生书法比赛作品选(上海新知文化发展公司/供稿)

封四:金滩之路(福建)(汪雍诚/摄)

2016年第1期(2016年2月28日)

封一:绿树成荫(海建/摄)

封二:本会举行2016年迎春联谊会、本会召开理事会、悼念丁锡满先生(陆廷/摄)

编委会名单

《炎黄子孙》杂志理事会名单

目录

炎黄动态

上海炎黄文化研究会2015年工作总结暨2016年工作设想(上海炎黄文化研究会常务副会长杨益萍)

本会常务副会长丁锡满同志逝世(稼穑)

本会举行新春联谊会(王源康)

炎黄论坛

重建教育儒学迫在眉睫(上海师范大学教授夏乃儒)

发挥家谱在家庭建设中的作用（龚伯荣）

在传统文化涵养中塑造新家风（上海黄浦区半淞园路街道黄浦新苑吴森逸）

韩先楚为何拍案而起（钱渊）

诟病唯书画艺术倾向（曹学忠）

耿耿释怀于上海书展（孔繁铉）

炎黄文化

从"王假有庙"到家谱"收族"（华东师范大学中文系副教授张冰隅）

顺应自然，待时而起——《需》卦浅释（上海社会科学院终身研究员周山）

中国牡丹史上的"四大名人"（上海市作协会员董贵昌）

溯古追今话灶头（上海崇明灶文化研究会秘书长汤进达）

炎黄特稿

笑声回响天台——悼念萧丁（本会顾问李伦新）

鸿雁虽在锦书难托（赵宏）

先生，您去了哪里——悼丁锡满先生（倪家荣）

炎黄之友

银幕上出现名字最多的电影人——记上影著名音乐指挥陈传熙（孙渝烽）

往事钩沉

陈毅市长铜像下的感悟（邬烈豪）

敬忆老市长汪道涵（上海市作协会员王鸿勋）

炎黄书评

读习近平《之江新语》（毛闯宇、寥夏）

"风流慷慨度余年"——《江城诗稿》小札（楚紫）

炎黄杂谈

李光耀的"实用主义"及其启示（司徒伟智）

闲话"钱塘苏小是乡亲"（陈澍璟）

收藏与鉴赏

石砚与"五岳真形图"（沪上奇石收藏家王贵生）

喜庆的红灯笼大罐（沪上资深收藏家刘德润）

采诗踏歌

两岸领导人会面有感（周华）

游记诗五首(季军)
余杭塘西(外一首)(王金山)
瞻仰闻一多臧克家铜像(葛乃福)
潇湘夜雨·西施故里(韩焕昌)
阅读秋天(杨株光)
秋色无边(滕鸿亮)
王治平诗作选
老黄历
猴年聊猴(朱永其)
趣话腊八节与腊八粥(咏祈)
小荷露角
运动带给我精神力量(上海市嘉定区嘉一联合中学郑好)
与蓝天一起走过的日子(上海市新华初级中学陈煜煊)
封三:上海炎黄书画作品选(上海炎黄书画院/提供)
封四:银装素裹(四川黄龙)(海建/摄)

2016年第2期(2016年5月26日)

封一:川西黄龙五彩池(孙雍政/摄)
封二:丁锡满同志追思会(陆廷/摄);上海市中小学生"亲近古诗文"演艺大赛撷影(晓巢/摄)
编委会名单
《炎黄子孙》杂志理事会名单
目录
炎黄动态
本会举办丁锡满同志追思会,周慕尧出席并讲话,杨益萍等发言追思(司徒)
杨益萍率沪书法名家慰问子弟兵(源康)
"亲近古诗文"演艺大赛决赛落幕(金习群)
"时光记忆"古文字楹联展举办(源康)
本刊启事(《炎黄子孙》杂志社)

炎黄论坛

中华民族的爱国主义精神起源于中华龙文化（广西测绘局科研所原所长黄业盛）

让礼仪回归家教（本会副会长、华东师范大学教授陈卫平）

从诸葛亮家书看中国传统家训的积极社会意义（中共建交委党校教授刘惠恕）

作家的"假若"之忧（上海远洋运输公司吴锦祥）

从"五子"看干部廉洁（源泉）

炎黄文化

浅说通假字、古今字及异体字的区别（张正和）

以淮安余门家风族规、辈分字谱为个案的儒学考察（上海社会科学院研究员余治平）

炎黄子女

孙逊：求索不倦拓新局（司徒伟智）

炎黄杂谈

何谓"文化"？（华东师范大学大中文系副教授张冰隅）

偶感二则（上海书画出版社徐明松）

往事钩沉

王退斋：诗画秉笔，情系天下（王佩玲）

文友三题（上海市作协会员张长公）

赵冷月以及他的书法艺术回望（上海书法家协会会员施平）

山河揽胜

徽州跋涉（上海大学教授邓牛顿）

我的车把式朋友（上海电影制片厂赵家耀）

鄂西清凉之旅（糜华菱）

炎黄书评

生命的华章——读周华诗文集有感（上海市作协会员龙孝祥）

读《寂静的春天》（上海市社会主义学院徐剑锋）

收藏与鉴赏

探寻古陶瓷官窑的源头（沪上古瓷收藏家刘德润）

养生之道

从曹雪芹的美食情缘说开去(上海食文化研究会徐智明)

睡不好,去游泳(上海电影制片厂孙渝烽)

采诗踏歌

谒中山陵(外二首)(史玉新)

游洪泽湖(外一首)(王金山)

老同学聚会感怀(陈志刚)

古镇(钱仲安)

游赏紫金庵彩塑罗汉(韩焕昌)

老黄历

"羊"与中国文化(安徽蚌埠教师进修学校周家庭)

闲话夏至(朱永其)

小荷露角

上海市中学生作文赛优秀作品选:鲍鱼之肆(上海外国语大学第一实验学校戴蓉仪)

上海市中学生作文赛优秀作品选:行走(上海市实验学校西校楼子菡)

封三:神奇九寨(白云流水/摄)

封四:山河揽胜(川西红石滩)(孙雍政/摄)

2016年第3期(2016年8月24日)

封一:中华古建筑(孙雍政/摄)

封二:本会与张堰镇联办推进古镇文化传承与发展研讨会(源康/摄);今日上海(汪雍诚/摄)

编委会名单

《炎黄子孙》杂志理事会名单

目录

炎黄动态

本会与张堰镇联办推进古镇文化传承与发展研讨会,周慕尧等与会研讨(张高)

本会与有关协会联办中国筷子文化研讨会(源康)

炎黄论坛

"为往圣继绝学"（华东师范大学中文系副教授张冰隅）

跳出美式软实力的窠臼（复旦大学历史系教授施忠连）

贪官的"1"字定式与"美女坐怀"（上海外洋运输公司吴锦祥）

论孙中山民族思想的当代价值（上海师范大学教授郭绪印）

浅谈新文化运动中的"新民"与"庶民"说（复旦大学哲学学院、复旦大学思想史研究中心教授丁耘）

也说低碳经济（钱渊）

炎黄文化

江南贡院与中国古代科举考试制度（上海市建设党校教授刘惠恕）

燧石取火的记忆（齐允海）

炎黄之友

自学成才的文学大家柯灵（上海电影制片厂导演赵家耀）

炎黄杂谈

猴年说猴年（龚伯荣）

老城隍庙的书场与小吃（泉源）

想起狼吃小羊的故事（陈春宝）

往事钩沉

我与"光明""文汇"之缘（上海大学哲学教授、中国老教授协会会员陈增辉）

一次特别的度假游（费立芳）

初识导师郭青（毛闯宇）

历史大道上留下他的鲜明印迹（上海大学邓牛顿）

山河揽胜

中国三大钓鱼台游记（上海作协会员董贵昌）

上海港古今谈（沪上奇石收藏家王贵生）

探访春秋淹城遗址（邬烈豪）

遨游世界

在迪拜感受阿拉伯文化（金恒源）

偶遇日本艺伎（上海固定资产投资建设研究会杜静安）

炎黄书评

唐代诗歌艺术之瑰宝——"近体诗"浅议(安徽滁州楚紫)

穿越时间和苦难的相依——读《姑苏月》随想(落依)

收藏与鉴赏

备受娇宠的古陶瓷祭器(沪上资深古瓷收藏家刘德润)

养生之道

读书与养生(陈澍璟)

读曹慈山《老老恒言》(冰山一角)

莲子:滋养补虚的营养佳品(张文虎/摘荐)

夏季养阳食疗法(吴承起)

采诗踏歌

徐家汇公园(外一首)(孔强新)

屋后的那个竹园(黄建华)

夏日(外二首)(咏其)

杂咏(程显荣)

夏日纳凉(张正和)

长兴顾渚山(外二首)(季军)

难忘的滨江(刘鸿毅)

南京行(韩焕昌)

夏日天堂(外一首)(峥嵘)

老黄历

闲话门神(咏旗)

道福(朱永其)

小荷露角

上海市中学生作文赛优秀作品选:书信中的承诺(上海市建平实验中学龚一闻)

本刊告读者

上海市中学生作文赛优秀作品选:人生的第一粒纽扣(上海市私立永昌学校楼之宸)

封三:今日上海(汪雍诚/摄)

封四:秋色赋(汪雍诚/摄)

2016年第4期(2016年11月22日)

封一:江滨高楼(雍政/摄)

封二:纪念孙中山先生诞辰150周年学术研讨会(晓巢/摄);崇明灶花节(晓巢/摄)

编委会名单

《炎黄子孙》杂志理事会名单

目录

炎黄动态

孙中山与传统文化继承转换研讨会举行,杨益萍、陈卫平等出席发言(司徒)

教师节我会宣讲团在市电台直播宣讲(玲玲)

本会祭孔大典活动在嘉定举行(源康)

《南绘北语》油画雕塑展在黑河举办(源康)

本会会刊《炎黄子孙》发行大幅提升(源康)

《丁锡满同志追思文集》付印发行(源康)

第十一届崇明灶花艺术节在向化镇举行,杨益萍、施南昌、龚朝晖等出席(稼穑)

炎黄论坛

孙中山——传统文化现代转换的先行者(同济大学教授邵龙宝)

一代伟人孙中山的理想信念与中国梦(东华大学人文学院教授、博士生导师廖大伟)

孔子的身心和谐思想(上海大学国际商学院教授陈增辉)

从"家长里短剧"看古代的家庭伦理关系(华东师范大学教授赵山林)

文明请从脚下做起(周创)

南昌路的悲哀(孔繁铉)

"语文"质疑(安徽滁州刘庭桂)

炎黄文化

古代上海的旅游(上)(王有钧)

亭之思(楚紫)

重九随想录（萧铮）

炎黄诗点

陶寺文化是中华文明的源头（上海建设党校教授刘惠恕）

炎黄特稿

血战台儿庄和徐州会战（上海师范大学教授郭绪印）

永不忘却女子"缠足"的痛苦历史（王鸿勋）

炎黄杂谈

夫妻和谐白头偕老（上海文联民间文艺家协会会员杨株光）

戏说书场（钱渊）

四季周庄（卢启汉）

山河揽胜

千里无人区纪事（程佚）

隆中行（糜华菱）

寻找上海的山、水、画（邬烈豪）

西宁的菜园（包进康）

遨游世界

印度的古文明与种姓制度（上海固定资产投资建设研究会杜静安）

走遍新西兰岛屿湾（上海作协会员董贵昌）

往事钩沉

辛勤笔耕，切莫熬夜——丁锡满、忻才良诸文友辞世有感（卞权）

忆当年消灭血吸虫（朱永其）

炎黄书评

淡定高洁自从容——《温暖的时光》读后感（落依）

养生之道

三高症的危害和预防治疗（时化为）

浅谈人体"气血"（王志伟）

采诗踏歌

纪念红军长征胜利80周年（外一首）（周华）

一条浦江堪做酒（陶寿谦）

秋景（张正和）

秋游崇明岛（外一首）（徐玉明）

东山农家乐(韩焕昌)

长暑吟(外一首)(韩澍璟)

咏向日葵(外一首)(王金山)

寻根西安(外一首)(峥嵘)

老黄历

民歌里的黄历(咏旗)

闲聊筷之道(诸勇)

小荷露角

上海市中学生作文赛优秀作品选：因为阳光，我更坚强(上海市黄浦区教师进修学院附属中山学校初二吴秋伊)

上海市中学生作文赛优秀作品选：一路诗行——梦开始的地方(上海外国语大学附属外国语中学初三桑瑞临)

封三：北国风光(雍正/摄)

封四：北国之冬(雍政/摄)

2017年第1期(2017年1月9日)

封一：澳门广场(张文良/摄)

封二：高式熊书法篆刻艺术展开幕(晓巢/摄)；本会2016年学术年会(晓巢/摄)；百花迎春(汪雍诚/摄)

编委会名单

《炎黄子孙》杂志理事会名单

目录

炎黄动态

上海炎黄文化研究会2016年工作总结、2017年工作设想(摘要)(本会常务副会长杨益萍)

高式熊书法篆刻艺术展开幕(陈志强)

本会举办2016年学术年会(司徒)

我会召开常务理事会(源康)

会员郭玉麟蝉联全国"牡丹奖"(顾保权)

我会"评弹之友"社庆贺成立十周年(源康)

本会与上海工艺美术学会等举办 2016 年跨学会学术研讨会(源康)
第三届全国哲学社会科学话语体系建设理论研讨会在沪举行(源康)
上海文史馆召开王退斋先生诞辰 110 周年座谈会(源康)
我会应邀参加第四届中部六省炎黄文化论坛(源康)

炎黄论坛

《新青年》新文化与民初上海文化生态(上海历史学会会长熊月之)
孙中山民生主义的当代价值(上海市文史馆研究员沈祖炜)
再说孙中山与上海(上海社会科学院历史研究所助理研究员徐涛)
陈独秀自由观新探(上海师范大学哲学系教授蔡志栋)
何谓不枉到这世上走一遭?(上海外洋运输公司吴锦祥)

炎黄文化

近代上海会馆文化(上师大教授郭绪印)
常读"壮词"意气豪(萧铮)
与陆绩相关的人和事(王贵生)
浦东学脉人才薪火相传(李幼林)
古代上海的旅游(下)(王有钧)

炎黄之友

从 30 年代走来的小说家罗洪(许平)

山河揽胜

游茅山(王志伟)
走近达蓬山(邬烈豪)

往事钩沉

追忆丁锡满先生给我的鼓励(王佩玲)
罗店行(毛闯宇)
北大荒之秋(孔繁铉)
故乡(王一川)

炎黄视点

《红楼梦》校注商兑(上海大学文学院教授邓牛顿)

炎黄书评

为农民诗人黄建华诗集《芦笛》序(倪家荣)

收藏与鉴赏

古玩收藏乐章(曹学忠)

古陶瓷的魅力(沪上资深收藏家刘德润)

养生之道

易学文化与美食养生(华东师范大学中文系副教授张冰隅)

采诗踏歌

太湖今赋(董贵昌)

赏昆曲《临川四梦》(张正和、郑振国)

中秋夜读(外一首)(滕鸿亮)

挖山芋(黄建华)

故乡老码头(峥嵘)

老黄历

鸡年赞鸡(晓朱)

话说剃年夜头与剃龙抬头(永其)

小荷露角

上海市中学生作文赛优秀作品选:玄奘法师的魅力(上海市民办新华初级中学陈煜煊)

上海市中学生作文赛优秀作品选:我读懂了外公的魅力(上海市静安区教育学院附属中学杨轶文)

封三:澳门撷影(文良/摄)

封四:南国之春(广东韶关)(张文良/摄)

2017年第2期(2017年5月9日)

封一:韶关南华寺(文良/摄)

封二:本会2017年迎春联欢会撷影(晓巢/摄);第十二届中国中学生作文大赛上海赛区"昂立、智立方、新智杯"颁奖典礼(晓巢/摄)

编委会名单

《炎黄子孙》杂志理事会名单

目录

炎黄动态

上海炎黄文化研究会举行 2017 年迎春联欢会，周慕尧、陈正兴和 150 多位会员参加

杨益萍一行探望我会部分老专家

陈勤建一行赴团体会员单位调研

我会召开 2017 年工作务虚会

第十二届中国中学生作文大赛上海赛区颁奖

炎黄论坛

关于上海文化创新精神的窥见（上海师范大学教授夏乃儒）

拓展孙中山研究之浅见（上海历史学会会长熊月之）

中国蒙学与传统文化（上海《学术月刊》编审谢宝耿）

破旧立新还是推陈出新（上海文史馆研究员沈祖炜）

浅谈商务印书馆在近代上海的几个创新（上海炎黄文化研究会副秘书长王源康）

"你不要来挖我们的祖坟"（钱渊）

炎黄文化

旧上海命理文化概述（上海社会科学院周易研究中心终身研究员周山）

千年陆氏（王贵生）

山河揽胜

扬州瘦西湖游（上海作协会员董贵昌）

临安秋色胜画屏（罗一明）

游杜甫草堂（邬烈豪）

往事钩沉

忆钱学森同志二三事（王金山）

巴金和萧珊的恩爱录（上海作协会员王鸿勋）

我的"话剧"缘（上海作家协会会员卞权）

虚名自笑今何用（王善鸿）

哥哥来农场探望我（孔繁铉）

炎黄视角

老子与孔子新论（台湾高准）

炎黄书评

诗意的人生(落依)

陶冶情操寻乐趣(上海枫林诗词社社长张立挺)

东坡先生的情和爱(萧铮)

炎黄杂谈

京剧老年票友点赞(秦耕)

虾趣(张冰隅)

收藏与鉴赏

浅说柴窑(上海建设党校教授刘惠恕)

饮食与养生

梅府家宴初探(上海食文化研究会沈林安)

采诗踏歌

独坐山林(李敬华)

黄鹤楼(外一首)(韩焕昌)

新年感怀(徐玉明)

岳阳楼眺望(外一首)(周华)

欣入复旦老年大学(蔡国芳)

我外婆所住的那个小村庄(黄建华)

老黄历

忆昔清明节(外一篇)(朱永其)

粽艾飘香端午节(倪永宏)

小荷露角

上海市中学生作文赛优秀作品选:故乡因你而亮丽(上海市实验学校西校初二楼子菡)

上海市中学生作文赛优秀作品选:梦的色彩(上海市市北中学高一陈瑀昕)

封三:域外揽胜(文良/摄)

封四:海上落日(张文良/摄)

2017年第3期(2017年8月19日)

封一:霞浦民居(汪雍诚/摄)

封二：上海炎黄文化研究会近期活动剪影（晓巢/摄）
编委会名单
《炎黄子孙》杂志理事会名单
目录

炎黄动态
纪念商务印书馆创立 120 周年，本会承办多学科研讨会
我会荣获上海市社科普及工作先进集体称号
第三届"源于生活"油画展开幕
杨益萍一行赴书同文专委会调研
我会成立老城厢文化委员会
我会宣讲团参加十场"东方讲坛"讲座

炎黄论坛
申城创新"基因"与海派文化（《上海哈哈画报》主编朱少伟）
用群众智慧推动海派文化新发展（上海政法学院编审汤啸天）
陈独秀、李大钊与中共"思想建党"（上海市中共党史学会渔阳里历史文化研究会会员金恒源）
近代上海城市对于商务印书馆的意义（上海社会科学院熊月之）
孙中山发扬光大"至孔子而绝"的正统道德思想（上海师范大学哲学系副教授蔡志栋）
孙中山传统思想对中国民俗学的启示（上海市民俗文化学会会长、华东师范大学教授仲富兰）

炎黄文化
民国时期的山东服装文化（上海文艺出版社编审徐华龙）

炎黄特稿
从"崇总"走出来的将军（崇明区灶文化研究会汤进达）

山河揽胜
初上天一阁（上海建设党校教授刘惠恕）
吴越春日行旅两章（上海大学教授邓牛顿）
远香湖畔的文化明珠（上海作协会员甘建华）

往事钩沉
胡乔木鼓励多读历史和文学书（上海丁香花园宾馆原总经理邱根发）

孙道临：一位平易近人的文化明星（上海同济大学教授陈经璋）

父亲与诗（上海炎黄文化研究会宣讲团王佩玲）

楹联拾趣（上海嘉定王贵生）

炎黄视角

老子与孔子新论（续）（台湾高准）

炎黄书评

把日子过得花一样多姿（落依）

炎黄杂谈

我看"共享单车"（程显荣）

宽容是一种境界（钱渊）

饮食与养生

养生与饮茶（邬烈豪）

让自然健康梦想成真（王志伟）

采诗踏歌

军旗赋（外一首）（徐玉明）

七月的联想（散文诗）（杨株光）

建军九十周年感赋（周华）

深秋贵州行（组诗）（王金山）

晒太阳的老人（外一首）（孔强新）

骑游"四态"（张正和）

老黄历

闲话中秋（光珠）

"二十四节气"申遗成功感悟（朱永其）

小荷露角

上海市中学生作文赛优秀作品选：有梦·追梦·圆梦（上海市风华中学高一姜俊彦）

上海市中学生作文赛优秀作品选：神奇的人体翅膀［上海市崇明区东门中学八（2）班沈佳麟］

封三：王心镜书法作品赏析

封四：札达土林（孙雍政/摄）

2017 年第 4 期(2017 年 11 月 30 日)

封一:崇明向化镇文化中心(周俊/摄)
封二:上海炎黄文化研究会第五届会员代表大会剪影(陆廷/摄)
编委会名单
《炎黄子孙》杂志理事会名单
目录

炎黄动态
上海炎黄文化研究会第五届会员代表大会举行
崇明向化灶花艺术节开幕

炎黄论坛
评孙中山和共产党改善民生主张的一致性(上海师范大学教授郭绪印)
启蒙伦理场域中的国民想象(华东师范大学教授付长珍)
柳下惠思想和孔、孟的传承创新(上海大学教授祝瑞开)
从《尚书》中看儒家君王思想(上海炎黄文化宣讲团王佩玲)
《小说月报》与1920年代中国文学(华东师范大学杨扬)

炎黄文化
中华上古社会发展变化(上海嘉定王贵生)
民间文化和故乡庙会(上海宝山张正和)
阅读《二十五史故事》(上海文联民间文艺家协会会员杨株光)
趣话春联(朱永其)
漫话安吉白茶(邬烈豪)

山河揽胜
八月下扬州(上海建设党校教授刘惠恕)
"高原奇葩"行(上海作家协会会员董贵昌)
记淮剧"非遗"金牌小生周筱芳(王志伟)

往事钩沉
人民缅怀谢晋导演(上海市作家协会会员王鸿勋)
激情岁月的红尘旧梦(中国老教授协会会员卞权)
他始终在乐曲中呼吸(上影制片厂导演赵家耀)

知青在大园子里生活(孔繁铉)

怀念爬山虎(陈春宝)

炎黄人物

李大钊就义九十周年祭(上海大学教授陈增辉)

炎黄书评

留住岁月的痕迹——读《40个人的故事》随想(落依)

饮食与养生

"紫色人参"带来福音(张冰隅)

"丝瓜"与"苦瓜"(薛理勇)

采诗踏歌

古隆中(外一首)(韩焕昌)

游桂林漓江(外一首)(王金山)

秋叶(徐玉明)

秋日闲赋(外二首)(峥嵘)

塔克拉玛干(外一首)(倪家荣)

老黄历

趣话重阳节(咏祈)

上海市中学生作文赛优秀作品选:绚烂的生命(上海市松江第二中学高三姚佳妮)

封三:崇明区向化镇灶文化艺术节撷影(周俊/摄)

封四:金色长城(姜为强/摄)

2018年第1期

封一:高式熊

封二:炎黄动态(王源康/文,陆廷/摄)

编委会名单

《炎黄子孙》杂志理事会名单

目录

论坛

让传统文化焕发新活力——深入领会习近平关于中国传统文化的思想理

论(刘惠恕)

中国传统文化中的人际关系学说之浮沉(胡申生)

温故

一个伟人与一座城市——长篇纪实文学《孙中山在上海》后记(王琪森)

周恩来早年在上海(峻峰)

汪道涵心系百姓冷暖(邱根发)

倡导海外华人教育的张荫桓(陆其国)

亲历

两张照片——不尽思念忆黄华同志(洪纽一)

不枉当回记者(熊能)

史海钩沉

一本签名册与"八百壮士"(朱家德)

从吴淞铁路到淞沪铁路(久石)

"法华牡丹甲四郡"——沪西首镇的名花记忆(融雪)

漫忆

"我是《文汇报》职工子弟"(马军)

古人怎么行——从亚洲人远去美洲说起(王贵生)

风和日丽话风筝(明惠)

人物

痴念故乡话峻青(许平)

"这里是申城历史文化精华所在地"——李伦新与上海老城厢(朱少伟)

青衣转身也铿锵——石筱英和他的沪剧石派艺术(褚伯承)

视点

蔡元培:探索民族复兴新文化的先驱者(夏乃儒)

南怀瑾如何看待开宗立派(周瑞金)

往事烟云

两种相反的"廖江初识"忆述(司徒伟智)

图说

古村今韵,化不开的乡愁(甘建华)

神州揽胜

草木染色是繁花(沈嘉禄)

投稿须知(《炎黄子孙》杂志编辑部)

上海老城厢感怀(徐燕)

文游台抒怀(朱成坠)

只缘身在此雾中(李玲)

尘世文心

北宋文人的快乐生活(曹正文)

懂些礼数(沈栖)

下雪了(霍宝华)

采诗踏歌

水影和茶韵(三首)(赵丽宏)

你的名字(张烨)

诗词七首(邵益山)

单传伦种葡萄(散文诗)(赵春华)

养生

百岁伉俪的长寿之道(缪迅)

养生先养肠(汶耀)

小荷尖尖

上海市中学生作文赛优秀作品选:父亲的背影[上海市静安区教育学院附属学校八年级(4)班杨亦凡]

上海市中学生作文赛优秀作品选:最意外的遇见[上海交通大学附属中学高一(5)班杨徵羽]

品艺轩

走近高式熊(之翔)

封三:品艺轩(高式熊、陈谷长、朱新龙)

封四:春汛(远山/摄)

2018 年第 2 期

封一:赵昌平

封二:炎黄动态(王源康/文,陆廷等/摄)

编委会名单

《炎黄子孙》杂志理事会名单

目录

论坛

优秀传统文化：文化自信的基石（高福进）

传统民俗与中华智慧（陈勤建）

做强上海对外文化交流要下真功夫（汤啸天）

史海钩沉

宋庆龄竭诚援助八路军和新四军（郑瑛）

潘汉年曾在沪编辑多种杂志（凌云）

过秦二世陵（刘惠恕）

亲历

方毅教我们拓宽视野干事业（邱根发）

温故

第一部红色宪法与上海（江鸟）

想起了沈之瑜（薛史）

漫忆

灯下琐记——我亲见的文化人气度（朱大路）

人物

痛悼赵昌平先生（杨益萍）

我的中学情结（赵昌平）

究须幽默可通神（胡晓军）

"我将继续奋斗"——记故事艺术大师夏友梅（朱少伟）

一代名编——黎丁（盛祖宏）

一位不该忘却的学者——探寻倪静兰女士的业绩（马军）

投稿须知（《炎黄子孙》杂志编辑部）

追思学友施宣圆（杨天石）

遥想徐光启（沈栖）

神州揽胜

遥念家乡话"柳堡"（居乃琥）

运河流过高邮城（居震平）

传奇
红军的飞机曾翱翔长空(邵唯)
抗战时期的"双枪黄八妹"(俊华)
"露香园水蜜桃"前世今生(仇明惠)
尘世文心
谢晋和他的儿子谢衍(沈贻伟)
入画入诗黄宗英(许平)
侃点
红楼梦的"水浒文法"(外一篇)(邓牛顿)
化学大家的古诗文情结(司徒伟智)
专题
仁者之光——上海铭言企业管理集团有限公司董事长高铭言侧记(甘建华)
图说
岁月沧桑,镜中影像——田骏的古镇老街印象(飞马)
小荷尖尖
上海市中学生作文赛优秀作品选:人在旅途,我遇见你(上海市上南中学北校刘苡榛)
上海市中学生作文赛优秀作品选:有你,真的很幸福(上海市文来中学杨润圆)
养生
岳父的养生之道(陈学山)
品艺轩
静耕砚田,清绘雅韵——陈谷长的水墨空间(之翔)
封三:品艺轩(炎黄书画院陈谷长作品专辑)
封四:龙的图案

2018 年第 3 期

封一:丁锡满
封二:炎黄动态(陆廷等/摄,王源康/文)
编委会名单

《炎黄子孙》杂志理事会名单

目录

论坛

上海新学对于蔡元培的意义（熊月之）

不循常规的蔡元培（冯绍霆）

都市民俗节庆活动的探索与实践（周笑梅）

史海钩沉

贡祖文匿护岳飞骨血觅迹（甘建华）

覃振：交集马斯南路（外一篇）（陆其国）

沈寂忆述中的胡蝶（葛昆元）

《诗经》里的周代服装（王幼敏）

温故

邵洵美：无怨无悔的出版家（伏萍）

施蛰存与《现代》杂志（郑瑛）

漫忆

文化交融、海派文化及其他（徐福生/口述，李禾禾/整理）

白相城隍庙（外二篇）（钱渊）

旧时弄堂口"三景"（钱渊）

老城隍庙里的动物园（钱渊）

武康路63号的记忆（惜珍）

人物

由阶而升识先生——回忆冯契先生（夏乃儒）

魏文伯写给我的一首诗（邱根发）

"阅读"智量老师（戴大年）

新客站有个指路爷叔（童孟侯）

陆家嘴（钢笔画）（洪纽一）

熠熠生辉的肩上警花——访99式警衔设计者葛冬冬（李动）

亲历

任钧先生给我们上课（杨云棠）

神州揽胜

小巷古槐（朱成坠）

传奇
跨洋影像传播人——记中华广播影视交流协会纪录片制作人刘庆云(姜龙飞)

灰尘文心
忆萧丁君(彭瑞高)
军旅书画家的行与思——《朱思墨迹》读后(鄢烈山)
可怜生在帝王家(生民)
读金文男回忆文章感赋(司徒伟智)

采诗踏歌
甘孜,美丽的卓玛(外一首)(倪家荣)

侃点
话说海上"丝绸之路"(朱少伟)
祖国的美名与雅称(夏商)

专题
李根长的桂花缘(赵春华)

养生
民国文人的养生实录(曹正文)
成方圆:我闯进了南极(祝天泽)

老黄历
面缘——记常熟兴福寺望岳楼老面馆(王亚法)

鉴藏
喜共紫瓯吟且酌(杨忠明)

品艺轩
造化生心缘,笔端出天巧——海派书画家陈小培小记(之翔)
封三:品艺轩(炎黄书画院陈小培作品专辑)
封四:龙的图案

2018年第4期

封一:龚兆源
封二:炎黄动态(陆廷等/摄,王源康/文)

编委会名单
《炎黄子孙》杂志理事会名单
目录

论坛

简析科举制度消亡的根本原因（谢宝耿）

谁拯救了上海犹太人？（马军）

史海钩沉

梁启超在上海办报（良蕾）

黄炎培二三事（汇言）

人物

革命斗士，建设先锋——百岁老人龚兆源的精彩人生

向经典致敬——追思电影表演艺术家孙道临（童澄）

春风化雨，润物无声——怀念王运熙先生（归青）

看脚踏车老头和指挥大师（童孟侯）

张斌：为人、为学、为师的楷模（陈昌来）

为艺术不要命的阮玲玉（葛昆元）

刘友石先生的篆刻人生（刘友石／口述，祁谷／整理）

专题

黄一飞：呼唤流失国宝魂归故里（甘建华）

侃点

"杂文姓氏"与曾彦修妙喻及其他（司徒伟智）

论死的权利（盛祖宏）

关于如何继承"程家祥"的一些想法（程多多）

亲历

难忘的农场生活风景（朱少伟）

自驾西藏心之悟（白伟）

温故

豫园商场的涅槃重生（龚识）

漫忆

朱自清与扬州中学的渊源（居乃琥）

王一平夫妇喝白开水（邱根发）

熊佛西的戏剧教育"实验精神"(袁龙海)
传统道德催化的友善故事(黄佩令)
投稿须知(《炎黄子孙》杂志编辑部)
张居正的遗憾(沈栖)
北京"百花深处"胡同名辩(刘惠恕)

尘世文心
瓶隐庐识印(沈嘉禄)
金性尧说《唐诗三百首新注》(曹正文)
秋天的三叶草(九眼)

采诗踏歌
岁月(黄阿忠)
明季人物咏(邵益山)
五绝·四季吟(外五首)(董贵昌)

趣说沪语
沪语趣说(三则)(彭瑞高)

养生
曹可凡做关注健康的明白人(祝天泽)
廖昌永讲究劳逸结合(李敏)

神州揽胜
游西溪南古村落(缪迅)
漫步神仙谷(朱成坠)

品艺轩
独自行走——读姜建忠油画(毛时安)
封三:品艺轩(炎黄书画院姜建忠作品专辑)
封四:龙的图案

2019年第1期(2019年3月31日)

封一:章培恒
封二:炎黄动态(陆廷等/摄,王源康/文)
编委会名单

《炎黄子孙》杂志理事会名单

目录

论坛

戊戌变法与上海（冯绍霆）

上海园林与传统文化（朱少伟）

温故

顾维钧在巴黎和会上（王贵生）

在上海美专迎解放的日子里——当年美专学生会副主席陈秋辉的回忆（王安诺）

亲历

读《毛泽东年谱》忆标注古诗文轶事（司徒伟智／整理）

沈尹默与胡问遂的师生情（胡考／口述，陆其国／整理）

史海钩沉

上海老城厢乔家路谈往（大立）

漫忆

呕心沥血，开启民智——因商务印书馆而想起的往事（赵修义）

老舍早年在黄浦江畔成名（红维）

乡愁绵延说大埔（李榕樟）

诗书传家，正心流芳（王佩玲）

侃点

听章培恒谈金庸小说为何远胜《李自成》（曹正文）

条条大路通罗马——从王雅琴、王盘声不同的艺术追求谈起（褚伯承）

长征镇"红色"地名述略（沈洁、段炼）

过孟姜女庙（刘惠恕）

客家服饰（袁晓赫）

四季养猪（霍宝华）

人物

民事不可缓，民生无小事——与老领导陈正兴聊传统、论"官德"（王俊敏）

高风亮节话杨宽（谢宝耿）

农家女儿吴玉梅（许平）

一期一会（胡廷楣）

写戏、为人、干事业——黎中城讲究责任感(杨云棠)

趣说沪语

沪语趣说(彭瑞高)

神州揽胜

烟花三月醉扬州(白伟)

拈花湾的禅意生活(杨锡高)

宏泰园和它的主人(甘建华)

尘世文心

父亲,他一直在风中陪我(黄阿忠)

旧书的味道(刘湘如)

春天话杨柳(泽昊)

说竹(仇明惠)

赏梅探春(李玲)

鉴藏

鲁迅与珂勒惠支版画(沈栖)

海派玉雕的艺术传承(吴俊明)

养生

马识途"长寿三字诀"(祝天泽)

指挥到100岁——著名指挥家曹鹏(李敏)

静坐养生(李斯)

品艺轩

瞿谷量:搜尽奇峰绘黄山(王丽慧)

封三:品艺轩(炎黄书画院瞿谷量作品专辑)

封四:龙的图案

2019年第2期(2019年6月30日)

封一:邓伟志

封二:炎黄动态(陆廷等/摄,王源康/文)

编委会名单

《炎黄子孙》杂志理事会名单

目录

论坛

我国古代社会转型时期的教育地位与师德问题（夏乃儒）

评判历史人事不妨来一点"换位思考"（丁凤麟）

温故

我在上海解放的前前后后（李仁杰）

外白渡桥上的激战（全根）

申城黎明前后的《上海人民》（凌云）

天亮时分的上海美术界（陈之翔）

专题

周恩来亲解"跃进"号沉没之谜（童孟侯）

漫忆

孙中山在上海支持五四运动（郑瑛）

罗广斌从狱中带出重要报告始末（刘惠恕）

共青团孕育于石库门（朱少伟）

怀念开轩哥（朱仰）

江渭清"微服私访"小阁楼（邱根发）

手写板上的最后交谈（金波）

"为人作嫁"忧喜录——光明日报编辑生涯卅七年（盛祖宏）

侃点

从华北平原气候变化想到《江梅引》和生态建设（朱永嘉/撰述，司徒伟智/整理）

秦国制胜，事在君为（徐甡民）

听唐圭璋说《全宋词》（曹正文）

县长的尴尬（王源康）

宝应是怎样炼成了诗词之乡？（居乃琥）

人物

创新，是他学术研究中永恒的元素——著名社会学家邓伟志其人其事（李禾禾）

吴蕴初的产业版图及其当代价值（顾云平）

张元济的家训、家教和家风（胡申生）

戴敦邦:结缘"红楼"四十年(沈嘉禄)

寻梦天空与大地——记我国早期参加航天工作的胡正中老师(祁谷)

传奇

感恩大地的葡萄(甘建华)

尘世文心

不能忘却的城市记忆(黄阿忠)

十年未识老邻居(胡晓军)

趣说汉语

沪语趣说(三)(彭瑞高)

投稿须知(《炎黄子孙》杂志编辑部)

采诗踏歌

名人咏(邵益山)

鲜得来(外一篇)(汪康)

话说这头小"犀牛"(钱渊)

神州揽胜

拜谒英雄城(邓牛顿)

春雨陌上,鎏金初染——浙江上虞覆卮山徒步游记(杜敏芳)

人间仙境看婺源(李玲)

养生

爱好与养生(李斯)

龚心瀚养生之道:四通一平(祝天泽)

品艺轩

从传统走进现代——朱新龙的人物画艺术(左庄伟)

封三:品艺轩(炎黄书画院朱新龙作品专辑)

封四:上海炎黄文化研究会篆印

2019年第3期(2019年9月30日)

封一:徐中玉

封二:炎黄动态(陆廷等/摄,王源康/文)

编委会名单

《炎黄子孙》杂志理事会名单
目录
论坛
"五一"口号的历史渊源和重大意义(丁凤麟)
"西学东渐"背景下的李鸿章家训(谢宝耿)
庄子与工匠精神(严国兴、冯绍霆)
海上烟云
李大钊与上海(石久)
陈毅与上海各代会(邵君)
建党初期上海红色出版机构浅谈(朱少伟)
八路军、新四军驻沪办事处始末(峻峰)
"鉴湖女侠"秋瑾在上海(陆其国)
往事故人
父亲王一平的一条"防线"(王时妹)
我与文化将军陈沂的交往(欧家斤)
于右任与"竖三民"(良蕾)
难忘恩师(沈栖)
漫忆
我住平民女校(朱蕊)
话说《孔子世家谱》第六次修订(孔海珠)
上海70年儒学研究散记(夏乃儒)
洋泾浜与"洋泾浜英语"(小婷)
侃点
金庸新武侠小说对传统文学的三大突破(曹正文)
像贾植芳那样扶持"新生代"(沈扬)
人物
为政先修身,从忠孝做起——"与老领导陈正兴聊家常、论官德"续篇(王俊敏)
求真求实,贾公安坤(许平)
德艺双馨仰高峰——赞徐中玉教授在教书育人中的开拓精神(葛乃福)
打造最温暖的中国动漫品牌——"刀刀狗"之父慕容引刀速写(甘建华)
陈忠村:从农民工到艺术家(李禾禾)

亲历
南翔,南翔(赵春华)
去拉萨参加少数民族运动会(朱仰)

尘世文心
书信传情(李玲)
学说上海话(外一篇)(汪康)

采诗踏歌
新中国七十华诞颂(外一首)(周华)
党章洗礼惟梦圆(从一大至十九大)(季军)
梦境中的高桥古镇(组诗)(杨朝宁)
龙须山诗草(组诗)(邵益山)

趣说沪语
沪语趣说(四)(彭瑞高)

神州揽胜
登黄鹤楼(刘惠恕)
那年夏天匆匆游凤凰(缪迅)
魂牵梦绕青弋江(朱成坠)

养生
方青卓:怡情的事有益健康(天天)
江曾培:动则不衰,青春永驻(祝天泽)

品艺轩
报人画家张安朴(刘静娴)
封三:品艺轩(炎黄书画院张安朴实作品专辑)
封四:上海炎黄文化研究会篆印

2019年第4期(2019年12月30日)

封一:秦怡
封二:炎黄动态(陆廷等/摄,王源康/文)
编委会名单
《炎黄子孙》杂志理事会名单

目录

论坛

简论以儒家思想为核心的传统管理哲学（周瀚光）

小三线调整时期上海的奉献（朱荫贵）

温故

邓小平早年在上海（朱少伟）

初心照耀前路明（李仁杰）

志士后人会面忆述——八十年前"刺杀丁默邨"事件（王晓君）

七十年来上海新故事的崛起与发展（邵唯）

侃点

往事越千年——三匹脱颖而出的职场黑马（徐甡民）

弥足珍贵的现代文学史料——上海作家三篇佚文钩沉（沈栖）

古代"华亭鹤"与寺院之缘（仇明惠）

漫忆

关于赠送傅立民《柳文指要》的前前后后——兼为章含之忆述作一说明（朱永嘉/口述，司徒伟智/整理）

回忆安排严佑民、胡克实吃客饭（邱根发）

茂名北路的烟火气（惜珍）

万宜坊旧人旧事（邱力立）

旧校场年画独树一帜（陈烨）

浙东行诗草（邵益山）

连载

一辈子写个人字（李伦新）

专题

为了那一缕抹不去的乡愁——一群乡土子弟"画说新泾"的故事（甘建华）

传奇

船在海底（童孟侯）

人物

秦怡：电影伴我一生（秦怡/口述，王岚/整理）

英勇的抗日谍报志士钱瘦铁（王琪森）

臧克家在申城登上诗坛（余建华）

罗竹风:杂文界的一杆旗(江曾培)
徐裕根的华丽转身(吴兴人)
绘画人生,人生如画——现代画家黄子曦和他的代表作(李榕樟)
永不言败(汪康)
趣说沪语
沪语趣说(五)(彭瑞高)
尘世文心
罗汉菜(赵春华)
谢安家教三则(谢宝耿)
神州揽胜
访王国维旧居(刘惠恕)
春秋淹城遗址访古(缪迅)
品艺轩
勤奋的艺术耕耘者——油画家陆廷印象(陈之翔)
封三:品艺轩(炎黄书画院陆廷作品专辑)
封四:上海炎黄文化研究会篆印

2020年第1期(2020年3月31日)

封一:王元化
封二:抗疫画廊(陈小培、洪纽一、奚文渊、奚赛联、董元、陆廷作)
编委会名单
《炎黄子孙》杂志理事会名单
目录
论坛
以得自自然之道还治自然——防控新冠肺炎疫情的哲学启示(蔡志栋)
谈谈陈旭麓先生的"新陈代谢"史学思想(陈同)
从《尚书》中看儒家辅弼思想(王佩玲)
重视古代传统生态的"偿还"理念(沈栖)
温故
长征火箭300发(游本凤)

两部马克思主义经典与上海（融雪）

我所经历的宗教工作（朱仰）

人物

郑振铎早年在上海办刊（潘良蕾）

吴蕴瑞头衔"三合一"（戴炳炎）

集棋王诗人爱国民主人士于一身的长生奇才——《谢侠逊传略》序（周瑞金）

听秦牧谈"文人贵正直"（曹正文）

王元化：沉潜在思辨海洋中的大家（江曾培）

叶辛的两副"眼光"（王洪）

千载家风应未坠（范荧）

她的微笑——记忆中的刘平平（王时妹）

水墨油彩，美丽了人生——画家严大地小记（甘建华）

道路崎岖，他成功逾越两座高峰——著名翻译家、诗人吴钧陶先生（李榕樟）

漫忆

回望黄浦江（朱少伟）

淡水路话昔（梁富伟）

上海肺科医院的由来（邱力立）

药局弄曾与防疫结缘（陈烨）

我的记者梦（贾树枚）

随笔

情满绿水青山——读倪家荣先生的新诗集《晨曦》（刘惠恕）

半瓶黄酒（张金城）

清明插柳趣谈（仇明惠）

趣说沪语

沪语趣说（六）（彭瑞高）

采诗踏歌

诗与画（黄阿忠）

春天，欢迎你们凯旋（杨剑龙）

战胜瘟疫后游武汉（外一首）（王贵生）

诗词二首(归青)

连载

一辈子写个人字(李伦新)

专题

小铜人,风吹草低的张望(沈嘉禄)

神州履痕

去台湾寻找老父亲的故居(董克荣)

陕北游散记(王俊敏)

侃点

戏曲话题两则(汪康)

封三:抗疫画廊(刘巽侠、隋军、陈志强、朱新龙、石滢、胡震国、张安朴、孙志奎、叶雄作)

封四:上海炎黄文化研究会篆印

2020年第2期(2020年6月)

封一:柯灵

封二:炎黄动态(陆廷等/摄,王源康/文);绿野行踪(村夫随拍)

编委会名单

《炎黄子孙》杂志理事会名单

目录

论坛

学说方言不能冲击推广普通话的底线(汤啸天)

上海话也要注意表义(镂石一夫)

感悟盛世的开拓者(吴小欢)

议一议布罗德式"档案原则"(沈栖)

从"攻阙"说到"找茬"(严瑶)

温故

张闻天早年在沪的革命活动(张秀君)

用生命守护党的"一号机密"——中共中央文库在上海(朱少伟)

上海共产党早期组织与新闻出版(峻峰)

人物

才高气清的柯灵（江曾培）

我与白桦老人的忘年交（邱根发）

周予同的筚路蓝缕之功（马军）

在这冬夜，想念一个人（伊人）

高桥三老（童孟侯）

她为京剧而生——执着于京剧事业的周燕萍（惜珍）

漫忆

陈独秀与亚东图书馆（陆其国）

斯诺与《密勒氏评论报》（陈烨）

"一想到海，我的心就开阔了起来"——冰心幼年时两次到上海（张红维）

我与于光远的"邂逅"（程继尧）

上海航道疏浚的前世今生（胥元石）

外滩22号与太古洋行（邱力立）

话题

难忘的连环画情结（杨益萍）

听邓云乡谈风俗人情（曹正文）

在0001号神树的庇佑下（赵春华）

虹桥路，上海开埠的一扇窗口（姚志康）

端午斗百草（仇明惠）

虞姬庙与虞姬墩（融雪）

日子

我的伊甸园（张金城）

杜六房里"小白脸"（汪康）

鉴藏

艺术衍生品的开发与文化传承——让小众艺术走向大众（陶勇）

诗词五首（王金山）

趣说沪语

沪语趣说（七）（彭瑞高）

尘世文心

机器旁，构思新诗一行行（司徒伟智）

用心于无笔墨处——读袁龙海美术评论集《笔下情源》(严宝康)

身影与月亮(尹亚欣)

连载

一辈子写个人字(李伦新)

神州揽胜

朝拜孔庙(刘惠恕)

品艺轩

梅花香自苦寒来——忆山水画家徐褒欣(陈志强)

为人至真,画艺致诚(周卫平)

封三:品艺轩(倪衍诚、徐葆欣作品专辑)

封四:上海炎黄文化研究会篆印

2020年第3期(2020年9月30日)

封一:王希季

封二:炎黄动态(陆廷等/摄,王源康/文)

编委会名单

《炎黄子孙》杂志理事会名单

目录

论坛

不必过于担心上海话的某些"弱化"(缪迅)

话说沪上艺术家与"在地性"(徐明松)

从建筑文化说到"安不忘危"(严宝康)

温故

孙中山在上海留下的光辉足迹(王全根)

社会主义研究社与《共产党宣言》(刘大立)

中国共产党发起组与新老渔阳里(朱少伟)

沁园春·雪(邓天纵)

上海抗战文学拾萃(沈栖)

宝山路上的红色印痕(郑瑛)

人物

回望探空火箭成功之路——访"两弹一星"元勋王季希院士(游本凤)

归去来兮——记大三线建设者葛民治(唐宁)

豪华落尽见真淳——余心言离休生活剪影(蒋元明)

陶兄继明(赵春华)

一代中医巨擘张山雷(陶继明)

办报奇人郑心永(吴兴人)

隽永俊秀字如其人——记著名书法家孙信德(杨锡高)

漫忆

杨宽和学生姜俊俊的书信来往(胡申生)

徐青同志和我相处的日子里(邱根发)

美食两题(汪康)

差点成为外婆家的余庆里(李榕樟)

话题

"《朝霞》事件"侧忆(司徒伟智)

严修出国考察的启示(陆其国)

施建伟的"林语堂研究"(王晓君)

漫话吹泥造田(童孟侯)

金陵东路的故事(邱力立)

亲历

回眸霍拉山(董克荣)

万木萧疏我不同——七绝·为友人汤啸天题白玉兰照四首(马琳)

尘世文心

发出毒品蔓延警报第一声(周瑞金)

男儿泪(杨益萍)

邂逅武汉(朱仰)

"重阳节"及其传说(谢宝耿)

中秋说芋艿(仇明惠)

趣说沪语

沪语趣说(八)(彭瑞高)

连载
一辈子写个人字(李伦新)
品艺轩
借镜表现主义与发扬抒情传统(汪涌豪)
封三:品艺轩(朱新昌作品专辑)
封四:上海炎黄文化研究会篆印

2020年第4期(2020年12月30日)

封一:张仲礼
封二:炎黄动态(源康/摄并文,梁妙珍/摄并文)
编委会名单
《炎黄子孙》杂志理事会名单
目录
论坛
为"美"鼓掌(王大)
请把"元旦"的冠名还给中国传统年节(陈勤建)
温故
从文化先锋到革命罗针——建党前后的《新青年》(锡铭)
上海机器工会百年回眸(朱少伟)
难以忘怀那朵美丽的"蘑菇云"(蒋贻权)
人物
文人范敬宜(蒋元明)
名园不可失周公——陈从周大师其人其事(李禾禾)
张仲礼与上海社科院历史所(马军)
"一目山人"戴敦邦(沈嘉禄)
蕙质兰心陈佩秋(张曙)
郭志坤回故里办书院(吴兴人)
王正华:为梦想插上翅膀(甘建华)
我所知道的任百尊——记新时期中国饭店业的开拓者(邱根发)
农场里走来的作曲家(董克荣)

漫忆

云中鸿雁记得他——一位三线建设者的两地书（唐宁）

钱君匋与万叶书店（沈栖）

张爱玲与上海的不解之缘（舒曼）

解开"话剧皇帝"石挥失踪之谜（李动）

谭正璧谈女性文学与弹词（曹正文）

从沙逊大厦到和平饭店（邱力立）

在晚清崛起的高昌庙镇（陈烨）

我与凤阳花鼓的情缘（姚志康）

老上海的"月份牌"（孙燕珍）

两位战地摄影师，一组珍贵历史照（程继尧）

史海钩沉

"熬波"小史（姜龙飞）

"江南"档案中的救赎故事（陆其国）

专题

抗疫记事两则（潘富根）

两张照片（汪康）

尘世文心

拥有历史情结的老人（杨益萍）

道彰先生的一首词（归青）

武大樱花（李玲）

冬至大如年（仇明惠）

趣说沪语

沪语趣说（九）（彭瑞高）

神州揽胜

梅州印象（宋杰）

鉴藏

大明天顺年制款青花大坛鉴赏（刘惠恕）

采诗踏歌

《走天涯》（外一首）（陈辉）

品艺轩

透视陈古魁心然主义艺术大格局(底谓)

封三:品艺轩(陈古魁作品专辑)

封四:上海炎黄文化研究会篆印

2021年第1期(2021年3月30日)

封一:李亚农

封二:炎黄动态(王源康/图、文)

编委会名单

《炎黄子孙》杂志理事会名单

目录

庆祝中国共产党成立100周年

白色恐怖下的红色中枢——早期中共中央领导机关在上海(朱少伟)

陈云与淞浦特委(唐幸)

上海大学与五卅运动(邵雍)

霹雳一声震天吼——记90余年前的嘉定"五抗"斗争(陶继明)

庆祝中国共产党成立100周年:"党在我心中"征文启事(上海炎黄文化研究会办公室)

论坛

法治版"十万个为什么"与传统法律教育(沈聿飞)

让春天不再"寂静"(邵传烈)

从落实节俭古训说到"小份菜"(严瑶)

人物

于右任:望我大陆,望我故乡(陆其国)

学习是一辈子的事情——缅怀著名导演汤晓丹(祝天泽)

李亚农有古文字学精密研究之力(马军)

指挥家用赤诚铸就志愿者丰碑(汤啸天)

一个有科学头脑的不寻常的农民(也许)

一个务农的上海工匠(童孟侯)

我的小姑(周艳)

漫忆

上海的两次电话号码升位（杨锡高）

丁玲与上海的不解之缘（朱韻）

打击日寇付出任何代价都在所不惜——虹口公园爆炸案始末（甄陶）

记石祝三同志二三事（邱根发）

为陈冲化解"恋爱"风波（鲁兵）

上海酱园史话（宋杰）

史说

中国古代三位好皇帝（曹正文）

多牛的大隋，怎么二世就亡了（徐甡民）

亲历

犹忆短论两篇半——话说一段特殊经历（司徒伟智）

汪市长的雅量（应国靖）

一个草根在闵行（张金城）

侃点

南社文人的"朋友圈"（管继平）

追忆上海世博"文化碰撞"（胡善胜）

跨"市"报忧监督试先行（周瑞金）

上海路名与园林遗踪（卢漪）

鲁鱼亥豕余庆里（李榕樟）

尘世文心

得与失（外一篇）（汪康）

"曲水流觞"话上巳（仇明惠）

牛年说牛（王全根）

神州揽胜

坝上踏雪飞马（刘开明/摄）

红旗漫卷六盘山（潘富根）

品艺轩

蔡兵画中看"四史"（彭瑞高）

散文诗：柳云居（外三首）（赵春华）

古意今韵话柴聪（耿忠平）

寄情丘壑逃禅煮石——小记海上金石书画家柴聪先生(徐兵)

封三:品艺轩(柴聪作品专辑)

封四:上海炎黄文化研究会篆印

2021年第2期(2021年6月30日)

封一:蒋孔阳

封二:炎黄动态(王源康等/摄并文)

编委会名单

《炎黄子孙》杂志理事会名单

目录

庆祝中国共产党成立100周年

在沪创办的早期中共中央机关报刊(朱少伟)

"将来的世界一定是工人们的世界"——中国劳动组合书记部旧址纪事(唐幸)

风起云涌小沙渡——在顾正红纪念馆的沉思(融雪)

第一个红色幼托机构——大同幼稚园(徐小雪)

百年回溯:深入挖掘红色的20年代(马军)

一辈子想的是报党的大恩(邓伟志)

《国际歌》声代代传……(陶延东)

论坛

刘方棫教授学术思想评价(刘社建)

话说"拾金不昧"的道德和法律层面(沈聿飞)

"自述屋"里告诫声声(闻纪之)

人物

怀念蒋孔阳先生——记一九九一年春天的一次采访(濮洪康)

电影戏剧艺术家瞿白音(陶继明)

人海潮中阅万象(管继平)

"老牛"班里的战斗英雄(董克荣)

紫藤花开了(赵春华)

漫忆

周总理当年来过——"老上海县"的珍贵记忆(彭瑞高)

妈妈的战地日记(修晓林)

有一种情感叫哀怨(外一首)(陆其国)

"真是特大丰收!"(朱家德)

我们的班主任王慧敏(邱根发)

亲历

忆萧丁(张曙)

当区长以后(李伦新)

名动京城的田野歌声(陆惠琴)

人生到此方英杰——写给女警察(周辽沈)

话题

半个世纪的漫漫"风云"路——上海航天研制风云系列气象卫星侧记(游本凤)

对付"小人"的智慧(徐甡民)

民间乒乓的新玩法——"星期壹俱乐部"的昨天和今天(姜龙飞)

温故

《解放日报》如何最先报道改革开放出国潮(周瑞金)

田禾文,难忘的夜大学校长(李禾禾)

史海钩沉

南溪草堂:孕育了一个名门望族(陈烨)

谈富弼的人品及王安石变法(曹正文)

尘世文心

人生一抹靓丽的暖色——读杨益萍散文新著《望湖斋笔记》(沈栖)

拥抱心灵的归处(甘建华)

神州揽胜

古藤园里觅雅趣(仇明惠)

天下第一雄关(潘富根)

品艺轩

当动物有了人的表情(沈嘉禄)

人民不会忘记——党史中的革命先烈(陈之翔)

封三:品艺轩(百年回眸·党史中的革命先烈:上海炎黄书画院董元绘画作品选)

封四:上海炎黄文化研究会篆印

2021年第3期(2021年9月30日)

封一:罗竹风
封二:炎黄动态(王源康等/摄并文)
编委会名单
《炎黄子孙》杂志理事会名单
目录

庆祝中国共产党成立100周年
第一份《中国共产党宣言》浅述(峻峰)
老渔阳里2号:百年前的一段红色历史(袁士祥)
抗战时期的《每日译报》(甄陶)
抗战烽火中的孩子剧团(徐小雪)

论坛
在"两个结合"中实现马克思主义中国化(汤啸天)
因一次外语类院校学生专项调研而想到(缪迅)
"老顽童"也要防止"上网成瘾"(蒋萌)

温故
抗战初期宋庆龄在上海(郑瑛)
革命党人在沪为社会变革造声势(杨格)

岁月人生
一身正气念"老罗"(邱根发)
听罗竹风讲:编辑应是杂家(曹正文)
孙子的回忆——爷爷盖叫天,故事说不尽(张善元/口述,王月华/整理)
进步教育家顾树森(陶继明)
老歌,永远是崭新的抒情——记女中音歌唱家王维倩(沈嘉禄)
"慈善大叔"赶上了好时代(司徒伟智)
纯粹志愿者(白壁)

遍访名家,当年受益何其多(蒋元明)

话题

仁者无敌(外一篇)(汪康)

袁了凡四训与曾国藩改号(沈栖)

道医之术肢端推拿(强华)

天眼在上(黎东)

让盲文书告别"零借阅"(沈聿飞)

漫忆

家父珍视的《每周评论》合订本(朱少伟)

《解放日报》最早报道"温州模式"的经过(周瑞金)

从电报到电话(杨锡高)

国产手表发展记事(郑俊镗)

悠悠奥运情(李玲)

陈学昭致徐开垒未刊信函释读(马国平)

故事发生西藏海关"31勇士"中……一封60年前的家书,何以令人泪目?(明健)

"土大亨"打赢"洋官司"(胡根喜)

尘世文心

自行车纪事(杨益萍)

画水彩(黄阿忠)

采诗踏歌

燃烧的激情,多彩的诗艺——读倪家荣诗集《晨曦》(潘颂德)

乌镇走笔(组诗)(倪家荣)

宁夏沙湖(倪家荣)

秋天里(许干生)

神州揽胜

行吟安亭古镇(赵春华)

喀什古城(潘富根)

充满诗意的甪直(仇明惠)

品艺轩

锦绣画侣(胡展奋)

封三:品艺轩(上海炎黄书画院王守中、胡震国作品专辑)
封四:上海炎黄文化研究会篆印

2021年第4期(2021年12月30日)

封一:方重
封二:炎黄动态(陆廷、王源康等/摄)
编委会名单
《炎黄子孙》杂志理事会名单
目录

庆祝中国共产党成立100周年
毛泽东在沪光辉足迹(邵唯)
朱德早年在上海(卢漪)
为中国的革命事业输送精锐骨干——外国语学社始末(殷俊华)
"一大"遭遇的惊心动魄的"小插曲"(邱力立)

论坛
"两个结合"是对马克思主义中国化历史经验的新概括(汤啸天)
标语中的人情味(杨益萍)
向古人学习"分食制"(吴兴人)
彩礼陋俗亟待继续遏制(蒋萌)

话题
气候变化的历史思考(朱永嘉/撰写/口述,司徒伟智/记录整理)
从革命前辈诗词看汲取优秀传统文化(陈之翔)
刘邦何以胜项羽——兼谈司马迁《史记》中的人物塑造(曹正文)
缘何孙中山尚在海外,却已为武昌革命军发布公告——一篇特别的《孙逸仙布告同胞书》(丁凤麟)

漫忆
1964年毛泽东表扬了《解放日报》(周瑞金)
沈雁冰与上海(朱韻)
初见李泽厚先生(戴平)
在丁香花园的浓荫下——一个令人崇敬的革命功臣群体(邱根发)

雷士德和雷士德工学院(童孟侯)
野三关老人忆当年——"胡耀邦来过我们这里"(李未熟)
一位个体劳动者入党记(张持坚)
支疆战友韩沧新(董克荣)
情迷"小人书"(李玲)
请来书法家,敬录正气歌(邓伟志)

人物
社科大师方重的名言——"爱国主义精神是我赖以生存的精神曲线"(缪迅)
生命如歌——追记何化均先生(许平)
一官唯养志,书生报国心(陶继明)
柳和城:"咬"定青山(陆其国)

史海钩沉
话说吴淞江(朱少伟)
江南制造局与海派文化(陈烨)

尘世文心
不会消失的小村庄(彭瑞高)
保护高氏住宅(赵春华)
为了我们的共同点——《锦溪之光》序(马军)
台子和面子(外一篇)(汪康)
"梅林春晓"浮暗香(仇明惠)
其来有自新笔名(南木)

采诗踏歌
早起(外二首)(陈辉)

品艺轩
"写生画家"隋军:魂兮归来(方世聪)、隋军的油画写生(黄阿忠)
封三:品艺轩(上海炎黄书画院隋军油画作品专辑)
封四:上海炎黄文化研究会篆印

2022年第1期(2022年3月31日)

封一:宁树藩

封二：集思广益，察纳忠言，我会召开系列迎新茶话会，共话研究会新年工作（王源康/摄影报道）

编委会名单

《炎黄子孙》杂志理事会名单

目录

温故

1964年毛泽东表扬了《解放日报》（续完）（周瑞金）

周恩来与上海工人第三次武装起义（邵唯）

王若飞早年在黄浦江畔（峻峰）

60多年前的"四史""三史"和"五史"（马军）

论坛

说说道光朝对官员的"考核"（沈栖）

重睹古官场，见识两面派（徐姓民）

人物

黄炎培与雁荡路80号（袁士祥、刘璐）

百年光远（陶继明）

恩师宁树藩先生百年寿诞纪念：回忆和感想（陆晔）

龚育之：我结识的理论大师（诸葛立早）

吴乾兑：在外文档案中挖掘中国历史（李志茗）

我会顾问撰文回忆经济学大师——吴承明独到的学术观和生活观（朱荫贵）

漫忆

一次难忘的访谈聆教——胡乔木阐述"语文教学的三种目的"（周忠麟）

载人航天"三步走"（游本凤）

车轮承载着上海公交一路前行（王赤风）

丁香花园迎来"陌生客"（邱根发）

追思郝铭鉴先生（杨益萍）

忆修明，灵动生花笔一支（司徒伟智）

往事故人

老舍在申城登上文坛（朱韻）

田汉在沪四次办《南国》(徐燕)

聂耳与申城的不解之缘(陈烨)

王个簃倾情吴昌硕故居(朱少伟)

海上烟云

英烈豪气长存母校(融雪)

龙华桃花别样红(仇明惠)

高桥屯粮巷:元代八都新华村(洪新)

尘世文心

电影《永不消逝的电波》,让我明白——什么叫真正有经历的剧组(黄河故人)

百年校园,苏河明珠(朱国文)

侃点

远看鲁迅(在首个"洛阳杂文日"会议上的发言)(蒋元明)

选择与代价(汪康)

枯荷、断桥与维纳斯(黄阿忠)

神州履痕

商都殷墟行(王俊敏)

徜徉银滩忘我情(张一鸣)

采诗踏歌

大家风范铭千古——哀悼徐缉熙先生(杨剑龙)

中国虎(邹平)

代人咏兰(归青)

岁杪偶感(邵益山)

品艺轩

顾益和张大千的师生情(赵春华)

中国艺术复兴大师刘海粟(袁龙海)

雅有思想,才藻美瞻——名家评张吉和她的画作(杨正新、王伟平、董芷林、朱来扣)

封三:品艺轩(上海炎黄书画院张吉作品专辑)

封四:上海炎黄文化研究会篆印

2022年第2期(2022年6月30日)

封一:钱伟长(照片)
封二:图片新闻、抗疫真言
编委会名单
《炎黄子孙》杂志理事会名单
目录

星火燎原

中国共产党发起组与各地党组织的建立(朱少伟)

中共二大与第一部党章(邵唯)

毛泽民与上海书店(殷俊华)

百年历史的复兴公园(袁士祥、刘璐)

侃点

《五月画展》前言(汪澜)

静听学者谈治史(杨益萍)

杨剑龙:有造诣的文学家,首先应该是一位诗人——徐芳访谈实录

人物

一个普通教师眼中的钱伟长(胡申生)

至今仍未想明白——与著名学者王元化先生交往的一件轶事(诸葛立早)

敦仁堂前忆先人——记我的父亲、南社后期主任姚光(姚昆遗)

在里昂,见识海外上海史大师安克强(马军)

老局长邹凡扬的传奇故事(孙泽敏)

扶持青年、泽溉后学——追忆金福安老师二三事(秦武平)

抗战老兵鲍奇将军(吴德胜)

论坛

视域远大知几许(司徒伟智)

实施"童语同音",上海应当做些什么?(汤啸天)

对于朋友圈"晒"攀比,我作两面观(蒋萌)

往事故人

留痕东余杭路的名人足迹(王妙瑞)

赵超构先生印象（金洪远）

吴清源与濑越宪作：围棋大师的生命色彩（胡廷楣）

阿英与《西行漫画》在沪出版（张红维）

史海钩沉

从徐园到徐家花园（惜珍）

嘉定名士陆廷灿（陶继明）

漫忆

"嫦娥奔月"取月壤（游本凤）

大上海从青龙镇起航（曹伟明）

难忘394食堂里的故事（李动）

"不蒸馒头争口气"——一位知青老友的回沪奋斗经历（张持坚）

话题

丁景唐四十年前的一篇旧稿（丁言昭）

刘衍文怎样主编《中国古代文学》——回顾一部教材的参与编写经历（宋心昌）

当年我写《汉武帝》（刘修明）

尘世文心

一位奥密克戎感染者的独白（王选来）

春风沉醉的宾馆（费平）

别有情趣的朝鲜蓟（仇明惠）

神州履痕

六朝追梦燕子矶（王扣柱）

感悟黄河花园口（王俊敏）

采诗踏歌

春天新唱（杨栐光）

一本书（外一首）（箫鸣）

品艺轩

发纤秾于简古，寄至味于澹泊——从隶书之演变谈张森隶书的艺术特色（夏乃儒）

《五月画展》作品选登（尤纯立、张安朴、朱新龙、许余庆、叶雄、奚文渊、卫雷力、张达兴/作）

封三:《五月画展》作品选登(黄阿忠、陆廷、朱新昌、王建祥、郑辛遥、李向阳/作)

封四:《五月画展》作品选登(洪纽一、杨宏富、许政泓、任敏、梁钢、孙志奎、周卫平、濮大铮、奚赛联/作)

2022年第3期(2022年9月30日)

封一:吴孟超
封二:炎黄动态(王源康/摄影报道)
编委会名单
《炎黄子孙》杂志理事会名单
目录

星火燎原

风雨经远里,军史丰碑地——探访中共中央军委机关旧址(唐幸)

"海内外同胞团结抗战的号角"——《救国时报》出版始末(朱少伟)

海上烟云

孙中山与香山路7号(刘璐、袁士祥)

外白渡桥上的狙击(陈烨)

立达学园在上海创办始末(陆其国)

论道

城市精神与上海文化建设(杨剑龙)

推进信息无障碍建设也是政府部门之责(汤啸天)

关于中小学生古诗词教育的三点思考(缪迅)

人物

通达的世纪老人——周谷城(张颖)

采访吴孟超院士的点滴印象(张一鸣)

做到老、学到老的邓伟志(邱根发)

忆老丁(张冰隅)

他的名字叫王森(金洪远)

往事故人

我与汪道涵、南怀瑾的新闻缘(上篇)(周瑞金)

"玉台二妙"与秋瑾刎颈之交（伦丰和）

林徽因：踮起脚尖张望的女孩（江舒琳）

斯人已去曲未终——怀念著名京剧表演艺术家黄小秋（王振华）

王家斌与海（孙建成）

漫忆

古典文学读本中的奇迹——父亲金性尧《唐诗三百首新注》成功原因简析（金文男）

《名人名言录》的难忘记忆（王涵）

我与王力平的一次通信（陆永昌）

回忆《解放日报》两先生（彭瑞高）

话题

我们的"上海法租界史"研究队伍（马军）

40年前进入新闻界，我感谢第一位上司，老陈二三事（伟群）

雁过留声一段缘——忆友人雷抒雁和庄则栋（蒋元明）

温故

李载平：中国DNA研究在此起步（潘真）

老船长丁海弟：难忘的接侨经历（高元兴）

远去的弄堂（魏福春）

阔街（也许）

推粪车亲历记（王永平）

尘世文心

不为良相，即为良医（居平）

从医生到摄影师（董克荣）

邂逅七宝黄金瓜（仇明惠）

刨冰回味（任炽越）

志愿者日记（崔立）

神州履痕

桔香汇龙潭（赵春华）

品艺轩

质朴拙趣，贵在自然——名家点评周卫平的水墨戏曲人物画（张培础、张培成）

封三:品艺轩(上海炎黄书画院周卫平作品专辑)
封四:上海炎黄文化研究会篆印

2022年第4期(2022年12月31日)

封一:贺友直
封二:炎黄动态(王源康/摄影报道)
编委会名单
《炎黄子孙》杂志理事会名单
目录

星火燎原

南昌路的文化与红色历史(袁士祥、刘璐)

董必武早年在上海(朱少伟)

早期中共党员郑超麟(管佩贤、管国忠)

俞秀松、施存统、陈公培的沪上三人行(邵雍)

往事故人

两岸的情感之锚——记一次不是"汪辜会谈"的"汪辜会谈"(邓伟志)

我与汪道涵、南怀瑾的新闻缘(下篇)(周瑞金)

李霞与关羽形象的再建构(李志茗)

姚光的两处故居(姚昆遗)

论道

不再是天方夜谭(杨益萍)

莫学另一种"看大样"(吴锦祥)

人物

宋庆龄全力救助"三毛"(郑瑛)

胡厥文:从爱国实业家到全国人大常委会副委员长(赵春华)

点点滴滴忆秦怡(祝天泽)

我与贺友直大师的交往(张一鸣)

黄昏雨——刘知侠与刘真骅苦难又幸福的爱情故事(上)(许平)

东南之望钱氏世家(陶继明)

漫忆

中国动画百年回眸(甄陶)

吴冠中上海艺术展谈往(萧宜)

叶辛文学馆掠影(王妙瑞)

段炼先生和他的上海新编《方志卷》(马军)

文学家与金山石化结缘的美好回忆(金洪远)

温故

五十年前的"的确良"往事(郭凤霞)

家住虹桥(姜龙飞)

点亮外滩的回忆(周庆熙)

儿时的鞭炮(王志良)

张家贴隔壁的电影院(任炽越)

浦江风,天山情——上海首期银龄行动追忆(王振华)

话题

鸦片战争前后来华外国人学说什么汉语(王幼敏)

陈立夫谈养生(张持坚)

旗袍重塑了上海女人(沈嘉禄)

由当年采访胡万林想到的(游本凤)

不可丢弃的奖状(费平)

尘世文心

大姐胸前那朵栀子花(鄢烈山)

天蓝(魏福春)

品尝松江鲈鱼八生火锅(仇明惠)

收集种子有乐趣(童孟侯)

神州履痕

归来吧,台湾(李玲)

采诗踏歌

词二首(王新文)

城市素描(组诗)(杨剑龙)

杂感三首(邵益山)

品艺轩

写生，留下自然的生活（黄阿忠）

投稿须知（《炎黄子孙》杂志编辑部）

封三：品艺轩（上海炎黄书画院黄阿忠作品专辑）

封四：上海炎黄文化研究会篆印

2023 年第 1 期（2023 年 3 月 31 日）

封一：顾廷龙

封二：炎黄动态（王源康/摄影报道）

编委会名单

《炎黄子孙》杂志理事会名单

目录

记忆犹新

追忆敬爱的江泽民同志二三事（袁晖）

把最宝贵的东西给予儿童——宋庆龄与《儿童时代》（朱少伟）

星火燎原

又新印刷所与《共产党宣言》（刘璐、袁士祥）

宋庆龄在上海主持远东反战大会（徐燕）

上海纪念地悲壮往事（张红维）

论道

听赵启正读书、文化和人生（邱根发）

保护文化遗产留下城乡记忆须问计于民（汤啸天、陈勤建）

林则徐：从鸦片战争到"开眼看世界"（徐甡民）

曾记否，百年前——烫发，竟成为等级性象征（刘平、张玉清）

人物

与元化先生在一起的快乐时光（陆正伟）

我印象中的叶永烈（张一鸣）

钱穆与他的"素书楼"（朱亚夫）

顾廷龙的宏伟事业：收书、编书和印书（施宣圆）

高式熊与《西泠印社同人印传》（潘真）

黄昏雨——刘知侠与刘真骅苦难又幸福的爱情故事（下）(许平)

于漪：从"草根教师"到人民教育家(伦丰和)

侃点

聆听罗永麟教授畅论——民间文学是文学的根本(郑土有)

陈祖恩教授与他的《上海咖啡》(马军)

老燕腾飞衔新枝——燕国材教授谈教育心理学种种(杨云棠)

蒋萌：劫后重生的青春力量(付冰冰/整理述评)

教猫捉老鼠(仇明惠)

漫忆

回眸上海卫星研制"零的突破"(游本凤)

我国现代儿童文学与上海(卢漪)

抗战时期的"星期二聚餐会"(邵唯)

70年前，上海剜除社会痈疽——一场特殊战役：取缔青楼妓院(李动)

往事历历

缅怀电影艺术家仲星火(祝天泽)

老党员老导演罗冠群(汪康)

弃商从文的严庆禧(糜佳乐)

能使"死画"复生的戴家华(王晓君)

多才多艺的竹刻大师朱缨(陶继明)

抒怀随笔

绽放在荒漠的情怀——记援疆女杰任长艳(杨晓晖)

隧道深处笑声欢(杨益萍)

桂花香飘的旧居(金洪远)

赵丽宏的粉丝(王妙瑞)

尘世文心

航海三记(高元兴)

"长江口二号"打捞记(童孟侯)

怀念母亲(厉建祖)

庆贺"恒源祥"文学群星闪耀——读一张喜报的感言(闻纪之)

交通卡数字的联想(任炽越)

采诗踏歌
衡山路之夜(杨剑龙)
七律·登白鹭洲悼文天祥(刘惠恕)
品艺轩
"油性"很足的水彩画家(宗荷)
封三:品艺轩(上海炎黄书画院奚赛联作品专辑)
封四:上海炎黄文化研究会篆印

2023年第2期(2023年6月30日)

封一:陈旭麓
封二:炎黄动态(王源康/摄影报道)
编委会名单
《炎黄子孙》杂志理事会名单
目录
星火燎原
《资本论》第一个中文全译本出版回眸(殷俊华)
迎接上海炎黄文化研究会建会三十周年:"走过三十年"征文启事(上海炎黄文化研究会办公室)
宋庆龄在"五一口号"发布前后(朱少伟)
往事历历
怀念父亲陈旭麓(陈辛)
陈毅回沪,开宗明义——"请投荣毅仁一票"(姜龙飞)
丁玲与上海(梁玉婷)
民国"西施"的故事(王正)
西行囚车日记(石志坚)
第一次走进刑场(赵进一)
漫忆
说说我的恩师(周瑞金)
邓伟志一家的故事——百年上大,三代情缘(胡申生)
宝成桥:有温度的城市景观(汤啸天)

唐振常——亦师亦友的学林前辈(丁凤麟)

李国豪故里散记(王晓君)

论道

跨越时空的思想对话——从《马克思进文庙》谈起(陈卫平)

曾国藩眼中的鸦片战争(李志茗)

由冯雪峰创作长征题材长篇小说想到的(林青)

人物

堂上生枫树，江山起烟雾——回忆陈佩秋先生(沈嘉禄)

"唐朝的海，久远得很哪！"——追忆唐海先生(吴兴人)

"生命不息，笛声不止"——缅怀笛艺宗师陆春龄(钱亚君)

"爱国棋王"谢侠逊与上海(徐燕)

《破晓东方》里的红色资本家吴羹梅(徐鸣)

记忆深处

老戏舞台上的宋朝历史人物(曹正文)

漂泊的摆摊人(甘建华)

"援巴"故事(董克荣)

一位让我十分敬重的老领导(张载养)

上海影剧院"金三角"(王振华)

海山烟云

康有为究竟"归隐"何处(三棵树)

清代"海上三大名庵"觅迹寻踪(觉悟)

尘世文心

重访宝翠花园(杨益萍)

母亲的背篓(蒋元明)

春韵(王志良)

抒怀随笔

我与曲艺的不解之缘(曹伟明)

那一只只淄博金丝鸭蛋呵(赵建人)

楝树开花麦饭香(赵春华)

采诗踏歌

都市怀旧(外二则)(杨剑龙)

品艺轩

"命运多舛"的艺术寻梦人(詹皓)

封三:品艺轩(上海炎黄书画院袁龙海作品专辑)

封四:上海炎黄文化研究会篆印

2023年第3期(2023年9月30日)

封一:施蛰存

封二:炎黄动态(王源康/摄影报道)

编委会名单

《炎黄子孙》杂志理事会名单

目录

记忆深处

我的黄永玉印象(汪澜)

"中国式现代化与传统根基"征文启事(上海炎黄文化研究会秘书处)

王大老师,学子缘何爱戴他(司徒伟智)

听老省长说当年——决策背后有故事(张持坚)

"走过三十年"征文

意惹情牵宣讲团(王佩玲)

听施平老书记谈今昔——谈华师大往事,谈爱孙施一公……(葛昆元)

星火燎原

张西曼与马克思主义早期传播(朱少伟)

新渔阳里6号与工运领袖(袁士祥、刘璐)

"民族解放的小号手"——抗战时期的新安旅行团(徐小雪)

往事历历

弘一法师与《华严集联三百》(祝君波)

怀念父亲陈旭麓(续)(陈辛)

南社的后期主任——姚光与《金山艺文志》(姚昆遗)

耀眼的都市风景——海派作家群落的孕育与崛起(殷泽昊)

中国话剧在上海滥觞与勃兴(顾闻闻)

慈禧太后曾干预杨乃武案(朱玺)

论道

看奕劻的"风雅腐败"(沈栖)

风波亭啊风波亭(徐牲民)

往事故人

施蛰存的"烟火趣味"(丁旭光)

缅怀陈虞老(吴兴人)

教育史专家毛礼锐往事(毛祖蓉)

追忆程中原老师(张秀君)

生不虚度死得其乐——记我的大舅母陈秋辉(王安诺)

漫忆

谢丽娟的平凡故事(邱根发)

葛涛兄,你辛苦了!——对一位历史学者的怀想(马军)

我和战友袁晖的新闻情缘(汪长纬)

"扁担电机"忆当年(侯宝良)

海上烟云

百年精武(汪康)

风雨沧桑话练祁——从练祁市到嘉定城(陶继明)

尘世文心

用真情抒写美丽诗篇——黄建春诗歌赏析(杨益萍)

菇棚人家(甘建华)

长豇豆和二嘎(魏福春)

纸船明烛照天烧(赵春华)

抒怀随笔

圆梦之行(王妙瑞)

崇明东滩,我的青春牧场(周云海)

诗意之旅(金洪远)

采诗踏歌

观景六首(杨剑龙)

秋叶精美(杨株光)

品艺轩

我的旷野之路(任敏)

封三:品艺轩(上海炎黄书画院任敏作品专辑)
封四:上海炎黄文化研究会篆印

2023年第4期(2023年12月31日)

封一:钱谷融
封二:炎黄动态(王源康/摄影报道)
编委会名单
《炎黄子孙》杂志理事会名单
目录

苏河两岸
从上海圣约翰走出的文化名人(汪澜)
元代水闸考古挖掘带出的故事(陈燮君)
上海机器织布局是如何转变为申新九厂的(李志茗)
母亲河的大名叫"吴淞江"(三棵树)

星火燎原
"这是申城弥足珍贵的红色财富"——探访驻沪中共中央各机构史迹(朱少伟)

记忆深处
犹忆杂感短论两篇半——话说一段特殊经历(下半部分·续完)(司徒伟智)
老戏舞台上的明朝历史人物(曹正文)
中国大陆第一条电视广告(孙泽敏)
松江有个神秘的空间发动机试验站(游本凤)
胜诉——记中国民间诉日本海事侵权损害赔偿胜诉第一案(林宁宁)

人物
书生风味是淡定(王晓君)
袁鹰,一代副刊大师(蒋元明)
值得立传的民国人物郭心崧(周瑞金)
晏阳初的爱国情怀和红色印记(苗勇)
我的父亲王退斋(王佩玲)

"走过三十年"征文

我在"炎黄"这八年(王源康)

海上烟云

辛亥革命期间的两位学僧(郑瑛)

海派文学期刊在沪发轫与兴盛(梁玉婷)

青春报国,暮年思乡——顾维钧的故乡情怀(陶继明)

少年武僧在上海抗击倭寇(刘大立)

往事历历

我童年时住过的工人新村(马军)

"北大"毕业(张持坚)

五遇死神的最可爱的人(张林凤)

我与新闻工作的缘分(王振华)

岁月回响中的师生情谊(刘翔)

话题

外国名人与"南翔小笼"(朱小婷)

关于包公的一些细节(王全根)

天下第一山牌坊(欧阳吉根)

尘世文心

雪白风寒总是情——往事小忆(高元兴)

一座岛一本书(王妙瑞)

古猗园掠影(谢力文)

美妙的萨克斯(魏福春)

蟹事(赵春华)

抒怀随笔

为新人颁发结婚证书(费平)

绣娘(任炽越)

家有仿新罗山人笔意画(金洪远)

采诗踏歌

贵州行杂咏(归青)

品艺轩

清纯、幽趣、邃雅——吕洪樑油画艺术品读(油画家、美术批评家宋永进)

封三：品艺轩（上海炎黄书画院吕洪樑作品专辑）
封四：上海炎黄文化研究会篆印

2024年第1期（2024年3月31日）

封一：贺绿汀
封二：炎黄动态（王源康/摄影报道）
编委会名单
《炎黄子孙》杂志理事会名单
目录

星火燎原

宋庆龄与马克思主义学习小组（徐燕）

"星火赵巷"的革命印记（赵景国）

"走过三十年"征文

说说我们的会长和副会长——上海炎黄文化研究会三十年记忆片段（邓伟志）

上海炎黄文化研究会印象（刘惠恕）

研究会助力美丽乡村建设（仇明惠）

追忆丁锡满老师（王佩玲）

老领导陈正兴是怎样修改发言稿的（王俊敏）

人物

一大代表包惠僧的跌宕人生（袁士祥、刘璐）

贺绿汀先生二三事（丁旭光）

少为人知的艺术大家闻一多（陈志强）

高铭暄：从小渔村出来的法学泰斗（上）（尤俊意）

苏河两岸

顾正红战斗过的地方（马军）

漫步小闸（段炼）

记忆深处

存史，勿忘别有一面——回顾整理一些杂感谨供商榷批评（司徒伟智/口述，王润源/记录整理）

首赴南极，记者笔下的561条汉子（郑蔚）

为了祖国的重托——搜寻"跃进号"沉船纪实（林宁宁）

老首长冯主任（蒋元明）

那两朵交织的海浪花（甘建华）

顾振乐的"朋友情"（伦丰和、吕庆）

海上烟云

张园：从海上名园到辛亥革命火种村（阿庄）

太平军三次进攻上海（殷俊华）

浩荡雄师可撼山——两次淞沪战争中的嘉定（陶继明）

杜重远与《新生》事件"（孙雁如）

往事历历

"哎哟喂，我们是老乡呵！"（刘希涛）

特别年代特别故事——忆少年报社（徐奋）

我的永年路情结（谢海泉）

"西学东渐"的弄潮儿——晚清来沪传教士的"中国通"（朱少伟）

"是车轮还是光阴？催老了秋容"——历经沧桑的沪杭线（曹慧）

石挥的传奇人生（陈祝义）

论道

老年人应当防止从经验丰富走向思维狭窄（汤啸天）

尘世文心

长江路上走一走（魏福春）

初冬（王志良）

崇明雕花板的"家"（施弟敏）

晶莹的泪珠（王选来）

采诗踏歌

诗絮飞扬（散文诗）（赵春华）

梅与雪（杨株光）

品艺轩

都市丽人视角下的城市风景（之翔）

封三：品艺轩（上海炎黄书画院石滢作品专辑）

封四：上海炎黄文化研究会篆印

作者索引

马 军 编

编者说明

1. 作者排列以汉语拼音为序,若首字相同则依次字,以此类推。

2. 索引内的数字系指发文的年份和该年份内的刊期,如09—3指2009年第3期,14—2指2014年第2期。

A

阿庄 24—1

安荔裳 04—3

B

白壁 21—3

柏森 14—4

白伟 18—4,19—1

白运河 12—2

白云流水 13—3,14—1,14—2,14—3,14—4,16—2

保剑锋 13—3

包进康 12—3,16—4

卞权 07—3,07—4,08—2,08—3,08—4,09—1,09—2,09—3,09—4,10—3,10—4,11—2,11—3,11—4,12—1,12—2,12—4,13—1,13—2,13—3,13—4,14—3,14—4,15—2,15—4,16—4,17—2,17—4

卞文妮 13—4

编者 14—4

冰泉 06—3,10—4

冰山一角 16—3

冰隅(张冰隅笔名) 11—4

步一军 07—1,07—4,11—1,11—3,12—2

C

蔡安琪 06—2

蔡丰明 10—3

蔡国芳 17—2

蔡磊 07—1

蔡明君 08—1

蔡玉玲 10—3

蔡元林 06—2

蔡志栋 17—1，17—3，20—1

蔡祖根 11—3

曹爱红 09—2，10—2

曹慧 24—1

曹洁 08—3

曹静 09—2

曹庆庚 09—2，09—3，10—2

曹斯铭 15—2

曹伟明 22—2，23—2

曹文仲 07—2

曹学忠 16—1，17—1

曹云岐 09—1

曹章 05—1，06—1，10—3，11—2

曹正文 18—1，18—3，18—4，19—1，19—2，19—3，20—1，20—4，21—1，21—2，21—3，21—4，23—2，23—4

柴聪 21—1

柴焘熊 10—1，10—3

巢卫群（又见晓巢、晓赵、晓烨、小赵）08—2，12—1

陈必武 09—3

陈标 08—3

陈昌来 18—4

陈春宝 13—3，14—1，14—2，14—3，14—4，15—3，15—4，16—3，17—4

陈党耀 06—1，07—3，07—4，08—1，08—2，08—3，08—4，09—2，10—1，10—2，10—3，10—4

陈芳源 13—3

陈风云 09—2

陈公益 15—1

陈谷长 18—1，18—2

陈古魁 20—4

陈广澧 04—3

陈海健 08—4

陈辉 20—4，21—4

陈佳 12—2

陈佳婧 11—4

陈佳欣 08—2

陈嘉宜 07—4

陈坚刚 11—2

陈劲松 15—4

陈经璋 04—3，17—3

陈鹏举 07—3

陈勤建 12—1，14—3，18—2，20—4，23—1

陈身道 07—1

陈澍璟 13—4，14—3，16—1，16—3

陈思怡 14—2，14—3

陈偲怡 13—3，15—3，15—4

陈思雨 11—1

陈同 20—1

陈图渊 06—3

陈卫平 16—2，23—2

陈维勇 09—4

陈文华 12—4

陈小培 18—3，20—1

陈燮君 23—4

陈新 06—3

陈辛 23—2，23—3

陈学山 18—2

陈烨 19—4，20—1，20—2，20—4，21—2，21—4，22—1，22—3

陈以鸿 07—2

陈依明 09—4

陈莹 10—2

陈瑀昕 17—2

陈煜煊 17—1

陈云华 09—1，10—3，11—4，12—2，13—3，14—1

陈增辉 06—1，07—2，07—3，07—4，08—1，08—3，08—4，09—1，09—3，09—4，10—3，11—1，11—2，11—3，11—4，12—1，12—2，12—3，13—2，13—3，14—2，14—3，14—4，15—3，15—4，16—3，16—4，17—4

陈正兴 08—3

陈志刚 16—2

陈志强（又见陈之翔、之翔）17—1，20—1，20—2，24—1

陈之翔（陈志强笔名）19—2，19—4，21—2，21—4

陈祝义 24—1

程迪 06—1

程多多 18—4

程继尧 20—2，20—4

程显荣 14—1，14—2，16—3，17—3

程佚 16—4

池新民 12—4

崇明县向化镇镇政府 07—4

褚伯承 18—1，19—1

褚大为 09—4

褚水敖 10—2

楚紫 04—3，05—3，06—1，07—1，09—2，09—4，10—3，11—2，11—3，16—1，16—3，16—4

闯宇（毛闯宇笔名）12—3

淳于书伍 10—2

崔立 22—3

村夫（甘建华笔名）20—2

D

大凡 06—3

大立 19—1

戴鞍钢 14—4

戴炳炎 20—1

戴大年 18—3

戴梦星 12—2

戴平 21—4

戴蓉仪 16—2

戴树忠 11—1

德鸣 09—4

德润 14—4

灯明 11—3

邓牛顿 04—3，06—2，06—3，07—2，08—1，09—1，09—2，10—2，11—2，12—2，13—3，14—1，

283

14—3，15—1，15—3，15—4，16—2，16—3，17—1，17—3，18—2，19—2

邓天纵 20—3

邓伟志 04—3，06—2，08—2，09—1，11—3，15—4，21—2，21—4，22—4，24—1

邓喜清 11—4

底谓 20—4

丁峰 08—2

丁凤麟 19—2，19—3，21—4，23—2

丁淦林 06—3

丁敬远 07—2，07—4

丁芒 05—1

丁锡满（又见萧丁）04—3，06—1，06—2，07—2，07—4，08—1，08—2，08—3，08—4，09—2，10—1，10—1，10—3，11—1，11—3，12—1，12—4，13—3，14—2，14—3，14—4，15—3，18—3，06—2

丁旭光 23—3，24—1

丁言昭 22—2

丁一鸣 06—1

丁耘 16—3

丁洲 11—3

董贵昌 08—1，09—2，10—1，10—3，12—2，12—4，13—3，14—1，15—1，15—2，15—3，15—4，16—1，16—3，16—4，17—1，17—2，17—4，18—4，07—1，07—3

董克荣 20—1，20—3，20—4，21—2，21—4，22—3，23—2

董元 20—1，21—2

董芷林 22—1

杜海玲 06—3

杜静安 15—2，15—3，15—4，16—3，16—4

杜敏芳 19—2

杜顺金 10—2

段炼 19—1，24—1

F

范世平（又见晓范）08—1，10—2，11—3，11—4，12—2

范向东 11—3

范荧 20—1

范征夫 04—3，08—1，11—3，13—3

方传鑫 07—1

方令子 06—1

方云 13—1

费立芳 11—1，14—1，16—3

飞马 18—2

费平 22—2，22—4，23—4

冯绍霆 18—3，19—1，19—3

付冰冰 23—1

付长珍 17—4

伏萍 18—3

G

甘建华（又见村夫）10—2，12—

3，13—1，13—2，14—3，17—3，18—1，18—2，18—3，18—4，19—1，19—2，19—3，19—4，20—1，20—4，21—2，23—2，23—3，24—1

甘润远 15—3

高福进 18—2

高建中 15—4

高明丽 05—3

高式熊 07—1，18—1

高伊 10—2

高亦涵 06—3

高元兴 13—3，22—3，23—1，23—4

高准 17—2，17—3

葛昆元 18—3，23—3

葛黎明 14—4

葛乃福 12—2，14—1，16—1，19—3

葛阳 11—4

耕夫 09—1

耿忠平 21—1

龚伯荣 15—2，16—1，16—3

龚家政 08—4

龚识 18—4

龚一闻 16—3

龚兆源 18—4

顾保权 17—1

辜红霞 12—4

顾建良 09—3

顾静 10—3

顾菁华 08—1

顾丽 12—4

谷尚 10—1，11—1

顾闻闻 23—3

顾忻媛 07—3

顾延培 09—2，11—4

顾一敏 06—4

谷怡宁 06—4

顾云平 19—2

顾云卿 09—3

顾振仪 07—2

管国忠 22—4

管继平 21—1，21—2

管佩贤 22—4

光珠 17—3

归青 18—4，20—1，20—4，22—1，23—4

郭重庆 15—2

郭凤霞 22—4

郭庆珍 07—4，13—1，13—2

郭锡伯 04—3，07—1

郭绪印 09—1，13—3，14—3，15—4，16—3，16—4，17—1，17—4

郭永明 08—2

H

海建 16—1

韩焕昌 06—3，07—3，08—2，08—3，08—4，09—1，09—2，09—3，11—4，12—2，14—4，15—1，15—3，16—1，16—2，16—3，16—4，17—2，17—4

| 285 |

韩建刚 09—3,09—4

韩克 06—2,06—3,06—4,07—1,07—2,07—3,08—1,08—4,10—3,10—4,11—3,12—1

汉泉 06—4

韩澍璟 16—4

韩远刚 13—4

韩震江 10—1

韩志强 15—3

贺化帛 11—4,12—3

何佩刚 06—3

何心向 06—3,06—4,07—3,10—2,10—3,07—2

洪纽一 18—1,18—3,20—1,22—2

红维(张红维笔名)19—1

洪新 22—1

宏永祺 11—2

侯宝良 23—3

侯殿华 07—1,08—1

胡邦彦 04—3

胡传海 07—2

胡根喜 21—3

胡海珠 07—3

胡锦涛 07—4

胡考 19—1

胡琳安 14—1

胡善胜 21—1

胡申生 14—4,18—1,19—2,20—3,22—2,23—2

胡石文 14—1

胡廷楣 19—1,22—2

胡希伟 07—4,10—3

胡翔 06—1

胡晓军 18—2,19—2

胡展奋 21—3

胡震国 20—1,21—3

华林 04—3,06—1

黄阿忠 18—4,19—1,19—2,20—1,21—3,21—4,22—1,22—2,22—4

黄宝昌 06—3

黄河故人 22—1

黄洪晖 14—2,13—3

黄建华 09—1,16—3,17—1,17—2

黄金日 15—1

黄柳 11—3

黄乃强 10—2

黄佩令 18—4

黄润苏 04—3,05—1,06—3

黄思琳 15—4

黄伟民 11—1

黄喜得 11—1

黄业盛 16—2

黄悦欢 07—2

黄志功 08—3

汇言 18—4

霍宝华 18—1,19—1

J

季佳欢 14—4

吉景峰 06—3，12—3

季军 12—2，15—3，16—1，16—3，19—3

季振邦 10—1，12—2

贾安坤 06—2

家齐 05—1

郏其庚 09—3

稼穑（倪家荣笔名）06—1，06—2，06—3，06—4，07—1，07—3，07—4，08—2，09—3，09—3，10—1，13—1，13—4，15—2，15—3，15—4，16—1，16—4，07—1

贾树枚 20—1

江岛 15—4

蒋德海 06—2

蒋洪 15—2

姜金城 08—4

姜俊彦 17—3

江礼旸 09—3，15—3

姜龙飞 18—3，20—4，21—2，22—4，23—2

蒋萌 21—3，21—4，22—2

江鸟 18—2

蒋世荣 10—2，10—4，11—1

江舒琳 22—3

姜为强 06—4，08—1，10—4，17—4，18—4

蒋星煜 10—2，11—1

蒋贻权 20—4

蒋元明 20—4，21—3，22—1，22—3，23—2，24—1

蒋元任 06—3

江曾培 19—4，20—1，20—2

金波 19—2

金重光 07—1

金定根 07—1，11—2

金恒源 16—3，17—3

金洪远 22—2，22—3，22—4，23—1，23—3，23—4

今人 13—4

金荣 14—3

金水生 10—3

金文男 22—3

金西来（又见金西莱）09—2，10—1

金西莱（又见金西来）09—3

金习群 16—2

金宪根 06—2

金鑫 08—2

金永康 09—4

敬黄 06—1

久石 18—1

九眼 18—4

鞠国栋 06—2

居乃琥 18—2，18—4，19—2

居平 22—3

居欣如 09—3

居震平 18—2

觉悟 23—2

峻峰 18—1，19—3，20—2，21—3，22—1

俊华 18—2

287

K

孔繁铉 09—3, 10—2, 11—1, 12—2, 12—4, 13—4, 14—1, 14—2, 14—3, 15—1, 15—2, 15—3, 16—1, 16—4, 17—1, 17—2, 17—4

孔海珠 19—3

孔良 15—2

孔强新 16—3, 17—3

L

李大云 10—3

李动 18—3, 20—4, 22—2, 23—1

黎东 21—3

李方希茜 09—3

李高翊 07—2, 15—2

李禾禾 18—3, 19—2, 19—3, 20—4, 21—2

黎焕颐 05—1, 05—3, 06—1, 06—2, 06—3, 06—4, 07—1, 07—2, 07—3

李家珉 13—4

厉建祖 10—1, 14—1, 23—1

李敬华 06—2, 07—3, 08—3, 09—1, 10—2, 11—1, 12—1, 12—4, 17—2

李亮 07—1

李玲 18—1, 19—1, 19—2, 19—3, 20—4, 21—3, 21—4, 22—4

李伦新 05—1, 05—3, 13—1, 16—1, 19—4, 20—1, 20—2, 20—3, 21—2

李曼 15—4

李梦白 08—3, 12—1, 15—4

李敏 15—3, 18—4, 19—1

李培栋 07—1

李其忠 10—1, 10—2, 10—3, 11—1, 11—4, 12—1, 12—2, 12—3, 12—4, 13—1, 13—2, 13—4, 15—2

李仁杰 19—2, 19—4

李榕樟 19—1, 19—4, 20—1, 20—3, 21—1

李树人 13—1

李斯 19—1, 19—2

李思一 09—4

李松 12—2

李伟良 11—4

李未熟 21—4

李向阳 22—2

李忻卫 06—2

李燕杰 14—2, 14—4

李燕菁 07—1

李幼林 17—1

李志茗 22—1, 22—4, 23—2, 23—4

李忠利 06—3

李祚唐 07—3

梁富伟 20—1

梁钢 22—2

良蕾(潘良蕾笔名)18—4, 19—3

288

梁妙珍 13—3，20—4

梁玉婷 23—2、23—4

廖大伟 16—4

廖克诚 08—3

廖夏(又见寥夏) 11—4，12—3

寥夏(有见廖夏) 12—2，16—1

林 帆 04—3，05—1，05—3，06—1，06—3，06—4，07—4

林惠成 04—3，05—3，07—2

林建刚 07—3

林宁宁 23—4，24—1

林溪波 12—2

玲玲 16—4

凌墨白 11—2，12—4

凌怡 13—4

凌云 18—2，19—2

刘长林 15—4

刘大立 20—3，23—4

刘德强 09—2

刘德润 13—2，13—3，13—4，14—1，15—2，15—4，16—1，16—2，16—3，17—1

刘鸿毅 14—2，14—3，16—3

刘惠恕 04—3，08—2，10—4，11—1，11—3，12—1，12—3，13—1，13—2，13—4，14—3，14—4，15—1，15—2，15—4，16—2，16—3，16—4，17—2，17—3，17—4，18—1，18—2，18—4，19—1，19—2，19—3，19—4，20—1，20—2，20—4，23—1，24—1

刘杰 09—1，11—1

刘静娴 19—3

刘开明 21—1

刘力群 08—3

刘璐 22—1，22—2，22—3，22—4，23—1，23—3，24—1

刘美球 11—2

刘璠 12—1

刘平 23—1

刘倩芸 06—2

刘庆荣 06—1

刘社建 21—2

刘庭桂 07—2，07—3，08—1，08—2，08—3，08—4，09—1，12—1，16—4

刘希涛 24—1

刘小晴 07—1

刘翔 23—4

刘湘如 19—1

刘燮阳 05—1，06—2

刘修明 22—2

刘巽侠 20—1

刘燕 07—4

刘苡榛 18—2

刘永高 08—3

刘幼如 08—2

刘友石 18—4

刘禹成 12—3

刘昱君 09—2，14—3

龙孝祥 16—2

镂石一夫 20—2

289

楼伊菁 14—2

楼之宸 16—3

楼子菡 16—2,17—2

鲁兵 21—1

陆长辉 09—1

陆定(陆廷笔名)12—3

鲁汉 07—2,08—3,10—4,11—1,12—2,12—3,13—4,14—3,15—2,15—3

陆惠琴 21—2

陆丽雯 10—2

陆其国 18—1,18—3,19—1,19—3,20—2,20—3,20—4,21—1,21—2,21—4,22—3

卢启汉 16—4

卢山 10—1

陆廷(又见陆庭、陆定)12—4,13—1,13—3,13—4,14—1,14—3,14—4,15—1,15—4,16—1,16—2,17—4,18—1,18—2,18—3,18—4,19—1,19—2,19—3,19—4,20—1,20—2,20—3,21—4,22—2

陆庭(陆廷笔名)12—1

陆亭菲 12—1

陆兴龙 14—1

陆晔 22—1

卢漪 21—1,21—4,23—1

陆永昌 22—3

陆震 12—2

陆正伟 23—1

伦丰和 22—3,23—1,24—1

罗建辉 14—4

罗金 14—2,14—3

落依 10—1,16—3,16—4,17—2,17—3,17—4

罗一明 17—2

吕成果 07—3

吕洪樑 23—4

吕庆 24—1

吕振德 15—2

M

马纯璇 14—2

马国平 21—3

马军 18—1,18—2,18—4,20—2,20—4,21—1,21—2,21—4,22—1,22—2,22—3,22—4,23—1,23—3,23—4,24—1

马立新 12—1

马琳 20—3

马逸杰 14—4

马荫森 04—3,05—1,06—3,06—4

马宇 11—4

茅成儒 12—4

毛闯宇(又见闯宇)10—1,10—3,10—4,11—1,11—4,12—1,12—2,12—3,12—4,13—1,13—2,13—4,14—1,14—2,14—4,15—1,15—2,16—1,16—3,17—1

毛时安 18—4

毛祖蓉 23—3

梅茜 07—1，07—4，08—3

梅青 10—4，11—3，12—1

梅胜凤 08—2，09—3

孟海棠 06—4

孟蒙 05—3

孟宪纾 13—1，15—3

糜华菱 04—3，16—2，16—4

糜佳乐 23—1

苗勇 23—4

明惠（仇明惠笔名）18—1

明健 21—3

缪迅 18—1，18—4，19—3，19—4，20—3，21—3，21—4，22—3

莫林 05—1，07—1

莫静坡 09—2

N

南兰 07—4，08—2

南木 21—4

南子 08—2，09—1

倪家荣（又见峥嵘、稼穑）06—4，07—4，08—2，10—1，10—4，11—2，11—3，11—4，14—3，14—4，16—1，17—1，17—4，18—3，21—3

倪建斌 07—1

倪敏 08—4

倪衍诚 20—2

倪永宏 17—2

聂绮 06—4

聂琦 08—1

宁树藩 06—3

宁张 05—1

O

欧家斤 19—3

欧阳吉根 23—4

P

潘富根 20—4，21—1，21—2，21—3

潘良蕾（又见良蕾）20—1

潘颂德 21—3

潘真 22—3，23—1

彭瑞高 18—3，18—4，19—1，19—2，19—3，19—4，20—1，20—2，20—3，20—4，21—1，21—2，21—4，22—3

濮大铮 22—2

濮洪康 21—2

Q

祁谷 09—4，18—4，19—2

戚航 12—3

齐铁偕 08—3

齐雯 09—1

祁云 11—3，11—4

齐允海 16—3

钱程 14—4

钱法度 10—2

钱家桢 11—1

钱乃荣 11—3

钱天华 08—2，08—4，09—3，10—1，11—1，11—2，13—1，14—4

钱亚君 23—2

钱渊 09—2，09—3，09—4，10—1，10—2，10—3，10—4，11—1，11—2，11—3，11—4，12—2，12—3，12—4，13—3，13—4，14—1，14—2，14—3，14—4，15—1，15—2，15—3，16—1，16—3，16—4，17—2，17—3，18—3，19—2

钱仲安 10—1，16—2

强华 21—3

乔卫 08—2

秦耕 07—4，08—3，09—1，10—1，10—3，11—2，12—2，12—4，13—4，14—4，15—4，17—2

秦凯娣 06—1

秦武平 22—2

秦怡 19—4

秦曾期 09—4，13—3

青浦云玉馆 14—2

青桐 14—2

邱根发 17—3，18—1，18—2，18—3，18—4，19—2，19—4，20—2，20—3，20—4，21—1，21—2，21—3，21—4，22—1，22—3，23—1，23—3

邱力立 19—4，20—1，20—2，20—3，20—4，21—4

仇明惠（又见明惠）18—2，19—1，19—4，20—1，20—2，20—3，20—4，21—1，21—2，21—3，21—4，22—1，22—2，22—3，22—4，23—1，24—1

邱雯瑾 13—4

秋意 08—3

瞿谷量 19—1

全根 19—2

泉源 16—3

R

任炽越 22—3，22—4，23—1，23—4

任敏 22—2，23—3

任学礼 11—2

荣铭 12—2

融雪 18—1，20—1，20—2，21—2，22—1

汝（姚树新笔名）13—1，13—3

汝晶晶 12—4

汝信（姚树新笔名）08—4

汝鑫（姚树新笔名）08—2，08—3

S

三传者 10—4

三棵树 23—2，23—4

桑瑞临 16—4

沙金 14—2

沙水清 09—3，09—4

山石 15—1

单涛 07—4

上海食文化研究会 13—3，14—1

上海新知文化发展公司 15—4

上海炎黄书画院 16—1

上海炎黄文化研究会办公室 21—1，23—2

上海炎黄文化研究会秘书处 23—3

上海《炎黄子孙》杂志（又见《炎黄子孙》杂志社、《炎黄子孙》编辑部、《炎黄子孙》杂志编辑部）07—4

上海佚名 13—1

邵传烈 21—1

邵君 19—3

邵黎黎 06—4

邵丽沁 10—1

邵龙宝 16—4

邵唯 18—2，19—4，21—4，22—1，22—2，23—1

邵一衡 08—4

邵益山 18—1，18—4，19—2，19—3，19—4，22—1

邵雍 21—1，22—4

沈沉 04—3，05—1，06—1，06—2，06—3，06—4，07—2，07—4，08—2

沈丹薇 06—2

沈寂 07—4

沈佳麟 17—3

沈嘉禄 18—1，18—4，19—2，20—1，20—4，21—2，21—3，22—4，23—2

沈家祺 15—1，15—3

沈洁 19—1

沈林安 17—2

沈栖 18—1，18—2，18—4，19—1，19—3，19—4，20—1，20—2，20—3，20—4，21—2，21—3，22—1，23—3

沈沁 11—2

沈树华 08—4，10—3，10—4

沈扬 19—3

沈贻伟 18—2

沈聿飞 21—2，21—3

沈祖炜 13—3，17—1，17—2

胜鸿（周胜鸿笔名）11—2，15—2

生民 18—3

盛祖宏 18—2，18—4，19—2

史成文 08—4

施弟敏 24—1

石夫 06—4

时化为 16—4

石久 19—3

施鸣 11—3

施平 07—1，07—3，09—4，10—2，14—3，14—4，15—1，15—3，16—2

施善能 13—3，14—2

石松 07—2

施鸣 12—1

施宣圆 12—3, 23—1

施燕红 08—3

湜阳 08—1

石滢 20—1, 24—1

史玉新 14—1, 15—3, 16—2

石志坚 23—2

施忠连 06—4, 10—2, 13—2, 16—3

树（姚树新笔名）11—3, 11—4, 12—3, 12—4, 13—1, 13—3, 13—4, 14—3, 14—4

舒曼 20—4

树新（姚树新笔名）08—1, 08—4, 09—1, 09—2, 09—3, 09—4, 10—1, 10—2, 10—3, 10—4, 11—2, 11—4, 13—2, 14—4, 15—1, 15—3

司徒（司徒伟智笔名）16—2, 16—4, 17—1

司徒任远 12—4

司徒伟智（又见司徒）12—3, 14—2, 14—4, 15—3, 16—1, 16—2, 18—1, 18—2, 18—3, 18—4, 19—1, 19—2, 19—4, 20—2, 20—3, 21—1, 21—3, 21—4, 22—1, 22—2, 23—3, 23—4, 24—1

宋华生 06—3

宋杰 20—4, 21—1

宋心昌 22—2

宋永进 23—4

宋子龙 06—3

苏瑾 07—3, 07—4, 08—3, 09—1, 15—2

苏兴良 08—2, 08—3, 09—3, 09—4, 10—2, 10—3, 11—1, 11—4, 13—3, 14—1

苏永祁 11—1, 11—2

隋军 20—1, 21—4

眭阳 14—2

孙家轩 06—4

孙建成 22—3

孙敏 07—2, 09—3

孙琴安 12—4, 13—2

孙文广 14—2

孙雁如 24—1

孙燕珍 20—4

孙雍政（又见孙雍正、雍正、雍政）12—1, 12—2, 12—4, 13—1, 15—1, 15—3, 16—2, 16—3, 17—3

孙雍正（孙雍政笔名）12—4

孙渝烽（又见渝烽）09—4, 10—3, 11—2, 12—1, 12—3, 12—4, 13—3, 16—1, 16—2

孙泽敏 22—2, 23—4

孙志奎 20—1, 22—2

索马尼 06—4

T

唐长发 06—4, 08—3

汤进达 15—2, 15—3, 16—1, 17—3

唐宁 20—3, 20—4

汤啸天 07—1，08—1，08—2，08—3，08—4，09—2，09—4，10—1，10—2，10—4，11—1，11—2，15—1，17—3，18—2，20—2，21—1，21—3，21—4，22—2，22—3，23—1，23—2，24—1

唐幸 21—1，21—2，22—3

唐燕能 13—3

唐志明 05—3，06—2，06—3，07—1，08—1，10—3，11—4，12—1，13—1

陶继明 20—3，21—1，21—2，21—3，21—4，22—1，22—2，22—4，23—1，23—3，23—4，24—1

陶寿谦 10—3，16—4

陶遂 10—2

陶为浤 10—4

陶延东 21—2

陶勇 20—2

滕鸿亮 16—1，17—1

田遨 08—1

天天 19—3

田文惠 07—2

童澄 18—4

铜城 13—1，14—2，14—3，14—4

佟今 05—3

童曼莉 10—4

童孟侯 18—3，18—4，19—2，19—4，20—2，20—3，21—1，21—4，22—4，23—1

W

王安诺 19—1，23—3

王伯珏 13—2，13—3，14—2

汪长纬 23—3

王晨怡 08—4

王成荣 14—2

王赤风 22—1

王大 20—4

王丹婷 07—2

王德明 09—4

王德敏 09—3，10—3

王贵生 07—3，08—2，09—1，09—3，11—1，11—2，11—3，12—1，13—1，13—4，14—1，14—2，15—2，15—3，16—1，16—3，17—1，17—2，17—3，17—4，18—1，19—1，20—1

王涵 22—3

王洪 20—1

王鸿勋 15—1，15—4，16—1，16—4，17—2，17—4

王健刚 07—3

王建祥 22—2

王锦昌 12—4

王金根 10—1

王金山 09—4，10—2，10—3，11—3，11—4，12—3，12—4，13—1，13—2，13—3，14—2，14—3，14—4，15—1，15—2，15—4，16—1，16—2，16—4，17—2，17—3，

17—4，20—2

王厥山 13—3

汪 康 14—1，19—2，19—3，19—4，20—1，20—2，20—3，20—4，21—1，21—3、21—4，22—1，23—1，23—3

王 克 05—1，05—3，06—1，07—2，08—1，08—2，09—4，10—3，11—3

王克明 11—1

王扣柱 22—2

汪坤 10—1，11—2

汪澜 22—2，23—3，23—4

王岚 19—4

王丽慧 19—1

王霖 06—2

王玲（王佩玲笔名）15—1

王妙瑞 22—2，22—4，23—1，23—3，23—4

王明军 14—4

王乃粒 13—1

王南 06—3

王佩玲（又见王玲）08—4，09—1，09—2，09—3，09—4，10—2，11—2，12—1，12—2，13—3，14—2，15—1，15—3，16—2，17—1，17—3，17—4，19—1，20—1，23—3，23—4，24—1

王琪森 10—1，13—1，18—1，19—4

王倩 10—4

王乾德 13—1

王全根 20—3，21—1，23—4

王全亨 05—1，07—1，08—1，08—4

王仁礼 13—2

王润源 24—1

王善鸿 17—2

王时妹 19—3，20—1

王守中 21—3

王思忠 07—2

王天稳 06—3

王维明 11—3

王伟平 22—1

王晓晶 08—1

王晓君 19—4，20—3，23—1，23—2，23—4

王效乾 11—2

王心镜 07—4，17—3

王新文 22—4

王选来 22—2，24—1

王亚法 18—3

王延弼 08—4

王耀 05—3

王一川 17—1

王以京 08—2，08—4，10—2，10—3，13—4，14—4

王宜明 07—2

王颖晓 11—4

汪雍诚 12—3，13—2，13—4，14—3，15—2，15—3，15—4，16—3，17—1，17—3，12—3

296

汪涌豪 20—3

王永平 22—3

王佑华 06—4

王有钧 09—3，12—3，13—4，16—4，17—1

王幼敏 18—3，19—1，19—3，20—1，22—1，22—2，22—4，24—1

王豫生 11—2

王源康（又见源康）16—1，17—2，18—1，18—2，18—3，18—4，19—1，19—2，19—3，19—4，20—2，20—3，21—1，21—2，21—3，21—4，22—1，22—3，23—1，23—2，23—3，23—4，24—1

王月华 21—3

王振华 22—3，22—4，23—2，23—4

汪政 13—2

王正 23—2

王志良 22—4，23—2，24—1

王治平 16—1

王志伟 09—1，12—2，13—1，13—3，14—3，16—4，17—1，17—3，17—4

王祖献 05—3，06—2，06—3，07—3，08—3，09—1，09—4，11—1，11—4

魏邦良 05—1，06—1

韦登楼 06—3，07—2，09—1

魏福春 22—3，23—3，23—4，24—1

伟杰 10—2

卫雷力 22—2

伟群 22—3

魏守荣 10—2，14—3，15—3

卫言 12—4

魏延堂 07—1，08—1，08—4，11—1，12—2，12—4

文兵 04—3

文虎 14—3

闻纪之 21—2，23—1

文良（张文良笔名）17—1，17—2

汶耀 18—1

吴斌 09—3

伍斌 11—2

吴承起 15—4，16—3

吴德胜 22—2

吴海勇 14—2

吴欢章 09—2

吴建贤 07—1

吴锦祥 11—2，11—4，12—2，12—3，12—4，13—1，13—2，13—3，13—4，14—1，14—2，14—4，15—1，15—2，15—3，16—2，16—3，17—1，22—4

吴久德 06—3，06—4，07—1，07—2

吴俊明 19—1

邬烈豪 07—3，08—2，08—3，09—1，10—2，12—2，12—4，13—4，14—1，14—3，15—2，16—1，

16—3，16—4，17—1，17—2，17—3，17—4

吴秋伊 16—4

吴荣铭 08—4，12—2

吴森逸 16—1

吴天晨 08—4

巫惟格 09—3

吴雯 09—1

吴锡耕 07—3，07—4，08—1，08—3

吴小欢 20—2

吴兴人 19—4，20—3，20—4，21—4，23—2，23—3

吴鹰翔 14—3

吴颖悦 06—1

吴祖德 07—4

X

锡铭 20—4

奚赛联 20—1，22—2，23—1

奚望 15—1

奚文渊 20—1，22—2

惜珍（朱惜珍笔名）18—3，19—4，20—2，22—2

夏苗 11—1

夏乃儒 05—3，06—1，10—2，11—2，12—1，12—4，16—1，17—2，18—1，18—3，19—2，19—3，22—2

夏商 18—3

晓巢（巢卫群笔名）09—1，13—1，16—2，16—4，17—1，17—2，17—3

萧丁（丁锡满笔名）05—3，06—2，06—3，07—1，07—2，07—3，07—4，08—2，08—3，08—4，09—1，09—2，09—3，10—1，10—3，13—2

晓范（范世平笔名）11—1

箫鸣 22—2

肖士文 10—2

小婷 19—3

晓忻（姚树新笔名）11—2

肖遥 09—1

晓姚（姚树新笔名）09—2，09—4，10—4

晓遥（姚树新笔名）10—1

晓烨（巢卫群笔名）10—2，11—1

萧宜 22—4

晓赵（巢卫群笔名）09—3，09—4，11—2

小赵（巢卫群笔名）15—4

萧铮 13—4，14—1，14—2，14—3，14—4，15—1，15—2，15—3，15—4，16—4，17—1，17—2

晓朱 17—1

肖紫 14—1

谢宝耿 17—2，18—4，19—1，19—3，19—4，20—3

谢冰兰 05—3，06—4，09—4

谢冰灵 15—1

298

谢海泉 24—1

谢力文 23—4

谢玲 12—2

谢台生 07—4，08—1，09—4

谢贤礽 08—4

谢佚名 10—2

忻（姚树新笔名）11—2，11—3，11—4，12—1，12—2，12—3，12—4，13—1，13—2，13—3，13—4，14—1，14—3，14—4

新（姚树新笔名）11—3，13—3，13—4，14—1，15—1，15—3

忻亨 10—2

辛康南 10—3

忻汝 10—4

忻闻 10—3

新知 14—4

辛紫 11—4

熊能 18—1

熊月之 13—4，17—1，17—2，17—3，18—3

修晓林 21—2

徐葆欣 20—2

徐兵 21—1

许晨浩 09—3

徐芳 06—4，22—2

徐放 04—3，05—1，06—1

徐奋 24—1

徐福生 18—3

许干生 21—3

徐国正 09—3

徐华龙 04—3，08—4，09—1，10—1，13—2，17—3

徐家德 12—1

徐家俊 09—3

序坚 12—1

徐剑锋 08—2，08—4，09—4，10—2，10—4，12—3，13—4，14—4，15—1，16—2

徐连达 09—2

许连进 06—3

徐明松 20—3，16—2

徐鸣 23—2

徐培均 05—1，06—1，06—4，07—2，07—4，09—1，10—4，12—3，13—1，13—3，15—4

许平（又见也许）07—4，08—1，13—1，13—3，17—1，18—1，18—2，19—1，19—3，21—4，22—4，23—1

徐沁然 13—2

徐镕 07—2

徐善龙 15—1

徐甡民 19—2，19—4，21—1，21—2，22—1，23—1，23—3

徐书英 06—3，07—3

徐涛 17—1

徐天德 06—4，07—1，07—2，07—3，07—4，08—2，08—3，08—4，09—4，10—1，10—3，10—4，11—1，11—2，11—3，11—4，12—1，13—3，14—1，14—2，14—3

徐文标 12—4

徐文昶 13—2

徐小雪 21—2,21—3,23—3

徐燕 18—1,22—1,23—1,23—2,24—1

徐烨 11—3,11—4,12—1,12—3,13—2,14—2,14—3,15—3,15—4

徐永恩 11—4

徐友才 06—1,06—2,06—3,07—3

徐玉基 13—3,14—2

徐玉明 10—4,12—3,12—4,13—3,14—2,14—3,14—4,16—4,17—2,17—3,17—4

许余庆 22—2

胥元石 20—2

许云倩 10—1

许振轩 06—3

许政泓 22—2

徐志康 07—2

徐智明 16—2

薛理勇 17—4

薛鲁光 09—3,10—1,12—4

薛史 18—2

Y

严宝康 20—2,20—3

严国兴 19—3

《炎黄子孙》编辑部(又见《炎黄子孙》杂志社、上海《炎黄子孙》杂志、《炎黄子孙》杂志编辑部)08—2,13—3

《炎黄子孙》杂志编辑部(又见上海《炎黄子孙》杂志、上海《炎黄子孙》杂志、《炎黄子孙》编辑部)18—1,18—2,18—4,19—2,22—4

《炎黄子孙》杂志社(又见上海《炎黄子孙》杂志、《炎黄子孙》编辑部、《炎黄子孙》杂志编辑部)16—2

严佳义 15—1,15—3

鄢烈山 18—3,22—4

严瑶 21—1,20—2

严耀中 10—1

杨朝宁 19—3

杨德广 14—3

杨凤生 09—2,10—2,11—4,12—1,12—2,13—4

杨格 21—3

杨宏富 22—2

杨继光 07—3

杨基民 04—3

杨剑龙 20—1,22—1,22—2,22—4,23—1,23—2,23—3,12—4

杨建梅 06—2

杨杰 09—2

杨启时 05—3

杨润圆 18—2

杨天石 18—2

杨锡高 19—1,20—3,21—1,21—3

杨晓晖 23—1

杨潇伦 11—1

阳昕 11—3

杨鑫基 12—1

杨心岭 05—1，06—2，08—3

杨修 12—2，13—4，15—2

杨扬 17—4

杨亦凡 18—1

杨逸民 05—3

杨逸明 05—1，06—1

杨益萍 13—1，14—1，15—1，16—1，17—1，18—2，20—2，20—3，20—4，21—3，21—4，22—1，22—2，22—4，23—1，23—2，23—3

杨轶文 17—1

杨云棠 18—3，19—1，23—1

杨正新 22—1

杨徵羽 18—1

杨忠明 18—3

杨株光 14—2，15—1，15—3，16—1，16—4，17—3，17—4，22—2，23—3，24—1

姚俭建 06—3，10—3，11—1

姚昆田 06—3，14—4

姚昆遗 22—2，22—4，23—3，17—4

姚树新（又见树新、树、汝鑫、汝信、忻、新、晓姚、晓遥、汝、晓忻）06—2，07—3，08—2

姚志康 20—2，20—4

叶敦平 04—3

叶力嘉 08—4

叶琳 04—3，07—1

叶牡丹 13—1

叶尚志 06—4

叶书宗 04—3

叶雄 20—1，22—2

也许（许平笔名）21—1，22—3

叶振环 15—1

佚夫 15—4

易黎 11—2

佚名生 12—4

驿桥 07—2

伊人 20—2

易水 07—2，07—3，08—3

亦新 09—2

易元清 07—2，08—1，09—4，15—4

殷俊华 21—4，22—2，23—2，24—1

殷仁芳 14—1，14—2，14—3

尹亚欣 20—2

殷泽昊 23—3

应国靖 21—1

英石文 12—4

永其（朱永其笔名）10—2，14—2，17—1

咏祈（朱永其笔名）16—1，17—4

咏其（朱永其笔名）16—3

咏旗（朱永其笔名）16—3，16—4

雍正（孙雍政笔名）12—2，16—4

雍政（孙雍政笔名）16—4，16—4

尤纯立 22—2

游本凤 20—1，20—3，22—1，22—2，22—4，23—1，23—4

尤俊意 24—1

俞步凡 13—4

于长海 07—3，08—3

羽菡 15—4

渝烽（孙渝烽笔名）12—3

余建华 19—4

宇宁宙 12—2

喻石生 09—2

于漪 05—1，13—3

余一诺 08—3

虞云国 10—4

余治平 06—3，08—1，09—1，10—1，13—2，14—1，16—2

袁晖 23—1

袁佳颖 14—1

源康（王源康笔名）16—2，16—3，16—4，17—1，17—1，20—4

袁龙海 22—1，23—2

源泉 15—4

远山 18—1

袁士祥 21—3，22—1，22—2，22—3，22—4，23—1，23—3，24—1

袁晓赫 19—1

袁樱 15—4

乐山 08—3

Z

泽昊 19—1

曾军 11—1

曾思怡 07—2

詹皓 23—2

张安朴 19—3，20—1，22—2

张冰隅（又见冰隅）08—4，09—2，10—4，15—1，15—3，15—4，16—1，16—2，16—3，17—1，17—2，17—4，22—3

张长公 16—2

张持坚 21—4，22—2，22—4，23—3，23—4

张达兴 22—2

张福宝 07—4

张高 16—3

张冠城 06—2，10—2

张红维（又见红维）20—2，22—2，23—1

张宏宇 10—4

张吉 22—1

张继富 09—4，11—4

张金城 20—1，20—2，21—1

张军 08—2，11—4，14—3

张黎 09—4

张立挺 17—2

张联华 06—4

张林凤 23—4

张遴骏 06—2，06—4，07—1，07—3，09—4

张民 11—4

张明华 15—2

张培成 22—3

张培础 22—3

张琴 12—1，12—2

张汝皋 12—4

张善元 21—3

张曙 20—4，21—2

张田甜 15—4

张琬璐 08—1，08—2

张伟杰 09—3，10—2，11—1，11—2

张伟生 07—1

张文虎 15—4，16—3

张文良（又见文良）06—4，12—4，17—1，17—2

张新 14—1

张秀君 20—2，23—3

张耀伟 09—4

张烨 18—1

张一华 09—3

张一鸣 22—1，22—3，22—4，23—1

张颖 22—3

张玉清 23—1

张玉瑜 06—2，07—1

张玥 07—3

张载养 23—2

张正和 16—2，16—3，16—4，17—1，17—3，17—4

张正奎 05—1，05—3，06—1，06—2，07—1，07—2，08—3，08—4，11—3，11—4，12—1，15—3

章正元 07—2

张仲礼 04—3

张忠民 14—4

张宗敬 06—3

赵昌平 18—2

赵春华 10—2，18—1，18—3，19—3，19—4，20—2，20—3，21—1，21—2，21—3，21—4，22—1，22—3，22—4，23—2，23—3，23—4，24—1

赵宏 16—1

赵家耀 13—2，13—4，14—2，14—3，14—4，15—1，15—2，15—4，16—2，16—3，17—4

赵建人 23—2

赵瑾 07—4

赵进一 07—1，23—2

赵景国 24—1

赵丽宏 18—1

赵琦 06—2，06—3，07—1，07—3，08—2

赵荣发 14—3

赵山林 16—4

赵修义 19—1

赵亚南 07—4

兆远 09—3

甄陶 21—1，21—3，22—4

郑好 16—1

郑俊镗 21—3

峥嵘（倪家荣笔名）06—1，06—2，06—3，07—1，07—2，07—3，07—4，08—1，08—2，08—3，08—4，09—1，09—2，09—3，09—4，

303

10—1，10—2，10—3，10—4，12—1，12—2，12—3，12—4，13—1，13—2，13—3，13—4，14—3，15—1，15—4，16—3，16—4，17—1，17—4

郑土有 23—1

郑蔚 24—1

郑辛遥 22—2

郑瑛 18—2，18—3，19—2，20—3，21—3，23—4，22—4

郑振国 17—1

支姝怡 14—2

之翔（陈志强笔名）18—1，18—2，18—3，24—1

知友 11—1

仲富兰 17—3

钟国利 11—2

钟合 15—4

钟洁玲 14—2

周创 16—4

周端 06—1，06—2，06—4，07—1

周恩泽 13—2

周瀚光 19—4

周和康 06—1

周华 06—4，07—4，08—2，10—4，12—1，12—2，12—3，13—4，14—1，14—2，14—4，16—1，16—4，17—2，17—3，19—3

周家庭 13—1，16—2

周俊 17—4

周辽沈 21—2

周庆熙 22—4

周瑞金 18—1，20—1，20—3，21—1，21—2，21—3，21—4，22—1，22—3，22—4，23—4，23—2

周赛杰 06—1

周山 06—2，06—3，06—4，07—2，07—4，08—2，08—3，09—4，12—1，12—3，12—4，13—1，13—2，13—3，13—4，14—1，14—2，14—3，14—4，15—1，15—2，15—3，16—1，17—2

周胜鸿（又见胜鸿）09—2，09—3，09—4，10—2，11—2，12—3，13—3，15—2

周彤 08—4

周卫平 20—2，22—2，22—3

周笑梅 18—3

周形海 09—2

周艳 21—1

周云海 23—3

周志明 08—3

周忠麟 22—1

周中之 06—2，06—4，11—1，13—1

朱成坠 18—1，18—3，18—4，19—3

朱大路 18—2

诸葛不亮 06—3，07—2，08—1，08—3，08—4，09—3，09—4，10—2，11—1，11—2，11—3，11—

4，12—4

诸葛立早（章智明笔名）22—1，22—2

朱国文 22—1

朱慧雨 06—4

朱家德 18—1，21—2

祝捷 07—3

朱来扣 22—1

朱梦楠 07—2

朱敏 08—3

诸祈 13—1

朱强 09—1

朱蕊 10—2，19—3

祝瑞开 04—3，05—3，06—1，07—1，07—2，08—4，09—1，09—2，11—2，11—3，11—4，17—4

朱少伟 13—1，17—3，18—1，18—2，18—3，18—4，19—1，19—2，19—3，19—4，20—1，20—2，20—3，20—4，21—1，21—2，21—3，21—4，22—1，22—2，22—3，22—4，23—1，23—2，23—3，23—4，24—1

祝天泽 18—3，18—4，19—1，19—2，19—3，21—1，22—4，23—1，23—3

朱玺 23—3

朱小婷 23—4

朱新昌 22—2，20—3

朱新龙 18—1，19—2，20—1，22—2

朱亚夫 23—1

朱仰 19—2，19—3，20—1，20—3

朱一葭 10—1

朱荫贵 14—1，19—4，22—1

诸勇 16—4

朱永嘉 19—2，19—4，21—4

诸永企 12—4

朱永其（又见永其、咏其、咏旗、咏祈）06—3，07—2，08—1，08—4，09—1，09—2，09—3，09—4，10—1，10—2，10—3，10—4，11—1，11—2，11—3，11—4，12—1，12—2，12—3，13—1，13—2，13—4，14—1，14—3，14—4，15—1，15—3，15—4，16—1，16—2，16—3，16—4，17—2，17—3，17—4

朱元元 09—4

朱韻 21—1，21—4，22—1

朱振东 14—1

朱振和 06—3

庄起黎 09—2

庄晓天 04—3

庄严 06—3

紫祺 11—3，12—2，12—3，12—4，13—2，13—3，13—4，14—1，14—4，15—1

紫祈 14—2，14—3，15—4

紫蓉 11—2

紫咏 15—3

宗荷 23—1

邹平 22—1

左庄伟 19—2

《炎黄子孙》创刊以来编委会人员变动情况

马 军 整理

【编者按】以下名单系根据《炎黄子孙》每期所刊"编委会名单"整理而成。

主任

庄晓天（2004年第1期—2011年第4期）、周慕尧（2012年第1期—2017年第4期）、杨益萍（2018年第1期—2021年第4期）、汪澜（2022年第1期—　　）

副主任

王克（2004年第1期—2011年第4期）、丁锡满（2004年第1期—2011年第4期）、杨益萍（2012年第1期—2017年第4期）、司徒伟智（2018年第1期—　　）

主编

丁锡满（2004年第1期—2011年第4期）、杨益萍（2012年第1期—2017年第4期）、甘建华（2018年第1期—2021年第4期）、杨锡高（2022年第1期—　　）

顾问

丁锡满（2012年第1期—2015年第4期）

执行主编

曹章（2004年第1期—2005年第4期）、倪家荣（2012年第1期—2017年

第 4 期)

执行副主编

倪家荣(2007 年第 2 期—2011 年第 4 期)

副主编

沈沉(2004 年第 1 期—2009 年第 2 期)、曹章(2006 年第 1 期—2009 年第 2 期)、司徒伟智(2012 年第 4 期—2017 年第 4 期)

委员(以姓氏笔画为序):

丁锡满(2004 年第 1 期—2015 年第 4 期)、马军(2022 年第 1 期—　)、孔庆然(2023 年第 1 期—　)、王克(2004 年第 1 期—2011 年第 4 期)、邓牛顿(2006 年第 1 期—2021 年第 4 期)、甘建华(2016 年第 3 期—2021 年第 4 期)、司徒伟智(2012 年第 1 期—　)、刘惠恕(2006 年第 1 期—2021 年第 4 期)、庄晓天(2004 年第 1 期—2011 年第 4 期)、刘平(2022 年第 1 期—　)、刘梁剑(2022 年第 1 期—　)、朱丽霞(2023 年第 1 期—　)、沈沉(2004 年第 1 期—2009 年第 1 期)、李培栋(2004 年第 1 期—2012 年第 4 期)、张正奎(2006 年第 1 期—2011 年第 4 期)、杨益萍(2012 年第 1 期—2021 年第 4 期)、汪澜(2022 年第 1 期—　)、杨剑龙(2022 年第 1 期—　)、陈忠伟(2022 年第 1 期—　)、杨锡高(2022 年第 1 期—　)、周慕尧(2012 年第 1 期—2017 年第 4 期)、郑土有(2022 年第 1 期—　)、金波(2022 年第 1 期—　)、胡振山(2004 年第 1 期—2005 年第 4 期)、姚树新(2012 年第 1 期—2015 年第 4 期)、徐友才(2004 年第 1 期—2011 年第 4 期)、徐放(2004 年第 1 期—2005 年第 4 期)、倪家荣(2006 年第 1 期—2021 年第 4 期)、夏乃儒(2006 年第 1 期—2021 年第 4 期)、曹章(2004 年第 1 期—2009 年第 1 期)、温彦(2004 年第 1 期—2005 年第 4 期)、唐长发(2007 年第 3 期—2021 年第 4 期)、潘为民(2016 年第 1 期—2017 年第 4 期,2018 年第 2 期—2021 年第 4 期)

特邀编委

曹章(2009 年第 2 期—2011 年第 4 期)、沈沉(2009 年第 2 期—2011 年第 4 期)

责任编辑

甘建华(2018年第1期—)、司徒伟智(2018年第1期—2023年第2期)、朱少伟(2018年第1期—)、陈志强(2018年第1期—)、杨锡高(2018年第1期—)、丁旭光(2023年第3期—)

《海派文化》选粹

(2018—2024)

绞圈房子里的一缕乡愁

朱亚夫

上了年纪的人都有自己的乡愁。乡愁是一幅水墨画，时不时浮现眼前；乡愁是一缕故乡情，时不时升涌在心间。笔者从小成长在上海本地老房子——绞圈房子中，它位于今虹口曲阳地区，据史载，这是为数不多的离市区最近的绞圈房子。那一缕乡愁，自然少不了几分海派风情，呈现出海派文化的色彩。

绞圈房子不是官宦人家的庭园建筑，也不是商贾富户的深院豪宅，而是中产阶层的小康之家，是当时遍布上海城乡的民居，因为本家几代人同居而显露出大宅门的气势。它里面多公共空间，从墙门间、庭心，到客堂、后庭心，再经穿堂、廊沿，自由出入各家屋内。每户人家都有自家的后花园，还有几亩自留地。这为我们儿时玩耍提供了广阔的天地。记得少时玩耍的游戏，既有上海市区石库门弄堂的海派情趣，也有近郊农村的特有野趣；既有城里的"三子"——打弹子、跳绳子、打香烟牌子等，还有市郊特有的抓知了、斗蟋蟀、捉麻雀、打泥仗、放风筝、叮铜器、踔夜猫、抽贱骨头（陀螺）等。上学后，我们经常约同学们来我们绞圈房子一同做作业，因为这里别说是四五个同学来，就是来了十几个同学，我们也能容纳得下。我们做完作业，就在客堂或庭心里，搁上一块门板打乒乓球。当时我们绞圈房子中的小伙伴，都是学校打乒乓球的好手。农历七月三十地藏节之夜，除玩兔子灯外，尚有落苏（茄子）灯：选只丰满硕大落苏，用线悬之，一头系之于竹竿。落苏周身扎满点燃的七彩棒香，在夜幕下，就是一只闪闪发光的落苏灯，那可是我们儿时的抢手货，而棒香燃尽就成了香棒，那可是"挑香棒"游戏的工具……对于绞圈房子的童年生活，我曾写过一首《咏绞圈房子》：墙门洞开迎客人，庭园绿芽又报春。孩童戏闹在客堂，小斋犹闻读书声。

墙门间的后面是宽敞的庭心，面积约有四个墙门间大，中间的通道是青砖铺地，两边是泥地和砖地各一半。从名字便可知，庭心是绞圈房子的中央地带,素面朝天,便于洗晒衣被,晾晒果蔬。也是家族中儿童戏玩的天地。盛夏晚上,搬一只竹榻,摇一把蒲扇,在此乘凉,口嚼甜芦粟,眼望满天星斗,确是一种享受。我就是在这里学会了用甜芦粟做灯笼的窍门。后庭心有口水井,冬暖夏凉,盛夏时,投放几只西瓜在井里,午饭后捞起切开,那清凉甜美的味道,绝不亚于冰镇西瓜。各家的灶间除置木门外,另设半扇门高的腰踏门。平时烧饭时,使用腰踏门既通风透光,又不至于让人一览无余。泥地灶间主要为防火,但也有妙处,记得新中国成立初,父亲离乡赴渝就业,母亲郑重其事地在灶间泥地上铲下一撮土,小心地用红纸包好,放在父亲内衣中。据说,灶间之土能保佑游子平安,不忘家乡。父亲只身在外二十多年,最终果然平安退休,以九十四岁高龄而逝。

还记得我们墙门间的厢房中租住着一位绍兴籍的裁缝师傅,长得胖墩墩的,一脸和气。他有一手绝活是一边做裁剪,一边像"小热昏"一样,能说书讲故事,因此我们这群小孩子都爱上他那里串门、听故事。他肚里货色很多,我们最爱听的是《薛仁贵征东》《薛丁山征西》《罗通扫北》,讲到精彩处,他还会哼唱几句,我们听得如痴如醉。可能是受他影响,我们几个小伙伴也学着讲起故事来。我记得很清楚,我们三四个人,躲在墙门间的门后,坐在长门闩搭成的条凳上,大家轮流讲,为此我这一时期看了不少小人书,以及民间故事、神话传说等,这培养了我的文学兴趣。

鲁迅的《从百草园到三味书屋》中写到雪后捕鸟的生动情景:"扫开一块雪,露出地面,用一支短棒支起一面大的竹筛来,下面撒些秕谷,棒上系一条长绳,人远远地牵着,看鸟雀下来啄食,走到竹筛底下的时候,将绳子一拉,便罩住了。"我和小伙伴在绞圈房后自家"小花园"中的捕鸟情景也十分有趣:在"小花园"的中央辟出一块地,在地上挖出一个长方形的坑,找来一块薄薄的木板,大小要正好罩住长方形的坑,用筷子削好三片约两寸许的竹片,坑中撒些米粒,然后在坑沿用一根短棒,下端抵住成扇形铺开的三片竹片,上端支起木板,一只精巧的捕鸟器就成功了。它不需要"棒上系一条长绳,人远远地牵着",因为"扇形铺开的三片竹片"是个机关,鸟要下坑啄食,肯定会碰到竹片,竹片就会撬倒短棒,木板就会随之倒下,罩住鸟坑。我用这个方法,捉了好些鸟。下课回来,我们第一件事就是奔向"小花园",远远地看到木板合扑在地,那么,我们的心儿就像花儿一样开放……

1985年老屋拆迁,我留下了绞圈房子中的几块窗棂和门饰。拂去上面的尘埃,那抹着金粉的门饰虽没有了昔日的光辉,却暗红中泛着诱人的金黄光泽,分明带有时代的沧桑感、历史的厚重感。我们将它们视为"镇室之宝",配上镜框,挂在我和儿子的新居中。是的,绞圈房子已经远去了,但它一缕乡愁,永远留在我们的记忆中。

(2018 年 10 月 15 日,第 93 期 2 版)

天上有颗星星叫"叶叔华"

张 颖

92岁的叶叔华,学问够高深。她还在上班,一直在领衔世界级课题。

她是国际上著名的天文学家,也是我国战略科学家;是我国综合世界时系统的奠基者,也是天文地球动力学的开拓者。要介绍其学问,不消说,轮不到我这个外行粉丝;但我从有限的接触中,深感其道德品格魅力,以为也很值得向大家介绍。

20世纪90年代,我在市委统战部工作时,曾造访叶叔华先生的家。她和丈夫程极泰都是大科学家,闻名中外。当时年逾七旬的他们,一心扑在工作上,生活极为俭朴,设施极为平常,家里所有的事情自己做。他们经常奔波于世界各地,互相帮着打包行李,然后各自忙碌。看着他们的家,简单、实在而又温馨,足以体会何谓真正的"科学家之家"。

1997年面临人大、政协换届,当时在市委统战部担任干部处长的我,随分管部长去北京,向中央组织部、中央统战部汇报人事安排工作。时任中央统战部部长王兆国,专门抽出一个小时,听取我们上海换届工作的汇报,并作指示。当时,全国人大常委会委员叶叔华院士已满70岁,我们上海的领导和同志们都希望,德高望重的叶先生能连任全国人大常委会委员。我们向王兆国部长提出了这个要求,王兆国部长听后,爽朗地笑着回答:"叶大姐连任应该的,天上有颗星是以她命名的。"我们由衷感谢领导的支持,也更感受到了叶叔华先生的分量。原来1978年11月28日,在叶叔华的带领下,南京紫金山天文台发现了第3241号小行星。1994年8月,经国际天文学联合会批准,该行星被命名为"叶叔华星"。

叶叔华先生还有个身份:无党派代表人士。我离开市委统战部到市社会主义学院工作后,与叶先生的联系不多,但是,叶先生的人品事迹都让我铭记难忘。有一年的无党派人士培训班,我们请来了已年逾80岁的叶叔华先生,请她为年轻一代做报告,讲讲如何当好无党派代表人士。那天,我主持并介绍叶先生,我特别提到了1997年王兆国部长说的,天上有颗星是以叶大姐命名的。一直微笑着的叶先生听到这里,连连解释:"很小很小的一颗星,很小很小的一颗星。"为她的谦逊,大家肃然起敬,一阵鼓掌。叶先生的报告,现身说法,娓娓道来,朴素又充满哲理,亲切坚毅而淡定。诚可谓:高山仰止,景行行止。虽不能至,心向往之。我和学员们都被深深感动了,那是一种感悟+敬佩!

前辈大姐,功成名就,誉满世界,奖项无数。但这都不是她在乎的。她在乎的是在未来还能再为国家贡献什么。无私境界最可敬。长年累月,寻寻觅觅,重复的工作,密集的数字,会让人感到枯燥乏味,但叶大姐却率领团队持之以恒。来自外界的某些暂时不解,自然更动摇不了其科研的初衷。不是说无动于衷,而在善于化解——"晚上睡觉的时候,想想这些计划确实对国家有好处,我尽力了没有,是不是一点办法也没有了。我觉得还没有尽力。第二天起来继续去碰壁,继续去努力。我觉得,我宁愿这样。"公而忘私,全力报国,就是大姐的心胸。

心胸宽阔,谦虚谦和,得之于大姐对于中华传统美德的自觉继承,"至德以为道本,敏德以为行本"。也得之于大姐的专业研究,诚如2009年叶先生与傅承启先生合著《同一个星空》一书中说的,在某种意义上,天文学基本上是国际性的科学。没有一个天文台能够看到整个天空,没有一个观测者能够持续地观测诸如太阳或新星之类天体的变化活动。恒星宇宙的最完整知识的获得来自全世界观测者和观测仪器的国际合作。

于是乎,成就好大的叶大姐,就放眼天下,虚怀若谷,时时处处自谦只是"很小很小的一颗星"。

(2019年8月15日,第98期1版)

"出版界半壁江山"的来历

王源康

说到晚清和民国时期的书刊界,有的老人会提及"阿拉上海迭个辰光占据半壁江山"。此语不虚,有一个时期上海图书出版、印刷、发行总量占全国的一半以上。

上海的现代出版业起步早,发展快。以商务印书馆和中华书局这中国出版史上的"双子星"为代表,诸多品牌出版商你追我赶,不仅出版教科书,而且翻译出版外国优秀图书、整理古籍图书、编纂工具书。据本研究会顾问、上海史学者熊月之先生研究:1897年以前,中国新出版的书籍,至少有75%是由上海出版的。至1897年上海已有36家出版机构,1897年到1911年,上海又有123家出版机构创办,其时多家出版机构出版的书籍涉及广泛,除供中小学生学习之用的新式教科书外,还包含宗教读物、科学知识、翻译作品、古籍整理、工具书等。

不消说,曾几何时的"出版界半壁江山",其形成和发展,为"昌明教育、开启民智"做出过积极贡献,意义深远。但是,深入分析一番,尚须看到两点:一、"半壁江山",巨大成就,不唯出版家个人才能超绝,更由于时势推动。因为近代以来上海工商业中心的形成,租界"一市三治"的格局,东西方文化的剧烈碰撞,南北文化的频繁交汇,多学科知识分子的高度集聚,决定了上海对出版业的广泛追求。二、所谓"半壁江山",也折射出半封建半殖民地时期的一种畸形发展。上海,弹丸之地,新出版图书竟至全国的75%,那么,彼时广阔的中国其他地区呢?表明整个旧中国的落后,诚所谓"风雨如磐黯故园",绝大多数省市在文化上乃至经济、民生上都陷于极度贫乏困窘之中。

(2019年8月15日,第98期2版)

刘瑞龙带我们下乡搞调查

邓伟志

现在的年轻人不太了解刘瑞龙,可是大家都晓得"农业八字宪法",也一定知道"农业八字宪法"是1958年由毛泽东总结出来的。这没错。只是有一点,在这提出之前,刘瑞龙就已经提出了"七个字",后来经中央讨论又加了一个字,遂有"土、肥、水、种、密、保、管、工"的"八字宪法"。中华人民共和国成立后,刘瑞龙在原农业部出任副部长。想不到在"大跃进"中有人扭曲了"八字宪法",刘瑞龙忧心忡忡。这忧心在1959年被视为"右倾"。1960年底他被调到中共中央华东局任农委主任。为了给1961年3月在广州召开的讨论农村工作的"三南"(指江南各省)会议提供真实情况,春节一过,刘瑞龙便组建了一个三十多人的工作队,赴江苏常熟、江阴两县的两个公社调研。

竟能讲出我们二十个人家乡的故事

在未同江苏省、地、县的同志会合前,刘瑞龙先同从上海各单位借调来的二十个人见面。他要求各人自报家门,有点奇怪的是他还要问我们每个人的家乡在哪里,情况如何。

如果广东人、四川人回答得挂一漏万,刘瑞龙会马上帮助补充。如果是福建、江西等华东地区的人,他会问得更具体。轮到我的时候,他问我家乡安徽萧县有没有吃树叶的情况。我回答有吃树叶的,在青黄不接时,还有吃麦苗的。他又补充一句:"还有吃水草的。"出乎意料的是,他又问我:"你能说出萧县在国共两党里有哪些名人吗?"我回答:"在共产党里有李砥平、纵翰民、徐彬如,在国民党里有王仲廉、李明扬。"他马上补充一句:"还有方先觉。"接着又问:"你知道纵翰民,你知道陈聿民吗?"我脱口而出:"陈聿民是我大妗子。""大妗子"是我们家乡对舅妈的俗称。他重复了一遍"大妗子"之后,又说:"你舅妈很有本事，很会做妇女工作。"

我们二十个人至少来自十个省、市，刘瑞龙能讲出每个人家乡的故事。他怎么会了解那么多故事的？他这样翻来覆去问我们，既是对部下的亲切观察，实际上也是在做农村调查。

他表扬了八队队长

我被分配在江苏省常熟县（现为市）白茆公社六大队做调研。有一次刘瑞龙带我们几个人去六大队的第八生产队。还没进村，见到村外打谷场上有几个稻草堆，他情不自禁地马上对大家说："八队队长一定是好队长。"来自省地县社的工作队员，包括我在内，都有点惊讶诧异，嘴上没说心里在想："刘部长啊，你没见到队长，没听社员反映，怎么就说队长好呢？"刘部长问大家："你们知道稻草堆周围放一圈草木灰是干什么的吗？"大家都不响。刘部长说："那是防老鼠进去的。"接着又问："你们知道为什么防老鼠吗？"有两个人回答："这里老鼠多。"刘部长笑了，说："不是，是脱粒不干净。"这时县里一位干部悄悄地同我嘀咕："不打干净还能是好干部吗？"不知道刘部长有没有听见，他说："这队长不求亩产万斤，不打干净是要把谷子留在草堆里，等青黄不接时，他再第二次脱粒，这样就饿不死人。"大家恍然大悟。

进村后，开社员座谈会，都反映队长能为大家着想。一位县里来的队员，用自己的语言把刘部长对草木灰的分析讲了一遍。队长见刘部长不同寻常，不是来整人的，腼腼腆腆地承认了他想留一手。

刘瑞龙带我去吃最差的食堂

有一天，他提出要去六大队十五小队。该小队是离公社最远也是最穷的小队，食堂自然也最差。我婉转地对刘部长说："路太远。"刘部长斩钉截铁地说："不吃穷队的食堂怎么知道该不该办食堂。"他这话，在媒体对食堂一片叫好声中，仿佛是空谷足音。

饭后他带着韩秘书跟社员长谈，农民看他平易近人，大胆讲了食堂的弊病："食堂没地方给孩子烤尿布，在家可以边烧饭边烤尿布。打饭很难公平，勺子放深一点是稠的，浅一点就是稀的。"在回来的路上，刘部长比较明确地对我讲，在口粮很低、副食品很少的时候，办食堂弊大于利。他又教导我说："调查说难很难，让农民掏心窝是难；说不难也不难，拔腿一走，抬头一看，张口一问，回来一议，提笔一写，就出来了。"

他这句话，让我终生受用。多年后的今天回想起来，刘部长教导我的话，也是他了解民情的经验结晶。

(2019年10月15日，第99期1版)

于小央凤凰涅槃　让汉语认知无碍

金　波

在事业成功的心理舒适区安于现状,甚至忘乎所以,使难以计数的企业家陷入了"战略死地"。"旭日一转身变成落日,青丝一转身变成白发,羊群一转身变成毛衣"恰如创新迭出的互联网时代的真实写照。

"科学城""中国的硅谷",神奇的张江卧虎藏龙。在上海韬图动漫科技有限公司,衣着优雅的于小央董事长对我聊起商道与情怀。她头戴浅黄色草编鸭舌帽,气定神闲。这就是30年前厦门大学新闻传播系集厦大学生会通讯社社长、《南强》主编、《厦大青年》文学主编于一身的女学霸!但于小央只是把当作家、记者的理想留在了芙蓉湖畔。大学毕业后,她飞往美国明尼苏达大学攻读国际经济传播学硕士,并开始涉足投融资行业。

对人生航向的修正,给她带来了丰厚回报。1997年,亚洲金融危机爆发,中国金融改革力度加大,于小央回国后创办了金苹果财经传播公司,她被业界称为"中国财经传播第一人"。金苹果风生水起,先后为深康佳、用友软件等100多家上市公司提供服务。这位上海"千人计划"专家、市三八红旗手,36岁时在上海已拥有9套房产。

对于昔日的辉煌,于董只是"一笔带过"。我的关注点,也更多地在于她面对成功的痛苦以及对"财经公关领域的'黄埔军校'"——金苹果的舍弃。

她标准的普通话几乎可与播音员媲美,轻柔的语音如同从星空中传向千家万户的"蔚兰夜话"。

攀上事业高峰,她"死而无憾"。但一本名为《商道》的书使她彷徨了几个月:挣钱太容易、骄傲、奢靡,早年成功可能晚年凄惨。她太熟悉身边的资本市场了,公司退市、破产,企业家坐牢的案例并不少见。

"市场环境在变,每个人都要认识清楚,不要认为我今天的成功一定是明天成功的模板,一定要告诉自己相反的道理。"于小央不仅属于为数不多的"自我颠覆"型企业家,故乡泉州深厚文化底蕴的滋养,使她勾勒的未来韬图高人一筹:把太容易赚到的钱造福社会,投资教育,挑战识汉字难的千年难题!

近代中国积贫积弱,"晦涩难懂"的汉字也成了替罪羊。于小央认为这是特定时代没有文化自信的产物。因为汉字编程有万事万物的规律,汉字从图像、语义、偏旁、结构都有逻辑维度。如果能把固态的语言分解成"巧克力汁",就能让每位热爱汉字的人学好它、用好它。

于小央带领团队运用"思维导图理论"对汉字进行归类与划分,并使用全脑技术让每个汉字都有与之相对应的记忆画面。快乐、快速、持久的"HaFaLa"中国字系列学习产品和教法问世了!"HaFaLa"系列字图"尊重字源、理解字源、传承文化",为此,研发专家必须涉及考古学、人类学、上古时期人们的生活状态、宗教活动、部落战争、技术发展水平等。

"HaFaLa"系列教材在海外的孔子学院,在全国幼儿园进行了大规模试验。它作为未来学习的代表性技术产品,在上海世博会上广受关注。于小央由此应市府之邀参加了对口援疆。

来到喀什地区莎车县,在边远乡村的小学连续几个学期与师生同吃同住。每天几块钱的伙食费,学校附近除了一个小村庄就是茫茫荒漠。她很享受吃苦的状态,因为越吃苦能力就越富有,心态、意志力越强大。支撑她的还有强烈的信念:搞教育要有情怀。当你富裕、成功时,你要帮助别人!

90多年前,她的长辈在故乡当地捐资建校。她留学美国时采访过一家大公司的总裁,这位富翁退休后携妻前往中国乡村支教、捐款助学,于小央深受触动。

教学课件故事化、故事动漫化、练习游戏化。韬图资源库有汉字动漫片1 300集、绘本故事800本、双语词图库5 000词、双语句子图库3 000句、国学儿童剧24部……3 000多个常用汉字被演绎成了一个庞大的思维导读式的图谱,以快乐、高效、融入心田的方式,使汉语推广从艰涩难懂到全面融入中华民族的文化,从文字符号渐渐变成了思想的载体。为了筹措资金,她不惜变卖了自己所有的房产。

在南疆17个县市、1 000多所学校,"韬图汉语动漫教程"使30多万名学生成绩明显提高。

于小央的自我颠覆,体现了一个企业家的使命感和家国情怀。她再次荣获上海市"三八红旗手"称号,并担任上海炎黄文化研究会书同文专委会主任。"以前花十多年才能掌握的汉字量,现在只需用三到五年。未来,学汉字将不再是难事!"于董预言。

(2019年10月15日,第99期1版)

海派文化背景下的蔡元培家训

谢宝耿

海派文化既有江南文化的古典与雅致,又有国际大都市的现代与时尚,具有开放而又自成一体的独特风格。其特色内容,可以说是上海家训文化的行为方向导引。纵览历史,江南人士蔡元培的家训,颇有代表性。

蔡元培,浙江绍兴人,民主革命家、教育家,曾长期生活、工作于上海,1917年任北京大学校长,号召学生研究高深学问,不要追求做官发财,强调"仿世界各大学通例,循思想自由原则,取兼容并包主义",提倡科学、民主,反对旧思想旧礼教,使北大成为新文化运动的堡垒。他的家庭教育也这样一以贯之。据其女蔡晬盎回忆:

他(蔡元培)对于所有子女既寄予殷切期望,加以悉心培养,又钟爱备至,从无疾言厉色。他对子女的教育,不是耳提面命、枯燥说教,而是以身作则,循循善诱。他主张因材施教,自由发展。如我大姐喜欢画图,父亲就带她一起赴欧洲,参观博物馆、美术馆,让大姐对西方艺术感受深刻,为她后来学习油画打下了扎实的基础,以后又带她到欧洲留学,进比利时布鲁塞尔美术学校、法国里昂美术学校学习油画。1927年大姐回国,次年,任西湖国立艺术院油画系教授,画有孙中山像、秋瑾就义图、吴淞杀敌图等油画和大幅壁画。再如,小弟也喜爱画画,父亲就领他拿了习作到画坛大师刘海粟那里请教,颇得点拨、长进。父亲说:'有了美术的兴趣,不但觉得人生很有意义,很有价值;就是治科学的时候,也一定添了勇敢活泼的精神。'果然如此,小弟以后学工,求读华东航空学院,毕业后,任沈阳黎明机械厂高工,卓有建树。另长兄留法学农及畜牧兽医,先后任大学教授、外贸部副局长、全国政协委员等职。二哥学机械工作,后攻磁学,同法、美两位科学家共同首次发现反铁磁现象,荣获法国科学院银质奖,得到周总理的多次赞扬。①

从蔡元培先生的家训文化,可见其体现海派精神。第一,多元发展。对子女既主张传统的"因材施教",又要他们按照当时社会潮流"自由发展",可谓"兼容并蓄"。

第二,尊重个人。尽管是子女,也不以家长姿态"疾言厉色""枯燥说教",而是"以身作则,循循善诱"。

第三,关心帮助。如"小弟也喜爱画画,父亲就领他拿了习作到画坛大师刘海粟那里请教,颇得点拨、长进"。

第四,顺其自然。如小儿子后来对画画不感兴趣了,改为"学工",蔡元培并不阻拦和指责。

由于蔡元培的家训文化教育,其子女都能把握自己,朝着既定目标努力奋斗,为社会做出了贡献。诚可谓海派文化一奇葩,值得发扬光大。

(2019年10月15日,第99期2版)

---

① 杨光裕等:《蔡元培的家教》,载吴孟庆主编《文苑剪影》,上海辞书出版社2006年版。

潘老不服老,年年澳大利亚讲国学

张克平

"我要分秒必争",我会老会员潘颂德总是这样要求自己,无论是治学著述,还是阅读演讲。凭借聪明与勤奋,这位农民的儿子成长为一名人民教师,后为上海社会科学院中国现代文学专业研究员。现在又利用探亲时间,在海外传播中国文化,忙得不亦乐乎。

夫人心疼地说:"你已经七十八岁啦,做这些又没一分钱报酬,眼睛近视近千度,又何苦呢?"潘颂德说:"我要对得起台下那些听众,我每句话要立得住脚啊!"

库克院长:这个讲稿能够留下吗?

2016年8月的一天,潘颂德来到维多利亚大学商务孔子学院,会见该学院外方院长库克和中方院长王蓓,进行了一个小时的专题交流。

去之前,他仔细研读《论语》,梳理出孔子商业思想的核心,精心准备讲稿。他首先毛遂自荐,表示自己可以到该学院讲授孔子商业思想。接着,拿出讲稿阐述自己的论点。他说,"从商,首先要解决'义'与'利'这对矛盾。孔子学说中'重义轻利,先义后利'的观点,正是儒家义利观的精髓。所以后人就有了'儒商'一说"。两位院长仔细听潘颂德讲述,感谢他送来的及时雨。同时也告诉他,学院尚在筹备中,正在招生。分手时,库克院长提出请求:"潘教授,这个讲稿能够留下吗?"为撰写这份近七千字的《孔子生平和他的商业思想》讲稿,潘颂德整整花了近一个月,实在有点舍不得。但看着库克那真诚期待的眼神,他点了点头。库克接过讲稿,两人的手紧紧地握在一起!

潘颂德知道,他在商务孔子学院留下的,不仅是一份讲稿,更是一颗中国文化的种子。

万字讲稿:为两小时演讲写就

有些见闻,让潘颂德心里沉甸甸的。

近年来经常去澳大利亚女儿家探亲,在和当地华人交流中,潘颂德发现这些同胞家中难觅中文书!他们的第二代、第三代将不会讲中国话,看不懂中国书,更不去说读古文了!澳大利亚有两百多万华人,墨尔本有四十多万华人,世界各地华人更有几千万之多。如何在海外同胞中弘扬伟大的中华文化?这让潘颂德深感责任重大。

2016年在澳大利亚,潘颂德不仅去商务孔子学院交流,还受邀到墨尔本华语电台做"百年新诗"专题演讲。在两个小时直播中,与听众们互动,为他们答疑解惑。

从2017年起到2019年9月,他在墨尔本新金山中文图书馆连续举办了6场专题讲座。从战国时代屈原的《离骚》,到盛唐的李白与杜甫,再到清代曹雪芹的《红楼梦》,直到现代诗人张洪明的《天籁之音》,潘颂德以主题关联的一系列讲座,串起从古到今中国文化和文学创作的脉络,让听众感受到中华文明的博大精深。他讲《红楼梦》,引经据典,观点独特,听众称他为"红学家",可他却谦逊地说,"我只是业余爱好者"。实际上,他收藏了六七个版本的《红楼梦》和百余本《红楼梦》研究专著,并进行过研读。

为了这两个多小时的演讲,他要用两三周时间写六千至一万字的讲稿,再工整誊写,复印装订,分发给现场听众,就为方便他们回家温习,或给子女甚至孙辈阅读。

诗歌赏析:乡愁引发浓浓共鸣

2017年10月8日,正是"每逢佳节倍思亲"的中秋时节,墨尔本新金山中文图书馆讲演厅,潘颂德为定居澳大利亚的华裔读者和CCTV—4观众俱乐部会员们做"中国乡土诗歌赏析"主题演讲,并将自己的《中国现代乡土诗史略》《现代文学述林》等专著捐赠给该图书馆。

他深情朗诵了汪曾祺的诗:"我的家乡在高邮/风吹湖水浪悠悠/岸上栽的是垂柳/树下卧的是黑水牛……"这首诗在叙写高邮的景、物和人时,对故乡的挚爱真情溢于言表，大家都被浓浓的思乡之情感染了，全场鸦雀无声！接着，潘颂德介绍了乡土诗的含义、现当代乡土诗的演化过程。现场读者听得津津有味，并提出"能否推介一些港澳台及海外华人的优秀乡土诗和乡愁诗"。潘颂德听闻立即答道："明年再来澳大利亚，一定尽量满足大家要求！"

他说到做到。2018年第一讲就说"乡愁"，主题为"乡愁是一棵没有年轮的树——谈台港乡愁诗歌"，通过对乡愁诗进行解析和品赏，让听众体验字里行间的乡愁情绪。

2019年，潘颂德的演讲频次更为密集。7月、8月、9月连做三场演讲；演讲的选题内容也更为丰富："屈原与《离骚》""李白与杜甫"和"张洪明的长诗《天籁之音》及艺术理论"。

潘颂德表示："我已经在墨尔本做了六场专题演讲，但还远远不够。明年去探亲时，我还要继续讲中国文化、中国文学！"

(2019年12月15日，第100期1版)

明信片漂入上海滩

孙孟英

话说 1865 年的一天，一位德国画家请求邮政局，将他创作的一幅画作为结婚礼物寄给他的朋友。但是，画太大，装不进信封。邮政局建议他在画的背面写上收件人的姓名、地址，作为信件寄出。果然，那对新人如期收到了这份特殊的礼物。这幅硬卡纸画，就成了世界上第一张"明信片"。

新事物，引来众人关注。其中一位奥地利医生荷曼，于 1869 年向政府提出了发行明信片（当时叫邮政卡）的建议，并主张明信卡大小要和信封一样，便于同信件一起投送。奥地利政府采纳了。于是，1869 年 10 月 1 日，第一批预付邮资明信片公开发行。渐渐地，明信片便在欧洲传播开来。

当时的上海已开埠二十多年。明信片很快就传入上海，备受西方侨民和上海市民喜爱。他们不仅喜欢这种价廉便捷的邮递方式，更喜欢印在明信片背面的各种绘画和摄影作品，尤其是反映上海的名胜古迹、市井生活以及戏曲演出等内容的。这些场景大都是西方侨民在上海拍摄后，带回国后卖给报刊、邮政局，由他们印制成明信片发行，其中有不少明信片就漂洋过海回到上海滩。许多侨民和市民都将明信片珍藏起来，这就为我们保留下一百多年前上海的真实面貌，很有历史价值。

1874 年，英美租界工部局决定在上海发行明信片。有关主事者特邀洋人画家来设计。这位洋画家很有创意，特地在设计稿中加入了中国文化元素，画了一条淡紫色的小龙，后来被人们称为"工部小龙"明信片。这张明信片一经推出，立即受到热烈追捧。

"工部小龙"是在中国境内发行的第一张明信片，因此上海就成了中国第一个设计发行明信片的城市。

（2020 年 2 月 15 日，第 101 期 3 版）

回忆丁景唐先生

杨益萍

丁景唐先生是出版界的老前辈,曾担任上海市出版局副局长,主持上海文艺出版社工作,主持编纂《中国新文学大系(1927—1937)》这一重大出版工程,在出版界德高望重,声名卓著。我在任上海文艺出版总社社长期间,曾多次拜访他老人家。言谈间,给我留下难忘的印象。特别是他谈起的关于绍兴路7号发生两件历史事件的线索,至今仍然记在我的心头。

一次,到永嘉路慎成里丁老家里去看望他。慎成里是典型的石库门弄堂老房子。他住在三楼,一个放满书籍、报纸、杂志的空间,一个兼有卧室、餐室、书房、会客室等多种功能的房间。靠墙放着高高低低的书橱,挤不进的书,就被堆在地板角落里。他就在这杂乱无章的环境中,自得其乐地伏案工作。他就在这所古老的石库门房子里,度过青年、中年、壮年,进入老年。

我眼前的丁景唐先生,和蔼慈祥,风度儒雅。一口醇厚的宁波话,听起来柔柔的。他讲话语速不紧不慢,热衷于谈论新文学,谈论研究中的新发现。他沉浸在对历史资料的回顾和梳理中。无论跟他闲聊什么,三转两转就会引入这方面话题。仿佛刹那间他就成了陶醉的孩子,兴奋而显出一丝不易觉察的得意。对自己心爱的事业,他显然有激情和理想在里面。

另一次,我到华东医院去探望他。只见他半躺在病床上,但精神矍铄,面容清癯,目光和蔼,思维清晰。他已是九旬老人,且在病中,但交谈中兴致勃勃,毫无倦意,还向我赠送他的近期作品,为我题词留念,一点看不出是一个患病老人的样子。

……

在对丁景唐先生的探望中,给我印象最深的就是他讲述的研究过程中的新发现。他说,绍兴路7号,即上海文艺出版社的所在地,是一块文化圣地,它不仅是巴金等文化名人工作过的地方,是出版过许多重要文学作品的地方,也是曾经发生若干重要文化事件的地方,深藏着许多鲜为人知的故事。据他接触到的资料,鲁迅曾在这里会见青年木刻家,《义勇军进行曲》面世前曾在这里进行排练。因为时间相隔久远,房子几经翻新改造,关于这些历史事件的确切证据很难找到了。他建议我,如有兴趣,可对此进行深入研究。

说实在的,当时,听了丁景唐先生的话,我很震惊,也很激动。由于工作繁忙,条件限制,我无力对此进行考证。但我始终相信,当时,丁景唐先生的叙述是清晰的,我的记忆也是清晰的。因此,特记录在兹,以备后人将来考证之用。

(2020年4月15日,第102期1版)

方重将陶潜诗文推向海外

曹涵璎

方重(1902—1991)先生是著名爱国学者,上海外国语大学教授,2018年入选首批"上海社科大师"。

除了向中国读者译介英国文学作品,方重还致力于向西方读者介绍中国。

方重英译陶诗的想法,始于1944年。这一年他受英国文化委员会的邀请远赴剑桥大学三一学院担任客座教授。几年中,他接触了一些对中国文化怀有热忱的外籍学者和译者,读到了不少海外译者英译的陶渊明诗文。欣喜之余,却也深感惋惜,因为"对照我国古代诗歌的许多英译本,发现不少译文不甚确切,深感这类汉译英工作之重要不亚于英译汉。因此,我在研究乔叟之余,倾力翻译陶的诗文,为中英文化交流作些努力"(《陶渊明诗文选译》序)。这几句文字看似平淡,然而先生对我国优秀传统文化发自内心的自豪感却是溢于言表。从我国晚清出现第一代精通外文的文人开始,这种自豪感便得以一代代默默传承。晚清的陈季同、辜鸿铭,民国时期的王文显和林语堂等人的成功为这一文化传统不断注入了新活力。作为林语堂的学生,方重用自己的实践使这一传统得以继承。旅英回国后,他认真阅读了他从英国带回的外国学者多种译本,同时潜心研究北京大学王瑶教授的《陶渊明集》(1957),并通过书信与王瑶教授交流和切磋一些与陶诗原文的理解相关的专业技术问题。在其后二十几年中,他工作之余陆续翻译并反复修改了陶诗80首和两篇散文的译文,以及一篇梁代昭明太子肖统所写的《陶渊明传》的译文。译稿修订工作全部完成后,方重将其辑为一册《陶渊明诗文选译》,先后在香港商务印书馆和上海外语教育出版社出版。

方重先生在我国古代众多诗人中独选陶潜,缘于他对陶潜其人其诗的热爱:"当初我是为了我国古代一位伟大诗人,不忍让他的高风亮节被世人忽视,或甚至曲解。由诗品到诗人,终于体会到一个诗译者的正确使命是应该向诗人学习,要虚心领会他的理想、品格、风貌、情操。"(《陶渊明诗文选译》序)从20世纪50年代初他正式着手翻译至70年代后期他完成翻译的二十几年中,社会发生翻天覆地的变化,其间方重及其家人曾一度受到冲击。然而,他从不消沉。陶渊明不以"心为形役"的率真和"少无适俗韵,性本爱丘山"的洒脱,伴随着方先生走过了诸多艰辛,铸就了一位大师的精彩人生。

(2020年4月15日,第102期1版)

话说"大闸蟹"名称的来由

朱少伟

"大闸蟹"是人们喜欢的佳肴。那么,螃蟹到底为啥叫作"大闸蟹"呢?

现代作家包笑天晚年写的《大闸蟹史考》,引用了吴讷士的说法:"凡捕蟹者,他们在港湾间,必设一闸,以竹编成。夜来隔闸置一灯火,蟹见灯光爬上竹闸,即在闸上一一捕之,甚为便捷。此是闸蟹之名所由来了。"其中的"竹闸",应该属于硬造的名称,它实际就是"簖"。不少人都知道,在六朝时期,吴淞江下游的渔民发明了"沪",这种插于河流浅滩的竹栅栏,退潮之际可以拦住鱼蟹;到了唐代,由于"沪渎"经常作为地名出现在诗赋当中,渔民们为了避免概念混淆,根据"沪"那"断鱼蟹之退路"的功能,将它改称"簖",所以陆龟蒙的《〈渔具咏〉序》提及:"沪,吴人今谓之簖。"如今,"簖"仍然是江南农村的传统渔具,《现代汉语词典》对它这样解释:"拦河插在水里的竹栅栏,用来阻挡鱼、虾、螃蟹,以便捕捉。"由于"簖"从来没有叫过"闸"(只叫过"蟹簖"和"竹簖"),所以"大闸蟹"是因为捕捉工具而得名的讲法就站不住脚了。

有一次,笔者趁到上海郊区参观蟹塘的机会,问过一位蟹农:"老伯伯,您晓得'大闸蟹'名称是怎样来的吗?"那蟹农笑道:"记得我的祖母说过,雌蟹的半圆形脐盖像'大闸门',雄蟹的尖脐盖像'小闸门',它们身上都有一扇'闸门',所以叫作'闸蟹'或者'大闸蟹'。镇文化中心搜集民间传说时,我还将此事写下来了!"那蟹农看见我有点不信,还真就从屋里拿出一本镇文化中心编的民间传说集。此一说,在前人笔记文献和相关书籍当中都找不到。"大闸蟹"竟因长相而得名,似属"硬装榫头",我看,经不起推敲。

其实,"大闸蟹"是从"大煤蟹"演变过来的。三国时期张揖的《广雅》(后易名《博雅》)曰:"煤,瀹也;汤煤也。音闸。"清代嘉庆、道光年间的苏州文人顾禄,在他的《清嘉录》中说:"湖蟹乘潮上,簖渔者捕得之,担入城市,居人买以相馈贶,或宴客佐酒。有'九雌十雄'之目,谓九月团脐佳,十月尖脐佳也。汤煤而食,故谓之'煠蟹'。"昔日,卖蟹人挑担进城沿街叫卖,不断高喊"煠蟹唻大煠蟹",成为秋天的一道风景。"煠"就是煮,《新华字典》将它列为"炸"的异体字,并解释成"把食物放在煮沸的油或水里弄熟"。螃蟹一般都煠着吃,所以大家把它叫作"煠蟹"。从前,黄浦江和吴淞江盛产的"清水蟹",只头大、肉结实,被上海人称为"大煠蟹"。大概是"煠"字比较生僻的缘故,时间一长,谐音的"大闸蟹"就慢慢替代了"大煠蟹",并一直沿用至今。可见,"大闸蟹"归根到底是因烹制方法而得名的。

(2020年4月15日,第102期4版)

巴金与电影《英雄儿女》

陆正伟

1999年的一个下午,我看到午睡刚醒的巴老戴着眼镜,正在聚精会神地看电视里重播的电影《英雄儿女》。我有点好奇。后来,我才知道电影《英雄儿女》是根据巴金的短篇小说《团圆》改编拍摄的。

那么,巴金怎么会创作这篇小说的呢?

原来,1950年抗美援朝战争爆发后,全国军民纷纷以实际行动支持这场反侵略战争。巴金也于1952年3月和十多位作家一起毅然奔赴朝鲜,采访我英勇的志愿军指战员。为了能多采访到生动感人的素材,他就采取"少休息,多跑路"的办法,和年轻作家一起来回穿行在炮火硝烟中。

巴金的辛苦换来了丰硕成果。

最令巴金心灵震撼的是志愿军某团六连。1952年10月,六连在一场战斗中,副指导员赵先友在连长、指导员先后负伤后,挺身而出指挥战士们与敌人浴血奋战。当美军在坦克掩护下冲上阵地时,六连战士与敌人殊死搏斗,最后只剩下赵先友和通讯员两人了。面对又一拨敌人冲上阵地时,赵先友一面射击,一面用步话机向团长张振川报告,并请求团长命令炮兵"向我开炮!",结果阵地被夺回来了,赵先友和通讯员却英勇牺牲了。英雄们的事迹,每时每刻都感动着巴金。1961年,巴金经过多年酝酿,终于写出短篇小说《团圆》。巴金用"我"的耳闻目睹,向读者讲述了发生在朝鲜战场上的动人故事……小说在《上海文学》发表后,引起了茅盾、夏衍、荒煤等文化界领导的关注。夏衍责成长春电影制片厂将它改编成电影。

武兆堤导演接受任务后,立即请参加过抗美援朝的毛烽来改编。经过二十多天奋战,《英雄儿女》电影剧本诞生了。

拍摄开始后,饰演"王芳"的演员很难找。武兆堤和毛烽几乎走遍了北京各大文艺团体都未找到。最后,还是谢晋导演一次在北京电影学院办完事,无意中看到一个手提东西的姑娘,觉得很像武导和毛烽要找的"王芳"。他俩闻讯赶紧跑去一看,这刘尚娴姑娘果然像煞"王芳"!后来再看了她参与排演的话剧《北京人》,觉得她演技也不错。最后,就定下了刘尚娴演"王芳"。

1964年,电影《英雄儿女》在全国放映后,立即好评如潮。

(2020年6月15日,第103期3版)

中共上海"地下金库"与肖林

马小星

2020年6月出版的《海派文化》上,刊有一篇《沪鲁之间的战时花生油贸易》,其中提及上海华益公司。这个华益公司,其实是我党的"地下金库",公司经理就是大名鼎鼎的肖林。

肖林原名肖本仁,四川江津人,1939年加入中国共产党。1936年,他进入民生实业公司工作,展现出经营才能。同年参加重庆救国会,出版《人力周刊》,积极宣传抗日。中华人民共和国成立后曾任上海市水产局局长。

1941年3月,肖林奉命来到重庆红岩村八路军办事处。当时,办事处的开支,一靠国民党政府拨的军饷,二靠宋庆龄等友好人士的资助。但是在"皖南事变"后,国民党的拨款已不能保证,因此,开展地下经济工作势在必行。那天晚饭后,周恩来在与钱之光、肖林谈话时指出:"党的活动,无论是公开的,还是秘密的,都要有一定的经费开支。经费来源不能光依赖拨款和支援,还得自己去开辟新路。"

很快,一家名叫"恒源字号"的商行在江津县开张了。肖林任经理。不久在重庆设立了分号,并在宜昌附近的三斗坪设立了办事处。主要经营土纱、食糖、植物油等。肖林果然身手不凡,生意做得风生水起。1944年,恒源字号发展为大生公司,又增加了五金、木材、西药等生意。

1946年5月,肖林又奉命将公司办到了上海。他先在上海珍珠泉浴室楼上的富川商行内租了房子,办了华益公司,寓意"为了中华民族的利益"。肖林任经理,其夫人王敏卿任重庆分公司经理。尔后,随着业务的发展又在青岛、徐州、蚌埠等地设立了分公司。

连年战乱、交通不便,四川境内几乎看不到上海货。于是,华益公司便从上海采购大量的日用工业品,如名牌牙膏、香皂、"414"毛巾、羊毛衫、被单、丝袜等,由民生公司的轮船运到重庆,批发给当地百货商店。

当时，山东解放区也在上海设有隐蔽的经济机构，他们将随船运到上海的黄金、美钞，悄悄地送到华益公司。然后由肖林将这些藏在花生油桶里的大量黄金、美钞，秘密送到中共代表团的驻地"周公馆"，作为党的活动经费。1947年3月，中共代表团从上海撤退时，尚有3 000多两黄金。

笔者曾经问肖林，华益公司赚来的钱，都用在哪些方面呢？

肖林说，一是用于烈士家属的抚恤；二是补助生活困难的党员家庭；三是照顾补贴一些因国统区物价飞涨，生活窘迫的知名人士；四是资助一批批民主人士离开上海，经香港再北上大连、北平参加筹备建国大事。

肖林夫妇为党究竟筹措了多少经费，并没有明确的统计。但在中华人民共和国成立后，华益公司等宣告结束时，向中共中央上交的资金约合黄金12万两，其他固定资产折价1 000多万美元。

肖林夫妇经手了那么多钱款，但他们始终两袖清风，一尘不染。因为他们始终认为："我们是在为党挣钱！那都是党的财产，一分一厘也不能挪用的！"

这就是掌管党的"地下金库"的肖林夫妇的高尚品格。

(2020年8月15日，第104期3版)

冈察洛夫莅沪近观小刀会战火

祖 安

在俄国作家中,亚历山大罗维奇·冈察洛夫是较早到沪旅游的。

1853年11月23日,他乘坐"巴拉达"号三桅战舰下碇于中国嵊泗列岛,随后乘坐纵帆船来到上海。当时的上海正处于小刀会起义之际,义军已攻占县城,正在抗击清军进攻。

冈察洛夫一到上海就冒着风险,赶到激战的火线。从清军的营地登上架在壕沟上的拱桥,放眼望去,但见清军营盘里"军帐密布,旌旗飘扬,五彩缤纷",又"不时响起炮声"。清军的阵容似乎颇为壮观,但同行的英国军官却对他说:"这多是空炮","不管是雾天、黑夜,也不管是有无敌军,他们只是瞎放一气",以示"常备不懈"。当时,苏松太道吴健彰调来大军围攻县城这个弹丸之地,扬言很快就能攻下,但据冈察洛夫观察,"没有那回事,道台至今毫无进展","尽管道台施展无穷无尽的残酷手段,但起义者却岿然不动!他们坚守炮台,县里人逾过城墙源源不断地供应炮台食物——官军对他们也奈何不得"。

冈察洛夫走到县城城墙附近,亲睹上海市民支援小刀会起义军的动人情景。他看到,县城外围的护城河边"聚集着上千的人,大家一齐破着嗓子高声叫喊",城墙上则"站满了起义军,也不下千余人。他们同样也在朝下喊着"。"城下的是商贩,他们肩挑手提,车载畜驮,从市区运来一切可运之物。猪羊家禽、青菜果品、烧柴圆木,源源不断升向墙头。""城墙上的人也呼唤着,有的要买猪,有的要买菜,还有的要买鸡。"一旦价格谈妥后,城上的人用绳子放下装有钱币的竹筐,于是"鸡、鸭、猪肉、橘子、衣物等缘墙而上。甚至成摞的木板都能提上去"。这时清军的大炮在耳边不绝地轰鸣,表示"同起义军不共戴天",但市民和商贩们"也在高声呐喊,目的却是让起义军坚守城池"。对此,冈察洛夫幽默地说:"商贩对县城的围困比帝国军队更有效、更成功。"

冈察洛夫看过小刀会起义战火,又去观察更多上海实情。

在应邀出席美国领事兼美商旗昌洋行大班金能亨的一次宴会上,他惊诧于餐桌上摆着"大堆牛排或全羊"。他反感的是"桌上的菜肴极端丰盛,谁能吃掉这么多的肉、禽、鱼? 每个人都会提出这样的问题"。

冈察洛夫还逛了英租界的新市区,"街道两旁仍是接连不断的洋商寓所",沿江大街(即外滩)"矗立着宏伟的欧式大楼,马路上人来人往,熙熙攘攘"。最辛苦的,是"到处可见搬运工人。他们踏着又快又大的步伐,抬着货物前进"……

跨过洋泾浜(今延安东路)是法租界。这里摊肆林立,人声鼎沸。冈察洛夫饶有兴趣地写道,"长长的狭街窄巷,像迷宫曲廊一样,四通八达,不知所终",街道两边店铺都敞着门户,"人们在锅灶上做着小吃,就地出售。绸缎庄门前是咝咝冒气的老虎灶和成堆的麻花、大饼"。

冈察洛夫在上海参观22天,于12月15日辞别。

(2020年8月15日,第104期4版)

前辈导演可敬
——飞车冒险抢拍五卅惨案

徐金根

1925年5月30日,英国巡捕在南京路枪杀游行示威的工人、学生和市民后,激起了上海乃至全国人民的反帝怒潮。就连刚刚成立不久的友联影片公司,也在创办人陈铿然导演的带领下,勇敢地把摄影机对准了五卅惨案现场……

陈铿然在五卅惨案发生后仅一小时,就立刻决定带领几位员工驱车赶往,想抢拍现场,记录实况。他们开车从友联公司(博物馆路28号)出发,由司机胡廷芳开车,陈铿然及妻子徐琴芳和摄影师刘亮禅、郭超文一起,带了一台小埃摩摄影机,飞驰而去。汽车拐到南京路后,又向前开了一段路,快要到惨案现场时,他们迅速地将摄影机插在已被敲碎玻璃的驾驶室前窗上,边向前开,边拍摄。他们拍下了巡捕和警察正在冲洗地上血迹的一些镜头。就在此刻,巡捕发现了这辆车形迹可疑,便马上吹响警笛,骑上马来追赶这辆汽车,还大声叫"停下来检查"。陈铿然沉着冷静,一面叫司机不要理会,继续向前开车,一面让大家想办法把摄影机藏起来,以应付检查。

徐琴芳急中生智,连忙将这台小型摄影机藏在自己的裙子下面。然后,让汽车停下来。

外国巡捕赶上来,看到车里坐了几位衣着挺阔、神情悠闲的人,以为是来南京路白相的阔少爷和阔小姐,就胡乱问了几句,看看车内也没什么可疑的东西,悻悻而去。

回公司的路上,一车人都为徐琴芳的机智勇敢而钦佩。徐琴芳笑笑说:"其实,我也吓得来心'别别'跳,手心里都是汗。"

陈铿然是个做事认真,不达目的不罢休的人。为了收集更多的惨案真相资料,他于6月20日上午又带着妻子以及摄影师,开车来到库伦路验尸场,想拍摄遇难烈士的遗容,遭到拒绝。但他们不罢休,便又通过工商学联合委员会的介绍,飞速赶到南码头同仁辅元堂,终于找到了放置烈士遗体的地方。可是,这里是一间暗室,没有亮光,他们便马上在屋顶上开了个天窗,利用这束亮光拍下了烈士们的遗容。

当他们开车离开辅元堂后,恰巧遇上同济大学学生,抬着被英国巡捕枪杀的尹景伊烈士的棺材游行,沿路市民和学生们纷纷高举拳头,愤怒地高呼"遇难烈士,死不瞑目!""打倒帝国主义!"等口号。陈铿然一行被这悲壮的场景深深地震撼,当即摄影师刘亮禅拍下了这些珍贵的游行场面。

陈铿然还计划要拍一组被外国巡捕和警察打伤的工人、学生的镜头。但是,伤员都被租界当局指定送到宝隆医院(今长征医院)和山东路仁济医院。医院外面布满手持武器的警察,严禁外人进出,并随时逮捕可疑人员。陈铿然带人几次想进去拍摄未成。最后,他们还是在几名富有正义感医生的帮助下,乔扮成护士和助产士混进医院病房,顺利拍摄了一组重伤员的镜头。

此外,他们还拍摄了被当局封闭的上海大学(党培养干部的地下学校),以及学生罢课、沿途演讲散发传单鼓动罢工的珍贵镜头。

陈铿然和同仁们夜以继日地工作,一面抢拍,一面编辑剪接,很快就推出纪录片《五卅沪潮》。

然而,这部影片是禁止在租界里放映的。他们就送到南市、闸北等一些电影院放映。1925年6月27日,在上海学联的支持下,他们借西门共和影戏院,和故事片《一半年》搭配上映两次,每次三天,收入全部用来接济罢工工人。7月7日起,又连映三天,激发了上海民众更大的反帝浪潮!

(2020年10月15日,第105期2版)

阿舒，大义之人

老老夏

舒适以饰演《清宫秘史》中的光绪皇帝和《红日》中的张灵甫蜚声影坛，圈内人都亲切地叫他"阿舒"。对他的义薄云天，人人竖大拇指，觉得他把"义"字看得比什么都重，如果在古代，一定是个仗义疏财的侠客。

要举例，太多啦。《李三娘》是舒适早期的重要电影作品，和周璇合演夫妇。影片完成后，主动谦让，把周璇的名字列于广告首位。这让周璇分外感动，从此两人建立了深厚友谊，成为银幕拍档。这是小的。

更有大的。中华人民共和国成立后，舒适自导自演的《林冲》原本由吴永刚执导，不料吴永刚被错划为"右派"，不能再拍片，领导让舒适顶上去。舒适接下重任，并根据自己的想法重新分了镜头。影片拍摄时，周恩来总理还来摄影棚视察。完成后，评价很高，但舒适没有抛下吴永刚，仍把他列为联合导演。2005年，舒适荣获国家颁发的"优秀电影艺术家"称号。他当时视力严重退化，不能去北京领奖。后来上海影协在上海为舒适和汤晓丹等补办颁奖仪式，时任国家广电总局电影局副局长的江平在台上宣读舒适的作品，提到他导演并主演的《林冲》时，他忽然站起，高声纠正："《林冲》的第一导演是吴永刚！因为他被打成了右派，后来杂志上把他名字抽掉了，这不是历史！我想告诉老伙计吴永刚，他要能活到今天该多幸福啊！"

"文化大革命"末期，舒适终于能复出拍电影了。他看中《江水滔滔》剧本，觉得硬汉杨在葆是男主角的最佳人选，但是杨在葆当时身背"516分子"罪名，还没有行动自由。后又有消息称他被放出来了。舒适大喜，丝毫不顾忌政治上是否对自己不利，马上决定"那就叫杨在葆赶快来剧组报到吧"！他觉得，杨在葆曾经因为《红日》和他一起被批判，现在他一定要拉杨在葆一把！

《江水滔滔》在安徽的裕溪口拍外景时，正值酷暑，太阳火辣辣地晒在甲板上，水泼上去就会发出"嗤"一声响，立刻就被烤干。舒适和演员们一起顶着毒日,一边指挥拍摄,一边替杨在荙扇扇子,说"你是主角,拍戏主要靠你,得保持形象"。

舒适做人是有原则的,绝对不会越过底线,连"压线"都不可能。1942年,日本人吞并了十几家影片公司,成立"伪华影",完全掌握了上海的电影拍摄生杀大权。"伪华影"的老板看中上海滩大明星舒适和刘琼,要他们主演吹捧"大东亚共荣"的电影《春江遗恨》,酬金丰厚。舒适和刘琼断然拒绝后,却因此不能继续在上海立足,而与妻子慕容婉儿一起,游走于其他地区,主演反封建、反恶势力的舞台剧。继而赴香港,大展身手,在《浮生六记》《清宫秘史》等影片中饰演主角。

中华人民共和国成立前,舒适等人在香港参加了中国共产党的外围组织,为迎接新中国的诞生做了不少工作,其中有个编剧就是共产党早期的组织成员。21世纪初,那位同志认为舒适、刘琼等可以享受离休待遇,并把证明信寄到了上影厂,但过了很长时间,回复说只能给刘琼和舒适两位办离休,其他人不可。舒适和刘琼一听火了,说:"做啥啦!我们那时候在香港有几十个人了,被赶回来的也有十人,要么一起回来的兄弟们都办离休,单给我们两个人办离休,这算什么事啊?"结果,他把离休申请表格朝抽屉里一塞,没交上去,一直到2015年他百岁驾鹤西去……

拍过《小街》和《苦恼人的笑》等电影、曾与舒适合作《千里寻梦》的导演杨延晋有一次和赵丹打趣,问:"哎,你们这批'老家伙'当中谁最好?"

赵丹不假思索地回答:"阿舒啊!"

"哪里好?"

"人品好!"

(2020年10月15日,第105期1版)

六十一年啦,难忘的感动
——拍摄《节日歌舞》逸事

梁廷铎

1959年国庆十周年时,上海舞台名家荟萃,节目精彩。为了使广大观众能欣赏到这些五彩缤纷的节目,我们天马电影制片厂就以小故事的形式,把部分节目串联起来,拍成影片《节日歌舞》。拍摄期间,留下了不少感人故事。

在周小燕家里挑选旗袍

周小燕教授经常演唱俄国名曲《夜莺》,歌声婉转动听,使无数听众倾倒,这次也被搬上银幕。由于拍摄时间较紧,不再添置新的服装,就借用她本人的服装。因此我们几个登门拜访。进门时周先生正在家里观看电视,她告诉我们前天电视台转播了她在剧场的演出。随后她打开了衣橱,对我们说:"这些都是我演出时的服装,根据电影拍摄的要求,请你们自己挑选服装吧。"橱内排满了旗袍,每一件都是那么华贵,一时真是看花了眼。后来我们商量决定就穿上次舞台演出时的那件旗袍。周先生说:"这样吧,到拍摄那天再多带两件来,还有挑选的余地。"当时我们都被她的平和、真诚的大家风范所感动。后来我们组里有位同志说:"挑服装挑到演员家里,特别是这么大的艺术家家里,还是第一次。"

拍摄前,先期录音时,那天录音的顺序是周先生在蔡绍序教授之后。蔡先生先录完要离开现场时,周先生诚恳地请他留下听听她的录音效果。周先生不厌其烦一遍一遍地录,从午后一直录到黄昏。录到最后大家都满意了,周先生还是请蔡先生谈谈有没有需要再改进的地方。蔡先生也觉得这遍应该是比较完美的,可还是有一点点小遗憾。周先生听了毫不犹豫地说:"那就再来一遍吧!"这就是她对待艺术一丝不苟的精神。

听俞丽拿演奏《梁祝》忘了叫停

小提琴协奏曲《梁祝》，由当年上海音乐学院年轻学子何占豪与陈钢合作创作。我们在剧场观看演出时，被如泣如诉的琴声深深震撼。因此，《梁祝》搬上银幕是理所当然的。

我们到音乐学院听陈钢向我们介绍《梁祝》的特点。他们是尝试将西洋乐器民族化，以中西结合的手法来表现这个家喻户晓的题材。我们提出，由于受影片长度的限制，能否在保留原作精华的基础上做一些压缩，他非常大度地同意，并很快就做好了压缩工作，顺利地进入先期录音。当时，小提琴演奏者俞丽拿与整个乐队人员都是在校学子，俞丽拿当时只有十八岁，一脸清纯。指挥是杨嘉仁教授。拍摄《楼台会》那一段时，大提琴和小提琴两个声部交替出现，就像是梁山伯与祝英台在倾诉衷肠。俞丽拿完全沉浸在演奏中。我也完全被音乐所吸引，到了这个镜头该停时，竟忘了叫停。还是叶明导演轻轻地拍了拍我，我才如梦初醒，立即叫停。叶明导演对我说："其实我拍你肩膀时，这个镜头早过了。我也被这段音乐陶醉了。"

（2020年10月15日，第105期3版）

追寻"上海说唱"成功之源
——黄永生如何博采众长

秦来来

黄永生的演唱特点是嗓音高亢、字正腔圆、字眼准足、韵味醇厚,南腔北调张口唱、多地方言信口讲,被观众叹为观止,"味道好极了"!

另外,黄永生的"上海说唱"的唱腔设计,大部分也是由伊自己完成,得到了圈内同仁和观众的普遍认可。

黄永生的成功,是在博采众长、刻苦学习的基础上取得的。伊不但拜袁一灵和著名沪剧艺术家王盘声为师,因为滑稽的说唱曲调、沪剧的基本唱腔是"上海说唱"基本曲调。伊还受教于锡剧名家王彬彬、沪剧名旦石筱英;姚慕双、周柏春两位滑稽大师,更是伊求教的先生。根据人物的不同籍贯,伊还要学唱各地戏曲,像"宁波滩簧""河南豫剧"等,来丰富自己的表演手段。

黄永生认为锡剧名家王彬彬的"彬彬腔"抒情优美,柔中有刚,韵味醇厚,因此自己苦学"彬彬腔",并提出要拜王彬彬为师。1984年,上海广播、电视直播"王彬彬演唱会",黄永生自编了一段锡剧应邀参加演唱(他前面的节目是王彬彬的12个学生联唱《双推磨》),等他唱完自编的节目后,观众对黄永生唱的锡剧热烈鼓掌,经久不息。王彬彬当众表扬他唱得好,于是就有了"12个无锡学生不及一个上海学生"的说法。

20世纪八九十年代,黄永生红极一时。他在"上海说唱"中又一次推陈出新,融入了大量的流行歌曲元素,成为朗朗上口的"沪语歌",也因此为上海说唱吸引了一批新观众。

在黄永生的那个时代,上海从事说唱的艺人很多,但黄永生却能独树一帜,绝非"浪得虚名"。

(2022年2月15日,第113期3版)

吴贻弓十岁"做电影"

何 言

吴贻弓是中国电影第四代导演的杰出代表,享誉中外。

那次,我们在采访时,好奇地问及他的从影经历,吴导不由笑了起来。原来,在他六七岁时,父母亲去看电影时,总把他这个"小不点"给带上。小小年纪的吴贻弓,竟然看了许多部中外不同类型的电影,从而对电影产生了浓厚的兴趣。

有一天,他突发奇想,觉得光是在银幕上看别人怎样演,还真不过瘾,所以,就想自己动手"做电影"。

吴贻弓把香烟盒上的透明纸(俗称玻璃纸)一张张剥下来,粘成很长的纸条,看上去有点像电影胶片。然后,他用墨笔在上面画了一幅幅图画。最后,再用一面放大镜和一个大电灯泡,把画面投射到白墙上,引来全家人观看,最忠实的观众就是他的父亲。父亲认真欣赏儿子创作的这部"电影",还耐心听他讲述那一个个好玩的故事……当时,吴贻弓只有十岁。

笔者听到这里,忍不住打趣:"吴导,你十岁就能自编自导自演啦!"他哈哈地笑了。

从此,吴贻弓的"电影瘾"一发不可收。1956年高中毕业,品学兼优的他完全可以报考清华、北大等名校,但他却报考了北京电影学院导演系。父亲气得拍桌子说:"难道你真要做戏子不成!"为此,足足一星期不理他。而吴贻弓却早有准备。等父亲气消了一些后,他捧出珍藏的200多份电影说明书说:"爸爸,如果你一定要我改变上大学的志愿,那就划一根火柴,先把你领全家看过的电影从我们的记忆中统统烧掉吧!"最后,父亲允准了。

吴贻弓1960年毕业,进入上海电影制片厂。持久努力,他终于显示出非凡的艺术才华。

(2022年4月15日,第114期3版)

五百年前,浦东出过"打虎英雄"

葛昆元

2022年1月31日,农历除夕,兄弟姐妹一大家子吃年夜饭。席间,有一孩子问:"明天进入虎年了。我想知道上海有老虎吗?"满座大人闻言个个面面相觑,不知所云。而后,他们都向我看来。

我对孩子说:"据我所知,上海在古代是有过老虎的。这在上海的一些旧方志中有记载。"众人听了,皆"哦"了一声。

我见大家对此都蛮有兴趣的,便索性"吊起书袋"来。

我说,有一本《石冈广福合志》就记载了早在元末顺帝至元二年(1336)十月,宝山顾村镇的广福村就曾有两只老虎出没,伤及人畜,后来一只被人打死,一只逃走。此外,在《泖塔汇志》和《月浦志》中,也记载了在明正德年间"上海有虎伤人"。光绪《宝山县志》则有"明英宗正统二年,嘉定宝山的老虎咬死咬伤65人之多"的记载。

老虎伤人,危害百姓,官府自然会派出官兵围捕,为民除害。其中也涌现出一些打虎英雄。《川沙县志》就讲述了一个名叫侯端的打虎英雄故事。

话说明代正统十二年(1447),在南汇六团地区有一只猛虎出没,先后咬死十余人,吃掉牛马等牲畜上百头。当地百姓吓得日夜大门紧闭,街上空无一人。这一紧急情况报告给金山卫指挥侯端后,他豪迈笑道:"虎自来送死,我当除之。"随即决定亲自带人去杀死老虎,为民除害。

侯端为什么有这么大的胆量呢?那是因为他原本就是个武官,精通武艺,刚毅勇猛,而且他的臂力过人,能把大门口重达千斤的石狮子抱起来,稳步向前走上十余步,再将石狮稳稳放下。所以,他有这个底气。

可是,当侯端带人找到老虎时,他乘坐的战马竟然被老虎的气味吓得哀号着不敢向前。可见这只老虎还是很厉害的。侯端见状,却微微一笑,而后跳下马来,手提一根碗口粗的木棍迎着老虎走过去。当这只白眉猛虎张口扑向侯端之际,随从们皆大惊失色,不敢向前,唯有侯端一人挥起大棒,倾尽全力横打在老虎腰部。只听见老虎大叫一声,竟然倒地死了。众人都欢欣鼓舞,敬佩不已,并建议侯端立刻向上级报功请赏。侯端却摇头说:"杀一虎何足示勇,待问及,呈之未晚。"

当地老百姓感谢他这位打虎英雄,就将他打虎的地方称为"侯公墩",而将宰割老虎的地方改称为"杀虎墩",并刻了石碑以作纪念。

故事讲完了,大家都松了口气,相互说道:"原来,在古代阿拉上海还真的有老虎哎!"可是,那个孩子却叹息地说:"可惜那只老虎被打死了。"

我说:"是呀!今天,我们已经有办法既保护老百姓的安全,又用不着打死老虎了。老虎已成了国家重点保护的动物。"

(2022年4月15日,第114期4版)

85 年前感人一幕

——毕果将军护难民,沪上孤儿赠谢礼

马 军

马军研究员在近作《我所认识的安克强(Christian Henriot)教授》中,披露了一则历史故事——

大概在 2014 年夏季,安教授曾邀我为他的一本书作序,并为中文部分修订词句。这本书是他和一个叫伊望(Ivan Macaux)的人合编的,讲述了一个既小又大的故事。说小,是因为事关 109 个人物木雕(黄杨木),每个不过高 8 至 10 厘米,装在一个箱子里,一个人便可以轻松提走;说大,是由于它们从远东的中国被带到西欧的法国,不远万里,背后关联着一个苦难的大时代。众所周知,1937 年夏季的上海发生了八一三事变,上海数百万民众陷于可怕的战火之中。伊望的曾外祖父毕果将军(Jules Le Bigot,1883—1965)率领法国远东舰队从法属越南赶来驶进了黄浦江,停泊在毗连法租界的江面。随后,面对日本海军提出请法舰驶离,以利其攻击华界的要求,毕果将军毅然地说了个"不"字。他不仅对日军采取了不合作的态度,稍后还指挥法军对上海难民和徐家汇地区进行了有效的保护。毕果将军在上海战事期间的举措,有效地护卫了上海人民的一部分。也正是为了表示对他的感谢,上海土山湾孤儿院向其赠送了一套自己制作的反映"中国民间生活景象"的木雕人物。该院由天主教耶稣会创办,位于徐家汇地区,以培养中国孤儿生产精美的中西工艺品而享誉世界。毕果将军将这箱木偶带回法国后,一直存储在家中,终于在近 80 年后经安克强教授的努力得到了释读。

安教授给了我 1 500 字的限制,我一气呵成,然后由安教授亲自译成法文。同年 11 月该书在法国出版,定名为《中国民间生活:上海土山湾孤儿院人物木刻》(Scènes de la vie en Chine, Les figurines de bois de T'ou-Sè-Wè)。全书

装帧精美,图文并茂,中、法文兼备,尤其是109个木偶的图像栩栩如生,充分显现了清代中国的社会生活景象。

(2022年8月15日,第116期1版)

信封信纸，可窥一斑
——张元济节俭如斯

王源康

商务印书馆，在从前的民国时代，有"出版界的半壁江山"之誉。这，既反衬出旧时代中国出版业的普遍萧条，却也表明了商务印书馆之卓尔不凡。

近日翻阅商务印书馆史料，发现很多老人家都津津乐道于该馆的掌舵人张元济先生。这也容易理解，因为如茅盾说的："在商务的新式出版事业中，张菊生（张元济号菊生）确实是开辟草莱的人。"却又诧异于几篇回忆文字，不约而同地提及张元济用的便笺，居然都是印刷厂的纸边和反复使用的旧信封。偌大印馆，垒纸如山，节俭如斯，不可思议！

商务印书馆老编辑、古文献学家王绍在回忆录中写道："张先生写的条子，都是印刷厂切下来的纸边，有时一天要写好几张。"他又写道："张先生往外发的一摞摞信件，都是用别人寄给张先生的信封翻过来使的，在信封的中间糊上一张粉红色的签条，从来不用新的信封。"

商务印书馆元老、出版课课长邹尚熊在《我与商务印书馆》一文中提及："菊老与馆中各个部分信件往还，均将旧信封翻转多次使用，以零星纸边纸条书写，从不用新的整张信笺。"

古籍版本学家、上海图书馆原馆长顾廷龙1987年3月12日在《解放日报》撰文，也提及："菊老与熟人通信，都利用纸边或包皮纸，信封多用旧信封反过来写，很少用正式信封，他给我的许多信函都是如此。"

所谓翻转信封，即把收到的信封拆开，翻过来重新粘贴好，再次利用。据说，隔一段时间，他就会让家人做一次，做出一厚沓"翻新信封"备用。有人问菊老："您何时开始把信封反过来利用的呢？"菊老答："在第一次欧战中开始的，那时动辄缺这少那，开始觉得物资缺乏，不能不珍惜，要充分利用。"没有深邃哲理，没有豪言壮语，似乎就是淡淡的直白和朴实。

2017年在一次商务印书馆的学术研讨会上,我有幸见到菊老嫡孙张人凤先生时,好奇地问起过这件小事,打探传闻之确否。张先生笑眯眯地说:"是的!他是这样的!"

张元济先生无疑是我国近代史上令人高山仰止的文化大家,以晚清进士、翰林身份参与戊戌变法,名动天下,失败受挫后来到上海,开辟出版业启发民智,再创辉煌。但人们却又同时关注到了他的信纸信封。何以故?跟他对中国文化的贡献相比,这些小事微不足道吧?但正是这细节,足以表现出先生谦谦君子真性情,凸显其自奉之俭、治事之谨、律己之严。

(2022年10月15日,第117期3版)

他穿上红马甲欢度 112 周岁生日
——再访施平老书记

葛昆元

前些天,看到一段视频,是施平老书记过 112 周岁生日的场景。

只见施老衣服外面套着一件大红的马甲,坐在轮椅上,对着来访者说:"年纪大了,耳朵退化了,眼睛退化了。呃、呃,身体还可以。"然后,他双手合十,对来访者表示感谢!

我看后,非常惊叹!

112 周岁!还能有如此健康的身体,还能有如此清醒的头脑!简直是世上罕见!据报道,施老已是亚洲健在的最长寿的男人。美国加利福尼亚,生活着一位 1908 年出生的男子。

我曾经是华东师范大学的学生,在 2014 年和 2019 年先后两次拜访施平老书记,并撰文向读者介绍施老的晚年生活情况。我见到这个视频后,便再度拜访了施平老书记。

那天下午三点半,我悄悄地走到施老的床边,护工阿姨说:"施老午睡醒了,你来看他正好。"

施老面色红润,含笑看着我。

我知道施老耳背,便拿出刚印出不久的《炎黄子孙》杂志(2023 年第 3 期)翻到我写的那篇《听施平老书记说今昔》,呈送到他眼前;而后,我又拿出 2019 年 12 月印制的《海派文化》,给他看头版头条上的那篇专访文章,以及他与我的合影。只见施老看了看,朝我微微点了点头。

此刻,护工阿姨告诉我,施老目前还能看清报刊文章上的大标题,这本杂志上的文章题目,他能看清楚。

我马上对护工阿姨说:"这本杂志我是送给施老的。这篇文章是我写前两次拜访他老人家的事情。他起床后,你给他慢慢看。我想,他会高兴的。"

说完,我将《炎黄子孙》翻到写施老的那一页,轻轻地放在了床头柜上。然后,我又对护工阿姨说:"这份《海派文化》我已送给施老四份,他看到上面的照片会想起来的。"

接着,我感慨地对护工阿姨说,施老一生历经坎坷,多有磨难,却能健康长寿,真是奇迹!

护工阿姨听后,马上说:"是呀!就说去年12月疫情防控放开后,因为我们医护人员感染了,施老也随之被传染。医院采取措施救治后,施老安然脱险!"

我说:"这充分证明,除耳朵和眼睛有些退化之外,施老的身体确实是健康的。"

"还有,"护工阿姨继续说,"这与施老的家人关心照顾也很有关系。"

"你说得对!我前几次来都看到施老的幼子施小京等家人陪侍在旁边。"我说。

护工阿姨又说:"去年12月施老感染后,他儿子马上打电话来,孙子施一公也第一时间来电关心爷爷的病情,而且还和医生在电话里商量救治方案。"

我感慨地说:"看来,家人的关心和照顾也是施老健康长寿的一大秘诀!"

这时,施老朝我点点头。我便对施老说:"施老啊,今天看到您真高兴。我衷心祝您健康长寿!希望您能夺取世界长寿冠军!过段时间,我再来看您!"

施老似乎听见了,脸上露出了微笑。我朝施老挥挥手,慢慢走出房间。

(2022年12月15日,第118期2版)

拥有发明专利的林语堂

汪 澜

【(原)编者按】来自福建的林语堂,却也是阿拉上海人的"半个老乡"。正如汪澜的长篇散文《叶落阳明山,又见林语堂》(载《上海文学》2018年第5期)所述,林氏曾两度旅居沪上,两段相加有十六年。特别是后一段,从1927年起始"这十年,是先生文学、学术生涯的关键时期"。尔后走出上海,漂泊海外,老来返国,定居台北。

林语堂兴趣广泛,身为人文学科大师,却跨界投身于科技器物发明。汪澜散文的第三节,写林氏作为发明家的一面,颇为独特。摘录如下。

在林语堂故居移步至一个空间,又一个空间,丰富的展陈不断拓宽、刷新着我们对大师的认识。

故居的玻璃展柜里有一个先生自创的中文打字机的模型常令参观者啧啧惊叹:原来林语堂不只是大作家、大学者、语言学家和翻译家,他还是一位了不起的发明家!展柜里除了中文打字机,还有他发明的可以挤出牙膏的牙刷,以及许多份发明专利证书。

林语堂同时代的大家中,学贯中西的不在少数,但文理兼通的似并不多,像他这样能够为自己的发明痴迷到不惜倾家荡产的,大概只此一人了。先生曾回忆说:"自从小孩子的时候,我一见机器便非常开心,似被迷惑。所以,我常常站立不动定睛凝视那载我们由石码到厦门的小轮船之机器。至今我仍然相信,我将来最大的贡献还是在机械的发明一方面。"

有感于当时的中文打字机太过笨拙,操作太过复杂,林语堂很早就萌发了自创一部简便易学的中文打字机的愿望。1931年,他先是发明了"汉字号码索引法",继而又发明了"末笔检字法",试图解决汉字键盘输入的难题。同年他去瑞士出席国际联盟文化合作委员会年会之后,顺道去英国,花了几个月的时间与工程师研究制造打字机。因为钱不够,只带回一沓图纸和一架不完整的打字机模型。家人至今还记得,他回到家时,"口袋里只有三毛钱"。

十四年后,旅居美国的林语堂因先后出版了多部畅销书,有了十多万美元的积蓄,他决意重启中文打字机的发明梦想。林太乙回忆说:父亲翻出当年在英国绘制的设计图纸,"像着了魔似的,每天早上五六点起床,坐在书房的皮椅上,抽烟斗,画图,排列了又再排列汉字,把键盘改了又改……"

先生亲自到华人街请人排字铸模,并在纽约郊外找到一家小作坊制造零件,还聘请了一位意大利籍的工程师协助解决机械方面的问题。由于问题层出不穷,同时许多零件都是手工制造,很快便花光了十多万元的积蓄,还借了不少债。

先生的执着终于有了结果。林太乙回忆:1947年5月的一个早晨,父母和她小心翼翼得像抱着一个婴儿一样把打字机抱回家。父亲叫她随便捡起一张报纸就打,虽然一开始很慢,但能像英文打字机一样看得见就打得出,不必受训练,"简直是个奇迹"。虽然打字机并不完美,打字时声音很大,有时会跳行,但重要的是,林语堂呕心沥血的这项发明终于成功了!

林语堂称这台打字机是"送给中国人的礼物",打字机在美国申请获得了专利,也为他赢得了许多赞誉,但终因造价过高,未能大规模投产。先生一家的生活也由此陷入了困境。为了生计,他经朋友举荐,接受了联合国教科文组织美术与文学组主任一职。这个机构当时设在巴黎,林语堂变卖了纽约的公寓和家私偿还部分债务,并预支了《苏东坡传》的版税,才得以去巴黎就任。

打字机虽未能得到普及运用,但先生之后对他发明的检字法做了多次修改完善,定名为"上下形检字法"。20世纪80年代,林氏姐妹授权台湾神通电脑公司,将这个检字法运用于电脑中,称之为"简易输入法"。产品宣传推广时,神通公司以"两个钟头学不会请吃一碗牛肉面"作招揽,证明简单易学。如今林语堂故居的展柜里,放置着一台早期神通电脑的样机,先生若知自己的创造发明,在今天高新科技时代有了用武之地,一定会非常欣慰吧!

(2023年2月15日,第119期2版)

判个"鸳鸯蝴蝶"也得讲证据

闻纪之

忽然想到,我们文史圈,该学一点律师朋友。

你瞧人家办案,管啥斗殴案、诈骗案、性侵案,照例,甲方乙方精搜细求,抽丝剥茧,给你一是一二是二,鹿是鹿马是马,辩个分明。

恼人的是,文化公案,有的好些年了,老是说不清道不明。

最近网上掠过德龄公主的《御香缥缈录》,又念及译者秦瘦鸥。说起来,我见过他一面。那是20世纪80年代于26路天平站等车上班,见一瘦高个老先生走近,瞥一眼,他拎包上端露出个信封,上面赫然三字:"秦瘦鸥"!原来,文学史上的鸳鸯蝴蝶派健将就住这儿、与我为邻?

后来渐渐听闻"鸳鸯蝴蝶派"的历史评价属贬抑过度,言情小说自有其社会功用;且阵容属"扩大化",多至两百人,太夸张。譬如秦老,译过写过各类其他作品,并非仅仅言情小说,竟非入"派"不可?于是甚至网上有评论《一个与鸳鸯蝴蝶派无关的名字:秦瘦鸥》,认为秦氏《秋海棠》等谈情说爱其表,揭示社会其实。攻之者曰是,辩之者说否,是耶否耶,读者诸君,遂也难免"月朦胧,鸟朦胧"哩。

我以为,至少另一位,更不该被模糊了。他就是我们新闻界前辈严独鹤,一生办报立言,从日伪时期到国民党统治,都勇于抗争,一身正气,"称严先生为新闻界闻一多、朱自清式的人物毫不为过"(引自范敬宜《严独鹤杂感录·序》)。岂可因他约来张恨水成名作《啼笑因缘》、先前又为业余爱好写几篇含有爱情内容的小说,就拉人入派?为严氏长篇小说《人海梦》被纳入鸳蝴派小说丛书出版,曾有严肃的文学理论家详究文本,条分缕析,亟论不妥,"因为《人海梦》更侧重于批判黑暗,塑造正面的革命者形象"(王纪人语)。

要做出正确的定性,先得有扎实的定量。"倘加取舍,即非全人"。想当然,凭印象,毛估估,怎么行?贬义的,褒义的,全不行。

同一个"派"字,确也有光彩的。如苏辛,宋代词坛"豪放派",历来称颂。前好些年却有吴世昌提出异议,"豪放有词,苏辛无派"。何以故?看数据。苏轼是写过几首旷达豪放的,但数量少,远不及他浩如江海的婉约词。——"笑渐不闻声渐悄,多情却被无情恼。""细看来,不是杨花,点点是离人泪。"东坡笔下,孰主孰次,"派"归何家,尽可争鸣,我个人是倾向吴说。

　　又想到胡适那封信了。他是写给学生罗尔纲,提醒杜绝文字轻作,别信从"西汉务利、东汉务名、唐人务利、宋人务名"等随意论断。"前人但见东汉有党锢、清议等风气,就妄下断语以为东汉重气节。然卖官鬻爵之制,东汉何尝没有?'铜臭'之故事,岂就忘之?名利之求,何代无之?后世无人作'货殖传',然岂可就说后代无陶朱、猗顿了吗?"他讲的关键点,在史家论说,务须"有几分证据,说几分话。治史者可以作大胆的假设,然而决不可作无证据的概论也。"

　　证据,证据,落笔要有证据。文坛、史坛公案,都重证据,方会远离"葫芦僧乱判葫芦案"。

(2023年2月15日,第119期4版)

"至真园"的前世

徐 鸣

一部《繁花》,又带火了黄河路。"至真园""金美林",重新唤起老吃客的记忆。不过,黄河路作为美食街仅有三十几年历史。1887年筑成的黄河路,原名东台路,1904年改名派克路,1943年改为黄河路沿用至今。

早年,这条路两旁以住宅为主,后来出现过制药厂。"至真园"原型"苔圣园",原来属于黄河制药厂,其前身为九福制药公司。

九福制药公司由黄楚九于1923年10月独资开办,公司地址位于爱多亚路(今延安东路)710号,主要生产"九福"牌百龄机药片。黄楚九会做生意,年营业额一度高达50万银圆以上。九福公司后在派克路50号购地1 266平方米,于1928年10月,开工兴建一幢三层钢筋混凝土厂房。1931年1月,黄楚九去世,企业由女婿臧伯庸继承。

臧伯庸引进"浓缩及拉真空"等制药新设备,研发出"补力多"咳嗽糖浆等一批新产品,为了不被仿冒,臧伯庸将"补力多"三个字作为产品商标,及时向商标局登记注册。由于"补力多"咳嗽糖浆价廉物美,一上市就受到消费者欢迎,并成为九福公司的又一名牌产品。

1932年,美商派德公司向上海地方法院提出控诉,认为"补力多"牌与其公司出品的"帕勒托"牌商标读音相似,实为仿冒。后经法院审理,认定"补力多"与"帕勒托"商标虽在读音上有点相似,但文字和含义迥异,不能看作仿冒,判决驳回上诉。美商不甘心,又派员向国民政府实业部商标局进行施压,商标局竟然以行政命令取消了"补力多"牌商标的专用权,且否决了上海地方法院的原判决。臧伯庸不屈服,向国民政府最高法院提出上诉。尽管诉讼最终取得胜利,但由于"补力多"牌咳嗽糖浆在诉讼期间已停产一段时间,且为了打官司耗费大量钱财,令九福公司元气大伤。不久,美商想出高价收买"补力多"牌商标的专用权,被臧伯庸拒绝。

1937年抗战全面爆发，运输受阻，九福公司只能暂停生产。臧伯庸便与药剂师研究决定生产速溶式麦芽饮料。当时上海"华福"牌麦乳精（"阿华田"的原名）卖得很火，于是，臧伯庸从瑞士引进配方，于1937年研制出速溶麦芽饮料——乐口福麦乳精。由于价廉物美，又有国货情感分加持，一经上市便风靡上海。可惜，因为公司内讧，使九福公司差点关门。到上海解放前夕，公司仅剩11名员工。

　　1951年9月，公司实行公私合营，不再生产食品，而是开发成功"九福"牌"六六六"杀虫剂和"净水锭"药片新产品，为抗美援朝和确保织布业生产做出贡献。1964年10月1日，九福公司改名黄河制药厂。20世纪90年代工厂迁出，原址改建为"苔圣园"餐厅。

（2024年4月15日，第126期2版）

《海派文化》总目录

【编者按】2002年8月15日,著名文史掌故作家王晓君与同人创办了一份以普及、传承海派文化为宗旨的民间报纸——《海派文化》,双月刊,8开对折,四版,新闻纸,彩印,发行量4 000份。《海派文化》先后由同济大学海外华文文学研究所(2002.8—2009.9)、上海邦德学院海外华文文学研究所(2002.8—2002.10)、上海大众拍卖有限公司(2003.2—2003.8)、上海市闸北区文化馆(2006.12—2010.3)、同济大学人文学院(2009.9—2010.3)、同济大学中国文学中心(2010.3—2018.4)、复旦大学华商研究中心(2012.2—2018.4)主办,2018年4月改由上海炎黄文化研究会担任主办单位,上海市社会科学界联合会主管,上海连续性内部资料准印证(B)0282号,历任主编王晓君(2002.8—2008.8)、林裕华(2008.8—2012.2)、徐培华(2012.2—2020.6),现任主编为金波。目前,《海派文化》已印制了126期,发表作品近2 000篇(幅)。

说起编辑《海派文化》目录,源于《海派文化》十周年庆典前夕,那时我准备编一本该报的概况资料,将十年来的办报内容编辑成册,其中最重要的部分就是文章目录。以后每期报纸出版后,我就养成了及时补充新目录的习惯。去年下半年,上海炎黄文化研究会副会长兼秘书长马军研究员提议在会庆30周年时出版一套研究会丛书,本会"一报一刊"目录也要收录。作为一位资深学者,他深知目录学的重要性,便利用碎片时间整理了《炎黄子孙》目录。当他知道我原先也有一份《海派文化》目录时,就建议我负责报纸的编目工作。我对编目是外行,在他的鼓励与指导下,依葫芦画瓢,在原来的基础上扩充了新闻报道、图片等信息,体例也更趋规范化。

《海派文化》总目录,反映了该报的22年发展史,也从一个侧面折射出上海民间报刊生存的艰辛之路。《上海文化发展报告2015》(社会科学文献出版社2015年版)一书中有一篇黄江平、韩雪莲合写的《重视民办报刊发展,激发民间文化活力——当前上海民办文艺报刊的现状调研与政策建议》长文,其中对《海派文化》的办报经历做了比较全面的解析。如今这份小型报纸已在上海各界拥有了一定的影响力,也辐射到京、港、澳、台、陕、鲁、鄂、豫、冀、津、粤、闽、苏、浙、新、渝、蒙等地区。

上海炎黄文化研究会注重以炎黄特点、时代特征、上海特色开展学术交流活动,精英荟萃,俊彦辈出,这里也是《海派文化》报的最好归宿。自从上海炎黄文化研究会接管以来,报纸已办得更加专业化、学术化,很多主流媒体的名家作者也经常在本报撰稿。假如说当初王晓君开创了这片天地的话,那么现在在炎黄会的主办下,《海派文化》的天空将更加绚丽多彩,耀眼夺目。

赵宏
撰于 2024 年 5 月 16 日

总目录

赵 宏 编

2002年8月15日第1期(总第1期)

1版

编辑委员会

题词贺画(赵毅敏、强晓初、孙毅、叶尚志、卓曙、朱白云)

创刊词(汪义生)

开拓　兼容　灵动　大气——感悟海派文化(汪义生)

情系崇明的陈燮君(晓臻)

《祝贺海派文化创刊》(篆刻)(金秉中)

2版

与徐锡麟志同道合的林鹏(王晓君)

旅美音乐家李晓芦(陆春龄)

咸菜年(施华)

3版

玄妙神韵的三清山(陆志文)

微雕伴我度春秋(唐洪亮)

陈辉光与《钱塘瑞雪图卷》(张辛)

篆刻(田俊杰)

2、3版中缝

征稿启事

马来西亚全国书法大赛揭晓

书讯

本报联系地址

4 版

美得让人心跳（钱波乐）

与字画投资论唱反调（洪丕谟）

《芙蓉镇签名封》（施根生）

金鼠牌烟标（戎国荣）

油墨遗香乐趣多（张军延）

1、4 版中缝

热烈祝贺《海派文化》创刊

2002 年 10 月 31 日第 2 期（总第 2 期）

1 版

梁平波的西藏情（王晓君）

申城展览精彩纷呈——喜迎十六大　庆祝十六大（赵宏）

鼓励民间合法收藏——文化部出台办法（栗新风）

艺术节展示企业精神——弘扬企业文化　显示职工风采（陈文涛）

《上海烟标集》问世沪上——感悟辉煌历史　体现烟草文化（呼卫）

上海启用邮资明信片门票（乐乐）

上海旅游纪念品设计大赛揭晓——现代时尚与怀旧交融（申尤）

首次全国统一编号火花评选结束（夏志诚）

《走近半村》日前出版

2 版

连环画家罗希贤（肖骏）

用志不分遣色彩（韦清）

中国话剧创始人——王钟声（陈泳春）

《山水》（国画）（张大林）

3 版

天球瓶创烧年代新析（朱煜良）

金陵十二钗小全张门票（于志昌）

邮海觅棋趣（杨柏伟）

试谈现代陶艺收藏（张海国）

读"金鼠牌烟标"有感(宋继先)

2、3版中缝

征稿启事

书讯

编辑委员会

本报联系地址

4版

我与笛王缘(陆潜)

吴铁城的四尺对联(于建华)

钱君匋为巴金刻七印(施华)

蔡丽双新诗赏析(汪义生)

1、4版中缝

热烈欢庆中国共产党第十六次全国代表大会即将召开

衷心祝贺金秋闵行名家字画文房用具精品展圆满成功

2003年2月24日第1期(总第3期)

1版

羊年大吉(电脑绘画)(卓曙)

浦江雅韵——上海景致(贺珏/摄，汪启光/文)

蝴蝶、昆虫精品收藏展将举办——展览先知(阿箭)

笛王壶即将面世——佳作预告(阿庆)

上海建设百座博物馆网络(瞿解)

《海派文化》逢双月下旬发行(赵宏)

蔡丽双获两项国际最佳诗奖(玉洲)

郝耀庭、张大林书画作品展(刘参)

《洪丕森画展》在沪举办(乐乐)

上海江南丝竹协会将挂牌真如(晓珍)

年画大王江南春(骋月)

2版

动画片的开拓者——特伟(王晓君)

盈盈一水师生情(施华)

3版

葛明铭与《滑稽王小毛》(韦清)

千年古镇七宝(褚半农)

精彩的上海博物馆门券(戎国荣、郭效文)

2、3版中缝

征稿启事

"都市作家"全国文学作品大赛征稿启事

编辑委员会

本报联系地址

4版

钢版演奏家赵启明(水青)

耐人寻味的"海上情怀——读王晓君的《幽兰空谷》有感"(汪义生)

丽莎新诗赏析(徽子)

书名选刻(篆刻)(许成章)

羊年大吉——收藏诗(李树松)

1、4版中缝

热烈祝贺笛王壶即将面世

2003年4月24日第2期(总第4期)

1版

施建伟获蒙市颁发荣誉公民(黄美惠)

笛王壶诞生记(阿庆)

学者画家王克文(骋月)

东方书画院为群众服务(红叶)

汉光瓷获权威部门肯定(晓珍)

朱可心百年纪念会在沪举行(玉洲)

刘参举办书法艺术展(水青)

书画家迎春献爱心笔会(逸文)

虬江老年书画苑成立(张金涛)

2版

马玉章谈马相伯(王晓君)

3 版

游子光阴画卷中(施华)

书匦奇闻(谢冷梅)

我"身边的银行"(葛明铭)

《渔光曲》的回忆(东方羽)

上海紫砂协会忆旧(史俊棠)

春风(张浚生)

2、3 版中缝

征稿启事

书讯

编辑委员会

本报联系地址

4 版

出版仅 17 期的《人民日报·北平新闻》(杜永平)

钱币的面值原值现值(余榴梁)

重庆江北火柴厂及其商标(陈志均)

火柴盒之集藏(钱化佛)

杨剑篆刻(杨剑)

1、4 版中缝

振兴海派文化　塑造城市精神

2003 年 6 月 21 日第 3 期(总第 5 期)

1 版

《海派文化》编委会

吴启迪题词

海纳百川　有容乃大——《海派文化》论坛开场白(施建伟)

花花世界里的"苦行僧"——蓝海文素描(赵宏)

学者介绍林语堂幽默精神(邵丹)

塑造上海城市精神——施建伟专访

2 版

动人心弦古琴韵——访古琴演奏家龚一(王晓君)

3 版

呕心沥血为哪般(骋月)

回忆塾馆(许成章)

万里风光(阿义)

关注与扶持

2、3 版中缝

书讯

本报联系地址

4 版

母亲的遗物(陆志文)

回溯过去是为了明天更美好——赏读褚半农散文集《过去不会过去》(汪义生)

都市里的文明坐标——上海闵行博物馆简介(玉洲)

《白衣天使》篆刻(胡桂才)

白衣天使——献给抗击"非典"的将士(艺军)

1、4 版中缝

施建伟教授荣任同济大学海外华文文学研究所名誉所长

藏画于民升值无限——新画系列拍卖即将开始

篆刻二方(胡桂才)

2003 年 8 月 22 日第 4 期(总第 6 期)

1 版

百岁将军孙毅(王晓君)

情因遇故感心绪(王晓君)

熔古锻今　博采众长(汪义生)

2 版

上海文坛的奇葩——诠释张爱玲和她的文学(丁渊)

3 版

窗(周庚)

从海派京剧谈起(半屏)

海纳百川　真话第一(褚半农)

杂说海派文化(方修仁)

愿《海派文化》毛病多多(许成章)

荷塘幽禽(国画)(李辉)

瓶花(油画)(胡忠荣)

2、3版中缝

书讯

《海派文化》编委会

本报联系地址

4版

赵林其人其事(施华)

走近季之光——读《季之光外传》(韦清)

漫步在塞纳河畔(陆志文)

菊花菜(林家宝)

1、4版中缝

热烈祝贺《海派文化》创办一周年

2003年10月22日第5期(总第7期)

1版

方寸巧心瓦当情(王晓君)

百岁巴金壶(阿庆)

2版

缅怀邓师话散木(骋月)

平生最爱交三友　携得茗壶各一杯——忆唐云大师(史俊棠)

走近张森(刘希涛)

3版

拥有智慧的商人必定讲诚信重操守——读《与智慧牵手》有感(徐浮明)

明清江南望族史研究的开拓与创新——再读《明清江南望族与社会经济文化》(余同元、乔江铃)

诗二首(丽莎、陆永祥)

2、3版中缝

征稿启事

书讯

《海派文化》编委会

本报联系地址

4版

海派文化的时代内涵(汪义生)

木行街忆旧(庄良勤)

慧心巧手剪春秋(曹杨)

艺术家陆志文赴巴黎办画展(赵宏)

普陀区民间收藏精品展——上海电视台《为您服务直播》(晓珍)

海上十人书画展下月揭幕(玉洲)

书法二幅(卓曙、张大林)

1、4版中缝

热烈祝贺百岁巴金壶即将面市

2003年12月20日第6期(总第8期)

1版

上海,令老上海人扬眉吐气(汪义生)

万籁鸣和张光宇(王晓君)

《海派文化》青睐于西泠印社百年庆祝会(金中)

"盛大物流"与《海派文化》联姻(高扬华)

《藏艺》在全国民间刊物展评中获奖(徐鑫根)

宝墨堂名人手迹展览馆迎客(陈北安)

长宁区推出"圆艺术明星之梦"活动(肖白)

《烟标收藏与鉴赏》即将出版

2版

时代的骄子　世界的伟人(陆晓珍)

可人的紫砂竹壶(韦清)

四十年前的一张老照片(何沛忠)

装饰画(赵奎礼)

篆刻(胡桂才)

3 版

盛大物流　诚信的流动

2、3 版中缝

征稿启事

书讯

《海派文化》编委会

本报联系地址

4 版

一耕画选（丁一耕）

1、4 版中缝

纪念毛泽东同志诞辰一百一十周年

2004 年 2 月 22 日第 1 期（总第 9 期）

1 版

海纳百川　锐意创新（汪义生）

丹许国心——赵毅敏（骋月）

上海艺术家陆志文画展在巴黎举行

2 版

法学之子——记华东法学院院长何勤华教授（丁渊）

美,无所不在——读《用心灵去收获美》有感（徐浮明）

3 版

大疯子与小疯子（王晓君）

《渡江侦察记》幕后的故事（了然）

2、3 版中缝

《海派文化》编委会

本报联系地址

猴肖姓（篆刻）（杨剑）

4 版

钱君匋与"开明"老板章锡琛（戴一峰）

新词丽曲别样情（阿庆）

漫步在艺术之林——记巴黎国际艺术城（陆志文）

2004年4月22日第2期(总第10期)

1版
关于开展"中国传统文化自由度"的启示
对古之道,以御今之有——儿童读经和古德教育(徐佑良)
上海的文化建设要与世界级城市定位相匹配(徽子)
"中国传统文化热"该降降温了(宋长天)
解不开的上海情意结(汪义生)

2版
钱君匋与"开明"老板章锡琛(续)(戴一峰)
连藏英才李明海(王家龙)
胡成荣画册编后(张宏元)
陆志文欧行汇报画展在浦东开幕

3版
张晓锋的《丽歌行》(骋月)
《乡愁》使我犯愁(吴钧陶)
话说京剧脸谱(杨竹君)
沁园春·时尚七十年代之上海(外二首)(林青)

2、3版中缝
海派人物介绍(一)
《海派文化》编委会
本报联系地址

4版
唢呐声声满乾坤(王晓君)

2004年6月22日第3期(总第11期)

1版
海派文人章克标(王渭山)
海派文化的涵摄力与"化西"力(汪义生)
《海派文化》简讯

2版
施南池与沈禹钟(崔绍柱)

我的藏书朋友(戴一峰)

对传统文化应采取"扬弃"的态度(徐浮明)

3 版

诵古人之茶诗　绘今人之茶画(周小虹)

百年的历史　畸形的繁荣(陆其国)

自有兰香扑面来(孙琴安)

海派养生漫谈(祁为中)

《海派文化》动态

2、3 版中缝

海派名人

《海派文化》编委会

4 版

虎啸鱼跃见风情(王晓君)

印坛新人

1、4 版中缝

热烈祝贺《海派文化》网站开通

2004 年 8 月 22 日第 4 期(总第 12 期)

1 版

题词贺画(杨堤、杨竹君、陈可爱、陆春龄)

只为清心竹不孤——记唐云大师关门弟子许恺德(王晓君)

海派文化是一种智慧、理性的文化——《海派文化》报创刊两周年感言(汪义生)

2 版

一张珍贵的照片(史俊棠)

才女苏青(李峰)

《海派文化》动态

《海派文化》简讯

书坛新人

3 版

书斋文化与庭园(朱亚夫)

炎炎夏日里的清风——喜读蔡丽双诗歌新作选《冰雪情思》(华师)

东方印社领衔人(范振中)

2、3 版中缝

热烈祝贺陆志文《中国新彩墨画展》开幕

《海派文化》编委会

4 版

海派京戏鼻祖汪笑侬(渭山)

琐忆微雕大师薛佛影(崔绍柱)

俳句高手葛祖兰(逸风)

1、4 版中缝

热烈祝贺《海派文化》创刊二周年

2004 年 10 月 22 日 5 期(总第 13 期)

1 版

"八十后作"第一印(陆潜)

从一次成功的书展所想到的(徽子)

林鹏纪念壶(家宝)

咏著名剧作家杜宣先生(林青)

2 版

培育民族精神,必须背靠五千年(徐佑良)

五四文白论战轶事(刘汝燮)

嘉定丝竹古城情(骋月)

3 版

新贵的游记《马栏山思绪》(祝纪景)

小空间大天地(汪义生)

超越时空的艺术(田邀)

2、3 版中缝

海派人物

《海派文化》编委会

4 版

西医泰斗颜福庆(王晓君)

1、4 版中缝

热烈祝贺《海派文化与上海城市精神》研讨会在同济大学召开

2005年2月22日第1期(总第14期)

1 版

《海派文化与上海城市精神》学术座谈会述要(程炳生)

《海派文化》两周年感言

经风历雨最为神(高扬华)

2 版

采菊东篱下(潘中法)

风韵石壶万古新(骋月)

赠钦鸿暨祝新年吉祥(林青)

3 版

为《无卷苦斋同门印谱》序(柯文辉)

画坛奇葩——沈嘉禄(施南池)

《海派文化》动态

2、3 版中缝

海派人物

《海派文化》编委会

4 版

千里送情有春风(王晓君)

《闻鸡起舞》篆刻(杨剑)

1、4 版中缝

感谢海内外朋友对《海派文化》的支持

2005年5月22日第2期(总第15期)

1 版

不应忘记的"经校长"(管继平)

犹太人为何喜欢上海(汪义生)

中华医学会诞生记(颜志渊)

2版

赋予儒学以现代新意的《儒商学》(徐浮明)

熊后强和塑模人物剪画(平常)

砚田笔中情

3版

文玩知音韩天衡(王晓君)

2、3版中缝

海派人物

《海派文化》编委会

4版

九十不衰真地仙(骋月)

我刻印的经历(戴一峰)

1、4版中缝

热烈祝贺闵行区收藏研究会成立十周年

2005年8月15日第3期(总第16期)

1版

海派文化中的和谐之义(上)(徐浮明)

马相伯纪念壶(了然)

高莽先生二三事(骋月)

2版

紫泥丹青一片情(史俊棠)

一部卓尔不群的侨乡题材小说(汪义生)

读《名家作文示范系列》(黄勇)

图片新闻

3版

古意深处的微笑(夏智定)

快要走时的留言(胡志雄)

卢湾的"河"(祁谷)

曹简楼生平简介

2、3版中缝

征稿启事

《连坛回首录》出版
编辑委员会
4 版
历经艰辛的外交家(王晓君)
1、4 版中缝
热烈祝贺《海派文化》创办三周年

2005 年 10 月 15 日第 4 期(总第 17 期)

1 版
海派文化中的和谐之义(下)(徐浮明)
忘年交中觅真金(王晓君)
文学界聚会——庆祝曾敏之文学生涯七十年(吴文)
《海派文化》动态
2 版
农民作家褚半农(了然)
我所认识的赵家璧先生(戴一峰)
难忘师恩(汪义生)
3 版
笔墨放情意态闲(一章)
2、3 版中缝
征稿启事
编辑委员会
4 版
红色小开邵洛羊(谈正鸥)
1、4 版中缝
热烈庆祝曾敏之先生文学生涯七十年

2005 年 11 月 20 日第 5 期(总第 18 期)

1 版
图片新闻

《海派文化》动态
开创新一代海上画风(汪义生)
沈鹏的校友情结(骋月)
清音一曲出天然(一猷)
2版
谢稚柳、陈佩秋书画赏析
3版
重返故里的露香园顾绣(一章)
海派文化精神与30年代现代派诗歌(潘颂德)
齐白石《高官有期图》赏析(蔡梓源)
2、3版中缝
《名家扇集》
征稿启事
编辑委员会
4版
七五画翁——沈嘉禄(王晓君)
沈嘉禄绘画选(沈嘉禄)

2006年1月10日第1期(总第19期)

1版
图片新闻
上海、香港——一对奇异的姐妹城(汪义生)
重续故乡童年旧梦(王晓君)
"天狗"的来历(一章)
《海派文化》动态
彭天皿书法作品(彭天皿)
2版
写生读书得真谛——陈辉光和他的二百幅诗意画(王晓君)
3版
名人旧照片感怀二则(夏智定)
从电影明星到素菜馆老板(李远荣)
老缶传人王个簃(洪丕谟)

2、3版中缝
《立新文存》
征稿启事
编辑委员会
4版
从风风火火到青青绿绿——从事美术活动史略(一)(邵洛羊)
被褐怀玉自在境(骋月)
假如颜福庆重返人间(颜志渊)

2006年3月10日第2期(总第20期)

1版
图片新闻
海派文化与自主创新能力(黄勇)
哀文友(王蒙)
国学大师饶宗颐(李远荣)
《海派文化》动态
2版
活跃在澳大利亚的上海文人(庞亚卿)
骋月轩志(王晓君)
《上海摩登》又闹上海滩(沈宽)
市井人物(夏智定)
3版
抢救保护上海文化遗产(白鸥)
旧瓶新酒味香醇(汪义生)
章上唯留君笑貌(黄瑞勇)
闲说黄釉女乐俑(陆永祥)
2、3版中缝
雁丘泪
征稿启事
编辑委员会
4版
从风风火火到青青绿绿——从事美术活动史略(二)(邵洛羊)

最关书札和离魂(骋月、一峰)
1、4版中缝
热烈祝贺"沈鹏纪念壶"正式启动

2006年4月28日第3期(总第21期)

1版
图片新闻
艺树常青,老而弥坚(杨堤)
许映如"不异存殁"(刘凌)
《海派文化》的海外反响(紫丁)
儒商精神与海派文化(徐浮明)
《海派文化》动态

2版
从风风火火到青青绿绿——从事美术活动史略(三)(邵洛羊)
其人虽已没　万古有余情(苏玉虎)
沈鹏先生为我四次题字(沈立新)

3版
《墨池新咏》自序(周退密)
《墨池新咏》后记(陈兼与)
仰望天下第一奇石(胡少璋)
"风筝人生"(刘荒田)
胡云翼"上马击狂胡"(刘效礼)
请您手下留情(沈宝善画　白鸥诗)

2、3版中缝
书讯
征稿启事
编辑委员会

4版
唐云画点评(王晓君)
何日卷书归去　吾将山野同游(吴超)

1、4版中缝
热烈祝贺"沈宗镐九十书法展"开幕

2006年7月10日第4期(总第22期)

1版

"万里苍茫一点心"——苏渊雷早年革命春秋(孔繁荣)

古体诗三首(陆春龄)

陈大羽先生二三事(苏玉虎)

海派文化与上合组织峰会(汪义生)

2版

人生于世,不可以独善其身(陈蝶衣)

明娜的肖像(赵宏)

上海犹太人查克先生(庞亚卿)

给冰心磕头(从维熙)

圣诞树下的多余沉思(胡少璋)

3版

从风风火火到青青绿绿——从事美术活动史略(四)(邵洛羊)

笔走龙蛇的贺敬之(刘希涛)

《海上玩家》序(王维)

"单黄莲蓉"月饼——中秋夜寄友(刘荒田)

泥土河流(常新华)

2、3版中缝

《海派文化》动态

征稿启事

编辑委员会

4版

印泥名家符骥良(王晓君)

1、4版中缝

热烈祝贺《海派文化》创办四周年

2006年9月28日第5期(总第23期)

1版

图片新闻

上海学应当成为一门"显学"(汪义生)

拍"大画册"的金宝源(王晓君)

悼念白杨(李远荣)

2 版

从风风火火到青青绿绿——从事美术活动史略(五)(邵洛羊)

傅雷为黄宾虹筹办八十书画展(华振鹤)

翰墨才情见精神(丁惠增)

3 版

他有自身的品格——评夏智定《绿孔雀》《蝶语》中的诗(孙琴安)

沈从文的一首轶诗(何苦)

抒时代豪情　攀诗艺高台——略论桂兴华政治抒情诗的特色(潘颂德)

2、3 版中缝

《乳舟词续》

征稿启事

编辑委员会

4 版

当代"余派"的领军人物——王佩瑜(金宝山)

《海派文化》动态

2006 年 12 月 28 日第 6 期(总第 24 期)

1 版

图片新闻

弘扬海派文化做强文化产业(汪义生)

初见周恩来(堵述初)

竹刻——艺术百花园中的幽兰(徐秉方)

2 版

壶中乾坤汉和堂(骋月)

清末秀才苏局仙与我的诗缘(陈铭华)

3 版

从风风火火到青青绿绿——从事美术活动史略(六)(邵洛羊)

我所认识的王克文先生(汤哲明)

古人笔意今心境——李钢山水画品赏（王晓君）

2、3 版中缝

瑜文斋

阳光色画城

聚荣轩生活艺术空间

编辑委员会

4 版

青衣翅楚李国静（宝山）

《海派文化》动态

1、4 版

《海派文化》全体同仁向海内外读者恭贺新禧

2007 年 3 月 15 日第 1 期（总第 25 期）

1 版

图片新闻

熔典雅、精致和雄豪、宏阔于一炉——赵丽宏和他的散文（汪义生）

珍惜本土遗产　传承上海文脉（丘峰）

民俗礼仪话红包（黄亮明）

金猪拱门（绘画）（沈嘉禄）

2 版

民族乐器的守护神常敦明（王晓君）

《海派文化》动态

3 版

海派作家贝鲁平（逸风）

丽娃河二老（何苦）

弦柱相依赤子心（骋月）

2、3 版中缝

新书介绍

征稿启事

编辑委员会

4 版

"海派文化·海上雅集"十人展（张海天、陈军、汤哲明、乐坚、朱唯践、朱巨

澜、臧建民、李钢、邵仄炯、吴林田）

1、4版中缝

热烈祝贺笛子泰斗陆春龄教授艺术生涯八十周年音乐会及研讨会在沪召开

5版

鹦鹉羽翡翠戒指（丁文列/讲述，水文卿/搜录）

首批国家非物质文化遗产——上海江南丝竹（鲁克龄）

百年书场玉茗楼（李振谷）

沪语童谣（王成荣、陈增国）

6版

回忆海上墨苑九老重阳会（赵宏）

千秋沉香最称美（一猷）

2007年5月15日第2期（总第26期）

1版

图片新闻

追忆陈沂同志二三事——纪念陈沂老诞辰95周年（沈宗镐）

上海色彩：既传统，又现代（徽子）

一根火柴点燃一堆火（骋月）

水乡印象（王海）

《海派文化》动态

2版

大气豪宕　奇崛雄秀——赏黄宾虹山水巨制（丘峰）

我认识的"牡丹画王"（江妙春）

我的养生之道（周退密）

江南笔意浓似酒（鸿川）

论书锦句（许宝驯）

3版

陆春龄：艺术常青树（上）（王晓君）

2、3版中缝

新书介绍

编辑委员会

4 版

走近林裕华（汪义生）

一江潮声出钱塘（林裕华）

《一江潮声出钱塘》欣赏（汪义生）

钩沉沧桑——《永乐青花压手杯》欣赏（汪义生）

刚柔相济——《钧窑水仙盆》欣赏（汪义生）

浴火釉里红——《沿着火的足迹》欣赏（汪义生）

1、4 版中缝

热烈祝贺《海派文化》创刊五周年

2007 年 9 月 15 日第 3 期（总第 27 期）

1 版

图片新闻

《海派文化》五岁啦！（汪义生）

海派文化姓"海"（李伦新）

苏步青与湄潭诗社（葛乃福）

王家卫的文学老师（陈子善）

《海派文化》动态

2 版

俞根初与绍派伤寒（沈钦荣）

丰子恺与他的朋友们（陈梦熊、董德兴）

追忆程应镠先生（徐时仪）

艳说朱紫赞壶缘（陆永祥）

浦江新歌（白鸥）

3 版

并不寂寞的英女王铜像（夏智定）

《海上撷忆话名人》后记（骋月）

我认识的数位名人之后（紫丁）

永恒的紫荆花（夏马）

清代状元趣谈（陈铭华）

诗坛祭酒余光中（李远荣）

推荐《正常人》(戴一峰)

2、3 版中缝

新书介绍

征稿启事

编辑委员会

4 版

"女红"的历史与文化(黄亮明)

喜做"功课"的臧建民(王晓君)

宝华寺的济世传承(温举珍)

我学书法(班炜)

元气淋漓　墨无旁沉(江妙春)

1、4 版中缝

热烈祝贺《海派文化》创刊五周年

2007 年 10 月 30 日第 4 期(总第 28 期)

1 版

图片新闻

神州"双子星"(汪义生)

学贯东西　博古通今——钱锺书(高莽)

高莽介绍

《海派文化》动态

祝贺《海派文化》创办五周年题词(林非、谷苇、晨崧、周国成)

2 版

《海派文化》五周年座谈会纪要(施建伟、周国成、潘颂德、陈铭华、黄昌勇、戚泉木、王晓君、夏智定、葛乃福、孙琴安、汪义生、陆春龄、林裕华)

3 版

祭狄兆俊文(王晓君)

《天骄》(海生)

贾老的签名书(叶鑫)

2、3 版中缝

新书介绍

征稿启事
编辑委员会
4 版
记上海水产大学中国鱼文化博物馆(宁波)
欢快的蓝色旋律(葛乃福)
1、4 版中缝
热烈庆祝上海水产大学建校九十五周年

2007 年 12 月 5 日第 5 期(总第 29 期)

1 版
图片新闻
由被动开放到主动开放(汪义生)
丁老和老童生(程海麟)
伍墓黄花分外香(陈炳)
赞《海派文化》报(赵勇田)
2 版
听散文大师上课(王晓君)
颜渊的后裔(颜志渊)
永不满足的女孩(秋云)
《海派文化》动态
3 版
青年舞蹈家张琳
王延林书画(王延林)
趣谈"文房四宝"(秦文莲)
上海之歌(郑玉玺)
《万毫齐力》书法(郑期璐)
图片新闻
读者来鸿
2、3 版中缝
新书介绍
本报赠送点

编辑委员会

4 版

施建伟在台北（罗任玲）

在大陆的林语堂研究领域，施建伟享有国际认同的六个"最"字的荣誉（海文）

施建伟教授向林语堂纪念馆赠书（许初鸣）

1、4 中缝

热烈祝贺林语堂国际学术研讨会召开

2008 年 1 月 25 日第 1 期（总第 30 期）

1 版

图片新闻

海派论坛（汪义生）

我与林语堂的研究（施建伟）

令人生敬的骨肉亲情（叶景贤）

许宝驯简介（闸北）

居大宁及其作品（海文）

2 版

《遥远的书房》序（张诗剑）

上海茶馆见闻小录（夏智定）

徐圆圆籀书论语卷序（周退密）

《海派文化》动态

展现闸北风貌　繁荣文艺创作——记闸北文化馆 07 年创作成果总结会暨新年创作座谈会（闸贝）

简讯（秋云）

3 版

柯灵和他的《市楼独唱》（翁长松）

发帖唱和咏好猫（程海麟）

贴近百姓的学者（王晓君）

2、3 版中缝

新书介绍

本报赠送点
编辑委员会

4 版

梅香墨影说沈建德(戴一峰)

花卉图(沈建德)

1、4 版中缝

广而告之

2008年4月18日第2期(总第31期)

1 版

杨绛与上海的情缘(萧斌如)

巴人在上海的文学活动(王克平)

浸透了海派文化灵感与神韵的海宝——上海世博会吉祥物礼赞(汪义生)

《海派文化》动态

为您服务

2 版

怀念胡裕树先生(严修)

施南池先生绘画语言——浅谈施南池水墨艺术特点(崔绍柱)

历经沧桑的"大柏树"(毛闯宇)

3 版

"文革"中的荒唐事(骋月)

风筝(叶景贤)

日本的"校园祭"(孙连芬)

楹联选登(沈树华)

上海楹联学会会长丁锡满获梁章钜奖

闸北区政府常务会议专题研究茶文化节活动方案(周国成)

上海国际茶文化节官方网站日前开通(周国成)

《茶香诗味入联来》一书即将出版(周国成)

2、3 版中缝

新书介绍

本报赠送点

编辑委员会

4 版

一个周总理关心下成长起来的舞蹈家（上）（王晓君）

1、4 版中缝

热烈祝贺第十五届上海国际茶文化节开幕

2008 年 6 月 18 日第 3 期（总第 32 期）

1 版

图片新闻

走进海派大宅门（宋路霞）

贾植芳："把'人'字写得端正些"（萧斌如）

学者王元化先生（罗洪）

2 版

厦门四日游日记（王漱华）

茶香诗味入联来（花蕾）

忆当年海派风情（寇丹）

南社诗人高天梅（陆永祥）

3 版

强烈的时代气息　鲜明的地域色彩——评林青的长诗《台湾音画》（古远清）

清韵过人的《苏局仙墨迹选》（苏兴良）

《书斋文化》走俏文化市场（上官阁）

随笔二则（谢国霖）

喻石生撰嵌名联（喻石生）

献给汶川地震灾区亲人的歌（葛乃福）

鹏程万里（绘画）（沈嘉禄）

2、3 版中缝

新书介绍

为您服务

编辑委员会

4 版

乐养金石气　品读藏印选（刘凌）

春风化雨心经热(沈宽)

一个在周总理关心下成长起来的舞蹈家(下)(王晓君)

1、4版中缝

《海派文化》动态

"走进广东'友和杯'第六届海峡两岸书画大赛"征稿工作在郑州启动

2008年8月31日第4期(总第33期)

1版

"有的人死了,他还活着"(陈炳)

苏局仙哀挽傅雷(苏永祁)

爱国志士陆蠡(郑大群)

2版

到寇丹家喝茶去(王晓君)

道德苛求的意义——读林非散文《灵魂的震撼》(叶景贤)

应天楼学术札记(沈毅)

盛姗姗与她的画

3版

汪曾祺与《草木春秋》(江鸿)

一湖烟岚(林裕华)

菲华文学研究的开创之作——简评汪义生《走出王彬衔》(潘颂德)

抗震救灾精神放光芒词曲(陆春龄)

2、3版中缝

征稿启事

本报赠送点

编辑委员会

4版

《思索之苑》——一部令人思索的好书(葛乃福)

栽培树木的幸福感(成范永)

盆艺与人生(张研农)

1、4版中缝

新书介绍

短信

2008年11月25日第5期(总第34期)

1版

谈"精品意识"(水怀珠)

我所了解的苏渊雷先生(周瑞金)

书友韦泱(毛东初)

《海派文化》动态

2版

百寿图中见真情(王晓君)

我与戏剧大师曹禺一面之缘(萧斌如)

获得颜氏文化杰出贡献的人(季凤来、王有瑞)

3版

海上诗社概况

归宿(钱国梁)

双头火柴(朱珊珊)

愿(费平)

不是雨季(钱元瑜)

紫砂壶(金月明)

雨过清晨的桂花(费碟)

街角,盛开的丁香(张为冬)

吃花生(彭月琴)

2、3版中缝

新书介绍

本报赠送点

编辑委员会

4版

晚霞红胜火　余热再生辉(一)(赵宏)

1、4版中缝

新书介绍

2009年1月10日第1期(总第35期)

1版

图片新闻

十五的月亮圆又圆(陈宏)

新岁贺牛(水怀珠)

在"徐訏先生诞辰一百周年纪念座谈会"上的发言(葛原)

2版

我为何爱好书法(陆惠兰)

上海城市风景中的丽色馨香(李伦新)

(明)永乐青花一束莲大盘(林裕华)

2009年春联选刊

2009年第十六届上海国际茶文化节茶联大赛征文启事

3版

上海新城市诗社简介

听柳——夜伫柳下水边,星光满天,柳风徐徐(罗琳)

山路弯弯(林溪)

故乡是用泥土做成(陈忠村)

路过死亡(秦华)

假如(南鲁)

遍地黄金(蒋荣贵)

送水(宗月)

爱到深秋(玄鱼)

太极·紫藤(杨静静)

2、3版中缝

本报赠送点

编辑委员会

4版

晚霞红胜火　余热再生辉(二)(赵宏)

《智龛品壶录》序(史俊棠)

1、4版中缝

《海派文化》动态

2009年3月10日第2期(总第36期)

1版

"林裕华诗文学术研讨会"入编《上海文化年鉴》

雷洁琼与南京"下关事件"(萧斌如)

老作家的人格魅力(水怀珠)

老骥伏枥　志在千里(赵宏)

与叶尚志聊往事(唐明我)

2版

"壶痴"唐家生(王铭庆)

诗情如缕伴人生——《李天靖短诗选》读后感(夏智定)

一本富有创意的诗歌教学实录(一知)

皱着眉头看世界(毛闯宇)

文人画《品茗赏梅》的艺术特色(肖艺)

雨荷(秦德绿/摄,常新华/诗)

3版

上海闵行诗社简介

回眸大上海(薛鲁光)

辉煌业绩看不厌(费平)

展馆前的风雨(费碟)

心中梅花不凋零(钱红春)

回忆(钱仲安)

咏梅(陆飘)

元宵夜想(有妮妮)

老洋房变奏曲(陈曼英)

卜算子·蜡梅(薛鲁光)

都市之夜(魏守荣)

雨中莘庄公园赏梅(罗琳)

赵德华绘画艺术的海派情愫(顾晨颖)

2、3版中缝

新书介绍

本报赠送点

编辑委员会

4 版

文坛宿将不老松——罗洪（题词：徐中玉、钱谷融、草婴、肖凤、林非、高莽）

恭贺资深女作家罗洪女士百岁寿辰（陈梦熊）

罗洪百岁还读书（王晓君）

1、4 版中缝

《海派文化》动态

2009 年 5 月 20 日第 3 期（总第 37 期）

1 版

也谈大师（水怀珠）

火雪明与巴金的《家》（陈公益）

想念丁景唐先生（陈孝全）

2 版

力伟简介

形象——抽象、具象和摄影（力伟／摄并文）

3 版

记沪上百岁女作家——罗洪（萧斌如）

罗洪与海派文化座谈会小记（张慧颖）

文字从历史深处走来——献给百岁老人罗洪（林裕华）

赠百岁作家罗洪（葛乃福）

革命人永远是年轻（赵宏）

2、3 版中缝

新书介绍

本报赠送点

编辑委员会

4 版

满纸春心墨未干（王晓君／文，王瑞生／书法）

1、4 版中缝

书法（沈钦荣）

《海派文化》动态

2009年7月16日第4期(总第38期)

1版

图片新闻

回想《寒夜》出版前后的事(赵修慧)

老树新花　宝刀不老——喜读罗洪的新作《磨砺》(水怀珠)

召稼楼与《瘗鹤铭》(王晓君)

2版

丰碑,光华永远璀璨——忆蒋孔阳先生二三事(蒋国忠)

翰墨丹青映晚霞(苏兴良)

饮茶(骋月)

离亭燕(白鸥)

3版

谈怀旧——《中国文化名人与上海》代序(曾敏之)

白玉兰之死(叶景贤)

因为真诚,所以美丽——读《花开的音符》(毛闯宇)

《细说李鸿章家族》介绍

无题(沈善曾)

清平乐·龙井村品茗(陆永祥)

2、3版中缝

新书介绍

本报赠送点

编辑委员会

4版

憾未再谢十发翁(苏永祁)

王国维与甲骨文(戴一峰)

贴近群众的曲艺团队(王连源)

静:年轻人要努力奋斗(孙耀明)

1、4版中缝

《海派文化》动态

2009年9月15日第5期(总第39期)

1版

图片新闻

季老的宝贵精神财富(水怀珠)

点滴往事忆乡友(纪申)

霜叶红于二月花(赵宏)

文物店藏品　走上拍卖台(兔之)

2版

生长葳蕤的微笑——读《叶坪短诗选》(李天靖)

"穉英画室"——后继有人(周国成)

在文化名人的星空下(陈燮君)

诗集《春天的色彩》——作者简介

散文集《相思月明时》——作者简介

3版

东方讲坛社区百姓诗友社简介

故乡记忆——致古城扬州(周永林)

心愿(李之阜)

新民歌一首(徐定明)

事态记杂(杨金龙)

忆征程——新中国成立60周年感言(薛羚)

朋友之歌(耿亮)

东方讲坛抒怀(石梅)

今年十八,明年十九(徐灿平)

浦江断想(陶建幸)

傍晚一景(沈锡玉)

情系民间诗社(潘颂德)

2、3版中缝

本报赠送点

编辑委员会

4版

《壁立万仞》《生机》《渔翁得利》《一品清廉》《知足蝉趣》《福在眼前》(沉香

图片）

雍荷堂再记（王晓君）

1、4版中缝

热烈庆祝中华人民共和国成立六十周年

2009年11月18日第6期(总第40期)

1版

图片新闻

传承和弘扬中华文化的又一硕果——热烈祝贺《60印记：中国文化名人与上海》隆重推出（水怀珠）

满目青山夕照明（赵宏）

回想《寒夜》出版前后的事（赵修慧）

2版

杭稚英的绝笔画（骋月）

小荷才露尖尖角（王晓君）

杨竹君近著《竹斋画语录》序（马祖熙）

《汉简唐诗字帖》成册面世（艺灵）

3版

半日淘书记（毛东初）

明丽的心灵之春——读诗集《春天的色彩》（毛闯宇）

阅读《风筝》的感想（林非）

偷得浮生半日闲（国画）（周世璋）

2、3版中缝

新书介绍

本报赠送点

编辑委员会

4版

上海老街（钱渊）

《春郊试马图》百年话世博（苏揩）

呜啊哆哩哐……（颜志忠）

七绝四首（沈树华）

首届越医文化论坛暨张景岳学术思想研讨会——在历史文化名城绍兴成功举行

心向上海世博会(王海)

1、4版中缝

新书介绍

《海派文化》动态

2010年1月18日第1期(总第41期)

1版

图片新闻

新岁贺虎(水怀珠)

翰墨情深韵自香(赵宏)

《海派文化》动态

《龙潭虎跃》丙烯画(张嵩平)

2版

海较湖深沉　书比人长寿——读《山河人文旅记》(陈守云)

《施亚西诗画选集》面世

《明清江南著姓望族史》近日由上海人民出版社出版

时间的深度与炫幻的影像——李天靖短诗赏析(席星荃)

《苏局仙联语选》介绍

3版

汇入海派文化的一股激流——上海杨浦诗人群的崛起

走近大树(刘希涛)

豫园情思(戴约瑟)

绿色与健康(范浦)

瓦松(葛乃福)

出海口(顾丁昆)

秋吟(二首)(王养浩)

报春鸟(王永银)

回到从前(薛锡祥)

石浦古镇(张春新)

谛听天籁(组诗)(吴欢章)

诗坛圣者有任钧——纪念任钧先生百年诞辰(杨剑龙)

雨中姑苏(二首)(宋路霞)

画堂春·诗书画印堪养生(陈德春)

浣溪沙·拜访老同学(金嗣水)

2、3版中缝

新书介绍

本报赠送点

编辑委员会

4版

难忘故乡宅院(郭树清)

午夜惊魂(贝鲁平)

白芙蓉(冯钟)

有一片土布庄(颜志忠)

情系水乡(粉画)(杭鸣时)

1、4版中缝

新书介绍

苏春生简介

2010年3月24日第2期(总第42期)

1版

图片新闻

谈文化意识(水怀珠)

茅盾的最后一方印章(潘亚萍)

漫话海派名媛精神(宋路霞)

2版

山西北路——闸北早期文化名人街(戴剑葳)

《秋登兰山变奏仿孟浩然》解嘲(屠岸)

玩票一甲子 心系中华情(金宝山)

动态

3版

灵感来自瓷艺(林裕华)

明·嘉靖款五彩鱼藻文罐(林裕华/配诗)

清·乾隆款洋彩开光三果纹橄榄瓶(林裕华/配诗)

清·乾隆款洋彩八宝勾莲纹多穆壶(林裕华/配诗)

清·康熙款五彩十二月令花神杯(林裕华/配诗)

清·乾隆款珐琅蓝彩山水纹瓶(林裕华/配诗)

明·弘治款黄地青花一束莲纹盘(林裕华/配诗)

清·康熙款珐琅彩紫地莲花纹瓶(林裕华/配诗)

清·雍正款青花釉里红云龙纹报月瓶(林裕华/配诗)

清·乾隆款粉彩花蝶如意耳葫芦尊(林裕华/配诗)

2、3版中缝

新书介绍

本报赠送点

编辑委员会

4版

缅怀翻译家朱雯先生(萧斌如)

大气儒雅写真情——钟家隆先生书法赏析(王延林)

《海派文化》动态

2010年5月24日第3期(总第43期)

1版

图片新闻

《新中国》与世博会(水怀珠)

胡适与川沙的情愫(徐文昶)

钮永建与马桥(刘洁)

"世博"对联(方建平)

2版

未能走出中世纪的明王朝(吴仁安)

外国散文研究的重要收获(许波)

一部精心著述的力作——评沈树华的《中国画题款艺术》(田雨)

庚寅绘虎(国画)(沈嘉禄)

城市,让生活更美好(篆刻)(姚新伯)

3 版

冰心尽在灯影里(王晓君)

中华第一线(汪培金)

仁者寿——记百岁老作家罗洪(张兴渠)

新书热荐《坛经摸象》(戴一峰)

2、3 版中缝

新书介绍

本报赠送点

编辑委员会

4 版

胡须其人(王国忠)

1、4 版中缝

《海派文化》动态

2010 年 7 月 23 日第 4 期(总第 44 期)

1 版

图片新闻

《清明上河图》与世博会(水怀珠)

喜读祖父古体二十韵遗墨(苏永祁)

师生同命——邓散木与凌虚(王晓君)

2 版

他快乐而旺盛地思想着——余季方和他的哲学(汪义生)

真正"写生活"的散文——读席星荃散文集《记忆与游走》(石英)

上海餐饮后世博(江礼旸、周少铿)

3 版

暮年情怀的真诚倾诉(潘颂德)

臧克家的第一本诗集(萧斌如)

即小见大——《中国现代文学序跋丛书·诗歌卷》小序(臧克家)

一种清凉、辽远的宁静——李天靖诗选《秘密》简评(林染)

2、3版中缝

《海派文化》动态

本报赠送点

编辑委员会

4版

阿馨画展(骋月)

阿馨画选(阿馨)

1、4版中缝

标题新闻

新书作者介绍

2010年9月25日第5期(总第45期)

1版

图片新闻

我们与世博同行——《海派文化》创刊8周年感言(汪义生)

刘志坚中将的人生之路(赵勇田)

海派的名与实(曾敏之)

《海派文化》动态

2版

一本充满传统人文思想的文集——谈萧丁先生新著《走笔大千》(沈树华)

《上海才子》序言(熊月之)

人似黄花瘦(王毅)

3版

《城市之光》与世博会(水怀珠)

一个活在我心中的老人(史国新)

解放后黄炎培的第一次回乡之旅(徐文昶)

2、3版中缝

新书介绍

本报赠送点

编辑委员会

4版

茅盾档案征集背后的故事(王佶)

蒋经国逸村被"虎"咬(宋路霞、宋路平)

刘瑞芬介绍

1、4版中缝

热烈祝贺《海派文化》创刊八周年

2010年11月10日第6期(总第46期)

1版

图片新闻

历史的足迹　时代的画廊——喜读《罗洪散文》(水怀珠)

"文革"中的邵荃麟(小鹰)

2版

故乡忆旧(罗洪)

求学趣事(陈孝全)

相识是缘(潘亚萍)

参观丰子恺故居有感(萧斌如)

村野童趣四首(克音)

词四首(陆永祥)

《海派文化》动态

3版

为"崧泽文化"呐喊(顾玉球、孙宝泉)

千錾万凿始出来(王晓君)

王耀东的诗画简介

诗人李天靖新作(严力、许德民)

简讯

广而告之

2、3版中缝

新书介绍

本报赠送点

编辑委员会

4 版

丹青常伴阅沧桑——写在东沪艺社成立三十周年之际(倪志芳)

上海东沪艺社社员作品(龚建平、郑惠康、沈向然、汤岚、倪志芳、蔡源昌、庄芹、戴一峰、葛天雄、黄秉华、曹玲、范小丽)

1、4 版中缝

热烈祝贺上海东沪艺社成立三十周年

2011 年 1 月 10 日第 1 期(总第 47 期)

1 版

图片新闻

新岁贺兔(水怀珠)

为《海派文化》鼓与呼(邵惠民)

《海派文化》传友情(朱家魁)

出版家范用先生走了(赵修慧)

2 版

诗与瓷嫁接绽放的奇葩——林裕华的《诗词雅集》品赏(汪义生)

乡风民俗情满怀(郭树清)

声震琴界律动梨园《中国京胡与琴师》跋(江妙春)

闲话"毛边"(苏炎)

3 版

怀念许杰先生(陈孝全)

我与野草(叶景贤)

澳大利亚的城市雕塑(潘颂德)

值得永远纪念的会议(曹旭、何镜清)

《海派文化》动态

2、3 版中缝

新书介绍

本报赠送点

编辑委员会

4 版

戴家华为"死画"复生(王晓君)

画坛一君子——毛国伦与"涛声依旧"(刘希涛)

中国十大书画名家亮相军博——中国国学诗书画研究院举办高端书画笔会(刘荔)

浑朴大气,清秀雅逸——王延林国画小品简赏(肖艺)

《施南池诗书画艺术》出版(许波)

1、4版中缝

《海派文化》全体同仁向大家拜年

2011年3月4日第2期(总第48期)

1版

图片新闻

"不一样的艺术盛世"——贺《富春山居图》首次在台北故宫博物院合璧展出(水怀珠)

书生风味是淡定(王晓君)

书缘(金峰)

水调歌头·贺老友陆金良爱女十岁生辰(庞坚)

2版

墓园文化的拓荒者——高莽(赵宏)

华人年寿美称考(陈炳)

春天故事讲不完(外一首)(王海)

卯兔(国画)(沈嘉禄)

3版

爵士"经典夜上海"的幕后故事(宋路霞)

阳关乐园的春天(江鸿)

凌寒独秀(麦秆画)(顾志富)

2、3版中缝

新书介绍

本报赠送点

编辑委员会

4版

"水韵"无竟时(林裕华)

逐浪高图(徐志文)

七绝(林裕华)

如庐秋意图(徐志文)

怀《如庐》(林裕华)

唐人诗意图(徐志文)

在你画里——赠志文友(林裕华)

春潮颂图(徐志文)

我是那样恣意地梦想(林裕华)

墨竹图(徐志文)

五绝(林裕华)

1、4版中缝

《海派文化》动态

新书作者介绍

2011年5月4日第3期(总第49期)

1版

图片新闻

唱支山歌献给党——热烈祝贺中国共产党九十华诞(水怀珠)

《茅盾墨迹》序(韦韬)

沪港两老结壶缘(王晓君)

2版

红学家魏绍昌珍藏的《红楼梦》画册(陈福季)

我与刘旦宅的一面之缘(朱亚夫)

收藏铜章　其乐无穷(章秋谷)

3版

镌刻在记忆中的一位共产党人——记革命前辈谢和赓(张小鼎)

我的二叔陈英士先生(陈立夫)

消失的楼兰(外一首)(高崇炳)

2、3版中缝

《海派文化》动态

本报赠送点

编辑委员会

4 版

沉香不怕巷子深——三顾上海雍和堂探访记(沈原一)

1、4 版中缝

热烈祝贺中国共产党成立九十周年

2011 年 7 月 4 日第 4 期(总第 50 期)

1 版

图片新闻

陈毅关于第三次国共合作的重要记述及其相关诗章(黄敬明)

从王海的草帽谈起(水怀珠)

2 版

在张闻天故居(颜志忠)

由诗入画抒真情(王晓君)

秋竹玉韵(潘亚萍)

新书介绍

3 版

闺秀笔墨(淳子)

人文京韵如影随形(江妙春)

非凡戒尺留忠魂(黄亮明)

2、3 版中缝

《海派文化》动态

本报赠送点

编辑委员会

4 版

上海名媛旗袍的海派风采(宋路霞)

1、4 版中缝

热烈祝贺《海派文化》报出版五十期

2011年9月7日第5期(总第51期)

1版

图片新闻

上海有个王晓君(施建伟)

永恒的会面(王晓君)

茅盾书法　永存人间(许波)

2版

秦文莲新书《不染诗话》回娘家(国臣)

对上海老洋房不可或缺的一种保护——在"上海老洋房的历史、发展和保护研讨会"上的发言(王圣思)

上海老洋房历史保护发展研讨会发言纪要(王晓君、黄昌勇、宋路霞、淳子、萧斌如、徐培华、陆其国、潘颂德、葛乃福、施建伟)(许波/整理)

3版

爸爸教我书法才艺(狄芸馨)

丰子恺家的两种游戏(叶瑜荪)

我的忘年交黄若舟(曹旭)

2、3版中缝

《海派文化》动态

本报赠送点

编辑委员会

4版

浦东小普陀寺重建缘起(释慧泽)

浦东小普陀寺(徐文昶)

1、4版中缝

《海派文化》动态

2011年11月10日第6期(总第52期)

1版

图片新闻

城市文化建设的又一基石——热烈祝贺《斜阳半城——记上海文化名人》

隆重推出(水怀珠)

那年国庆,在卓琳家(秦来来)

上海应建陈毅纪念馆(黄敬明)

2版

沈智毅与林风眠的书画缘(王晓君)

《毅文诗稿》序(潘颂德)

阿英父子与陈登科(张兴渠)

3版

《全唐诗》究竟收诗几何(陈福季)

渡江战役——选自一个老兵的回忆(郭廷富)

老吃客(钱渊)

《明清江南著姓望族史》评价(林金树)

书法(徐文昶)

2、3版中缝

新书介绍

本报赠送点

编辑委员会

4版

杜亚泉的十四个"中国最早"(施亚西、田建业)

地摊淘瓷777天(沈海晨)

1、4版中缝

《海派文化》动态

认识颈椎病(刘宗瑜)

2012年2月15日第1期(总第53期)

1版

图片新闻

龙年贺岁(水怀珠)

大力弘扬海派儒商文化(潘颂德)

龙年　海派　华商(徐培华)

末劫时代的救心之举——新发现的丰子恺启事手稿(叶瑜荪)

2 版

从赵文楷到赵朴初(陈福季)

我和王智量教授(朱毅文)

自强不息的新四军女战士张茜(黄敬明)

3 版

刘旦宅和刮绒扇面(王晓君)

翡翠大王——李有权(汪义生)

"双手悬腕"的季茯汀(王铭庆)

张爱玲的迟到者(淳子)

2、3 版中缝

新书介绍

本报赠送点

编辑委员会

4 版

上海旗袍:写在时装上的都市文化(蔡文青)

上海道融文化传播有限公司活动剪影

1、4 版中缝

《海派文化》动态

2012 年 4 月 15 日第 2 期(总第 54 期)

1 版

图片新闻

也谈文艺批评(水怀珠)

"海派儒学"何以可能(施炎平)

我与《海派文化》(叶景贤)

十年磨一剑(汪义生)

2 版

书信深蕴鲁迅风(陈福季)

和乐堂——景泰蓝的大观园(宋路霞)

我不入禅,谁出禅(颜艾琳)

征稿启事

3 版

人生的"1"和"0"(余惕君)

人生如棋(余惕君)

一张珍贵的照片(郭廷富)

犹太人在上海的又一重要文物现身(董水淼)

谢晋深情缅怀恩师曹禺、焦菊隐(曹树钧)

2、3 版中缝

新书介绍

本报赠送点

编辑委员会

4 版

与天下共分秋月(王晓君)

学者书法的境界(徐培华)

张瑞根论海上画派(张瑞根)

秋光永驻天地间(成莫愁)

1、4 版中缝

新书介绍

《海派文化》动态

2012 年 6 月 15 日第 3 期(总第 55 期)

1 版

图片新闻

名人题词(曾敏之、艾明之、圣野)

情缘再启　青春留痕——热烈祝贺《恋人书简》隆重再版(水怀珠)

盖门绝艺　薪尽火传(程惟湘)

2 版

中国铁路鼻祖　昔日之盛况(陈守云)

体方古健　魏风新来(臧建民)

漱碧斋诗自序(庞坚)

融进生命状态的体验与思考(王雅军)

3版

沈智毅的《观音手卷》(王晓君)

乐秀镐与沈尹默(戴一峰)

百鸭图和全聚德(马中华)

《海派文化》动态

2、3版中缝

新书介绍

本报赠送点

编辑委员会

4版

鹰击长空　鱼翔浅底(曹干城)

韩德彩、朱容芬书画作品选(韩德彩、朱容芬)

2012年8月15日第4期(总第56期)

1版

图片新闻

名人题词(叶辛、丁景唐、陈漱渝)

海派文化源流考——写在《海派文化》报创刊十周年之际(汪义生)

中国现代文学馆里的萧军文库(刘泽林)

2、3版

《海派文化》创刊十周年访谈录(淳子、王晓君、施建伟、汪义生、潘颂德、葛乃福、许波、赵宏、黄勇、戴一峰、徐培华)

4版

画里凭君长看好(王晓君)

我也是一朵残荷——读李天靖《射中一塘残荷》(洪宜宾)

沈尹默两创书法组织(丁惠增)

简讯二则(培华)

王延林著《常用古文字字典》再版

1、4版中缝

新书介绍

《海派文化》动态

本报赠送点

编辑委员会

2012年10月29日第5期(总第57期)

1版

图片新闻

再创《海派文化》新的辉煌(汪义生)

王荣华先生致辞(王荣华)

李伦新先生致辞(李伦新)

祝君波先生致辞(祝君波)

2版

欢迎辞(徐培华)

移民人口与海派文化(熊月之)

海派文化拒绝低俗(宋路霞)

3版

海派文化的传承与繁荣研讨会(摘要)——《海派文化》十周年庆典在龙颐会馆举行(淳子、胡守钧、李天纲、施蔷生、叶辛、施炎平、孙时进)

2、3版中缝

本报赠送点

编辑委员会

4版

喜色牡丹陈玉兰(叶辛)

海派文化的创新精神(苏秉公)

《杨竹君画集》序(王晓君)

报庆感言(葛乃福)

报庆二三感想(潘颂德)

1、4版中缝

海外贺信(曾敏之、叶芳、林湄)

2012年12月15日第6期(总第58期)

1版

图片新闻

名人题词(屠岸、赵丽宏、赵勇田、黄宗英)

海上频吹海派风(丁锡满)

恭贺《海派文化》创刊十周年(肖凤)

海上文人画像(一)(高莽)

2版

海上墨苑九老乙亥重阳会(赵宏)

上海人与苏州评弹(施祥云)

明月相知新秋雅集(江妙春)

嘉定有个石童子(王晓君)

浙江、上海隆重纪念朱生豪诞生100周年(曹树钧)

3版

声闻于天　丰碑永存(杨竹君)

冲出深山成大业——纪念曹靖华先生逝世二十五周年(叶景贤)

周瘦鹃和一支香烟(严祖佑)

一张珍贵的历史照片(夏智定)

2、3版中缝

简讯

本报赠送点

编辑委员会

4版

一代人的时尚(胡平侠)

胸有万壑　一任挥洒——读艾以《海上文谭》(王雅军)

富华先生紫砂情(史俊棠)

1、4版中缝

贺联(夏智定/联,郝永明/书)

2013年2月5日第1期(总第59期)

1版

图片新闻

名人题词(高莽、袁鹰、文洁若、白桦)

期待一个华丽的转身(汪义生)

笑盼海派文化满庭芳——新年寄语(徐培华)

海上文人画像(二)(高莽)

2版

《西部天堂》读后(施亚西)

从前老城隍庙内的书场与小吃(钱渊)

乡音一口认归来(徐文昶)

3版

人书俱老张成之(陈燮君)

为海上画家立传的郑重(祝君波)

以史为鉴 可知兴衰(程显荣)

沈利群与《三笑》姻缘(王晓君)

2、3版中缝

简讯

本报赠送点

编辑委员会

4版

兕玉堂内赏角雕(骋月)

1、4版中缝

《海派文化》动态

2013年4月15日第2期(总第60期)

1版

图片新闻

请把"委屈"化"反思"(施蕾生)

中西文化交流的使者——莫言获奖与翻译家万之、安娜伉俪(徐培华)

"空中桃苑——东方卉文化专题活动启动仪式暨叶圣琴油画展"开幕

2 版

白云深处有诗人（晨崧）

文化名人手迹收集者——金峰（赵宏）

苏州城厢探古今（尤永清）

河北形意拳第七代传人——王森林（周伟新）

3 版

巧遇曾敏之（萧斌如）

提篮桥（张新）

2、3 版中缝

书讯

本报赠送点

编辑委员会

4 版

包立民三顾程十发（张兴渠）

施南池先生艺术实践（崔绍柱）

吴元浩慧眼识瓷（王晓君）

1、4 版中缝

《海派文化》动态

2013 年 6 月 15 日第 3 期（总第 61 期）

1 版

图片新闻

名人题词（徐中玉、李济生、钱谷融、任溶溶）

莫言是一座里程碑（水怀珠）

海上文人画像（三）（高莽）

为《谷音》题记（丁景唐）

2 版

忆程乃珊在香港二三事（夏智定）

柳亚子叠韵冠群英（陈福季）

台北地铁的"人性化"一瞥（施蔷生）

都茶之道(张渊)

3版

艺坛武林高手王清泉(程惟湘)

万育仁墨拓石瓢壶(王晓君)

笔下最爱是牡丹(浦锡根)

2、3版中缝

《海派文化》动态(二)

本报赠送点

编辑委员会

4版

心象画大师柴祖舜(俞建文)

柴祖舜画选(柴祖舜)

1、4版中缝

《海派文化》动态(一)

2013年8月14日第4期(总62期)

1版

图片新闻

名人题词(王继英、韩德彩、李伦新、廖静文)

努力树立高度的文化自觉(潘颂德)

海上文人画像(四)(高莽)

陆春龄高唱《中国梦》(王晓君)

2版

海上遗韵留风情(李明海)

海派书法家潘学固(丁惠增)

我对水乡水彩画之浅见(岑振平)

一往情深无可怨(施亚西)

读《说园》(沈鸿根)

3版

"金霸王"演活"楚霸王"(程惟湘)

梅兰芳后台收徒(张兴渠)

民国文人雅士(淳子)

更正

2、3 版中缝

本报赠送点

编辑委员会

4 版

九五感言(钱谷融)

杂谈钱老(张德林)

钱谷融老师二三事(徐宗琏)

1、4 版中缝

《海派文化》动态

2013 年 10 月 15 日第 5 期(总第 63 期)

1 版

图片新闻

名人题词(阮武昌、丁锡满、陆春龄、熊月之)

《白蕉　金学仪书画珍品展》即将举行(汪凡)

谈教师的人格修养(毛闰宇)

海上文人画像(五)(高莽)

致《海派文化》编委的一封信(肖凤)

2 版

红学研究的新课题(丁锡满)

淳子视野里的花开花落(宋路霞)

《上海小开》序(晓颂)

恩师教我《连升店》(虞伟)

3 版

海派文化奇人——钱化佛(程惟湘)

魅力石库门(张新)

消暑纳凉话《古箫》(周林生)

珍贵的"奔马"大铜章(章秋谷)

2、3 版中缝

《海派文化》动态

本报赠送点

编辑委员会

4 版

雍荷堂粉彩瓷器（王晓君）

雍荷堂粉彩仁者寿对碗

雍荷堂珐琅彩翠鸟荷花图碗

雍荷堂粉彩山茶纹瓶

雍荷堂粉彩竹报平安对碗

雍荷堂粉彩动物组碗

1、4 版中缝

《海派文化》动态

2013 年 12 月 15 日第 6 期（总第 64 期）

1 版

图片新闻

名人题词（施平、萧卡、黄恒美、毛时安）

略谈文化体制机制创新的关键（潘颂德）

海上文人画像（六）（高莽）

从升堂迈向开庭的地方（苏秉公）

2 版

"十大海派京剧名伶"之一——伶圣汪笑侬（程惟湘）

醉笔书法与乒乓（宋连库）

铁沙诗社记（王晓君）

出海口（三首）——为辛笛百年诞辰作（圣野）

3 版

国学大师苏渊雷（觉醒）

苏渊雷传略

良师益友——王仰晨（萧斌如）

2、3版中缝

《海派文化》动态

本报赠送点

编辑委员会

4版

于细微处见精神——贺一代宗师徐中玉教授百岁华诞（葛乃福）

百岁感言（徐中玉）

热烈祝贺徐中玉先生百岁华诞（赵宏）

"活出生命的意义：关于徐中玉先生"讲座图片

1、4版中缝

《海派文化》动态

2014年2月15日第1期（总第65期）

1版

图片新闻

上海都市文明建设的一项指标（施炎平）

屠岸先生心中的高莽（屠岸）

海上文人画像（七）（高莽）

新西兰野马（黄华旗）

2版

丹青不老笔有神（王晓君）

难忘的背影（汪义生）

别样书香跨新年（陈守云）

3版

夕阳无限好　晚晴更灿烂——施平同志访谈录（施平、赵宏）

2、3版中缝

《海派文化》动态（二）

本报赠送点

编辑委员会

4版

龚国华的艺术人生

龚国华绘画选登

1、4 版中缝

《海派文化》动态(一)(邵雷)

毛泽东诞辰 120 周年纪念会简讯(邵雷)

2014 年 4 月 15 日第 2 期(总第 66 期)

1 版

图片新闻

名人题词(王荣华、孟波、刘文清、齐路通)

一个最美丽的中国梦——读《颠倒的儿童文学宝塔》一文有感(圣野)

1938:巴金的"失踪"(刘宗武)

简讯(邵雷)

2 版

毛泽东有"半字师"吗？(陈福季)

许杰陪我们一起备课(张兴渠)

清澹(苏剑秋)

江南名宅"内史第"(朱鸿伯、徐文昶)

3 版

缅怀老友沈智毅(史俊棠)

幸得真传呈异彩(李成华)

淳子的"旧闻新说"(方可)

2、3 版中缝

《海派文化》动态(二)

本报赠送点

编辑委员会

4 版

经典《雷雨》与钱谷融的曹禺研究(曹树均)

民间文艺报刊传达社会正能量(黄江平、韩雪莲)

1、4 版中缝

《海派文化》动态(一)

2014年6月15日第3期(总第67期)

1版

图片新闻

让年轻人知道自己的历史(祝君波)

编辑的潜在意义(王焰)

认识杜亚泉(施亚西)

重建经济现代化条件下的价值体系(陈继龙、田建业)

2版

《五国日记》:杜宣散文的新开拓——纪念杜宣诞辰一百周年(水怀珠)

山腰上的日子(郁德明)

3版

革命艺人潘月樵(程惟湘)

空谷幽兰自成芳(王晓君)

听秋(苏剑秋)

2、3版中缝

《海派文化》动态

本报赠送点

编辑委员会

4版

"杜亚泉思想现代价值学术研讨会"在上海图书馆举行(许波)

"杜亚泉思想现代价值学术研讨会"的发言摘录(徐培华、刘燕、周国成、陈秋强、陈积芳、施炎平、潘颂德、汪义生、田建业、葛乃福、季聪)

1、4版中缝

简讯

2014年8月20日第4期(总第68期)

1版

图片新闻

心铭读者情　用心办好报(水怀珠)

文化创意产业与海派时尚(邵雷)

军魂熔铸美德　笔底异彩同芬（赵宏）

编者·读者·作者（屠岸）

2 版

艺术金融期待创新与发展（华尚龙）

缅怀诗人牛汉（上）（张小鼎）

3 版

赵家璧的成功之道（张兴渠）

赏读诗集《美丽梅州》（潘颂德）

鬓丝禅榻散茶烟（陆永祥）

美髯公韦鸿昌的书法（王铭庆）

2、3 版中缝

《海派文化》动态

本报赠送点

编辑委员会

4 版

周五帮拜师许四海

周五帮的壶刻艺术（王晓君）

周五帮壶刻图片

1、4 版中缝

简讯

2014 年 10 月 15 日第 5 期（总第 69 期）

1 版

图片新闻

名人题词（厉无畏、王荣华、祝天权、祝君波）

海派文化研究正在向纵深发展（龚心瀚）

海派文化之我见（屠岸）

百岁开三的陆春龄（骋月）

中国古代"扶桑"并非指日本（陈福季）

2 版

《海派戏剧研究的时代印记——沈鸿鑫戏剧论集》序（刘厚生）

缅怀诗人牛汉(下)(张小鼎)

3 版

华夏文化与中国人的精气神(徐培华)

张充仁为陶冷月塑像(王晓君)

周钟麟励志联的内涵和特色(楼绍来)

2、3 版中缝

《海派文化》动态

本报赠送点

编辑委员会

4 版

钱紫奋简历

中国画创作的思考(钱紫奋)

钱紫奋绘画选(钱紫奋)

2014 年 12 月 15 日第 6 期(总第 70 期)

1 版

图片新闻

老同志寄语第十三届海派文化学术研讨会(邓伟志、严家栋、丁锡满、钱谷融)

海浪美如花　弄潮真好汉(李伦新)

海派文化空间意象的断裂与"新海派"城市文化的再建构研究——以传统海派建筑的发展为例(宋学玲)

文化旅游与海派文化资源的激活与创新——以上海虹口区为例(李萌)

2 版

沪上风情琐谈(俞云波)

张斤夫先生(邵天骏)

3 版

千古文章未尽才——悼念陈鸣树先生(潘颂德)

忧忧育德志　殷殷百老情(陈文)

2、3 版中缝

《海派文化》动态

本报赠送点

编辑委员会

4 版

心迹（徐欣）

一群人　一本书——写在《中国现代贵金属币赏析（第一册）》发行之际（如意）

以象境"奏响"时代的旋律（施蔷生）

悼张贤亮兄诗二首（杨继国）

1、4 版中缝

简讯

2015 年 2 月 15 日第 1 期（总第 71 期）

1 版

图片新闻

名人题词（童世平、姜德廷、苏荣、闫成贵）

我们祖先的梦（施亚西）

但愿遗墨在人间（赵宏）

简讯（刘莹）

2、3 版

绝代的优雅　绝版的风华（蔡文青、徐景灿、宋路霞）

海派旗袍文化的经典——《上海名媛旗袍宝鉴》出版

阳光团队与阳光事业——写在《上海名媛旗袍宝鉴》出版之际（宋路霞、徐景灿、宋路平）

名媛旗袍图片

4 版

"我是一棵小草"（盛天民）

永远闪光的名字——巴金（唐池子）

我看过的最豪华的演出阵容（朱义禄）

黄道婆精神展现京剧舞台（丁锡满）

悼念曾敏之先生（夏智定）

1、4 版中缝

《海派文化》动态

本报赠送点

编辑委员会

2015 年 4 月 15 日第 2 期（总第 72 期）

1 版

图片新闻

名人题词（屠岸、圣野、秦怡、文洁若）

都市上海需要海派文化的新发展（施炎平）

随喜中医有传承（王晓君）

2 版

情凝笔端　爱聚山水（李伦新）

浅谈朱启荣书法之道（崔绍柱）

漫说海派戏剧（沈鸿鑫）

上海 lady 的彪悍与温柔（吴梦）

3 版

唱给妈妈的歌——纪念母亲刘素珍诞辰一百周年（葛乃福）

2、3 版中缝

本报赠送点

编辑委员会

4 版

平生德义人间颂（良一）

书法家戴自中作品选登（戴自中）

1、4 版中缝

简讯

2015 年 6 月 15 日第 3 期（总第 73 期）

1 版

图片新闻

名人题词(龚心瀚、施平、萧卡、李伦新)
海派华商典范(汪义生)
杜亚泉大发牢骚之演说(杜亚泉)
纪念著名书画家萧俊贤诞辰150周年　上海笔墨博物馆举办萧俊贤作品艺术展(汪凡)

2版
我们的军长胜孔明(一猷)
在台北忠烈祠祭拜父亲——访陈彬之女陈维莉(施建伟)
名山莫干与古镇新市(陈铭华)
别子为宗汪笑侬　海派名伶京派工(罗义俊)
诗三首(林青)

3版
活的万国建筑群(唐池子)
李立群的"弟子规"壶(吴文)
犹恋风流纸墨香(续集)(丁景唐)
体现海派文化精神的闻道园(惜珍)

2、3版中缝
《海派文化》动态(二)

4版
情真字骨有佳作(王晓君)
钟家隆书法作品选(钟家隆)

1、4版中缝
《海派文化》动态(三)
本报赠送点
编辑委员会

2015年8月15日第4期(总第74期)

1版
图片新闻
让中小学生学写字(丁锡满)
勿忘国耻　振兴中华(王富松)

怀旧经典情怀音乐　传承创新海派文化(施蕾生)

2、3 版

严幼韵是一部独特的上海传奇(焦扬)

走过战争与和平的非凡女人(宋路霞)

联合国最早的礼宾官之一——严幼韵(徐景灿)

4 版

凭喜吃河豚(王晓君)

天涯宁有惜花人(吴梦)

幽暗的力量(薛舒)

《海派文化》动态(一)

金良篆刻(陆金良)

1、4 版中缝

《海派文化》动态(二)

本报赠送点

编辑委员会

2015 年 10 月 15 日第 5 期(总第 75 期)

1 版

图片新闻

名人题词(童世平、相守荣、怀耀生、田仕明)

大海的颜色(李伦新)

《一路硝烟》前言(阮武昌)

铭记历史　珍爱和平——中俄双语纪念活动后记(杜越)

2 版

谈纹艺印象艺术家徐公诚(徐亦嘏)

老亦不老,美亦更美(但仕慧)

与海相接的地方(侯雨薇)

在上海(赵怡)

拍卖风波实录(黄文)

3 版

海派小说界的大师与京派的一个小萝卜头(文洁若)

新天地模式与城市精神（林懿）

余惕君短文选（余惕君）

2、3版中缝

《海派文化》动态（一）

4版

江宁路的海派风情（惜珍）

自由自在（邱婷婷）

书隐楼印象（朱少伟）

1、4版中缝

《海派文化》动态（二）

本报赠送点

编辑委员会

2015年12月15日第6期（总第76期）

1版

图片新闻

名人题词（刘际潘、李文福、邓楚润、杨位环）

草婴先生的信札（高莽）

创新——海派文化最亮丽的元素（汪义生）

向草婴鞠躬　向草婴致敬（肖凤）

毕业歌——"我们不愿做奴隶而青云直上"之商讨（屠岸）

2、3版

"上海望族旗袍迎新特展"华丽开幕（宋路霞）

感恩、感谢、感动（徐景灿）

迷恋在斑斓的旗袍世界（蔡文青）

名媛旗袍图片

4版

秋光灿然忆恩师（葛乃福）

钟家隆的蟋蟀图（王晓君）

杨竹君近著《竹斋随笔》代序（马祖熙）

1、4 版中缝

《海派文化》动态

本报赠送点

编辑委员会

2016 年 2 月 18 日第 1 期(总第 77 期)

1 版

图片新闻

海派文化的气象(徐培华)

庆祝圣野先生 95 岁华诞活动在上海图书馆举行(鲁守华)

2 版

笑声回响天台——悼念萧丁(李伦新)

鸿雁虽在　锦书难托(赵宏)

3 版

我讴歌圣洁美丽的上海图书馆(圣野)

从屠呦呦获奖想到的(施亚西)

中国人民抗日战争胜利暨世界人民反法西斯战争胜利 70 周年纪念感赋三首(屠岸)

第一部记录抗战的纪录片《上海之战》(虞必胜)

永远的诗娃娃——恭贺诗人圣野九十五华诞(葛乃福)

2、3 版中缝

本报赠送点

编辑委员会

4 版

吴湖帆与拓片周颂鼎(王晓君)

《一心不乱》序(李钢)

韬奋精神传百代　长忆斯人共时艰(吴梦)

关于汪笑侬的通讯(罗义俊)

1、4 版中缝

《海派文化》动态

2016年4月15日第2期(总第78期)

1版

图片新闻

林仲兴——中华书法的传承人(施建伟、王晓君)

林仲兴书画(林仲兴)

2、3版

雅丹玉的鉴赏、审美及其创意(王炜、施炎平)

雅丹玉图片

4版

林仲兴先生书法展即将在上海图书馆开幕

林仲兴书画作品选(林仲兴)

1、4版中缝

《海派文化》动态

本报赠送点

编辑委员会

2016年6月15日第3期(总第79期)

1版

图片新闻

"船出吴淞口"——上海——"大上海文化"之我见(何振华)

历史的今天(韩德彩)

2版

我行我素显个性——钱茂生的书法艺术(羽菡)

艺术公寓里的艺术伉俪(惜珍)

小议黄尚长篇小说《马可·波罗情人》(郦帼瑛)

3版

执着也是一种力量——读李伦新散文体自传《我在上海当区长》(朱少伟)

上海老城厢里有条乔家路(倪祖敏)

一个不准确的表述(陈福季)

2、3版中缝

《海派文化》动态

4 版
书法点亮人心回归路(王晓君)
吕云炜书法选(吕云炜)
1、4 版中缝
本报赠送点
编辑委员会

2016 年 8 月 15 日第 4 期(总第 80 期)

1 版
图片新闻
海派文化与创新智慧(朱少伟)
《人情多在回眸》后记(王晓君)
名家点赞(高莽、林非、谷苇、郑重、赵丽宏、施建伟、朱义禄、林青)
2 版
四十多年前的丰子恺先生讣告(马国平)
敬意与继承——评华振鹤作品《观复斋画谭》(胡海萌)
丁惠增书法展略见(徐培华)
我的母亲丁贵珠(狄芸馨)
3 版
泛黄的书卷里有一行痴情的泪水——常德路 195 号张爱玲故居(陈佩君)
珍重江南谢月眉(鱼丽)
半个世纪前的《言归正传》(朱义禄)
2、3 版中缝
《海派文化》动态(一)
4 版
贾植芳与海外华文文学沙龙(王晓君)
海外华文文学沙龙图片
1、4 版中缝
《海派文化》动态(二)
本报赠送点
编辑委员会

2016年10月15日第5期(总第81期)

1版

图片新闻

名人题词(徐中玉、钱谷融、丁景唐、黄宗英)

萧卡的最后时刻(赵宏)

我眼中的海派文化(程一恒)

2版

竹笛之乡两座桥(周林生)

奇石共赏之(夏智定)

我与上海有缘(宇竹)

略谈海派建筑与音乐(云山)

3版

宝地——"这里是祖宗先人留下来的黄金宝地!"(李伦新)

永远读下去的信——与沈鸿根老师通信(李金河)

海上艺苑中的奇葩(汪义生)

古诗四首(胡守钧)

长城谣(葛乃福)

2、3版中缝

《海派文化》动态(一)

4版

当代漆画家范福安(王晓君)

范福安先生简介

范福安漆画选(范福安)

1、4版中缝

《海派文化》动态(二)

本报赠送点

编辑委员会

2016年12月15日第6期(总第82期)

1版

图片新闻

上海文学要走出弄堂(何振华)
守住底线(周钟鸣)
仕者乃以仁义加身——观话剧《邹碧华》有感(曹恒览)

2版
在文庙立孔子铜像(李伦新)
游览"海莱坞"(徐鸣)
探索"俄罗斯文化主题系列"的沙龙(晓鹿)

3版
别让一切来不及(阎华)
从书法神坛走下来(王晓君)
梁立军的收藏之路(一猷)

2、3版中缝
《海派文化》动态(一)

4版
创新形式　以书寓理——童世平将军"一字四联"书法作品选登(童世平)

1、4版中缝
《海派文化》动态(二)
本报赠送点
编辑委员会

2017年2月15日第1期(总第83期)

1版
图片新闻
一片澄澈深见底(何振华)
布拉德·皮特学书法(王晓君)
《丰子恺全集》圆梦出版(叶瑜荪)
清平乐·新咏周恩来(林青)

2版
天下有公灵妙出诚——为徐公诚《水与火之纹》序(徐培华)
听葛乃福教授讲《散文大家季羡林及其理论贡献》(程显荣)
金鸡报晓话铜章(章秋谷)

3 版

百年恩师胡问遂（丁惠增）

高式熊的"龙"字（金洪远）

书画日历笑春风（成莫愁）

2、3 版中缝

简讯

4 版

张爱玲的第二次婚姻（淳子）

满街遍唱《贺后骂殿》（罗义俊）

1、4 版中缝

本报赠送点

编辑委员会

2017 年 4 月 18 日第 2 期（总第 84 期）

1 版

图片新闻

成长与进展——《海派文化》报十五周年庆（施炎平）

海派的时代魅力与文化担当暨《海派文化》创办 15 周年高峰论坛举行

阮武昌致《海派文化》编辑部的信（阮武昌）

正是春风花发早　又逢文化海上来——记海洋大学海洋文化与法律学院"海与海派文化"讲座（李华/文，戴伟敏/摄）

2 版

海派的时代魅力与文化担当暨庆祝《海派文化》创办 15 周年高峰论坛发言摘录（龚心瀚、贾树枚、杨益萍、李伦新、祝君波、苏秉公、徐培华、李天纲、王晓君、戚泉木、汪义生、潘颂德、葛乃福、刘蕴漪）

3 版

颜福庆的女儿颜雅清——外交官、飞行员、抗战义士（宋路霞）

父亲顾延培与上海文庙的不解情缘（顾鸣敏）

不失医道的包映晖（王晓君）

4 版

人民公仆鱼水情——让艺术与慈善同行

1、4 版中缝
简讯(何小芯)
本报赠送点
编辑委员会

2017 年 6 月 18 日第 3 期(总第 85 期)

1 版
图片新闻
名人题词(圣野、文洁若、丰一吟、梁晓声)
范瑞娟赠我"梁祝"剧照(丁惠增)
陆春龄笛子艺术中的人民性特征(周晴)

2 版
孤灯影下更忆君——怀念曾文渊先生(卢润祥)
依贤居藏文人学者墨迹——郭绍虞先生(周钟鸣)
与丁锡满先生的一面之缘(邵天骏)

3 版
大世界忆旧(朱义禄)
听沙尚之讲:父辈从事地下斗争(林青)
毛泽东诗词名句"风雨送春归"探源(陈福季)

2、3 版中缝
《海派文化》动态(一)

4 版
"星创汽车"乔迁之喜

1、4 版中缝
《海派文化》动态(二)
本报赠送点
编辑委员会

2017 年 8 月 15 日第 4 期(总第 86 期)

1 版
图片新闻

名人题词(徐建中、刘阁忠、郭成良、郭得河)

墨彩飘香迎华诞　丹青挥毫赞辉煌(傅增明)

致敬最可爱的人——杨浦区纪念建军九十周年将军书法展前言(赵宏)

非遗传人弘扬优秀文化——淮剧《原野》成功登上上海舞台(华延)

2版

以传播新诗文化为己任(张真慧)

打蟑螂(叶景贤)

陆春龄的收尾弟子——王博(王晓君)

沪港姐妹城　文脉一线牵——记蔡丽双赴沪举行拥军和文化交流活动(汪义生)

3版

《我们上海文艺界》序言(李伦新)

犹忆鱼跃重阳日(鱼丽)

不知源底有巨灵——陈巨源的艺术人生路(海青)

2、3版中缝

《海派文化》动态(一)

4版

《海派文化》大事记选录(2002—2017)

1、4版中缝

《海派文化》动态(二)

本报赠送点

编辑委员会

2017年10月15日第5期(总第87期)

1版

图片新闻

久久为功自芬芳(王晓君)

怀念父亲钱谷融(钱震来)

戴一峰篆刻书画小品展开幕(范振中)

高莽先生逝世

2、3 版

"顾维钧家族旗袍展"在南翔古镇隆重开幕(宋路霞)

顾维钧家族旗袍图片

4 版

让人生之路发出永恒的光芒——读《中国百年作家轶事》有感(王耀东)

年轻携着光在奔跑——读奚敏诗集《一涧山溪》(李天靖)

1、4 版中缝

《海派文化》动态

本报赠送点

编辑委员会

2017 年 12 月 15 日第 6 期(总第 88 期)

1 版

图片新闻

一幢值得关注的石库门房屋(朱少伟)

"漫谈海派文化"主题讲座在上师大奉贤校区图书馆举办(宋雪春)

陈东讲述海派文艺的前世今生(陶雨晨)

童世平将军书法习作展在上海大学图书馆开幕(王炜婷)

2 版

中国现代图书馆学先驱陈子彝(马国平)

图书馆与海派文化阅读推广(金伟丽)

家乡的佛缘文化——一位新上海人的乡情(毛华)

3 版

饮水不忘掘井人——草婴先生(吴钧陶)

真诚做人真诚治学——深切缅怀钱谷融先生(曹树钧)

青春艺术魅力的炫耀(朱义禄)

2、3 版中缝

《海派文化》动态(一)

4 版

《林语堂传》出版的前前后后(王晓君)

今天我们仍然需要幽默——读施建伟的《林语堂传》有感(汪义生)

中国幽默之父的跨界人生——读《近幽者默》林语堂传（刘颖）

林语堂研究的精品力作——读施建伟教授的《林语堂传》（葛乃福）

1、4版中缝

《海派文化》动态（二）

本报赠送点

编辑委员会

2018年2月24日第1期（总第89期）

1版

图片新闻

名人题词（屠岸、张森、吴申耀、许四海）

谈"上海文化"之魂（何振华）

《李伦新文集》举办出版座谈会（王炜婷）

古典诗词迎春书画展隆重开幕（陈之翔）

汤胜天书画集发布会在思南公馆举行（林曦）

2版

邓伟志坐花轿（王晓君）

忆老共产党员张成之（徐欣）

诗意盎然的清晨（唐池子）

新雅粤菜馆的人文情缘（秦来来）

3版

于上海滩听牧歌嘹亮（赵家耀）

时间的碎片中遇见张爱玲（计正琛）

4版

著名书法艺术教育家林仲兴

老而弥坚　砥砺奋进——"问道宏法——林仲兴八十翰墨暨师生展"序（王琪森）

1、4版中缝

本报赠送点

编辑委员会

2018年4月15日第2期(总第90期)

1版

图片新闻

国际文化大都市的三重唱(施蕾生)

海派京剧二题(沈鸿鑫)

春的使者——献给海派文化(汪义生)

2版

我的良师益友李伦新(张春新)

倒马桶　刷马桶(徐鸣)

商务印书馆：影戏部的光与影(虞必胜)

3版

林仲兴与来楚生的十九方印章(王晓君)

丰富的情思　崭新的诗艺——潘培坤诗集《绿野霞飞》序(潘颂德)

五十六年前的《中华活页文选》(郑自华)

桃李芬芳年复年——复旦中文系系庆百年志贺(水怀珠)

4版

深深缅怀曾敏之老师(葛乃福)

纸墨飘香"一步楼"(朱亚夫)

置蜗居(淡绿)

1、4版中缝

编辑委员会

上海炎黄文化研究会2018年学术年会征文通知

2018年6月15日第3期(总第91期)

1版

图片新闻

上海炎黄文化研究会海派文化专业委员会成立(金伟丽)

海浪花讲坛与上海商学院图书馆合作共建——陈东《海派文艺的前世今生》暨李伦新《文集》赠送仪式同时举行(耿欣)

施建伟教授在上海海洋大学举办讲座(沈悦扬)

"炎黄论坛:美丽乡村建设"举行座谈会(黄梦)

2 版

女儿女婿眼中的谢稚柳(金洪远)

你的笑声和活力——忆念程乃珊二三事(修晓林)

鹤丰庄园的海派文化气象(甄涛)

3 版

"损有余"与"增有余"(吴申耀)

沪剧,从田头阡陌走来(陆林森)

方寸火花中触摸海派文化之柔(杨蓉荣、张静)

4 版

话说知音(林非)

以墨书怀(叶毅干)

海上梦忆(吴梦)

怀念逐日深——重温丁景唐先生给我的信(潘颂德)

1、4 版中缝

编辑委员会

《海派文化》动态

2018 年 8 月 15 日第 4 期(总第 92 期)

1 版

图片新闻

上海文化的情怀和胸襟(何振华)

繁荣江南文化之基——从赛龙舟说起(邓伟志)

上海思博学院图书馆经典阅读系列颁奖典礼暨"阅读海派——永不拓宽的上海马路"讲座举行(杨凌云)

2 版

夏友梅与海派故事(朱少伟)

海派画家汤胜天的田园之梦(惜珍)

3 版

王福庵小篆《陶渊明诗选》墨迹本(王晓君)

海派文化的定义应该拓宽——读《永远的初心》有感(许波)

聆听女儿的心脏(杨剑龙)

2、3 版中缝

上海炎黄文化研究会2018年学术年会征文通知

《海派文化》动态

4 版

刹那芳华——记不曾见过的你(孙嘉)

回荡在人们心头的"梁祝"(赵家耀)

1、4 版中缝

编辑委员会

2018年10月15日第5期(总第93期)

1 版

图片新闻

戎马银辉　军魂永驻——纪念改革开放40周年将军书法展在中共"四大"纪念馆开幕(张雁)

施建伟教授举办读者见面会——《近幽者默:林语堂传》在上海书展亮相(邱柳骅)

"钱谷融先生与文学中的'人学'理论"讲座在上图成功举办(张真慧)

淳子做客海洋大学讲述张爱玲美国奋斗史(高晓波)

2 版

为什么我最近迷的演员都是上戏的?——在2018年上海戏剧学院新生开学典礼上的演讲(黄昌勇)

绞圈房子里的一缕乡愁(朱亚夫)

3 版

在火花的"辘轮"中解读海派文化的时代性(杨蓉荣、张静)

李秋君:大风堂上的红颜往事(鱼丽)

我的第一首诗歌发表前后(张春新)

4 版

童世平将军"百位诗坛名家,百首经典名作"书法展作品选登(童世平)

1、4 版中缝

编辑委员会

"上海老城厢的前世今生"讲座成功开讲(孙嘉)

2018年12月15日第6期(总第94期)

1版

图片新闻

喜遇"浦东赵"(李伦新)

辉煌的历程——将军与教师书法展在上海商学院隆重举行(金伟丽)

翰墨书豪情　将星耀征程——纪念改革开放四十周年军地书法展于杨浦区图书馆新馆展出

著名书画家、学者王琪森做客上海商学院(莫琪玮)

2版

深切缅怀田遨先生(吴孟庆)

校庆结缘(周钟鸣)

动玩本性——小晨光的体育活动与游戏记趣(一)(徐弘毅)

3版

徐有武:自学成才大画家(一)(翁长松)

文与墨:书法家徐欣剪影(吴文)

徐开垒《写作趣味》钩沉(马国平)

4版

青山不老水长流——拜见施平老前辈(赵宏)

文如其人——忆吕震邦先生(邵天骏)

林语堂笔下的苏东坡(王雅军)

誓做最可爱的海派文化人(王鸿勋)

1、4版中缝

编辑委员会

2019年2月15日第1期(总第95期)

1版

图片新闻

海派无派有文化(李伦新)

赵丽宏做客海洋大学畅谈阅读的境界(章海云)

朱少伟做客上海商学院(汤晟纯)

海阔·天空的海派文化——略述上海大学"海派文艺的当代遐想"主题展之理念(郭骥)

2版

因为我确信她的灵魂还驻守在里面(淳子)

吴昌硕润格与鲁迅的感叹(王琪森)

动玩本性——小晨光的体育活动与游戏记趣(二)(徐弘毅)

3版

徐有武:自学成才大画家(二)(翁长松)

王丹凤:绝代美人电影梦(柯兆银)

情意相融诗书画——杨竹君《竹斋题画诗稿》(宋连庠)

4版

挚爱,一位影响我一生的人(张欢)

单父焚琴忆景公(丁惠增)

海上丝绸之路的旗袍使者(赵家耀)

1、4版中缝

编辑委员会

2019年4月15日第2期(总第96期)

1版

图片新闻

外滩源:近代上海的文化源(李天纲)

上海人的轧闹猛精神(叶辛)

徐培华教授谈中国人文精神的重建(汪义生)

2版

回忆陆春龄在电视台做节目时的轶事(王晓君)

九十年延续阴阳四明风(沈宽)

3版

《中国望族旗袍宝鉴》(续编)前言(徐景灿、宋路霞、周铁芝)

好一个老字要得(李伦新)

《最后一头战象》：史诗巨制呈现"偶像"力量（木偶剧团）

4版

书法乱弹（吴钧陶）

夕阳红半树（羽菡）

1、4版中缝

编辑委员会

《海派文化》报征稿启事

2019年6月15日第3期（总第97期）

1版

图片新闻

施建伟做"孤岛抗战时期隐蔽战线博弈真相"讲座——从电影《色戒》几个原型人物说起（刘颖）

陈燮君"上海历史文脉与博物馆的发展"讲座在上图举行（孙嘉）

宋路霞"上海名媛与海派生活"讲座在浦东图书馆举行（孙嘉）

《海派文化》艺术中心成立仪式在上海吕四进士府举行（邱柳骅）

追思会（钱亚君）

2版

寻找郑苹如（阎华）

摄影家镜头里的上海表情（王岚）

剥蚕豆肉（朱义禄）

上海话剧中心70周年华诞（刘碰碰）

3版

一吟老师谈习字（叶瑜荪）

小记海派文化壶（王晓君）

江南风韵·都市风情·海派风格——略谈沪剧与上海都市的同构关系（沈鸿鑫）

4版

读一个人倾一座城——淳子"作家与都市"讲座（雪如云）

我家门前一座桥（韵白故事）（夏友梅）

琐忆白桦先生二三事（羽菡）

天边飞来了故乡的云(赵家耀)

1、4版中缝

编辑委员会

王毅"上海文物文献征集鉴定及其他"讲座在上海思博学院举行(杨凌云)

倪祖敏"乔家路的璀璨人文"讲座在上海文庙举办(钱亚君)

2019年8月15日第4期(总第98期)

1版

图片新闻

天上有颗星星叫"叶叔华"(张颖)

海浪花开朵朵香(李伦新)

讴歌新中国70年成就,本会炎黄书画院组织众多名家描绘沪上公园绿地辉煌发展

以弘扬优秀传统文化为宗旨,本会五届三次理事会确定从四方面开展下半年的工作

为"非遗"进校园点赞(沈栖)

2版

思辨——陈旭麓的治学特色(丁凤麟)

周抗在"真理标准"讨论中(凯军)

知音会有的(马布衣)

本会炎黄文化宣讲团下基层受好评——其中5讲列入今年社会科学普及周专项活动

徐光启是出生在徐家汇吗?(刘继祖、朱少伟)

"出版界半壁江山"的来历(王源康)

本会庄专委参加三地庄子文化研讨,阐述庄子与工匠精神

3版

王一平为彭柏山仗义执言(王时驹)

难忘《在太行山上》词作者桂涛声,在育才中学当老师(褚荣昌/口述,缪迅/整理)

金性尧先生说文物(纪闻)

贵族和君子同异论(聿飞)

鱼丽：为闺中女杰立传（卢润祥）

毛泽东重视书法的一则轶事（司徒伟智）

4版

起源于欧洲的美丽技艺——上海绒绣创新不停步（黄江平）

汤志钧老师令我感动（翁长松）

邬达克的建筑传奇（张明是）

茶膏（王铭庆）

从浦东中学看"裸捐"（何雁）

煤炉生火记（朱义禄）

上海五香豆商店（钱渊）

银滩人家（外一首）（邵益山）

1、4版中缝

编辑委员会

《海派文化》投稿要则

2019年10月15日第5期（总第99期）

1版

图片新闻

于小央凤凰涅槃　让汉语认知无碍（金波）

刘瑞龙带我们下乡搞调查（邓伟志）

祭拜民族先祖黄帝

第二届儒商论坛举行

2版

王元化与京剧（翁思再）

病区来了"鲁仲连"（司徒伟智）

海派文化背景下的蔡氏家训（谢宝耿）

铭记王若飞在上海的革命业绩（吴敏、朱少伟）

小时候的记忆（绘画）（冯秀芳）

3版

乐为华人维权忙，莫虎爱说"阿拉是上海人"（钱承飞）

赵鑫珊的"三到文章"（魏之）

1952：港英当局将我驱逐出香港（沈寂/口述，葛昆元/整理）

"肮三"是从哪里来的？（归青）

2、3版中缝

简讯

4版

看胡适怎样赞颂杨斯盛——《中国第一伟人杨斯盛传》摘录（胡适）

文化因姓"海"而宽广（王雅军）

郭绍虞称许的"华夏第一县令"（汪义生）

活学活用（汪康）

告别"斗赚绩"（朱成坠）

曾经的最高楼（张克平）

1、4版中缝

编辑委员会

《海派文化》投稿要则

2019年12月15日第6期（总第100期）

1版

2019学术年会成功举办

109岁的施平老书记说"施一公，是我叫他回国的"（葛昆元）

潘老不服老，年年澳大利亚讲国学（张克平）

我会被评为全国社科联先进社会组织

我会积极参与多学科视野学术研讨

2版

漫步河畔（杨益萍）

施蛰存的"棉花"哲学（曹正文）

刘源将军为我的文章题联语（王时妹）

郑和船队中有上海人吗？（尤以文、朱少伟）

满江红（邵益山）

3版

致敬唐帅，第一位手语律师（沈栖）

热衷捐赠的荣妈妈（张颖）

杜氏一门真少有(司徒伟智)

万籁鸣与巴金的趣事(王晓君)

古籍整理未可轻(范邦瑾)

长寿之城,百岁寿星知多少

2、3版中缝

简讯

4版

开眼不易:上海人曾经少见多怪(牲民)

罗素思想叩击申城(邢建榕)

1930年,废除春节令下达后(洪新)

"典灶"之义臆测(归青)

重读陆游的三段家训(谢宝耿)

1、4版中缝

编辑委员会

《海派文化》投稿要则

2020年2月15日第1期(总第101期)

1版

让更多会员参与到学术活动中来——本会举行会员大会暨新春联谊会,部署新一年工作

97年前,外婆参加赴日救护行(范荧)

前贤遗教说"服从"(闻纪之)

展示弘扬社科大师精神　形成本会宣传新亮点

一睹豪放不羁的李敖(邱根发)

本会做好新成员、新机构发展工作

2版

俞吾金:大学者的道德细部(楼伊菁)

我所崇敬的张森先生(吴伦仲)

"鼠疫斗士"的第二轮功业——伍连德当上海检疫所长(宗惠河)

彭康,别具一格的社科大师(马布衣)

还原"刺丁案"失手真相(简特)

杜月笙等捐建时疫医院抗霍乱(曹晓华)

3版

王贵生,退休高工迷上甲骨文(张克平)

平凡的人们给我最多感动(居平)

莫言与"第三种学生"(司徒伟智)

明信片漂入上海滩(孙孟英)

诗翁泰戈尔三次访上海两到四明村(邢建榕)

2、3版中缝

简讯

社会视野

4版

李慕琳组织创作芭蕾舞《白毛女》(杨沪生)

父亲的"老古话"(范国忠)

用情维护新老"粉丝"(金波)

水墨衍化诗性江南(严宝康)

大学者的书架:只为实用,不为收藏(孙炎)

花艳醉人图(黄菊琴)

2020年4月15日第2期(总第102期)

1版

图片新闻

回忆丁景唐先生(杨益萍)

方重将陶潜诗文推向海外(曹涵璎)

夏乃儒:做文化自觉的担当者(张克平)

东方医院来函感谢书同文专委会捐物战疫

"传统精神文化与夺取双胜利"学术年会向各位会员专家征文

2版

毕业合影之外的谭先生(读史老张)

陈从周与"梓室"(朱亚夫)

漫画为媒,钱程和学生互动(金习群)

穷愁岁月事事艰——百年前上海士绅苦创时疫医院(柳和城)

石英:要让上海市民吃到更多的鱼(石鼎)

东方收藏为医护人员献爱心

3版

王一平与章汝奭的书画情缘(王时驷)

西域"凿空"、堂氏功绩和小语种翻译(司徒伟智)

我的"忘年交"傅艾以先生(翁长松)

商家妙联忆昔(何明)

握住世界冠军的手(胡廷楣)

2、3版中缝

上海炎黄文化研究会2020学术年会征文通知

4版

话说"大闸蟹"名称的来由(朱少伟)

小南门警钟楼——"上海的埃菲尔铁塔"(陈烨)

毋忘辛德勒(汤椿林)

瞧这两位拳击教练(汪康)

化解"失眠"迎春天(许良)

居家避疫读书杂咏(邵益山)

1、4版中缝

编辑委员会

2020年6月15日第3期(总第103期)

1版

穿越古今之旅 聆享文化盛宴

两部被重新发现的工厂史(马军)

说"念旧"(司徒伟智)

上海历史并非始于1840年代开埠——冯绍霆访谈录(张克平)

"庄子与养生"线上开讲

"五月线上画展"讴歌春天

2版

上海人的脾气(杨益萍)

张载养与老卢湾的不了情(金波)

也谈"大师越来越少"(朱大路)
忆当年,"地域歧视"亦烦人(朱成坠)
"海派文艺的前世今生"讲座举行
"城市悦读"公益书画展举行
3版
以身作则:陈望道的诲人风格(谢宝耿)
卓别林访沪:热闹的一夜(邢建榕)
巴金与电影《英雄儿女》(陆正伟)
宋庆龄邀球王义赛始末(黄梦)
沪鲁之间的战时花生油贸易(石鼎)
4版
百余年前日人眼中脏乱的上海(陈祖恩)
绍兴路的深情对谈(修晓林)
上海方言中的古音(归青)
老妈的遗照(沈栖)
德黑兰地铁的带路人(汤椿林)
1、4版中缝
编辑委员会

2020年8月15日第4期(总第104期)

1版
本会专家教授研讨人民建议工作
怀念"程文学"(孙建成)
江南文化秘籍与上海文化发展——本会副会长杨剑龙教授主讲
透过旗袍看上海
深入浅出讲"易经"
在争鸣中确立文化自信——陈卫平教授访谈录(张克平)
2版
与名人同行(杨益萍)
《新华日报》是否出过上海版?(陈学儒、朱少伟)
陈旭麓《浮想偶存》片段(陈旭麓)

孙逊关于《红楼梦》的妙喻(孙逊)

郑振铎在上海孤岛的"最后一课"(汪义生)

批斥国民党屈膝外交,杜颖女士忆述"连刊物经过审查,都不敢承认"(朱亚夫)

3 版

中共上海"地下金库"与肖林(马小星)

一本外文书,三个审稿人——葛传槼揭秘老商务编译机制

学术研究为"经济战'疫'"支招——40 余位学者通力协作

上海媳妇张幼仪的回答——缘何遭徐志摩抛弃,仍赡养徐家父母?

高式熊坦言优缺点——看待日本篆刻新手(潘真)

一张旧发票(钱渊)

谭其骧为金山石化选址出力(朱永嘉/撰文,司徒伟智/整理)

豁达大度的陆逊(博白文)

4 版

冈察洛夫莅沪近观小刀会战火(祖安)

回眸百年:明星爱登明信片(孙孟英)

从前弄堂里游戏真热闹(妙琴)

一身清气忆"野秋"(卢润祥)

处处敬畏莫高窟(范国忠)

1、4 版中缝

编辑委员会

2020 年 10 月 15 日第 5 期(总第 105 期)

1 版

发布学术论文中有我会 5 篇——"多学科视野:治国理政的中国智慧"研讨会成功召开

我会获市社联"学会学术活动月"优秀组织奖

再访"大力神"——劳模杨庆怀团队创新精神回眸(王俊敏)

战疫英雄谱(季军)

我会人民建议征集工作积极展开

汤啸天为社会治理献计献策(张克平)

2 版

学界也需要"润滑油"(司徒伟智)

前辈导演可敬——飞车冒险抢拍五卅惨案(徐金根)

汤钊猷院士论"有中国特色的控癌之道"(汤钊猷)

上海开埠前是"偏远小县"吗？(徐小林、朱少伟)

在朝鲜抗击细菌战的日子里(蓝翔)

3 版

雨中,银铃般的喊叫声(杨益萍)

六十一年啦,难忘的感动——拍摄《节日歌舞》逸事(梁廷铎)

研究谭嗣同：五十年磨一剑(丁凤麟)

从《崧塘纪事》吸取民俗学社会学养料(潘颂德)

梅葆玖先生留给我的墨宝(刘希涛)

郝、王无私合译莫泊桑——翻译家韩沪麟推崇(管志华)

"齐家学汇"与林志敏(金波)

朱家角(钢笔淡彩)(洪纽一)

4 版

爱因斯坦在沪演讲相对论(邢建榕)

张欢忆海上青霞(鱼丽)

"水命"上海(姜龙飞)

"走走拍拍"让我转换一种人生(吴为忠)

读《史记》杂咏(邵益山)

1、4 版中缝

编辑委员会

2020 年 12 月 15 日第 6 期(总第 106 期)

1 版

李亚农古文字研究成果结集出版——68 位"上海社科大师"之一

2020 学术年会聚焦——传统精神文化与夺取双胜利

一堂终生难忘的课(楼伊菁)

底楼的妈妈和楼上的邻居(巢卫群)

阿舒,大义之人(老老夏)

2 版

首揭上海母亲河的严重污染(周瑞金)

印度导游拉江(杨益萍)

漫说公筷(徐华龙)

"韬图汉语动漫教程"的南疆数据(蒋夫尔)

沈卫星退休以后(胡申生)

好大的铲斗(汤椿林/摄)

胡适缘何不录取他?

3 版

旧报上不大被今人提起的往事(邓伟志)

是抱歉,又是敬佩——一封表扬短信催发反思(司徒伟智)

洋中医杜丽丝令丈夫惊叹(何雁)

李亚农一语释疑(闻纪之)

伍连德一招:拍摄影片宣传防疫(刘雪芹)

"王开"老板看重宣传(孙孟英)

语文是成长的第一要素

曙光(绘画)(洪纽一)

4 版

小忆鲁兵(周玉洁)

关于"富养"(张载养)

多彩贵州多美食(居平)

厕所与文明(朱少伟)

《文史知识》与我(朱成坠)

六十年前,拍摄《缅甸歌舞》趣闻(梁廷铎)

冰天雪地遛狗人(妙琴/摄)

2021 年 2 月 15 日第 1 期(总第 107 期)

1 版

庆祝建党 100 周年书画展将于五月开幕——炎黄书画院艺术家积极投入创作

我会五届五次理事会召开——杨益萍会长主持。审议并通过《上海炎黄文化研究会二〇二〇年工作回顾与二〇二一年工作设想》等三个报告

技能大赛金牌得主——无秘密　有诀窍(缪迅)

消除"高空抛物"见新招(张克平)

有关思南街区保护开发的若干记忆(张载养)

2 版

老罗,您是否也感到足矣(洪梅芬)

冬日记事(杨益萍)

漫忆唐振常(马军)

"缘木求鱼"亦作褒义解——观红树林一得(葛昆元)

"庄子讲故事"——我会庄专委举办线上系列节目

3 版

讲台上的冒效鲁(张曙)

多才多艺忆孙逊(虞子文)

"免死牌"小考(朱少伟)

小卓嘎的"汉族阿爸"们(南溪)

话说两种钟点工(严宝康)

旧时艺人不过年(姚士良)

见证变迁(绘画)(洪纽一)

4 版

五十年讲述一个中医传奇(闻纪之)

公私分明的舒新城(吴永贵)

学界丰碑品格高——泣挽吴福辉先生(杨剑龙)

绒线帽(朱成坠)

记忆中的开明里(姜龙飞)

试解"台上玩月"(沈栖)

自赏自家草与花(徐松华/摄并文)

1、4 版中缝

编辑委员会

炎黄诗友社又出自选诗集

2021年4月15日第2期(总第108期)

1版

建党百年与弘扬优秀传统文化——我会今年学术年会确定主题

上海地铁从无到有,由线成网(张载养)

"党在我心中"征文启事——庆祝建党一百周年

犹太人手袋的故事(张克平)

建党百年藏品征集参展

谭其骧:希望学生超过我

2版

沈雁冰曾任党的联络员(朱韻)

"君子之交"说从前(司徒伟智)

贺老是海派文化的推动者(曹畏)

黄浦少年路与少年宣讲团(朱少伟)

俞沛铭和《上下五千年》(周玉洁)

3版

想念丁景唐先生(陈孝全)

"三毛之父"张乐平二三事(张曙)

再忆唐振常(马军)

元象堂序(周圣伟)

巴金的一次道歉(陆正伟)

幸遇"铁面"署长那一回(李动)

4版

遥隔万里的急救(黄正平)

儿子日记里的玻尔上海之旅(邢建榕)

孩子眼里的捐赠快乐(窦芒)

异域"忘年交"(丁凤麟)

父亲冒效鲁苏联外交逸闻(冒怀科)

牛年偶感(外一则)(李禾禾)

篆刻(孙国恩)

1、4版中缝

编辑委员会

2021年6月15日第3期(总第109期)

1版

我会四项目入选市社联科普活动周

奉献是党员的天职(戴立信口述)

前辈故事:永远听从党召唤(王俊敏)

"灯塔——庆祝中国共产党成立100周年作品展"隆重开幕——周慕尧等200余人出席

黄浦江畔独特的风景线(朱少伟)

2版

一生做好一件事(杨益萍)

宋庆龄与浦东闲话(仇明惠)

书法家沈鹏的校友情结(王晓君)

舒新城力推糙米粗面(虞子文)

历史研究与田野考察相结合(钱杭)

3版

老编辑眼里的迟子建(鲁秀珍)

一面之交出褚钰泉(王源康)

唐振常如此评价吴国桢(马军)

天上有颗巴金星(严宝康)

缘何退休前夕人人问遍(倪里勋)

翻译童书,勿用难字(徐小雪)

孟宪承:传承文化遗产是教育应有的职能(陈瑜)

4版

周善培晚岁在沪业绩如何?(陈川之)

阿拉上海人(姜龙飞)

送给英国女王的结婚礼服(张曙)

民间故事里的"大力士"(江捷)

上海何时有了剃头店(孙孟英)

从"举案齐眉"观照江南古代分餐(摘录)(张新)

忆江南·春日还乡(归青)

过静安先生故居(邵益山)

荷兰"羊角村"(钢笔淡彩)(洪纽一)

1、4版中缝

编辑委员会

《海派文化》投稿要则

2021年8月15日第4期(总第110期)

1版

青草沙、地铁和我老爸他们(靳立明、李汉)

重温百年辉煌 满怀前行信心——记学习贯彻习近平总书记七一重要讲话精神座谈会(金惠/文,陆廷/摄)

做个心迹双清的人(潘为民)

陈教授讲"生肖"大受欢迎——为小学生量身定制课件,几易其稿(秦颖瑜/文,丁卫言/摄)

2版

李肇星和《少年文艺》一段佳话(任哥舒)

英雄前辈的文化坚守——"亚农大车"奔申城(闻纪之)

谆谆至嘱在"立信"(布衣)

优秀出版家应是思想家——汪道涵推崇张元济(汪道涵)

王季思"拍板"录用钱绍昌(缪迅)

有偿就可以浪费吗(汤啸天)

3版

远亲不如近邻——华东师大教授楼里的故事(张克平)

石西民的胆识(邓伟志)

我做路易·艾黎故居守护人(陶勇)

上海最早的石库门出现在哪里(朱亚夫)

吴云溥老师忆述的一件往事(葛昆元)

金景芳:不读古书终不可取!(一帆)

4版

老报人变身"油画迷"(肖振华)

夏日话木屐(朱少伟)

一次"声东击西"的诊治……(王家辉)

一位推拿高手的学习愿景(李禾禾)

百年前,上海有了结婚照(孙孟英)

1930年代的外滩(油画)(姜天雨)

淘到好书　保持沉默——文坛大家笑侃"小经验"(翁长松)

六字诀尽显——张幼仪式体谅

1、4版中缝

编辑委员会

2021年10月15日第5期(总第111期)

1版

大字新闻

我会举行第六次会员代表大会

"特别的爱"永不忘(邱根发)

"破墙透绿"与"大树移植"——上海绿化转型发展之忆(张载养)

2版

言心哲先生不再"缺席"(陈文涛)

感谢英勇战斗过的"爷爷"们(马军)

把"天使"请回来(马布衣)

劳谦虚己说老徐(王源康)

汪道涵讲故事,论诚实(汪道涵)

"请不要提到我爸爸"——巴金家风一则(涟漪)

浙江松阳一景(固体油画)(洪纽一)

3版

由祖孙对话想起的(杨益萍)

"无线电之父"——马可尼莅沪轶闻两则(邢建榕)

刘惠恕教授:用余生写部武侠小说(张克平)

上海医生千里救治宁夏作家(高洪波)

如何诚实地做学问——俞吾金给学生上第一堂课

因吴云溥一段忆述而想到的(朱永嘉/口述,司徒伟智/记录)

4版

"军营大叔"的昨天和今天——孙彦圣的故事(李禾禾)

王炽开为孙中山拍照(孙孟英)

看低价电影,看出了三个导演(蔡理)

古代上海第一港(邵唯)

靳邱氏机巧应对袁世凯(靳立明、李汉)

遇见(胡廷楣)

1、4 版中缝

编辑委员会

《海派文化》投稿要则

2021 年 12 月 15 日第 6 期(总第 112 期)

1 版

聚焦"建党百年与弘扬优秀传统文化"——本会举行 2021 年学术年会,发布 10 篇论文

从百年党史中汲取强大精神力量——5 家学会跨学科研讨"建党百年与百年上海",发布论文 12 篇,有我会 4 篇

又见刘颇胸襟(布衣)

每一颗"种子"的天职(闻纪之)

加装电梯中的长桥热心人(张克平)

2 版

这些大师曾经"跨学科"(何雁北)

夏乃儒:重视研究先秦的民本思想(夏乃儒)

话说顾绣的来历(朱丽霞)

《红楼梦》不是"谜语大全""家史档案"(徐缉熙)

"8－1＞8"——重温吴永祥的育人之道(沈永昌)

"二陈"与新青年书店(陈海鹏)

3 版

普吉岛印象(杨益萍)

经典不厌百回读——访红色场馆　忆伟人治学(唐幸)

物理学泰斗郎之万在上海的演讲(邢建榕)

"对号入座"(邓伟志)

腊八粥的由来(吴树德)

冒效鲁、钱锺书畅谈学问——黄宗江有幸"窃听"(黄宗江)

豫园小景(油画棒)(洪纽一)

4版

感人泪下,"阿兑"夫妇的学术追求(周育民)

夜读者(胡廷楣)

欧维的顿悟(沈栖)

走自己路不信神——哀悼李泽厚先生(杨剑龙)

采桑子·临江(归青)

忆儿时早餐(邵益山)

冰心向刘天华学弹琵琶(丁言昭)

父爱浓浓(张持坚)

1947：西摩路大火中的消防丑闻(蔡理)

1、4版中缝

编辑委员会

《海派文化》投稿要则

2022年2月15日第1期(总第113期)

1版

新老会长迎春座谈话传承

讲好《庄子》故事　增强文化自信(严国兴)

中国人对世界概念的改变——这些著作促进了(陈旭麓)

舍得高投入　誓造绿化工(孔庆然、陈鸿应)

吴云溥给我们上了一课：编稿、改稿和读稿(葛昆元)

谦谦君子是儒商——赠孔庆然先生(杨剑龙)

2版

奏响"二战"时期系列大战的序曲——正视"一·二八"上海抗战的历史地位(马军)

正确理解"批判"二字——聆听周原冰先生一席谈(丁凤麟)

"党在我心中"征文评奖揭晓

一本儿童读物"影响我一生"——历史学家刘修明坦言(刘修明)

感动,来自大师的无私帮助(朱荫贵)

想起两位研究所老领导——由西门豹故事(马布衣)

冒效鲁向困窘友人伸援手(刘永翔)

3版

重阳节登尼德芬诺大桥(邓伟志)

一位老人的笔筒故事(杨益萍)

临终前仍关心《译文》——鲁迅重视外国文学(朱少伟)

少年忆述两则(张载养)

黄永生如何博采众长——秦来来追寻"上海说唱"成功之源(秦来来)

龚浩成:自奉极俭的金融改革家(龚浩成)

嘉定老街(钢笔淡彩)(洪纽一)

4版

真假曹禺(曹树钧)

新春寄语(张颖)

一九四七:理发师包围"大光明"(孙孟英)

杜威:访华时间最长的"洋大师"(邢建榕)

铁杆球迷魏宗万(蔡理)

60年前春节赛节目——战友口述老虎鞋故事(刘希涛)

七律(刘惠恕)

校车,满载学习的渴望(吴国俊/摄,安德列/诗)

1、4版中缝

编辑委员会

2022年4月15日第2期(总第114期)

1版

青春必胜(油画)(陆毅)

我会会员为抗击疫情挺身而出,各尽其能(金波)

降生五天,乐乐终于有家可归(金波)

郭沫若的《马克思进文庙》给予我们启示(陈卫平)

汪道涵:研究上海必然要放开眼界(汪道涵)

我做了回志愿者"大白"(张克平)

2 版

藏书肯借见胸襟(赵易林、王岚)

《景德气象：中国文化的一个面向》读后(汪澜)

闻所未闻：束老的"卫星"(丁凤麟)

上海连环画的"黄金时代"——听听贺友直、汪观清的忆述(邢建榕)

勿忘这位"老上海"——徐光启奋力学科技(沈栖)

怀念陈伯吹——全部奉献儿童文学事业的第一人(周玉洁)

3 版

将空难纳入史学研究范畴的一次探索——马军为张犇《民国上海空难简史》所撰序言(摘录)(马军)

吴贻弓十岁"做电影"(何言)

书店里的"半个学者"(马布衣)

诗意生活·赎残水仙——女儿回忆诗词书画家王退斋(王佩玲)

赤脚镜头上了电视(张载养)

不沾酒，亦好汉(李动)

《豫园侧影》油画棒(洪纽一)

4 版

我们都在抗疫中……(居平)

战"疫"，要关注防"抑"(许良)

4月1日沪西临窗远眺(杨益萍)

五百年前，浦东出过"打虎英雄"(葛昆元)

厦门记行诗二首(刘惠恕)

尊重小读者的评价——大作家梅子涵虚心调整自己的创作(任哥舒)

辜鸿铭定做金莲袜(骆贡祺)

1、4 版中缝

编辑委员会

2022 年 6 月 15 日第 3 期(总第 115 期)

1 版

"难忘的风景——2022·春天记忆"五月画展线上开展(周德明)

宣讲团组织十五位名家挥毫书写抗疫真情与决心

从老庄文化中汲取抗疫知识(严国兴)

陈勤建当选"中国非遗年度人物"

五月画展作品选(王守中、张安仆)

八字军——南宋一支由人民组成的抗金军队(杨宽)

"百年新征程与城市文脉"——上海炎黄文化研究会2022年学术年会征文启事

2版

扶掖后学　一丝不苟——回忆民间文学研究先行者罗永麟教授(郑土有)

寻访旧踪思绪长(杨益萍)

吸取既往哲学遗产中的合理因素(王元化)

容纳·吸收·总汇·开拓——刘修明论上海人历史特性(刘修明)

学术界有建立"《申报》学"的可能吗(马军)

罗竹风重视《闯王进京》(蒋星煜)

朱家角(油画棒)(洪纽一)

3版

让巴金的朋友在画像上相聚(陆正伟)

村规民约的"加法"和"减法"(马布衣)

从贵族说到"君子"(沈栖)

昆音绕梁——追念昆曲表演艺术家蔡瑶铣(萧宜)

关于"牛皮坐垫"的故事——汪道涵等回忆黄敬老部长的务实风格(汪道涵)

叩门(朱大路)

2、3版中缝

李商隐说"煞风景"(伍明)

4版

拍戏何惧危险,秦怡谢绝"替身"(何言)

古代上海出现过"UFO"吗(葛昆元)

关于记忆(张载养)

玉蝴蝶慢——忆袁雪芬(端木复)

申江战疫三首(季军)

"我是阮玲玉的外甥女"——十五年前所见(孙孟英)

邂逅王酩(乐建明)

为了美丽而忙碌（老方/摄）

1、4版中缝

编辑委员会

2022年8月15日第4期（总第116期）

1版

本会第六届第一次常务理事会召开

会员专家踊跃撰稿参与——围绕学术年会主题

以爱浇灌"文学之星"——我会青专委参与共同主办（梁妙珍）

陈多前辈的学术创新——建构"剧场说" 挑战"文坛说"（戴平）

85年前感人一幕——毕果将军护难民，沪上孤儿赠谢礼（马军）

散财办学说乡贤（马布衣）

2版

外语也是人文学者的基本功——张仲礼辅导后学，陈古虞倡读原版（闻纪之）

丽江行：是避暑，也是学习（葛昆元）

呼唤"新笔记"（朱大路）

敦煌游小考（任志高）

旧上海银行界"福利房"及生意经（邢建榕）

唐振常：研究历史，无畏尊亲贤讳（马军）

"中国的传统音乐非常有性格"（陈其刚）

3版

想起夏季的饭桌（王永平）

再加一句反问——由梁启超的回句反问想及（子文）

胡松华眼里的陆春龄（王晓君）

崇明甜芦粟（朱少伟）

飞机牌铅笔与航空救国（徐鸣）

衬衫大王傅良骏发迹记（骆贡祺）

"嘎汕胡"试解（归青）

奏（钢笔淡彩）（洪纽一）

2、3版中缝

"分餐制"是祖先的常规（伍明）

4版

父亲——观父亲打伞有感(杨剑龙)

都是烟头惹的祸(姜龙飞)

不断"修剪"自己的灵魂(沈栖)

评弹艺术一支笔——陈灵犀改编传统书目小记(米舒)

蝴蝶孙子来到"王开"——接待小潘的记忆(孙孟英)

书场里的"活胡大海"(汪康)

西北记行诗(刘惠恕)

1、4版中缝

编辑委员会

2022年10月15日第5期(总第117期)

1版

"海浪花"绽放长宁(兰迪/文,陆廷/摄)

迎接盛会　承继传统——前辈共产党员文化大师崇高精神礼赞(闻纪之)

跨学科论坛解读"语言艺术"(张永禄)

"汉字文化馆"落户新疆受好评

姚光和他的藏书(姚昆遗)

崇明举行祭孔大典

2版

《共产党宣言》那句著名口号的中译纪事(葛昆元)

并非朝拜,而是真诚致敬——吴国桢谈祭孔(吴国桢)

提高,先得要有一个普及的基础(陈瑜)

任溶溶与雷士德初中(金波)

孙中山买书(肖胪)

山阳镇有个农民画体验馆(沈永昌)

3版

修锅的联想(杨益萍)

记忆两则(张曙)

张元济节俭如斯(王源康)

马可·波罗记载的中国口罩(吴兴人)

"寻找"爷爷(李志茗)

《徐汇滨江》钢笔淡彩(洪纽一)

4 版

毛泽东爱用"中国"铅笔(徐鸣)

三说海派(杨剑龙)

调笑令·秋望(归青)

咏黄蜀芹(林青)

建国西路,一座特别的"创作室"(舒婷、彭荆风)

冠生园:"园"字里面有讲究(骆贡祺)

包大厨为巴金做"外卖"(陆正伟)

一部"微摄影"作品集出版

1、4 版中缝

编辑委员会

2022 年 12 月 15 日第 6 期(总第 118 期)

1 版

新时代新征程与上海城市文脉——线上线下同步举行,学术年会深入探讨

守民心就要为民办实事(汤啸天)

秦山核电站为什么建在海盐——聆听道静老人教言(葛昆元)

曹鹏,超越音乐的精神特质——挂着颈腕吊带,用左手指挥彩排的大师(石缝松)

"说走就走"是徐瑞华的风格——一切听从党安排(缪迅)

推崇厚积薄发治学——邓伟志传记出版

2 版

采风高原　何惧高龄——忆美国音乐教授专访朱践耳(曹畏)

严文井眼中的毛泽东——陈建功忆往(严文井)

吕叔湘:撰文的两个理想(吕叔湘)

走近蒋星煜先生(楼伊菁)

"禁止烫发"？三分钟热度——"新生活运动"期间一幕(刘平、张玉清)

尧是怎样选中舜的(邓伟志)

3 版

甘坐冷板凳　扎实做学问（郑土有）

读书,要在自觉

几则难忘的人与事——绍兴路 54 号忆旧（虞信棠）

我见到过程子卿（吴仁之）

缺粮年代的窘迫（杨益萍）

吴江黎里古镇道南桥（钢笔淡彩）（洪纽一）

4 版

童世平上将撰书《海派文化联》（童世平）

又到冬衣缤纷时（朱成坠）

无所动心拨心弦——贺王宏图长篇小说新作研讨会举办（杨剑龙）

"乔家栅"的故事（倪祖敏）

德兴馆与"上海名菜"（朱少伟）

你可知晓第一代女明星——王月如（孙孟英）

扯响铃：旧时过年开心事（虎闱）

记者鲍威尔笔下的礼查饭店（邢建榕）

六五初度（邵益山）

1、4 版中缝

编辑委员会

何鸿燊的告诫（布衣）

2023 年 2 月 15 日第 1 期（总第 119 期）

1 版

我会海专委参与"海派留痕"（王元峰）

《新春贺函》献上祝福　社联和本会领导迎新团拜

毛泽东来到文艺会堂——时任火箭制作主任工程师的回忆（潘先觉）

"重在团体道德的培养"——吴蕴瑞论体育主旨（吴蕴瑞）

好的艺术传统要有人真正接下来——聆听曹禺大师忆述焦菊隐（秦来来）

白居易自守清廉——以诗歌的形式公布一己俸禄（沈栖）

迎新（陈铭华/诗,吴良安/书）

2 版

郑重的叮嘱——周总理心系民生的一则片段(邱根发)

有没有科学大师撰写科幻小说(布谷、李常新)

织布流通提升上海女性家庭地位(会员报道)

"敲锣卖糖,各干各行"(朱大路)

"人梯"风格说前辈(子文)

拥有发明专利的林语堂(汪澜)

3 版

难忘搜寻那一刻(杨益萍)

离死神近在咫尺,她那淡淡的微笑(范毓民)

未来的尊称是什么？(邓伟志)

你知道吗？缘何百年前南市的电车——车头高悬"绿白红"三色灯(邢建榕)

《历史学家刘修明纪念集》编后记(马军)

吴江古镇重建梯云桥(钢笔淡彩)(洪纽一)

2、3 版中缝

民俗专家谈"年味"(王恺顺)

4 版

判个"鸳鸯蝴蝶"也得讲证据(闻纪之)

初冬街景(杨剑龙)

父亲母亲自制电视机——六十多年前,想看电视难矣哉……(张健)

母亲的一张证书(顾伯琪)

话说"鞭春"(朱少伟)

旧时南翔奇俗:"二度上元灯会"(洪新)

自理——随看随想录(陈斌)

1、4 版中缝

编辑委员会

2023 年 4 月 15 日第 2 期(总第 120 期)

1 版

我会再获"优秀"荣誉证书——"学会学术活动月"考核

我会举行会长扩大会议

我会参与主办重写中国思想史高端论坛

林则徐从洋山开始办"夷务"(吴永甫)

我会原会长庄晓天逝世

我会与普陀区文旅局合作"画说苏州河"——画展、宣讲齐头并进

谢希德与留学生(涂秀兰)

"海浪花讲坛"落户长宁深受欢迎

我会参与助阵崇明灶文化研究上新台阶

薛范谈中俄做好邻居,罗高寿突插一句:"永不言战!"(金波)

2版

忆蔡尚思先生的独到见解(施宣圆)

顾长声投身中国基督教史研究——罗竹风热情支撑(马军)

慎对"离奇发财"——读过《拍案惊奇》的"母银生子"(司徒伟智)

我抱鳄鱼(邓伟志)

孙中山具有清醒的全球意识

丘成桐:父亲教给我的宏观视野(丘成桐)

2、3版中缝

阅读是心灵之旅

3版

书声琅琅伴我行(杨益萍)

上海最早的动物园在哪里?(何毅明、朱少伟)

我做了一个上海地铁梦——三十年前,在墨西哥城的地铁车厢(邱根发)

一举几得?(闻纪之)

徐中玉:台北拜谒台静农旧居(楼伊菁)

陆定一笑谈"漏网"之事(葛昆元)

犹太人立西纳招聘裁缝记(骆贡祺)

4版

"粉丝"为巴老做新衣(陆正伟)

杨剑龙诗二首(杨剑龙)

沪上防火说昔岁(姜龙飞)

孙道临大声地说:"我的手指没有断!"(何言)

话说宋代抗金名将——韩世忠留在宝山的史迹(汪义生)
"含饴弄孙"新解(陈斌)
"花木兰"陈云裳的婚礼(孙孟英)

1、4版中缝
编辑委员会

2023年6月15日第3期(总第121期)

1版
我会召开第六届第三次理事会(王源康)
"走过三十年"征文启事——迎接本会建会三十周年(上海炎黄文化研究会办公室)
澳门举办恭拜轩辕黄帝大典——杨剑龙出席,并在澳门大学作主题报告
沉潜学术 激扬青春——我会举办弘扬中华优秀传统文化青年论坛
五月画展成功举办(之翔)
拳拳之心 殷殷之情——王贵生捐资助学感人肺腑(阿康)
炎帝故里隆重举办拜祖大典——孔庆然等赴晋出席
"非遗卫士"陈勤建(钟禾)

2版
追忆巢峰先生(杨益萍)
食品更新的联想(邓伟志)
难忘顾颉刚书房的对联和笔记(施宣圆)
吕型伟误将"娃娃舞"听作"王老五"(徐本仁)
荣宗敬当学徒(徐鸣)
我国最早的文摘类杂志何时出现(朱少伟)

3版
经典如山高 阶梯不可少——读庄专委新编诸子故事有感(司徒伟智)
"三毛"的诞生(柯兆银)
一字千金《鸭头丸帖》(祝君波)
魏文伯敲门"找厕所"(黄小平)
150多年前,介绍抽水马桶的中国人(袁林)
上海单孔第一桥(钢笔淡彩)(洪纽一)

春临江南(水彩画)(陈伟中)

4版

下乡第一天:我新闻职业生涯的起点(张持坚)

那年,弟弟出生了(马军)

城市白描二首(杨剑龙)

花钱也是文化——漫说福州路(邢建榕)

留学生工作忆往两则(涂秀兰)

1、4版中缝

编辑委员会

2023年8月15日第4期(总第122期)

1版

图片新闻

"1925红色经典阅读"开讲——我会宣讲团与新华传媒联合主办(王萌萌)

华东师大东方哲学研究院成立——刘梁剑兼任院长;汪澜希望我会和该院合作推进优秀传统文化传承发展(张昊)

上海三选手获颁"恒源祥文学之星"——第18届中学生作文大赛总决赛揭晓(上海赛区办公室)

在太空上支农(邓伟志)

申城曾是"东方威尼斯"(朱少伟)

我会2023年年会征文启事——"中国式现代化与传统根基"(上海炎黄文化研究会秘书处)

让前辈高风亮节代代传(缪迅)

用力化解群众急难愁盼问题(汤啸天)

2版

华罗庚在沪试点"双法"(钱雪元)

巴金与贺绿汀的"君子之交"(陆正伟)

儒商精神与"义利关系"——朱璐论文观点采撷(朱璐)

举家白菜下面又何妨——张宗祥补齐文澜阁《四库全书》(楼伊菁)

上海话于开埠前后的地位变化——蒋冰冰论文观点采撷(蒋冰冰)

3版

与字典相伴的老人(杨益萍)

略议专业知识的横跨——"精于一"≠"囿于一"(司徒伟智)

给这套书点个赞(祝君波)

汤晓丹的虹口情结——重访当年投身左联活动的遗址(何言)

谨祝汤公百岁寿辰(马军)

宁海"石头村"(油画棒)(洪纽一)

4版

张团长逼降美军特遣队——阿拉上海兵在抗美援朝战场上(南戈)

多明戈赞美有加　廖昌永一鸣惊人(柯兆银)

人生最大的安慰是亲情(周瑞金)

出租车何时开进上海滩——你知道吗?(邢建榕)

西双版纳记行诗(刘惠恕)

夏日顾村赏荷(归青)

迎客松(中国画)(陈更新)

1、4版中缝

编辑委员会

2023年10月15日第5期(总第123期)

1版

经典阅读:宣传画里看发展

"画(话)说苏州河"(普陀篇)圆满收官

市社联召开年度学会工作交流会——我会汪澜会长等作交流发言

挖掘儒商文化精髓　涵养中国企业家精神——2023年上海孔子文化节第三届儒商论坛隆重举行

中国式现代化与人类文明多学科视野学术研讨即将举行

围绕"走过三十年"征文　会员专家踊跃撰稿参与

研究会激励我参与人民建议征集(汤啸天)

2版

建在村里的纪念馆——举一家之力办起方孝孺纪念馆(祝君波)

感念吴强——文史名家蒋星煜情深意切(楼伊菁)

顺治帝力反"交银赎罪"(沈栖)

潘梅琴和龙门邨晚霞合唱队(郭爽)

来自大师的呵护(会员摘录、推荐)
小说创作的矛盾关系之絮言(阿龙)
浦江西岸"煤漏斗"(李利民/摄)

3 版

醉酒故事(杨益萍)
破解透光古铜镜之谜(钱雪元)
拳击运动花开黄浦江畔——海纳百川　敢为人先(汪康)
战胜寂寞(王大)
曹雷:感谢父亲让我从小爱上书(肇音)
帕米尔高原(纸本油画)(奚赛联)

2、3 版中缝

大上海都市社会的形成
苏州河,展现城市工业文明壮丽画卷

4 版

"不在城里吃闲饭"考(邓伟志)
黎明晖低调办婚礼(孟英)
香港路 59 号:银行家的"会餐"(邢建榕)
周信芳父子逸事二则(黄小平)
文评千秋永辉耀——哀悼程德培先生(杨剑龙)
公交车上,陆春龄主动让座(王晓君)
大理白族三道茶(朱少伟)
百年杏花树下(水彩画)(洪纽一)

1、4 版中缝

编辑委员会

2023 年 12 月 15 日第 6 期(总第 124 期)

1版

本会召开 2023 年学术年会,深入探讨中国式现代化与传统根基
市社联主题征文活动表彰　我会获优秀学会荣誉
"话说苏州河"(静安)系列讲座启动
李伦新:为海派文化执着耕耘(朱少伟)

2 版

他穿上红马甲欢度112周岁生日——再访施平老书记(葛昆元)

培德先于增智　身教重于言教——泰州举行纪念王退斋及《退斋墨痕》发行座谈活动

毛泽东热情赞扬崇明农民暴动(袁林)

法租界:小刀会起义失败的幕后推手——为小刀会起义170周年而作(邢建榕)

盖棺之日,徐光启"囊无余赀"(星光)

3 版

袁雪芬、红线女与巴金的特殊感情(陆正伟)

方家姆妈(卢润祥)

随着"存异"而来的是"尊异"(邓伟志)

打通再生稻"最后一公里"(汤啸天)

吴贻弓的肺腑之言(何言)

臧克家稿费"完璧归赵"(马国平)

等候(丁志平/摄)

4 版

徐丽仙到上钢二厂演出(汪康)

玉慧观与佛慈大药厂(徐鸣)

石库门民居的情感内化——读居平新著长篇小说《天井》(储有明)

盗窃事件(孙泽敏)

江南雨(杨剑龙)

新加坡华文独立书店——草根书室(张克平)

1、4 版中缝

编辑委员会

乔迁通告

2024年2月15日第1期(总125期)

1 版

迎龙年贺新春(杨剑龙)

继往开来迎新春——本会新春联谊会"龙"重登场

诗友社年会,拉开"三十周年"系列活动序幕

炎黄书画院新春联谊,新聘8位顾问

孔专委会新春座谈(孔飞)

文化自觉勇弄潮　选准儒学突破口(夏乃儒)

2版

从"'办不成事'反映窗口"说开去(汤啸天)

1997年,我为基辛格拍照片(马建明)

门锁的呼唤(杨益萍)

牛犇拍戏"不要命"(蔡理)

言行力挺童祥苓(黄小平)

从冠军工作室说到"胖墩干预"及其他(司徒伟智)

3版

难忘,那个年味浓浓的春节(邓伟志)

龙年说龙(朱少伟)

徐匡迪给巴老拜年(陆正伟)

宋庆龄促成《西行漫记》问世(郑瑛)

刘旦宅买石(王晓君)

方家大宅院小记(张克平)

幸福满满(中国画)(张颖)

4版

闲话明复图书馆(邢建榕)

徐文照创立"飞马"品牌(徐鸣)

元旦"抚远"回想(张持坚)

渣打银行上海首位华人行长(柯兆银)

崇明南门揽胜(施弟敏)

农家民宿(绘画)(洪纽一)

龙腾虎跃(篆刻)(吴伦仲)

1、4中缝

编辑委员会

乔迁公告

2024 年 4 月 15 日第 2 期(总 126 期)

1 版

本会荣获 2023 年度市社联两项表彰

漫谈"标准上海闲话"——"海浪花|沪语大讲堂"龙年开讲(李萱)

我所亲历的上海炎黄文化研究会创办(张军)

本会举行六届四次理事会(王源康)

2 版

为档案工作者点赞(邓伟志)

丰富多彩的上海海洋文化遗产(毕旭玲)

"至真园"的前世(徐鸣)

来到"炎黄"领教多——高人、贵人和诤友(司徒伟智)

"大法国地界"(马军)

3 版

见证上海历史的工部局大楼(邢建榕)

"会计"的由来(陆贝莉)

光绪 1895 年?（袁林）

一个"大"字贯古今——从半夜急救念及"大医精诚"(闻纪之)

体验中医文化的回乡之旅(李志茗)

黄蜀芹坐着轮椅拍《围城》(柯兆银)

4 版

闲话上海竹枝词(朱少伟)

百岁书法家苏局仙两赠墨宝(马建明)

母亲节的思念(杨剑龙)

重温"拿摩温"(汤啸天)

"虎口"夺书记(赵进一)

1、4 中缝

编辑委员会

作者索引

赵 宏 编

编者说明

1. 人名排列以汉语拼音为序,若首字相同则依次字为序,以此类推。

2. 索引内的一组数字,前者系指《海派文化》报总期数,后者是指具体版面,后者两位数是指中缝,如"—2、3",是指2、3版中缝。

A

阿箭 3—1

阿康 121—1

阿龙 123—2

阿庆 3—1、4—1、7—1、9—4

阿馨 44—4

阿义 5—3

安德烈 113—4

艾明之 55—1

B

班炜 27—4

半屏 6—3

宝山 24—4

白桦 59—1

白鸥 20—3、21—3、27—2、38—2

贝鲁平 41—4

本报编辑部同仁 119—2

博白文 104—3

布谷 119—2

布衣 110—2、112—1、118—1、4

毕旭玲 126—2

C

曹干城 55—4

曹涵璎 102—1

曹恒览 82—1

曹玲 46—4

曹树钧 54—3、58—2、66—4、88—3、113—4

曹畏 108—2、118—2

曹旭 47—3、51—3

曹晓华 101—2

曹杨 7—4

曹正文（又见米舒）100—2

草婴 36—4

蔡理（又见何言）111—4，112—4，113—4，125—2

蔡文青 53—4，71—2、3，76—2

蔡源昌 46—4

蔡梓源 18—3

岑振平 62—2

常新华 22—3，36—2

巢卫群 106—1

柴祖舜 61—4

陈北安 8—1

陈斌 119—4，120—4

陈炳 29—1，33—1，48—2

陈川之 109—4

陈德春 41—3

陈蝶衣 22—2

陈福季 49—2，52—3，53—2，54—2，61—2，66—2，69—1，79—3，85—3

陈更新 122—4

陈公益 37—1

陈海鹏 112—2

陈宏 35—1

陈鸿应 113—1

陈军 25—4

陈积芳 67—4

陈继龙 67—1

陈兼与 21—3

陈可爱 12—1

陈立夫 49—3

陈曼英 36—3

陈梦熊 27—2，36—4

陈铭华 24—2，27—3，28—2，73—2，119—1

陈佩君 80—3

陈其刚 116—2

陈秋强 67—4

陈守云 41—2，55—2，65—2

陈漱渝 56—1

陈学儒 104—2

陈文 70—3

陈文涛 111—2

陈卫平 114—1

陈伟中 121—3

陈旭麓 104—2，113—1

陈孝全 37—1，46—2，47—3，108—3

陈燮君 39—2，59—3

陈烨 102—4

陈泳春 2—2

陈瑜 109—3，117—2

陈增国 25—5

陈忠村 35—3

陈志均 4—4

陈之翔 89—1

陈祖恩 103—4

陈子善 27—1

晨崧 28—1，60—2

程炳生 14—1

程海麟 29—1，30—3

程惟湘 55—1，61—3，62—3，63—3，64—2，67—3

程显荣 59—3，83—2

程一恒 81—1

成范永 33—4

成莫愁 54—4，83—3

骋月 3—1，4—1，5—3，7—2，9—1，10—3，13—2，14—2，15—4，16—1，18—1，19—4，20—4，24—2，25—3，26—1，27—3，31—3，38—2，40—2，44—4，59—4，69—1

褚半农 3—3，6—3

褚荣昌 98—3

储有明 124—4

从维熙 22—2

淳子 50—3，51—2，53—3，56—2，57—3，62—3，83—4，95—2

崔绍柱 11—2，12—4，31—2，60—4，72—2

D

淡绿 90—4

但仕慧 75—2

戴剑諴 42—2

戴立信 109—1

戴平 116—1

戴约瑟 41—3

戴一峰（又见逸风、一峰）9—4，10—2，11—2，15—4，17—2，27—3，30—4，38—4，43—3，46—4，55—3，56—3

戴自中 72—4

邓楚润 76—1

邓伟志 70—1，92—1，99—1，106—3，110—3，112—3，113—3，118—2，119—3，120—2，121—2，122—1，123—4，124—3，125—3，126—2

董德兴 27—2

董水淼 54—3

东方羽 4—3

窦芒 108—4

堵述初 24—1

读史老张 102—2

杜永平 4—4

杜越 75—1

端木复 115—4

狄芸馨 51—3，80—2

丁凤麟 98—2，105—3，108—4，113—2，114—2

丁惠增 23—2，56—4，62—2，83—3，85—1，95—4

丁景唐 56—1，61—1，73—3，81—1

丁文列 25—5

丁卫言 110—1

丁锡满 58—1，63—1，63—2，70—1，71—4，74—1

丁言昭 112—4

丁渊 6—2，9—2

丁一耕 8—4

486

丁志平 124—3

F

范邦瑾 100—3

范福安 81—4

范国忠 101—4，104—4

范普 41—3

范小丽 46—4

范毓民 119—3

范荧 101—1

范振中 12—3，87—1

方建平 43—1

方可 66—3

方修仁 6—3

冯秀芳 99—2

冯钟 41—4

丰一吟 85—1

费碟 34—3，36—3

费平 34—3，36—3

傅增明 86—1

G

高崇炳 49—3

高洪波 111—3

高莽 28—1，36—4，58—1，59—1，61—1，62—1，63—1，64—1，65—1，76—1，80—1

高晓波 93—1

高扬华 8—1，14—1

葛昆元（又见袁林）99—3，100—1，107—2，110—3，113—1，114—4，115—4，116—2，117—2，118—1，120—3，124—2

葛明铭 4—3

葛乃福（又见水怀珠）27—1，28—2，28—4，32—3，33—4，37—3，41—3，51—2，56—2，57—4，64—4，67—4，72—3，76—4，77—3，81—3，84—2，88—4，90—4

葛天雄 46—4

葛原 35—1

耿亮 39—3

耿欣 91—1

龚浩成 113—3

龚建平 46—4

龚心瀚 69—1，73—1，84—2

顾伯琪 119—4

顾晨颖 36—3

顾丁昆 41—3

顾鸣敏 84—3

顾玉球 46—3

顾志富 48—2

谷苇 28—1，80—1

古远清 32—3

管继平 15—1

管志华 105—3

国臣 51—2

郭成良 86—1

郭得河 86—1

郭骥 95—1

郭树清 41—3，47—2

郭爽 123—2

郭廷富 52—3，54—3

郭效文 3—3

归青 99—3，100—4，103—4，109—4，112—4，116—3，117—4，122—4

H

韩德彩 55—4，62—1，79—1

韩雪莲 66—4

杭鸣时 41—4

海青 86—3

海生 28—3

海文 29—4，30—1

何镜清 47—3

何苦 23—3，25—3

何明 102—3

何沛忠 8—2

何言 114—3，115—4，120—4，122—3，124—3

何雁 98—4，106—3

何雁北 112—2

何毅明 120—3

何振华（又见何苦）79—1，82—1，83—1，89—1，92—1

贺珏 3—1

鸿川 26—2

洪梅芬 107—2

洪纽一 105—3，106—3，107—3，109—4，111—2，112—3，113—3，114—3，115—2，116—3，117—3，118—3，119—3，121—3，122—3，123—4，125—4

洪丕谟 1—4，19—3

洪新 100—4，119—4

洪宜宾 56—4

红叶 4—1

侯雨薇 75—2

胡桂才 5—4，5—1、4，8—2

胡海萌（又见海青）80—2

胡平侠 58—4

胡少璋 21—3，22—2

胡申生 106—2

胡守钧 57—3，81—3

胡适 99—4

胡廷楣 102—3，111—4，112—4

胡忠荣 6—3

虎闱 118—4

呼卫 2—1

花蓓 32—2

华尚龙 68—2

华师 12—3

华延 85—1

华振鹤 23—2

黄秉山 46—4

黄昌勇 28—2，51—2，93—2

黄恒美 64—1

黄华旗 65—1

黄菊琴 101—4

黄江平 66—4，98—4，123—4

黄敬明 50—1，52—1，53—2

黄亮明 25—1，27—4，50—3

黄梦 91—1，103—3

黄美惠 4—1

黄瑞勇 20—3

黄文 75—2

黄小平 121—3, 125—2

黄勇 16—2, 20—1, 56—2

黄正平 108—4

黄宗江 112—3

黄宗英 58—1, 81—1

怀耀生 75—1

会员报道 119—2

徽子 3—4, 10—1, 13—1, 26—1

J

居平 101—3, 106—4, 114—4

觉醒 64—3

季聪 67—4

季凤来 34—2

季军 105—1, 115—4

纪申 39—1

纪闻 98—3

计正琛 89—3

家宝 13—1

贾树枚 84—2

郏永明 58—14

简特 102—2

蒋冰冰 122—2

蒋夫尔 106—2

蒋国忠 38—2

蒋荣贵 35—3

蒋星煜 115—2

姜德廷 71—1

姜龙飞 105—4, 107—4, 109—4, 116—4, 120—4

姜天雨 110—4

江鸿 33—3, 48—3

江捷 109—4

江妙春 26—2, 27—4, 47—2, 50—3, 58—2

江礼旸 44—2

焦扬 74—2

金宝山（又见宝山）23—4, 42—2

金波（又见钟禾、星光）99—1, 101—4, 103—2, 105—3, 114—1, 117—2, 120—1

金秉中 1—1

金峰 48—1

金洪远 83—3, 91—2

金惠 110—1

金嗣水 41—3

金伟丽 88—2, 91—1, 94—1

金习群 102—2

金月明 34—3

金中 8—1

靳立明 110—1, 111—4

K

凯军 98—2

柯文辉 14—3

柯兆银（又见肇音）95—3, 121—3, 122—4, 125—4, 126—3

克音 46—2

孔繁荣 22—1

孔飞 125—1

孔庆然 113—1

寇丹 32—2

L

兰迪 117—1

蓝翔 105—2

老老夏 106—1

老方 115—4

乐乐 2—1，3—1

楼绍来 69—3

楼伊菁（又见涟漪）101—2，106—1，118—2，120—3，122—2，123—2

陆贝莉 126—3

陆春龄 1—2，12—1，22—1，28—2，63—1

陆惠兰 35—2

陆金良 74—4

陆林森 91—3

陆飘 36—3

陆其国 11—3，51—2

陆潜 2—4，13—1

陆廷 110—1

陆晓珍 8—2

陆永祥 7—3，20—3，27—2，32—2，38—2，46—2，68—3

陆毅 114—1

陆正伟 103—3，108—3，115—3，117—4，120—4，122—2，124—3，125—3

陆志文 1—3，5—4，6—4，9—4

鲁克龄 25—5

鲁守华 77—1

鲁秀珍 109—3

卢润祥 85—2，98—3，104—4，124—3

吕叔湘 118—2

吕云炜 79—4

骆贡祺 114—4，116—3，117—4，120—3

罗洪 32—1，46—2

罗琳 35—3，36—3

罗任玲 29—4

罗义俊 73—2，77—4，83—4

李常新 119—2

李成华 66—3

李动 108—3，114—3

李峰 12—2

李钢 25—4，77—4

李汉 110—1，111—4

李禾禾 108—4，110—4，111—4

李华 84—1

李辉 6—3

李济生（又见纪申）61—1

李金河 81—3

李伦新 27—1，35—2，57—1，62—1，70—1，72—2，73—1，75—1，77—2，81—3，82—2，84—2，86—3，94—1，95—1，96—3，98—1

李利民 123—2

李萌 70—1

李明海（又见如意）62—2

李树松 3—4

李天纲 57—3，84—2，87—4，96—1

李天靖 39—2

李文福 76—1

李萱 126—1

李远荣 19—3，20—1，23—1，27—3

李振谷 25—5

李之阜 39—3

李志茗 117—3，126—3

郦帼瑛 79—2

丽莎 7—3

力伟 37—2

厉无畏 69—1

栗新风 2—1

涟漪 111—2

梁妙珍 116—1

梁廷铎 105—3，106—4

梁晓声 85—1

良一 72—4

廖静文 62—1

了然 9—3，16—1，17—2

林非 28—1，36—4，40—3，80—1，91—4

林家宝（又见家宝）6—4

林金树 52—3

林湄 57—4

林青 10—3，13—1，14—2，73—2，80—1，83—1，85—3，117—4

林染 44—3

林溪 35—3

林曦 89—1

林裕华 26—4，28—2，33—3，35—2，37—3，42—3，48—4

林懿 75—3

林仲兴 78—4

刘参 3—1

刘阁忠 86—1

刘厚生 69—2

刘荒田 21—3，22—3

刘惠恕 113—4，114—4，116—4，122—4

刘际潘 76—1

刘继祖 98—2

刘洁 43—1

刘荔 47—4

刘凌 21—1，32—4

刘碰碰 97—2

刘平 118—2

刘汝燮 13—2

刘文清 66—1

刘雪芹 106—3

刘希涛 7—2，22—3，41—3，47—4，105—3，113—4

刘效礼 21—3

刘修明 113—2，115—2

刘燕 67—4

刘永翔 113—2

刘蕴漪 84—2

刘莹 71—1

刘颖 88—4，97—1

刘泽林 56—1

刘宗武 66—1

柳和城 102—2

M

马布衣 98—2，102—2，111—2，113—2，114—3，115—3，116—1

马国平 80—2，88—2，94—3，124—3

马军 103—1，107—2，108—3，109—3，111—2，113—2，114—3，115—2，116—1，116—2，119—3，120—2，121—4，122—3，126—2

马建明 125—2，126—4

马小星 104—3

马中华 55—3

马祖熙 40—2，76—4

毛闯宇 31—2，36—2，38—2，40—3，63—1

毛东初 34—1，40—3

毛华 88—2

毛时安 64—1

冒怀科 108—4

孟波 66—1

孟英 123—4

莫琪玮 94—1

米舒 116—4

妙琴 104—4，106—4

缪迅 98—3，107—1，110—2，118—1，122—1

N

南戈 122—4

南鲁 35—3

南溪 107—3

倪里勋 109—3

倪志芳 46—4

倪祖敏 79—3，118—4

宁波 28—4

P

潘颂德 18—3，23—3，28—2，33—3，39—3，44—3，47—3，51—2，52—2，53—1，56—2，57—4，62—1，64—1，67—4，68—3，70—3，84—2，90—3，91—4，105—3

潘为民 110—1

潘先觉 119—1

潘亚萍 42—1，46—2，50—2

潘真 104—3

潘中法 14—2

庞坚 48—1，55—2

庞亚卿 20—2，22—2

培华 56—4

彭荆风 117—4

彭天皿 19—1

彭月琴 34—3

平常 15—2

浦锡根 61—3

Q

瞿解 3—1

戚泉木 28—2，84—2

祁谷 16—3

祁为中 11—3

齐路通 66—1

杞人 35—3

钱波乐 1—4

钱承飞 99—3

钱谷融 36—4，61—1，62—4，70—1，81—1

钱国梁 34—3

钱杭 109—2

钱红春 36—3

钱化佛 4—4

钱雪元 122—2，123—3

钱亚君 97—1，97—1、4

钱渊 40—4，52—3，59—2，98—4，104—3

钱元瑜 34—3

钱仲安 36—3

钱紫奋 69—4

钱震来 87—1

强晓初 1—1

乔江铃 7—3

秦德绿 36—2

秦华 35—3

秦来来 52—1，89—2，113—3，119—1

秦文莲 29—3

秦怡 72—1

秦颖瑜 110—1

丘成桐 120—2

丘峰 25—1，26—2

邱根发 101—1，111—1，119—2，120—3

邱柳骅 93—1，97—1

邱婷婷 75—4

秋云 29—2，30—2

仇明惠 109—2

R

任哥舒 110—2，114—4

任溶溶 61—1

任志高 116—2

戎国荣 1—4，3—3

如意 70—4

阮武昌 64—1，75—1，84—1

S

上官阁 32—3

上海木偶剧团 96—3

上海赛区办公室 122—1

上海炎黄文化研究会办公室 121—1

上海炎黄文化研究会秘书处 122—1

邵丹 5—1

邵惠民 47—1

邵雷 65—14，66—1，68—1

邵洛羊 19—4，20—4，21—2，

22—3，23—2，24—3

邵天骏 70—2，85—2，94—4

邵唯 111—4

邵益山 98—4，100—2，102—4，105—4，109—4，112—4，118—4

邵仄炯 25—4

申尤 2—1

水怀珠 34—1，35—1，36—1，37—1，38—1，39—1，40—1，41—1，42—1，43—1，44—1，45—3，46—1，47—1，48—1，49—1，50—1，52—1，53—1，54—1，55—1，61—1，67—2，68—1，90—3

水青 3—4，4—1

水文卿 25—5

沈宝善 21—3

沈海晨 52—4

沈鸿根 62—2

沈鸿鑫 72—2，90—1，97—3

沈寂 99—3

沈嘉禄 19—4，25—1，43—2，48—2

沈宽 20—2，32—4，96—2

沈立新 21—2

沈钦荣 27—2，37—14

沈善曾 38—2

沈树华 31—3，40—4，45—2

沈栖 98—1，100—3，103—4，107—4，112—4，114—2，115—3，116—4，119—1，123—2

沈锡玉 39—3

沈向然 46—4

沈永昌 112—2，117—2

沈原一 49—4

沈悦扬 91—1

沈毅 33—2

沈宗镐 26—1

甡民 100—4

圣野 55—1，64—2，66—1，72—1，77—3，85—1

盛天民 71—4

舒婷 117—4

施弟敏 125—4

施根生 1—4

施华 1—2，2—4，3—2，4—3，6—4

施建伟 5—1，28—2，30—1，51—1、2，56—2，73—2，78—1，80—1

施南池 14—3

施平 64—1，65—3，73—1

施蔷生 57—3，60—1，61—2，70—4，74—1，90—1

施宣圆 120—2，121—2

施祥云 58—2

施亚西 52—4，59—2，62—2，67—1，71—1，77—3

施炎平 54—1，57—3，65—1，67—4，72—1，78—2，84—1

石鼎 102—2，103—3

石缝松 118—1

石梅 39—3

494

石英 44—2

史国新 45—3

史俊棠 4—3，7—2，12—2，16—2，35—4，58—4，66—3

释慧泽 51—4

宋长天 10—1

宋继先 2—3

宋路平 45—4

宋路霞 32—1，41—3，42—1，45—4，48—3，50—4，51—2，54—2，57—2，63—2，71—2、3，74—3，76—2，84—3，87—2，96—3

宋连庠 64—2，95—3

宋雪春 88—1

宋学玲 70—1

苏秉公 57—4，64—1，84—2

苏剑秋 66—2，67—3

苏撎 40—4

苏荣 71—1

苏兴良 32—3，38—2

苏炎 47—2

苏永祁 33—1，38—4，44—1

苏玉虎 21—2，22—1

孙宝泉 46—3

孙国恩 108—4

孙嘉 92—4，93—14，97—1

孙建成 104—1

孙连芬 31—3

孙孟英（又见孟英）101—3，104—4，106—3，109—4，110—4，111—4，113—4，115—4，116—4，118—4，120—4

孙琴安 11—3，23—3，28—2

孙时进 57—3

孙炎 101—4

孙耀明 38—4

孙毅 1—1

孙泽敏 124—4

司徒伟智（又见马布衣、布衣、纪闻、闻纪之、博白文、虞子文、陈文涛、何雁北、子文、何明、孙炎）98—3，99—2，100—3，102—3，103—1，104—3，105—2，106—3，108—2，111—3，120—2，121—3，122—3，125—2，126—2

T

谈正鸥 17—4

汤晟纯 95—1

汤椿林 102—4，103—4，106—2

汤钊猷 105—2

汤岚 46—4

汤啸天 110—2，118—1，122—1，123—1，124—3，125—2

汤哲明 24—3，25—4

唐池子 71—4，73—3，89—2

唐洪亮 1—3

唐明我 36—1

唐幸 112—3

陶建幸 39—3

陶勇 110—3

495

陶雨晨 88—1

田邀 13—3

田俊杰 1—3

田建业 52—4，67—4

田仕明 75—1

田雨 43—2

童世平 71—1，75—1，82—4，93—4，118—4

屠岸 42—2，58—1，65—1，68—1，69—1，72—1，76—1，77—3，89—1

涂秀兰 120—1，121—4

兔之 39—1

W

王成荣 25—5

王大 123—3

王富松 74—1

王国忠 43—4

王海 26—1，40—4，48—2

王鸿勋 94—4

王佶 45—3

王恺顺 119—2、3

王克平 31—1

王俊敏 105—1，109—1

王继英 62—2

王家辉 110—4

王家龙 10—2

王岚 97—2，114—2

王连源 38—4

王蒙 20—1

王萌萌 122—1

王铭庆 36—2，53—3，68—3，98—4

王佩玲 114—3

王琪森 89—4，95—2

王荣华 57—1，66—1，69—1

王瑞生 37—4

王圣思 51—2

王守中 115—1

王漱华 32—2

王时驹 98—3，102—3

王时妹 100—2

王维 22—3

王炜 78—2

王渭山 11—1

王炜婷 88—1，89—1

王晓君（又见了然、一章、施华、一猷、海文）1—2，2—1，3—2，4—2，5—2，6—1，7—1，8—1，9—3，10—4，11—4，12—1，13—4，14—4，15—3，16—4，17—1，18—4，19—1，19—2，20—2，21—4，22—4，23—1，24—3，25—2，26—3，27—4，28—2，28—3，29—2，30—3，31—4，32—4，33—2，34—2，36—4，37—4，38—1，39—4，40—2，43—3，44—1，46—3，47—4，48—1，49—1，50—2，51—1，52—2，53—3，54—4，55—3，56—2，56—4，57—4，58—2，59—3，60—4，61—3，62—1，63—4，64—2，

65—2，67—3，68—4，69—3，72—1，74—4，76—4，77—4，78—1，79—4，80—1，80—4，81—4，82—3，83—1，84—1，84—3，86—2，87—1，88—4，89—2，90—3，92—3，96—2，97—3，100—3，109—2，116—3，123—4，125—3

王雅军 55—2，58—4，94—4，99—4

王焰 67—1

王延林 29—3，42—4

王养浩 41—3

王耀东 87—4

王永平 116—3

王永银 41—3

王有瑞 34—2

王元峰 119—1

王元化 115—2

王源康（又见阿康）98—2，109—3，111—2，117—3，121—1，126—1

王毅 45—2

汪道涵 110—2，111—2，114—1，115—3

汪凡 63—1，73—1

汪康 99—4，102—4，116—4，123—3，124—4

汪澜 114—2，119—2

汪培金 43—3

汪启光 3—1

汪义生 1—1，2—4，3—4，5—1，6—1，7—4，8—1，9—1，10—1，11—1，12—1，13—3，15—1，16—2，17—2，18—1，19—1，20—3，22—1，23—1，24—1，25—1，26—4，27—1，28—1，28—2，29—1，30—1，31—1，44—2，45—1，47—2，53—3，54—1，56—1，56—2，57—1，59—1，65—2，67—4，76—1，81—3，84—1，86—2，88—4，90—1，96—1，99—4，104—2，120—4

温举珍 27—4

闻纪之 101—1，106—3，107—4，110—2，112—1，116—2，117—1，119—4，120—3，126—3

文洁若 59—1，72—1，75—3，85—1

翁长松 30—3，94—3，95—3，98—4，102—3，110—4

翁思再 99—2

渭山 12—4

魏守荣 36—3

魏之 99—3

韦韬 49—1

韦清 2—2，3—3，6—4，8—2

吴超 21—4

吴国俊 113—4

吴国桢 117—2

吴欢章 41—3

吴钧陶 10—3，88—3，96—4

吴良安 119—1

497

吴林田 25—4

吴伦仲 101—2，125—4

吴 梦 72—2，74—4，77—4，91—4

吴孟庆 94—2

吴敏 99—2

吴启迪 5—1

吴仁安 43—2

吴仁之 118—3

吴申耀 89—1，91—3

吴树德 112—3

吴为忠 105—4

吴文 17—1，73—3，94—3

吴兴人 117—3

吴永贵 107—4

吴永甫 120—1

吴蕴瑞 119—1

伍明 115—2、3，116—2、3

X

许宝驯 26—2

许波 43—2，47—4，51—1、2，56—2，67—4，92—3

许成章 1—4，5—3，6—3

许初鸣 29—4

许良 102—4，114—4

许四海 89—1

徐秉方 24—1

徐本仁 121—2

徐鸣 82—2，90—2，116—3，117—4，121—2，124—4，125—4，126—2

徐灿平 39—3

徐定明 39—3

徐浮明 7—3，9—2，11—2，15—2，16—1，17—1，21—1

徐弘毅 94—2，95—2

徐缉熙 112—2

徐华龙 106—2

徐建中 86—1

徐金根 105—2

徐景灿 71—3，74—3，76—3，96—3

徐培华（又见培华） 51—2，53—1，54—4，56—3，57—2，59—1，60—1，67—4，69—3，77—1，80—2，83—2，84—2

徐时仪 27—2

徐松华 107—4

徐文昶 43—1，45—3，51—4，52—3，59—2，66—2

徐小林 105—2

徐小雪 109—3

徐欣 70—4，89—2

徐鑫根 8—1

徐佑良 10—1，13—2

徐亦煆 75—2

徐中玉 36—4，61—1，64—4，81—1

徐宗琏 62—4

徐志文 48—4

玄鱼 35—3

薛鲁光 36—3

薛羚 39—3

薛舒 74—4

薛锡祥 41—3

雪如云 97—4

奚赛联 123—3

席星荃 41—2

惜珍 73—3，75—4，79—2，92—2

夏马 27—3

夏乃儒 112—2，125—1

夏友梅 97—4

夏志诚 2—1

夏智定（又见紫丁）16—3，19—3，20—2，27—3，28—2，30—2，36—2，58—3，58—4，61—2，71—4，81—2

相守荣 75—1

肖白 1—1

肖凤 36—4，58—1，63—1，76—1

肖骏 2—2

肖胪 117—2

肖艺 36—2，47—4

肖振华 110—4

萧斌如 31—1，32—1，34—2，36—1，37—3，42—4，44—3，46—2，51—2，60—3，64—3

萧卡 64—1，73—1

萧宜 115—3

小虹 11—3

小鹰 46—1

晓鹿 82—2

晓颂 63—2

晓臻 1—1

晓珍 3—1，4—1，7—4

谢宝耿 99—2，100—4，103—3

谢国霖 32—3

谢冷梅 4—3

星光 124—2

邢建榕 100—4，101—3，103—3，105—4，108—4，111—3，112—3，113—4，114—2，116—2，118—4，119—3，121—4，122—4，123—4，124—2，125—4，126—3

熊月之 45—2，57—2，63—1

修晓林 91—2，103—4

Y

颜艾琳 54—2

颜志渊 15—1，19—4，29—2

颜志忠 40—4，41—4，50—2

严宝康 101—4，107—3，109—3

严国兴 113—1，115—1

严家栋 70—1

严文井 118—2

严修 31—2

严祖佑 58—3

闫成贵 71—1

阎华 82—3，97—2

杨柏伟 2—3

杨堤 12—1，20—1

499

杨沪生 101—4

杨继国 70—4

杨剑 4—4，9—3，14—4

杨剑龙 41—3，92—3，107—4，112—4，113—1，115—1，116—4，117—4，118—4，119—4，120—4，121—4，123—4，124—4，125—1，126—4

杨金龙 39—3

杨静静 35—3

杨宽 115—1

杨凌云 92—1，97—1、4

杨蓉荣 91—3，93—3

杨位环 76—1

杨益萍 84—2，100—2，102—1，103—2，104—2，105—3，106—2，107—2，109—2，111—3，112—3，113—3，114—4，115—2，117—3，118—3，119—2，120—3，121—2，122—3，123—3，125—2

杨竹君 10—3，12—1，58—3

姚昆遗 117—1

姚士良 107—3

叶芳 57—1、4

叶景贤 30—1，31—3，33—2，38—2，47—3，54—1，58—3，86—2

叶尚志 1—1

叶辛 56—1，57—3、4，96—1

叶鑫 28—3

叶瑜荪 51—3，53—3，83—1，97—3

叶毅干 91—4

有妮妮 36—3

尤永清 60—2

尤以文 100—2

虞必胜 77—3，90—2

虞伟 63—2

虞信棠 118—3

虞子文 107—3，109—2

郁德明 67—2

聿飞 98—3

羽菡 79—2，96—4，97—4

于建华 2—4

于志昌 2—3

俞建文 61—4

俞云波 70—2

鱼丽 80—3，86—3，93—3，105—4

余榴梁 4—4

余同元 7—3

余惕君 54—3，75—3

喻石生 32—3

玉洲 3—1，4—1，5—4，7—4

宇竹 81—2

袁林 121—3，124—2，126—3

袁鹰 59—1

乐坚 25—4

乐建明 115—4

云山 81—2

一帆 110—3

一峰 20—4

一猷 18—1，25—6，73—2，

500

82—3

一章 17—3，18—3，19—1

一知 36—2

逸风 12—4，25—3

逸文 4—1

艺军 5—4

艺灵 40—2

Z

臧克家 44—3

臧建民 25—4，55—2

曾敏之 38—2，45—1，55—1，57—14

闸北 30—1，30—2

张安仆 115—1

张春新 41—3，90—2，93—3

张持坚 112—4，121—4，125—4

张大林 2—2，7—4

张德林 62—4

张昊 122—1

张海国 2—3

张海天 25—4

张宏元 10—2

张欢 95—4

张慧颖 37—3

张浚生 4—3

张军 126—1

张军延 1—4

张健 119—4

张金涛 4—1

张静 91—3，93—3

张克平（又见简特）99—4，100—1，101—3，102—1，103—1，104—1，105—1，107—1，108—1，110—3，111—3，112—1，114—1，124—4，125—3

张明是 98—4

张瑞根 54—4

张森 89—1

张曙 107—3，108—3，109—4，117—3

张诗剑 30—2

张嵩平 41—1

张为冬 34—3

张小鼎 49—2，68—2，69—2

张辛 1—3

张新 60—3，63—3

张兴渠 43—3，52—2，60—4，62—3，66—2，68—3

张雁 93—1

张研农 33—4

张永禄 117—1

张玉清 118—2

张渊 61—2

张颖 98—1，100—3，113—4，125—3

张载养 106—4，107—1，108—1，111—1，113—3，114—3，115—4

张真慧 86—2，93—1

章海云 95—1

章秋谷 49—2，63—3，83—2

赵宏 2—1，3—1，5—1，7—4，

22—2，25—6，34—4，35—4，36—1，37—3，39—1，40—1，41—1，48—2，56—3，58—2，60—2，64—4，65—3，68—1，71—1，77—2，81—1，86—1，94—4

赵家耀 89—3，92—4，95—4，97—4

赵进一 126—4

赵奎礼 8—2

赵丽宏 58—1，80—1

赵修慧 38—1，40—1，47—1

赵勇田 29—1，45—1，58—1

赵怡 75—2

赵易林 114—2

赵毅敏 1—1

肇音 123—3

甄涛 91—2

郑大群 33—1

郑惠康 46—4

郑期璐 29—3

郑土有 115—2，118—3

郑玉玺 29—3

郑瑛 125—3

郑重 80—1

郑自华 90—3

钟禾 121—1

之翔 121—1

钟家隆 73—4

周德明 115—1

周庚 6—3

周国成（又见国臣）28—1，28—2，31—3，39—2，67—4

周林生 63—3，81—2

周晴 85—1

周瑞金 34—1，106—2，122—4

周少铿 44—2

周圣伟 108—3

周世璋 40—3

周退密 21—3，26—2，30—2

周铁芝 96—3

周伟新 60—2

周永林 39—3

周玉洁 106—4，108—2，114—2

周育民 112—4

周钟鸣 82—1，85—2，94—2

朱白云 1—1

朱成坠 99—4，103—2，106—4，107—4，118—4

朱大路 103—2，115—3，116—2，119—2

朱鸿伯 66—2

朱巨然 25—4

朱家魅 47—1

朱璐 122—2

朱丽霞 112—2

朱容芬 55—4

朱珊珊 34—3

朱少伟 75—4，79—3，80—1，88—1，92—2，98—2，99—2，100—2，102—4，104—2，105—2，106—4，107—3，108—2，109—1，110—4，113—3，116—3，118—4，119—

502

4，120—3，121—2，122—1，123—4，124—1，125—3，126—4

朱唯践 25—4

朱亚夫 12—3，49—2，90—4，93—2，102—2，104—2，110—3

朱永嘉 104—3，111—3

朱煜良 2—3

朱韻 108—2

朱义禄 71—4，80—1，80—3，85—3，88—3，97—2，98—4

朱毅文 53—2

朱荫贵 113—2

祝君波 57—1，59—3，67—1，69—1，84—2，121—3，122—3，123—2

祝纪景 13—3

祝天权 69—1

庄芹 46—4

庄良勤 7—4

卓曙 1—1，3—1，7—4

紫丁 21—1，27—3

子文 116—3，119—2

宗惠河 101—2

宗月 35—3

祖安 104—4

本卷编后记

为了庆祝上海炎黄文化研究会成立30周年，我们用了近一年的时间编纂了这份资料集，旨在反映本会"一报一刊"——《海派文化》《炎黄子孙》的发展历程，也希望能够借此对会内外人士进一步推动上海地区的文化发展有所助益。

在本卷编写过程中，各部分负责人如下：

《炎黄子孙》选粹（2018—2024），杨锡高编。

《炎黄子孙》总目录，马军编。

《海派文化》选粹（2018—2024），金波编。

《海派文化》总目录，赵宏编。

因水平有限，编纂之中的错误还请读者不吝指出，以便今后完善。

编者

2024年4月27日

图书在版编目(CIP)数据

而立回眸：上海炎黄文化研究会三十年 / 上海炎黄文化研究会主编. -- 上海：上海社会科学院出版社，2024. -- ISBN 978-7-5520-4601-4

Ⅰ. K203

中国国家版本馆 CIP 数据核字第 2024DB6041 号

而立回眸：上海炎黄文化研究会三十年

主　　编：上海炎黄文化研究会
书名题签：张　森
责任编辑：陈如江　邱爱园
封面设计：周清华
出版发行：上海社会科学院出版社
　　　　　上海顺昌路 622 号　邮编 200025
　　　　　电话总机 021-63315947　销售热线 021-53063735
　　　　　https://cbs.sass.org.cn　E-mail: sassp@sassp.cn
照　　排：南京理工出版信息技术有限公司
印　　刷：上海万卷印刷股份有限公司
开　　本：720 毫米×1000 毫米　1/16
印　　张：108
插　　页：16
字　　数：1757 千
版　　次：2024 年 12 月第 1 版　2024 年 12 月第 1 次印刷

ISBN 978-7-5520-4601-4/K・741　　　　　　　　　　　定价：398.00 元

版权所有　翻印必究